DAS ALTE IRLAND

DAS ALTE IRLAND

Jacqueline O'Brien und Peter Harbison

VON DER FRÜHGESCHICHTE BIS INS SPÄTE MITTELALTER

BECHTERMÜNZ VERLAG

INHALT

KARTE MIT VERZEICHNIS DER STANDORTE 7

VORWORT 8

KAPITEL EINS

DAS VORGESCHICHTLICHE IRLAND

Die Steinzeit 10

Newgrange, Grafschaft Meath 15

Creevykeel, Grafschaft Sligo 19

Dolmengräber 20

Die Bronzezeit 22

Keilgräber 25

Steinringe 26

Aufrechtstehende Steine 28

Céide Fields, Grafschaft Mayo 28

Dún Aengus, Grafschaft Galway 30

Dún Conor, Inis Meáin, Grafschaft Galway 30

Dunbeg, Grafschaft Kerry 32

Doon Fort, Grafschaft Donegal 32

Grianán von Aileach, Grafschaft Donegal 34

Staigue Fort, Grafschaft Kerry 35

Die Ankunft der Kelten 36

Der Stein von Turoe, Grafschaft Galway 37

Navan Fort, Grafschaft Armagh 38

Dún Ailinne, Grafschaft Kildare 39

Der Hügel Tara, Grafschaft Meath 40

KAPITEL ZWEI

DAS FRÜHE MITTELALTER

Politische Entwicklung 42

Raths oder Ringfestungen 44

Ein rekonstruierter Crannog, Craggaunowen, Grafschaft Clare 44

Romanisierung und Ausbreitung des Christentums 45

Ogham 55

Irische Handschriften in St. Gallen, Schweiz 56

Croagh Patrick, Grafschaft Mayo 58

Frühe Kirchen aus Holz und Stein 60

Clonmacnoise, Grafschaft Offaly 62

Glendalough, Grafschaft Wicklow 66

Kells, Grafschaft Meath 71

Skellig Michael, Grafschaft Kerry 72

Inishmurray, Grafschaft Sligo 75

Tuamgraney, Grafschaft Clare 75

Labbamolaga, Grafschaft Cork 76

Gallarus Oratory, Grafschaft Kerry 76

Hochkreuze 78

Banagher, Grafschaft Offaly 82

Fahan Mura, Grafschaft Donegal 82

Clonmacnoise, Grafschaft Offaly 82

Durrow, Grafschaft Offaly 85

Kells, Grafschaft Meath 86

Monasterboice, Grafschaft Louth 88

Moone, Grafschaft Kildare 89

Castledermot, Grafschaft Kildare 90

Ahenny, Grafschaft Tipperary 92

Dysert O'Dea, Grafschaft Clare 92

Glendalough, Grafschaft Wicklow 92

Gedenksteine und rätselhafte Plastiken 94

Reask, Grafschaft Kerry 94

Kilnasaggart, Grafschaft Armagh 94

Clonmacnoise, Grafschaft Offaly 95

Tullylease, Grafschaft Cork 96

Insel Boa, Grafschaft Fermanagh 96

Insel White, Grafschaft Fermanagh 98

Killadeas, Grafschaft Fermanagh 99

Rundtürme 100

Kilmacduagh, Grafschaft Galway 102

Lusk, Grafschaft Dublin 102

Devenish, Grafschaft Fermanagh 104

Insel Scattery, Grafschaft Clare 104

Kildare 105

Timahoe, Grafschaft Laois 106

Ardmore, Grafschaft Waterford 106

KAPITEL DREI

DAS ELFTE UND ZWÖLFTE JAHRHUNDERT

Politische Entwicklung 108

Die Kirchenreform 110

Romanische Kirchen und Kirchenschmuck 114

Rock of Cashel, Grafschaft Tipperary 114

Kilmalkedar Church, Grafschaft Kerry 118

Aghadoe Church, Grafschaft Kerry 119

St. Cronan's Church, Roscrea, Grafschaft Tipperary 120

Dysert O'Dea, Grafschaft Clare 120

Nun's Church, Clonmacnoise, Grafschaft Offaly 122

St. Doulagh's Church, Balgriffin, Grafschaft Dublin 122

Die Oberschwelle von Maghera, Grafschaft Derry 124

Killeshin, Grafschaft Laois 124

Ardmore Cathedral, Grafschaft Waterford 126

Monaincha, Grafschaft Tipperary 128

Toureen Peakaun, Grafschaft Tipperary 128

Tuam Cathedral, Grafschaft Galway 129

Clonfert Cathedral, Grafschaft Galway 130

Türdurchgang in der Kathedrale Killaloe, Grafschaft Clare 131

KAPITEL VIER

DIE ANGLONORMANNEN 1169–1400

Politische Entwicklung 132

Der Cantwell Ritter in Kilfane, Grafschaft Kilkenny 136

Normannische Motten und Burgen 137
Carrickfergus Castle, Grafschaft Antrim 140
Trim Castle, Grafschaft Meath 140
Dublin Castle 142
King John's Castle, Limerick 142
Dunamase Castle, Grafschaft Laois 142
Kilkenny Castle 144
Adare Castle, Grafschaft Limerick 145
Athenry Castle, Grafschaft Galway 146
Reginald's Tower, Waterford 146
St. Laurence's Gate, Drogheda, Grafschaft Louth 147
Roscrea Castle, Grafschaft Tipperary 147
The Town Walls of Youghal, Grafschaft Cork 148
Fethard, Grafschaft Tipperary 148

Die normannischen Kirchen und die neuen Mönchsorden 149

Gotische Kathedralen und Pfarrkirchen 151
Christ Church Cathedral, Dublin 152
St. Patrick's Cathedral, Dublin 154
St. Canice's Cathedral, Kilkenny 156
St. Brigid's Cathedral, Kildare 157
St. Nicholas of Myra Collegiate Church, Galway 158
St. Mary's Church, Youghal, Grafschaft Cork 158
St. Mary's Cathedral, Limerick 159

Die Zisterzienser 160
Mellifont Abbey, Grafschaft Louth 161
Baltinglass Abbey, Grafschaft Wicklow 163
Jerpoint Abbey, Grafschaft Kilkenny 164
Dunbrody Abbey, Grafschaft Wexford 167
St. Mary's Abbey, Dublin 168
Duiske Abbey, Graiguenamanagh, Grafschaft Kilkenny 168
Corcomroe Abbey, Grafschaft Clare 169
Boyle Abbey, Grafschaft Roscommon 170

Die Augustiner und die Schule des Westens 171
Ballintober Abbey, Grafschaft Mayo 171
Cong Abbey, Grafschaft Mayo 172
Adare Priory, Grafschaft Limerick 173
Athassel Priory, Grafschaft Tipperary 173
Kells Priory, Grafschaft Kilkenny 175

Die Benediktiner und Fore Abbey, Grafschaft Westmeath 175

Die Dominikaner 177
Kilmallock Priory, Grafschaft Limerick 178

Die Karmeliter und Loughrea Friary, Grafschaft Galway 179

KAPITEL FÜNF
IRLAND IM SPÄTEN MITTELALTER 1400–1600

Politische Entwicklung 180

Burgen und Turmhäuser 182
Cahir Castle, Grafschaft Tipperary 186
Blarney Castle, Grafschaft Cork 189
Bunratty Castle, Grafschaft Clare 189
Carrigogunnell Castle, Grafschaft Limerick 194
Askeaton Banqueting Hall, Grafschaft Limerick 195
Malahide Castle, Grafschaft Dublin 195
Enniscorthy Castle, Grafschaft Wexford 196
Rathmacknee Castle, Grafschaft Wexford 196
Ross Castle, Killarney, Grafschaft Kerry 197
Newtown Castle, Grafschaft Clare 198
Gleninagh Castle, Grafschaft Clare 199
Dunguaire Castle, Grafschaft Galway 200
Thoor Ballylee, Grafschaft Galway 200
O'Brien's Castle, Inisheer, Grafschaft Galway 203
Jordan's Castle, Ardglass, Grafschaft Down 203
Doe Castle, Grafschaft Donegal 204

Die Kirche 206
Holy Cross Abbey, Grafschaft Tipperary 208

Die Franziskaner 210
Ennis Friary, Grafschaft Clare 211
Quin Friary, Grafschaft Clare 212
Muckross Friary, Killarney, Grafschaft Kerry 214
Adare Friary, Grafschaft Limerick 215
Ross Errilly Friary, Grafschaft Galway 215
Creevelea Friary, Grafschaft Leitrim 216
Slane Friary, Grafschaft Meath 216
Murrisk Friary, Grafschaft Mayo 217

Handwerk 217
Mitra und Krummstab O'Dea, Limerick 219
Miserikordien in der Kathedrale St. Mary, Limerick 220
Grabplastiken im Kloster Ennis, Grafschaft Clare 220
Plastiken im Kloster Strade, Grafschaft Mayo 221
Gräber in der Kathedrale St. Canice, Kilkenny 221
Plastiken in der Abtei Kilcooley, Grafschaft Tipperary 222
Abbild des Bischofs Wellesley, Kathedrale Kildare 223
Das Kruzifix in Johnstown, Grafschaft Kilkenny 224
Sheela-na-gig in der Kirche von Killinaboy, Grafschaft Clare 224

KAPITEL SECHS
DAS SIEBZEHNTE JAHRHUNDERT

Politische Entwicklung 225

Die Tudor-, Stuart- und Kolonistenarchitektur 226
Carrick-on-Suir Castle, Grafschaft Tipperary 227
Rothe House, Kilkenny 230
Duncannon Fort, Grafschaft Wexford 230
Rathfarnham Castle, Grafschaft Dublin 231
Portumna Castle, Grafschaft Galway 231
Coppinger's Court, Grafschaft Cork 233
Leamanegh Castle, Grafschaft Clare 233
Stadtmauern und St. Columb's Cathedral, Derry 234
Parke's Castle, Grafschaft Leitrim 236
Enniskillen Castle, Grafschaft Fermanagh 237
Monea Castle, Grafschaft Fermanagh 237
Ballygalley Castle, Grafschaft Antrim 238
Charles Fort, Kinsale, Grafschaft Cork 240
Killyleagh Castle, Grafschaft Down 242
Beaulieu, Grafschaft Louth 243

AUSGEWÄHLTE BIBLIOGRAPHIE 244

INDEX 252

Originaltitel: Ancient Ireland
Originalverlag: George Weidenfeld & Nicolson
LTD, London, Großbritannien

Motiv Seite 1: Lunula, irischer Halsschmuck der Bronzezeit
mit Dreiecks- und Zickzackmotiven
Motiv Vor- und Nachsatz:
links: Kreuzigung, rechts: Die Wiederkehr Christi,
beide aus der Handschrift 51, Stiftsbibliothek St. Gallen, Schweiz

Anmerkung der Fotografin:
Da ich meine Bildaufnahmen von Denkmälern in Irland über viele
Jahre hinweg gemacht habe, wurde nicht in jedem Fall das neueste
Foto verwendet, wenn ältere besser gelungen schienen.

Katalogisierungsangaben der British Library
Der Katalogeintrag dieser Publikation liegt bei der British Library vor.

Deutsche Erstausgabe

Übersetzung aus dem Englischen: Werner Posselt, Großpörna
Produktion: Neumann & Nürnberger, Leipzig
Umschlagmotiv: Dunluce Castle an der Antrim Küste
Karte: Technical Art Services
Gesamtherstellung: Printer s.r.l., Trient
Printed in Italy
ISBN 3-86047-173-2

KARTE MIT VERZEICHNIS DER STANDORTE

Adare 133
Aghadoe 171
Ahenny 147
Ardagh 131
Ardfert 160
Ardglass 37
Ardmore 176
Askeaton 132
Athassel 139
Athenry 74
Ballintober 45
Ballygalley 13
Ballykinvarga 96
Ballymacdermot 31
Baltinglass 113
Banagher 78
Beaulieu 59
Blarney 174
Boa Island 23
Boyle 47
Browneshill 116
Bunratty 126
Burrishoole 44
Cahercommaun 97
Cahermacnaughten 94
Cahir 143
Carlingford 34
Carndonagh 2
Carrickfergus 14
Carrick-on-Suir 146
Carrigogunnell 134
Carrowmore 20
Cashel 140
Castlebernard 107
Castledermot 114
Castlestrange 72
Céide Fields 15
Charles Fort 182
Church Island 178
Clones 29
Clonfert 77
Clonmacnoise 79
Cong 69
Coppinger's Court 181
Corcomroe 102
Craggaunowen 123
Creevelea 22
Creevykeel 18
Croagh Patrick 43
Curraha 61
Derry 7
Devenish 27
Doe Castle 1
Donaghmore 51
Donegal 10
Doon Fort 8
Drogheda 57
Drombeg 180
Dromoland 124
Dublin 66
Dún Aengus 87
Dún Ailinne 83
Dunamase 108
Dunbeg 165
Dunbrody 157
Duncannon 158
Dun Conor, Aran 89
Dundrum 36
Dún Dúchathair, Aran 88
Dunguaire 103
Dunluce 4
Durrow 81
Dysert O'Dea 101
Ennis 121
Enniscorthy 155
Enniskillen 28
Fahan Mura 5
Fethard 144
Fore 48
Gallarus 163
Galway 73
Glankeen 128
Glanworth 169
Glencolmcille 9
Glendalough 86
Gleninagh 91
Gleninsheen 93
Gowran 150
Graiguenamanagh 153
Greencastle 3
Grey Abbey 40
Grianán of Aileach 6
Holy Cross 137
Hore 138
Howth 65
Iniscealtra 117
Inishmurray 17
Jerpoint 152
Johnstown 130
Kanturk 170
Kells, Co. Kilkenny 148
Kells, Co. Meath 49
Kilcash 145

Kilclief 38
Kilcooley 129
Kildare 82
Kildavnet 41
Kilfane 151
Kilfenora 98
Kilkenny 149
Killadeas 25
Killaloe 119
Killeshin 115
Killevy 30
Killinaboy 100
Killyleagh 39
Kilmalkedar 161
Kilmallock 167
Kilmacduagh 104
Kilnasaggart 32
Knockcurraghbola 127
Knockgraffon 141
Knocknarea 19
Knowth 54
Labbamolaga 168
Leamanegh 99
Legananny 35
Lemanaghan/Boher 80
Limerick 135
Lough Gur 136
Loughrea 75
Lusk 62
Maghera 11
Malahide 63
Mellifont 53
Monaincha 110
Monasterboice 56
Monea 26
Moone 112
Moylarg 12
Moyne 16
Muckross 173
Murrisk 42
Nenagh 120
Newgrange 55
New Ross 154
Newtown Castle 92
O'Brien's Castle 90
Parke's Castle 21
Piper's Stones 85
Portumna 106
Poulnabrone 95
Proleek 33
Punchestown 84
Quin 122
Rathfarnham 67
Rathmacknee 159
Reask 162
Roscrea 109
Ross Castle 172
Ross Errilly 70
St Doulagh's 64
Scattery Island 125
Skellig Michael 177
Slane Friary 52
Staigue Fort 179
Strade 46
Tara 60
Termonfeckin 58
Thoor Ballylee 105
Timahoe 111
Toureen Peakaun 142
Trim 50
Tuam 71
Tuamgraney 118
Tullylease 166
Turoe 76
Waterford 156
White Island 24
Youghal 175

FÜR VINCENT O'BRIEN
DESSEN GÜTE UND GROSSMUT
DIESE TRILOGIE ERMÖGLICHTE

VORWORT

von Jacqueline O'Brien

Relikte vergangener Zivilisationen findet der Besucher im ländlichen Irland auf Schritt und Tritt. Oft sind sie an Orten unvergleichlicher Schönheit: inmitten saftig grüner Wiesen und Weiden, hoch oben über wilden Gebirgsflüssen oder auf gefährlichen Klippen Hunderte von Metern über den gischtenden Wogen des Atlantik. Es gibt kaum etwas Atemberaubenderes, als in irgendeinem abgelegenen Dorf des Landes plötzlich der Ruine eines mittelalterlichen Klosters oder eines zum Himmel aufstrebenden Rundturmes mit seinem hohen Türdurchgang drei Meter über der eigenen Standhöhe, ansichtig zu werden, der noch immer in Erwartung des gefürchteten Angriffes der Wikinger zu verharren scheint. Die Wikinger hinterließen jedoch nicht nur Spuren der Zerstörung, sie gründeten auch Siedlungen, die in den Jahrhunderten überbaut wurden, wobei die Steine früherer Bauwerke stets aufs Neue Verwendung fanden. Ein Blick in die bewegte Geschichte Dublins zur Zeit der Wikinger tat sich vor zwanzig Jahren auf, wurde aber leider zu bald wieder unter vielen Tonnen Beton begraben. Den zahlreichen Denkmälern in Irlands ländlichen Bereichen war ein besseres Schicksal beschieden. Sie stellen einen außerordentlich wertvollen Schatz der Geschichte dar.

Glücklicherweise sind sich Öffentlichkeit und Regierung Irlands des reichen Erbes rasch bewußt geworden. So wurden große Anstrengungen unternommen, zu bewahren, was noch nicht verloren war. Das Office of Public Works in Dublin sowie das Ministerium für Umweltschutz Nordirlands wehren standhaft dem Verfall und der Zerstörung, erhalten mit Umsicht und erneuern mit viel Vorstellungskraft. Wie stets, mangelt es auch hier am nötigen Geld. Die Gefahren sind real: Zeit, Wetter, Verwilderung und Vandalismus sind ständige Gegner. Bauwerke, die viele Jahrhunderte der irischen Landschaft das Gepräge gaben, fallen heute mit beängstigender Geschwindigkeit der Zerstörung anheim – was ich unschwer durch den Vergleich mit Bildaufnahmen von vor weniger als zehn Jahren bestätigen kann. Ein Lösungsweg besteht in der Umsetzung der wichtigsten Denkmäler in geschlossene Räume, wie bei den Hochkreuzen in Clonmacnoise. Hochwertige Nachbildungen ersetzen sie, können aber den einstigen Zauber des Standortes nicht wieder herstellen. Noch stehen die Kreuze in der geschichtsträchtigen Landschaft von Monasterboice wie seit eintausend Jahren. Doch wie lange noch, ist ungewiß, dann müssen auch sie den zerstörerischen Einflüssen des ungeschützten Standortes entzogen und in geschlossenen Räumen aufgestellt werden. Wir zählen noch zu denen, die die Kunstwerke an ihren ursprünglichen Standorten bewundern dürfen. Möge das auch späteren Besuchern beschieden sein.

In einem Lande, das wirtschaftlich weitgehend auf Tourismus angewiesen ist, muß auf Sehenswürdigkeiten hingewiesen, müssen die Standorte gepflegt werden und öffentliche Einrichtungen vorhanden sein. Der Unterschied zwischen einer manikürten Landschaft und dem ursprünglich Atmosphärischen ist kaum zu übersehen. Bei solchem Ordnungssinn, wie die Orte für kommende Generationen bewahrt und sauber gehalten werden, geht das Gespür für Alter im unaufhaltsamen Fluß der Zeit verloren. Ebenso fehl am Platz sind neu errichtete, auf Hochglanz polierte Grabmonumente mit unpassenden Kunstblumenumrankungen an alten, bemoosten Gemäuern. Zumindest zeigen sie dem Betrachter aber, daß er sich nicht an einem rein musealem Standort befindet. Es bleibt jenes nicht in Worte zu fassende Gefühl des Unwirklichen, ein überwältigendes Gefühl von Mysterium und Ehrfurcht, dem sich der Besucher nicht zu entziehen vermag, dessen Zerstörung aber unvermeidlich scheint.

Zahlreiche örtliche Einrichtungen und Gemeinden sorgen sich mit bewundernswerter Umsicht um die historischen Standorte. Ihre Attraktivität für Besucher ist ein wichtiger Gesichtspunkt. So macht das Dorf Upperchurch bei Tipperary große Anstrengungen, das abgelegene Dolmengrab Knockcurraghbola zu erhalten und bekannt zu machen. Die kleine Stadt Clones wird von einem von duftenden Rosen umrankten Hochkreuz auf einem uralten Friedhof überragt, auf dem es faszinierende Altertümer zu entdecken gibt. Auch seitens des Staates wird viel zur Erhaltung des kulturellen Erbes getan. Das im Süden seit 1994 geltende Denkmalschutzgesetz gewährleistet umfassenden Rechtsschutz für alle in die Denkmalliste aufgenommenen Denkmäler. Diese nahezu 200 000 Objekte umfassende Liste soll Ende 1996 abgeschlossen sein.

Diese Einrichtungen tragen Verantwortung für einen unvergleichlichen Schatz archäologischer Zeitzeugen. Wertvolle Objekte befinden sich im National Museum of Ireland, dem Ulster Museum, der Royal Irish Academy, der National Library of Ireland und dem Trinity College, Dublin. Sie sind das Ergebnis leidenschaftlicher Sammlertätigkeit von Generationen von Fachleuten, die sich der immensen Bedeutung der Artefakte und Manuskripte des irischen Erbes bewußt waren. Das vorchristliche Gold im National Museum of Ireland, z. B., ist einmalig in Europa.

Ich bin Dr. Peter Harbison für den ausgezeichneten Textbeitrag zur Geschichte Irlands bis 1700 zu Dank verpflichtet. Er ist ausgezeichneter Kenner der prähistorischen Fundstätten im Lande. Auch wenn heute davon nur noch wenig zu sehen ist, entwirft er ein plastisches Bild vom möglichen Aussehen der Bauten. Die frühe Geschichte Irlands ist von zutiefst komplexer Natur. Ihm ist es gelungen, die Wirrnisse zu lichten und in verständlicher, doch wissenschaftlich fundierter Weise und nicht ohne Humor, dem interessierten Leser Informationen in hoher Dichte zu bieten. Die umfangreiche bibliographische Übersicht sollte vor allem der wissenschaftlichen und forschenden Beschäftigung allgemein, aber auch einzelnen Standorten dienen.

Wir sind zahlreichen Einrichtungen und Personen zu Dank verpflichtet, die uns bei der Vorbereitung dieser Publikation hilfreich zur Seite gestanden haben. Wir möchten folgenden Einrichtungen und deren Mitarbeitern unseren Dank für Unterstützung unterschiedlichster Art sagen: Den Commissioners of Public Works, dem stets äußerst kooperativen Mitarbeitern des National Monuments Service, besonders William Cumming und Aighleann O'Shaughnessy, dem Northern Ireland Department of the Environment, Historic Monuments and Buildings Branch sowie insbesondere Dr. Ann Hamlin, Direktor des Northern Ireland Archaeological Survey, Dr. Patrick Wallace vom National Museum of Ireland für seine unschätzbare Mitarbeit und Freundlichkeit, Valerie Dowling für Unterstützung bei den Fotoaufnahmen sowie Raghnall Ó Floinn und Mary Cahill für den Aufbau, dem Council of the Royal Irish Academy für die Erlaubnis zur Reproduktion von zwei Handschriften (*Cathach* und das *Stowe Missale*) sowie den Mitarbeitern der Bibliothek (Bibliothekar Siobhán Uí Raifeartaigh, Íde Ní Thuama, Marcus Browne, Kim Hunter und Dymphna Moore) für ihre Hilfe, Bibliothekar Dr. Cornel Dora und Fotograf Carsten Seltrecht in der herrlichen Stiftsbibliothek von St. Gallen für die Erlaubnis zur Ablichtung der einzigartigen irischen Handschriften sowie für Unterstützung, dem Irish Architectural Archive (David Griffin und Colm O Riordan sowie Ann Henderson, Hugh Doran, Simon Lincoln und Aidan O'Boyle), der Royal Society of Antiquaries of Ireland (Siobhán de hÓir und Orna Somerville) sowie Dr. Pat Donlon und ihren hilfreichen Mitarbeitern in der National Library of Ireland, dem British Museum für die Erlaubnis zur Ablichtung der Glocke St. Cuilean und der Brosche ‚Londesborough', ferner Susan Youngs, die die Aufnahmen ermöglichte.

Unser Dank geht auch an Einzelpersonen, darunter Frau Edelgard Soergel-Harbison und Frau Sheelagh Harbison, Dr. Katharine Simms und Dr. Terry Barry vom Trinity College, Dublin, George und Dr. Maccon Macnamara, Corofin, Grfsch. Clare sowie Letitia Pollard, Herausgeber des Magazins *Ireland of the Welcomes*, Pauline Byrne von Bord Fáilte. Charles Colthurst und Mervyn Johnson von Blarney Castle, Hochw. Sean Bourke von Boher für die Erlaubnis zur Ablichtung des St. Manchan's Shrine, Gretta Byrne vom Céide Fields Interpretative Centre, Cian O'Carroll von Bunratty Castle, Tom Cassidy aus Craggaunowen, Maureen und Paul Derby, Prof. George Eogan, Hochw. Joseph Garvey, Curraha, Herrn und Frau Michael Green aus Newtown, Alan Hayden für Angaben zu den noch unveröffentlichten Ausgrabungen auf Trim Castle, Thomas Kinsella für die Genehmigung zur Wiedergabe des Gedichtes auf S. 180, Frau Libby Ponsonby aus der Abtei Kilcooley, Hochw. Daniel Ryan aus Upperchurch, Christopher St. Lawrence von Howth Castle, Frau Nesbit Waddington aus Beaulieu sowie den äußerst bereitwilligen Mitarbeitern aller Stätten, einschließlich Boyle, Clonmacnoise, Ennis, Glendalough, Jerpoint, Newgrange (besonders Claire Tuffy) und des Rock of Cashel.

Die äußere Erscheinung des Buches ist weitgehend dem verlegerischen Können Colin Grants, dem einfallsreichen Design von Harry Green und der Mitarbeit von Caroline Earle und Richard Atkinson in Weidenfeld zu verdanken, denen allen unser Dank gebührt. Unser Verleger Michael Dover war ein wohlwollender Begleiter der Publikation, ebenso bei den Vorgängern dieser Trilogie zu Irland *Great Irish Houses and Castles* sowie *Dublin: a Grand Tour*.

Für die Zustimmung zur Einbeziehung der Kirchen und die freundliche Genehmigung zu den Fotoaufnahmen möchte ich all denen danken, die mit großer Ausdauer daran beteiligt waren – sei es beim Halten der Scheinwerfer, Aufstellen der Leitern, Stative und Kameras – insbesondere folgenden: den Augustinermönchen des Klosters Fethard, Hochw. Michael Nuttall, Rektor von Adare, Dr. Frank Moriarty, Gemeindepriester in Adare, Hochw. Frank Fahey von Ballintober, den Karmeliterbrüdern des Klosters Loughrea, Hochw. Wayne Carney, Rektor der Kathedrale Clonfert, John Paterson, Dekan der Church of Christ, Dublin und Allen Figgis, Hochw. Monsignore Sean Swayne von der Abtei Duiske, Graiguenamanagh, Dermot Clifford, Erzbischof von Cashel und Emly sowie Hochw. Mathew McGrath von der Abtei Holy Cross, Ernon Perdue, Dekan von St. Flannan, Killaloe, Donal Murray, Bischof von Limerick für die Genehmigung zur Einbeziehung von Mitra und Stab und Hochw. Michael Wall für erwiesene Unterstützung, Hochw. Dr. Robert McCarthy von St. Nicholas, Myra Collegiate Church, Galway sowie Küster Christine Hunt, Robert Townley, Dekan der Kathedrale St. Brigid, Kildare und Kenneth Dunne, Norman Lynas, Dekan von St. Canice, Kilkenny, George und Muriel Bell, Cecil Orr, Dekan der Kathedrale St. Columb, Derry, Dr. Norman Gamble von St. Doulagh, Balgriffin und Robert Geelan, Morris Sirr, Dekan der Kathedrale St. Mary, Limerick, Hochw. Peter Rhys Thomas, Rektor der St. Mary's Church, Youghal, Maurice Stewart, Dekan der Kathedrale St. Patrick, Dublin und Joyce Wynne, Anthony Previte, Dekan der Kathedrale St. Mary, Tuam.

John Derby hat sich um einen großen Teil der Fotoarbeiten verdient gemacht und die Arbeiten mit kundiger Hand geordnet. Ihm bleibe ich wegen seiner umfassenden Kenntnis Irlands und seiner Geschichte stets zu Dank verpflichtet. Mein Dank gilt ferner dem Fotographen John Slater, der an mehreren Fotoexkursionen beteiligt war und mich Irland mit der Begeisterung eines Mannes aus Yorkshire sehen ließ, Eleanor O'Neill aus Ballydoyle, Begleiterin meiner Reisen, die sich über Jahre hinweg um mich und meine umfangreiche Ausrüstung sorgte, Gerry Gallagher und Alan Rapier für Unterstützung bei den vielen hundert Kilometern Autofahrt sowie Brian Carpenter, John Swan und Robert Goodbody von dem Unternehmen Westair Aviation in Shannon für ihren Einsatz bei der Anfertigung der Luftaufnahmen.

Schließlich gilt mein herzlicher Dank der Familie von Peter Harbison, die ihn während langer Abschnitte seines immensen Arbeitsaufwandes entbehren mußte sowie meiner eigenen Familie für die Geduld während meiner häufigen Abwesenheit, die wohl froh sein wird, daß die Trilogie über Irland nunmehr abgeschlossen ist.

DAS VORGESCHICHTLICHE IRLAND

DIE STEINZEIT

Die mittelalterlichen Denkmäler Irlands, mit denen sich das vorliegende Buch im wesentlichen befaßt, sind Zeugnisse etwa des ersten Jahrtausends irischer Geschichte. Sie bereichern unser Wissen über die Zeit eines St. Patrick im fünften Jahrhundert bis zum Niedergang des gälischen Irland im 17. Jahrhundert. Jedoch kamen weder die ersten Bewohner der Insel, von deren Hand zahlreiche Baudenkmäler stammen, noch ihr Nationalheiliger aus dem Nichts. Ihre Vorfahren hatten das Land bereits seit Tausenden von Jahren besiedelt. Das Blut in ihren Adern stammte von irischen Vorfahren aus vielen Jahrtausenden. Deshalb ist den Zeugen der mittelalterlichen Zeit auch eine Auswahl vorgeschichtlicher Objekte vorangestellt, die uns bis in die Steinzeit führen, in der Iren bereits eine Meisterschaft bei der Bearbeitung dieses Materials bewiesen.

Es mag überraschen, daß der geschichtliche Zeitabschnitt Irlands – von St. Patrick bis zur Gegenwart – weniger als ein Sechstel der Besiedlungszeit der Insel umfaßt. Während der übrigen fünf Sechstel entbehrten die Menschen der Möglichkeit, uns ihre Geschichte in schriftlicher Form zu überliefern. Um uns ein Bild von jenen Jahrtausenden vorgeschichtlicher Zeit machen zu können, sind wir auf die Archäologie und andere Wissenschaften angewiesen, die in den letzten Jahrzehnten eine Neubelebung erfuhren. Die steinernen Zeugen aus jenen fernen Tagen können uns bei diesem Bemühen helfen.

Reist man heute mit dem Auto oder Bus durch Irland, fällt angesichts saftig grüner Wiesen und ausgedehnter Moore beiderseits der Straßen die Vorstellung schwer, daß es vor weniger als zwanzigtausend Jahren unmöglich gewesen wäre, dieses Territorium auch nur zu Fuß zu durchqueren, als das Land noch von Gletschern bedeckt war, wie wir sie heute von Island oder den oberen Alpenregionen kennen. Lediglich ein schmaler Landstreifen an der Südküste blieb eisfrei. Dort haben Archäologen vergeblich nach Spuren altsteinzeitlicher Besiedlung gesucht, Menschen einer Zeit, in der die Künstler lebten, denen wir die berühmten Tierdarstellungen in den Höhlenzeichnungen in Frankreich und Nordspanien verdanken. Erwärmungen des Klimas auf der nördlichen Hemisphäre haben – schneller oder langsamer – stets Veränderungen bewirkt. Das Eis zog sich über die europäische Landmasse polwärts bis auf noch heute vorhandene Reste in den Bergen Westnorwegens zurück. Um 8000 v. Chr., wahrscheinlich aber früher, war Irland schon nicht mehr vom Eis bedeckt und für die erste Besiedlung bereit. Ob die ersten Siedler, die sich nasse Füße holten, von England kamen, können wir nicht sagen. Dazu fehlt der schlüssige Beweis, ob die schmale Landverbindung zwischen der kleineren Insel und ihrer größeren Nachbarin im Osten bereits vor oder erst nach der Ankunft der ersten Menschen in Irland getrennt wurde.

Mit relativer Sicherheit läßt sich dagegen sagen, daß die ältesten Spuren der Besiedelung des Landes aus der Zeit um 8000 v. Chr. stammen, somit also ca. zehntausend Jahre alt sind. Sie gehören zum Mesolithikum, der mittleren Steinzeit, der Zeit der Jäger und Fischer. Der östliche Landesteil, wo sich heute saftige Wiesen und Weiden ausdehnen, war zu jener Zeit mit Wald und Busch bedeckt. Die ersten Ankömmlinge zogen vermutlich von der Küste die Flüsse hinauf ins Landesinnere. Da sie zum Nahrungserwerb täglich jagen und fischen mußten, waren sie ständig auf dem Marsch, was ein längeres Verweilen an einem Ort nicht zuließ. Zum Errichten dauerhafter Andenken an ihre Toten blieb keine Zeit. Daher fördern die Archäologen bei Grabungen auch nur Reste von Siedlungsplätzen zu Tage, die an Verfärbungen des Bodens erkennbar sind, wo die leichten Hütten einst von in den Boden gerammten Pfählen gehalten wurden. Es finden sich daneben Steinwerkzeuge, die den Menschen bereits damals die Mühe der täglichen Arbeit erleichterten.

Für nahezu die Hälfte der vorgeschichtlichen Besiedelungszeit, d. h. ca. viertausend Jahre, lebten diese Jäger und Fischer in kleinen Familienverbänden. Da für etwa eintausend Jahre jeglicher archäologische Nachweis fehlt, könnte die Annahme entstehen, daß die Menschen jener Zeit verschwanden, ohne Spuren zu hinterlassen. Neuankömmlinge könnten dann in weitaus späterer Zeit den unerbittlichen Existenzkampf auf einem ähnlich primitiven Niveau wieder aufgenommen haben.

In den sonnigen Klimaten anderer Teile der Welt, z. B. Westasiens, hatten die Menschen durch den Anbau von Getreide und die Errichtung dauerhafter Wohnstätten günstigere Lebensbedingungen. Die Entwicklung der frühesten Zivilisation in Kleinasien drang allmählich bis Europa vor, wo Ackerbau treibende Gemeinschaften in der Nähe der großen Flüsse Donau und Rhein mit dem Bau von Dörfern begannen. Sie bearbeiteten nicht nur den Boden, sie domestizierten auch das Rind und das Schaf, mit deren Hilfe sie ihren täglichen Nahrungsbedarf leichter zu decken lernten, ohne weiterhin auf das Jagen angewiesen zu sein. Als diese Gemeinschaften schließlich den Ärmelkanal überwanden und auf die britischen Inseln kamen, brachten sie Saatgut und ihre Herden mit, verfolgten aber offensichtlich nicht weiter den Bau von Dörfern, sondern errichteten verstreut liegende Wohnbauten. Es war nur eine Frage der Zeit, bis diese Entwicklungen vor ca. 6000 Jahren auch die Küsten Irlands erreichten.

LINKS Tiefe Religiosität sowie gesellschaftliche Umstände müssen die Beweggründe für den Bau dieses Hünengrabmals von 11 m Höhe auf dem Knocknarea in der Grafschaft Sligo gewesen sein. Wie schwierig die Errichtung eines solchen Bauwerkes gewesen sein muß, läßt sich wohl ebenso wenig nachvollziehen, wie die Zahl an Arbeitsstunden, die die Menschen der Steinzeit darauf verwendeten.

RECHTS Carrowmore, 3 km westlich der Stadt Sligo, besitzt mit fünfundachtzig Hünengräbern eines der größten und – wenn man den Ausgrabungen der Schweden Glauben schenkt – auch der ältesten Gräberfelder Europas. Die Ganggräber und die Dolmengräber in den Steinringen bieten einen unvergleichlichen Anblick.

UNTEN RECHTS Knowth ist einer der drei großen Grabhügel in der „heiligen Landschaft" des unteren Boynetales in der Grafschaft Meath. In umfangreichen Ausgrabungen legte Prof. George Eogan unter dem vermutlich vor 2500 v. Chr. errichteten Hügel zwei Rücken an Rücken zueinander liegende, sehr unterschiedliche Ganggräber frei. Zahlreiche Steine innen und außen sind reich mit abstrakten Zeichen von großer Schönheit und Komplexität verziert. Die in jüngster Zeit rekonstruierten Satellitengräber, die den Haupthügel wie Küken die Henne umgeben, können besichtigt werden.

LINKS Das aus Kragsteinen errichtete Dach über der Grabkammer von Newgrange ist ein zeitloses Meisterstück der Baukunst, das seit fünftausend Jahren verhindert, das Wasser in das Grab eindringen kann.

RECHTS Erhebt sich die Sonne am kürzesten Tag des Jahres über den Horizont, fallen ihre feinen Strahlen in den Gang und erhellen für siebzehn Minuten die Kammer im Zentrum des Grabhügels. Den in den Schoß von Mutter Erde zurückgekehrten Toten verkündet sie die jährlich wiederkehrende, ewige Botschaft des Lebens.

neten und teilweise verzierten Kragsteine am Fuß des Hügels hielten den Erdmassen des Hügels, die sich zweifellos über sie ergossen haben müssen, nicht stand. Nach Prof. M. J. O'Kelly, der von 1962 bis 1975 Ausgrabungen in Newgrange durchführte, war den weißen Steinen, die, wie er glaubte, beiderseits des Grabeingangs am Fuß des Hügels eine speziell Fassadenfunktion erfüllten, das gleiche Schicksal beschieden. Er fand diese Steine in leicht abfallender Lage am Fuß des Hügels. Auf seinen Hinweis und den eines Experten, der aus dem Ort und der Anordnung, wie Prof. O'Kelly die Steine vorfand, ihre ursprüngliche Lage rekonstruierte, hat das Office of Public Works, als die zuständige Einrichtung, die Rekonstruktion der Vorderfront in der jetzigen Form durchgeführt. Ungeachtet kritischer Meinungen gegen ein derartiges Vorgehen, verleiht die weiße Fassade Newgrange einen besonderen Charakter und macht die Stätte weithin sichtbar.

Diese Wirkung lag zweifellos auch in der Absicht der prähistorischen Baumeister, die die Grabstätten an landschaftlich hervorragenden Orten anlegten, von wo aus die bedeutende Botschaft der Hügel des Weiten und Breiten erkennbar war. Wegen seines großen Durchmessers nimmt Newgrange nicht nur die Kuppe des Hügels, sondern auch Teile der Hänge ein. Das wird dem Besucher klar, der den Aufstieg zum Grabeingang unternimmt, dem ein reich verzierter Stein vorgelagert ist. Der Schmuck aus Spiralen (eine davon dreifach) und Rauten macht diesen Stein zu einem der am kunstvollsten skulpturierten im gesamten vorgeschichtlichen Europa. Beim Betreten des Türdurchganges mit der ursprünglich beweglich eingesetzten Steintür zur Rechten nimmt der Besucher beim Durchschreiten des Ganges von 19 m Länge bis zur eigentlichen Grabmitte nahezu unmerklich die Fortsetzung des Hügelanstiegs wahr. Eine Art Rundkammer endet in einer Höhe von ca. 6 m in einem Dach aus großen Kragsteinen, die mit leichter Neigung nach außen aufeinandergelegt sind. Auf diese geschickte Weise wurde verhindert, daß Wasser seitlich ablaufen und vom Hügel herab in die Grabkammer tropfen konnte.

innerhalb des Hügels mehrere kleine, miteinander nicht verbundene Grabkammern.

Creevykeel selbst wurde 1935 im Rahmen einer archäologischen Expedition der Harvard-Universität unter Leitung von Hugh O'N. Hencken ausgegraben.

Dabei wurden an verschiedenen Orten des Landes vorbildliche Grabungen durchgeführt, die den jungen irischen Archäologen eine ausgezeichnete Schule waren.

DOLMENGRÄBER

Die Dolmengräber sind, was ihre Größe betrifft, die augenfälligsten und gleichzeitig grazilsten Megaltihgräber in Irland, was einen Experten zu der Bemerkung veranlaßte, es handele sich bei den Dolmen um die frühesten Stücke öffentlicher Skulptur in Europa. Sie bestehen aus drei bis sieben Vertikalsteinen, auf denen ein riesiger Deckstein ruht, der bei der Mehrzahl der Gräber in Richtung des Einganges ansteigt. Manche Gräber waren mit einem schweren Stein verschlossen.

Das Wort selbst – das einem der bekanntesten Druckhäuser des ausgehenden Jahrhunderts in Irland seinen Namen gab – leitet sich aus zwei bretonischen Wörtern für ‚Steintisch' her. Unter dem Eindruck der urzeitlichen Form glaubten frühe Altertumsforscher, es handele sich um Druidenaltäre. Bei Ausgrabungen im Inneren wurden jedoch menschliche Skelettreste gefunden, die auf eine Verwendung als Bestattungsort hinwiesen. Sie waren unter langen, flachen Hügeln begraben, was den Schluß zuläßt, daß sie auf irgendeine Weise mit den mehr oder weniger zeitgleichen Hofgräbern in Verbindung standen, ohne sich notwendigerweise von diesen herzuleiten. Die Radiocarbondatierung eines der bekannten Dolmen in Poulnabrone in der Grafschaft Clare ergab ein Alter zwischen 3800 und 3200 v. Chr. Ein typisches Merkmal ist die scheinbar schwerelose Weise, mit der sie die mas-

RECHTS Die interessante Kontur des Dolmengrabes von Poulnabrone; in der Mondlandschaft um Burren, im Norden von Clare, steht der Betrachter wie in Erwartung des bevorstehenden Abhebens des Decksteines zu einem Weltraumflug.

UNTEN Als ob sie, des Gewichts müde, den schweren Deckstein abgeworfen hätten, umschließen diese Steine das der Überlieferung entsprechend als letzte Ruhestätte der Königin Aedeen geltende Dolmengrab im Areal von Howth Castle in der Grafschaft Dublin. Diese starb aus Gram über den Verlust ihres Ehegatten Oscar in der Schlacht von Gabhra im Jahre 284 n. Chr. ‚Besucht den Ort der letzten Ruhe einer Königin', hatte der Dichter Sir Samuel Ferguson bereits im 19. Jahrhundert aufgefordert.

dem Lyles Hill in Donegore, Grafschaft Antrim, wurden mehrfach unterbrochene Erdwälle errichtet. Diese Erd- und Steinbefestigungen werden erst seit kurzem als möglicherweise zur Bronzezeit gehörig eingeordnet; vordem hielt man sie für Erscheinungen der auf die Bronzezeit folgenden Eisenzeit, aus der wesentlich weniger Waffen gefunden wurden.

Steinbefestigungen haben vielfältige Formen. Sie sind in der Mehrzahl auf die westliche Hälfte des Landes konzentriert. Die Formenvielfalt wird besonders deutlich in Ballykinvarga im Burren, Grafschaft Clare und auf den Aran-Inseln in der Bucht von Galway, wo Stein als Baumaterial im Überfluß zur Verfügung steht. Die Anlagen sind rund, wie in Dún Conor, oval oder halbkreisförmig, bis dicht an die Steilklippen heranreichend, wie in Dún Aengus und Cahercommaun, Grafschaft Clare. Stein diente auch der Befestigung von Landzungen, wie bei Dún Dúchathair auf der größten der drei Aran-Inseln sowie an anderen Orten entlang der Hauptküste, so bei Dunbeg auf der Halbinsel Dingle in der Grafschaft Kerry. Die jüngsten Ausgrabungen durch Claire Cotter bei Dún Aengus sowie bronzezeitliche

RECHTS In grauer Vorzeit verwandten die Bewohner der Aran-Insel Inishmore in der Bucht von Galway viel Zeit und Mühe für den Bau des mächtigen Steinwalles des Schwarzen Forts (Dún Dúchathair) zur Verteidigung der heute öden Steinlandschaft dieser Landzungen.

UNTEN Dicht gesetzte, aufrechtstehende Steine, sog. *chevaux-de-frise*, dienten der Verteidigung der Steinfestung von Ballykinvarga in der Nähe von Kilfenora, Grafschaft Clare. Zeitpunkt und Zweck der Errichtung bleiben ein Geheimnis.

RECHTS Die Bauern von Clare, die diese mächtige Steinbefestigung vor mehr als eintausend Jahren errichteten, sparten sich die Mühe, den Kreis zu schließen. Sie bauten dicht an eine unbezwingbare Klippe.

Funde innerhalb der Steinfestung legen die Vermutung nahe, daß die Verteidigungsanlagen in diese Zeit zu datieren seien.

Ein stichhaltiger Beweis, daß die Festung tatsächlich in der Bronzezeit errichtet wurde, fehlt jedoch bislang noch. Die vorliegenden Funde können nur Anhaltspunkte geben. Die Schlußfolgerung, alle Steinbefestigungen stammten damit aus solch früher Zeit, wäre voreilig. Einige, darunter die Rundanlagen in Staigue in der Grafschaft Kerry sowie der Grianán von Aileach in der Grafschaft Donegal, könnten auch erst in frühgeschichtlicher Zeit erbaut worden sein. Die Grundlagen für eine verläßliche Datierung dieser imposanten Bauwerke sind wenig gesichert. Es bleibt kommenden Grabungen vorbehalten, mehr Licht in das noch herrschende Dunkel zu bringen.

KEILGRÄBER

Die jüngste Form von Megalithgräbern in Irland sind die Keilgräber. Wie bereits erwähnt, sind dies lange, steinegesäumte Galerien mit Decksteinen und keilförmiger Grundform. Oft umlaufen weitere Steine das Grab, welches in einem runden oder D-förmigen Hügel angelegt ist. In einigen Gräbern wurden Scherben aus dem Neolithikum (Jungsteinzeit) gefunden, andere enthielten sogenannte Becherscherben, eine in vielen Teilen Europas parallel mit der einsetzenden Verwendung von Metall zu findende feine

LINKS Knockcurraghbola im hügeligen Oberland der Grafschaft Tipperary ist Standort zahlreicher Keilgräber aus der Zeit um 2000 v. Chr.

RECHTS Dieser beeindruckend geheimnisvolle Steinring bei Drombeg in der friedlichen Landschaft von Westcork ist möglicherweise der zuletzt in vorgeschichtlicher Zeit in Irland angelegte.

UNTEN Dieser Steinring in der Grafschaft Wicklow erhielt seinen Namen ‚Piper's Stone' nach einer Sage, derzufolge ein Flötenspieler und die ihn begleitenden Tänzer zu Stein verwandelt wurden, als sie sich am heiligen Sabbat vergnügten.

Keramik. Dies läßt den Schluß zu, daß zumindest einige Keilgräber aus der Kupferzeit oder der sich anschließenden Bronzezeit stammen. In Irland zählt man nahezu fünfhundert dieser Denkmäler, von denen die Hälfte in der Höhenlage zwischen 60 und 180 m zu finden sind – höher als die Mehrzahl der Hofgräber, jedoch niedriger als die meisten Ganggräber.

Ihr Vorkommen konzentriert sich besonders auf den westlichen Teil des Landes. Einige bieten mit ihren in Richtung des Eingangs ansteigenden, riesigen Decksteinen einen imposanten Anblick. Angesichts der enormen Ausmaße dieser Bauten erhebt sich die Frage, ob sie – und damit die Megalithgräber generell – tatsächlich nur der Totenbestattung dienten oder nicht vielleicht Orte ritueller Handlungen der Gemeinschaften waren, die vor viertausend Jahren hier lebten. Vielleicht dienten sie gar mehreren Zwecken gleichzeitig. Werden wir es je erfahren?

STEINRINGE

Die Steinringe zählen zu jenen herrlich geheimnisvollen, vorgeschichtlichen Funden, die der Vorstellung über ihren eventuellen Verwendungszweck freien Lauf gewähren. Sie kommen gehäuft in bestimmten Gebieten vor, z. B. im Westen von Cork und Kerry, jedoch auch in Ulster. Bei einer kleinen Gruppe in Wicklow steht ein Stein aufrecht außerhalb des Ringes. Im glaubensstrengen 17. Jahrhundert fand man dafür die Erklärung, der Herr selbst habe ein Gruppe herumwirbelnder Tänzer zu Stein werden lassen, als diese sich am Sabbat vergnügten und damit gegen geltende Sitten verstießen. Als zusätzliche Strafe wurde auch der Flötenspieler gleich mit in Stein verwandelt und steht seither neben der Gruppe steinerner Tänzer, daher auch der Name ‚Piper's Stones'.

Bei anderen Ringen ist ein Stein etwas größer als die übrigen, und diesem gegenüber liegt ein Stein flach. In manchen Fällen führt eine zwischen beiden Steinen gezogene Gerade, bis zum Horizont verlängert, das Auge des Betrachters zu einem Wahrzeichen in der Landschaft, von wo aus man an bestimmten Tagen des Jahres (Tagundnachtgleiche, Sonnenwende usw.) Sonnenauf- oder -untergang beobachten kann. Damit könnten die Steinringe als Zeichen für bestimmte Sonnenereignisse gedient haben. Tatsächlich hätten dazu bereits zwei Steine genügt – und ein Betrachter, dessen Auge die Linie bis zum Horizont verfolgte. Wahrscheinlich ist, daß die Steinkreise eine viel weiterreichendere Bedeutung hatten, als nur an bestimmte Ereignisse des Sonnenlaufes zu erinnern. Die Anordnung dürfte mit hoher Wahrscheinlichkeit rituellen Zwecken gedient haben – vielleicht der Anbetung der Sonne, deren Kreisbahn der Ring symbolisierte. Steinringe wurden wahrscheinlich in der gesamten Bronzezeit errichtet. Der Ring in Drombeg in Westcork lieferte bei Ausgrabungen durch Dr. Edward Fahy den Beweis, daß solche Bauten selbst noch aus der Eisenzeit datieren, während der in die Mitte des Ringes ein Grab gelegt wurde.

AUFRECHTSTEHENDE STEINE

So unterschiedlich wie Menschen sind die aufrechtstehenden Steine – die einen klein und dick, andere groß und schlank. Von allen findet der Besucher Zeugen in der Landschaft Irlands. Aufrecht inmitten eines Feldes oder neben einer Hecke stehend, umgibt sie trotz aller Auffälligkeit eine Aura des Geheimnisses, das sie – wie Chestertons Esel – noch immer bewahren. Bei einigen wurden während Ausgrabungen die Überreste kremierter Körper gefunden. Damit könnten sie vielleicht in der Bronzezeit zur Kennzeichnung von Bestattungsorten gedient haben. Beim größten und wahrscheinlich grazilsten dieser Steine, in Punchestown, Grafschaft Kildare, der mit einer Höhe von 6 m unmittelbar neben der berühmten Rennbahn steht, wurden kremierte Überreste in einer Steinkiste neben der Sockelgrube gefunden. Estyn Evans war überzeugt, daß weitere derartige Steine vielleicht erst vor wenigen Jahrhunderten aus Launen romantischer Landadeliger heraus oder weitaus prosaischer, als Kratzpfähle für die Kühe, errichtet worden sein könnten.

UNTEN Moderner Bildhauerkunst ebenbürtig, mag dieser aufrechtstehende Stein in Punchestown mit einer Höhe von 6 m in der Bronzezeit zur Kennzeichnung eines Bestattungsortes gedient haben.

CÉIDE FIELDS
Grafschaft Mayo

Der Torfabbau in den vergangenen Jahrhunderten zur Gewinnung von Brennmaterial für den Winter hat Steinwälle zutage gefördert, die bereits errichtet wurden, bevor die Vertorfung infolge des feuchteren Klimas vor mindestens dreitausend Jahren einsetzte. Die weitaus größte Zahl von Steinwällen steht in den Moorgebieten in Nähe der Klippen der Atlantikküste im Norden der Grafschaft Mayo sowie nahe der Straße von Ballycastle nach Belmullet, wo in jüngster Zeit ein Interpretationszentrum in Pyramidenform errichtet wurde, wo der Besucher sich ein anschauliches Bild der Entwicklung machen kann.

Hier lebte wahrscheinlich schon früher als 3000 v. Chr. eine Gemeinde von Landbauern, die einige ihrer Toten in einem Hofgrab (in Behy Townland) bestatteten, das unversehrt unter dem Moor gefunden wurde. Ihre erstaunlichste Leistung aber bestand im Bau zahlreicher Steinwallreihen von großer Länge. Diese verliefen von den Klippen in landwärtiger Richtung und waren in Abständen durch Querwälle verbunden. Auf diese Weise entstanden Felder bis zu fünf Morgen Größe, die den Bauern zur Haltung der Tiere dienten. Ob diese Felder Besitzgut einzelner Personen waren, kann nicht gesagt werden. Ihre Errichtung aber war die gemeinsame Kraftanstrengung vieler, eine Erscheinung, die in Irland noch heute als *meitheal* bekannt ist.

Kurze Abschnitte einiger Wälle wurden von Professor Seamus Caulfield freigelegt, dem es gelang, ihre Richtung festzulegen, ohne sie vollständig ausgraben zu müssen. Dazu rammte er Stangen in die Erde, bis sie im weichen Moorboden auf Widerstand stießen. Ließen sich die Stangen tief in den Boden treiben, bedeutete es, daß sich an dieser Stelle kein Steinwall befand. Auf diese Weise gelang es ihm, die erstaunliche Ausdehnung dieser Wälle auf über 1000 Hektar nachzuweisen. Es ist zu vermuten, daß das Moor, das die Errichter der Steinwälle zwang, ihre Siedlungen vor Tausenden von Jahren zu verlassen, noch zahlreiche weitere Geheimnisse birgt.

RECHTS Die Steinwälle von Céide Fields an der zerklüfteten Atlantikküste in der Grafschaft Mayo sind Zeugnisse gemeinschaftlich betriebener Landwirtschaft auf ausgedehnten Flächen, bevor sie von den sich ausbreitenden Mooren überwuchert wurden.

DÚN AENGUS
Grafschaft Galway

Dún Aengus ist die imposanteste und wahrscheinlich am besten bekannte Steinfestung Irlands. Auf Inis Mór, der größten der drei Aran-Inseln in der Bucht von Galway, befindet sie sich am Rande einer Klippe, die an dieser Stelle 60 m senkrecht in den Atlantischen Ozean abfällt. Die Festung besteht aus drei Steinwällen; von einem vierten sind noch einige Reste vorhanden. Der kleinste Wall hat die Form eines Halbkreises, die übrigen sind eher D-förmig. Der innerste Wall, obwohl der kleinste, ist zugleich der massivste. Trotz der Rekonstruktion im vergangenen Jahrhundert oder früher, vermitteln die Mauern mit 3,70 m Mächtigkeit und Höhe einen Eindruck von dem ursprünglichen Bauwerk. Die häufig gestellte Frage, ob sie ursprünglich einen Vollkreis gebildet haben, läßt sich am besten damit beantworten, daß die bewußte Anlage in unmittelbarer Nähe der Klippen den Erbauern die Mühe des vollen Kreises ersparte.

Außerhalb des mittleren Walls befindet sich eine Reihe aufrechtstehender, eng gesetzter Steine, die eventuellen Angreifern Widerstand entgegengesetzt haben mögen. Diese, nach den im mittelalterlichen Friesien entgegenkommenden Pferden als Hürde in den Weg gestellten Holzpfählen, als *chevaux-de-frise* bezeichneten Steine sind noch in einer weiteren Festung auf dieser Insel sowie in Ballykinvarga in der Grafschaft Clare zu finden. Ob aber die Idee zur Errichtung dieser Barrieren außerhalb der Steinwälle einst von der Iberischen Halbinsel kam, wo sie in Steinform existieren oder aus Mitteleuropa, wo Holzhindernisse dieser Art bekannt sind, bleibt umstritten.

Eine weitere Unsicherheit besteht in der Frage, wann und von wem die Anlage errichtet wurde. Im Jahre 1839 wurde in der Mauer eine eisenzeitliche Spange gefunden. Jüngere Ausgrabungen durch Claire Cotter erbrachten Funde, die eine Datierung auf das siebente oder achte Jahrhundert vor Christus wahrscheinlich machen.

Für eine Festung, die George Petrie einst ‚das herrlichste Bauwerk Europas der Barbarenzeit' nannte, überrascht es, daß sich in den frühesten historischen Quellen keine Erwähnung findet. Eine Verbindung mit den das Land überrennenden sagenumwobenen Fir Bolg ist bis zum zwölften Jahrhundert nicht verbürgt. Selbst führenden Vertretern der irischen Archäologie des 19. Jahrhunderts, unter ihnen George Petrie, Eugene O'Curry, John O'Donavan und Margaret Stokes, die anläßlich eines Treffens der Britischen Gesellschaft zur Förderung der Wissenschaft während eines großen Abendbankettes innerhalb der Wälle den Ort im Jahre 1857 besuchten, blieb die Herkunft der Anlage verborgen. Es besteht Hoffnung, daß Ausgrabungen im Rahmen des staatlich geförderten Discovery-Programmes weitere nützliche Hinweise für eine Antwort auf diese Frage erbringen. Daß nicht alle Probleme gelöst werden, bleibt ebenso zu wünschen, denn einem romantischen Ort wie Dún Aengus alle Geheimnisse zu entreißen hieße, ihm viel von seiner Anziehungskraft zu nehmen.

DÚN CONOR
Inis Meán, Grafschaft Galway

Im Unterschied zu einigen anderen Steinfesten auf den Aran-Inseln ist Dún Conor (auch: Dún Chonchúir) auf der mittleren Insel Inis Meáin eher von ovaler Form. Mit einer Höhe von 5,5 m und einem fast ebensolchen Umfang ist dieser Wall noch mächtiger als der Innenwall von Dún Aengus. An der Innenseite befinden sich Terrassen, die bis zur Rekonstruktion im letzten Jahrhundert durch mehrere Treppenstufen miteinander verbunden waren. Die meisten sind heute rekonstruiert. Ob die – teils rekonstruierten – Hütten im Inneren bereits Teil der ursprünglichen Nutzung waren, ist unbekannt. Da Ausgrabungen in Dún Conor nicht stattgefunden haben, kann auch der Zeitpunkt der Errichtung der Anlage nicht festgestellt werden. Vermutet wird die späte Bronzezeit oder die Eisenzeit.

LINKS Die Steinfestung von Dún Aengus an der atlantischen Steilküste auf der Aran-Insel Inis Mór brauchte nur von der Landseite verteidigt zu werden.

RECHTS Dún Conor auf der mittleren Aran-Insel liefert den Beweis, wie angestrengte Bautätigkeit die umliegende Gegend von einem überreichen Steinsegen befreien kann.

DUNBEG
Grafschaft Kerry

Vorgebirgsfestungen sind auf drei Seiten durch das Meer geschützte Landzungen, deren vierte – landwärtige – Seite durch Festungsbauten verteidigt wurde. Es gibt sie zahlreich an der irischen Küste. Ihre Errichtung datiert zwischen dem siebenten Jahrhundert vor Christus und dem siebzehnten nachchristlichen Jahrhundert. Eine solche Befestigung wurde in Dunbeg, nahe dem Südzipfel der Halbinsel Dingle in der Grafschaft Kerry wenigstens teilweise durch Ausgrabungen freigelegt und von Dr. Terry Barry 1977 untersucht. Sie wurde gegen Überfälle vom Land her durch vier unterbrochene Erdwälle und Gräben geschützt. Zur See hin gibt ein Steinwall einer Hütte Schutz. Unter dem Steinwall fand sich ein Graben, der nach der Radiocarbonmethode eine Datierung aus dem späten sechsten Jahrhundert vor Christus ergab. Datierbare Funde gibt es praktisch nicht. Nach der Radiocarbonmethode zu bestimmende Daten ergaben für den Clochán ein Alter aus dem zehnten Jahrhundert unserer Zeit. In dieser Zeit könnten ähnliche Hütten auf der Halbinsel sowie auf Skellig Michael, wohin von der Landzunge aus Sichtverbindung besteht, gebaut worden sein. Daraus ergibt sich die Frage, ob der Steinwall bei Dunbeg zu Verteidigungszwecken errichtet wurde oder einfach als Abgrenzung für (zeitweilige?) Bewohner des „Bienenkorbes" diente. Wall und Graben könnten bereits ein oder zwei Jahrhunderte früher errichtet worden sein. Für die Nutzung der Anlage auf der Landzunge noch im zweiten Jahrtausend unserer Zeit liegen keine Beweise vor.

OBEN Mehrere Erd- und Steinwälle boten einer ‚Bienenkorbhütte' auf der Landzunge von Dunbeg am äußersten Zipfel der Halbinsel Dingle, Grafschaft Kerry, Schutz.

DOON FORT
Grafschaft Donegal

Versteckt im Hügelland südlich von Naran-Portnoo, liegt in dem kleinen See Doon Lough eine Insel, die beinahe vollständig von einer als „Gehege", ‚Doon Fort' oder ‚O'Boyle's Fort' bekannten Steinfestung eingenom-

RECHTS Diese imposante Festungsanlage in Doon Lough, Grafschaft Donegal, bot der gesamten Insel Schutz und Sicherheit.

men wird. Dennoch liegt ihre Geschichte – oder Vorgeschichte – nahezu vollständig im Dunkel. Der Grianán von Aileach in derselben Grafschaft hinsichtlich der geringen Mächtigkeit ihrer Wälle ähnlich, hat die Anlage eine eher ovale Form – zweifellos zum Teil ein Diktat der Inselgestalt. Der größte Innendurchmesser beträgt etwas mehr als 30 m, wie bei den meisten dieser Anlagen im westlichen Teil von Irland führen innen Stufen bis zur Höhe der Brustwehr. Der Wall, der vor einigen Jahren leider teilweise einstürzte, erhebt sich bis zu 4,5 m Höhe. Als Zugang diente ein einziger Türgang, der in früherer Zeit vermutlich abgedeckt war.

GRIANÁN VON AILEACH
Grafschaft Donegal

Grianán ist ein altes irisches Wort und bedeutet ‚sonniger Platz'. Die Steinfestung dieses Namens ist strategisch auf der Spitze eines Hügels zwischen den Flußtälern der Foyle und der Swilly gelegen und bietet damit einen uneingeschränkten Blick auf große Teile der Grafschaften Donegal und Londonderry. Beinahe kreisförmig, hat die Anlage einen größten Innendurchmesser von 23,3 m, die Wälle mit einer Mächtigkeit von 4 – 4,3 m an der Sohle erreichen bei leichter Neigung die Höhe von ca. 5 m. Innen sind die Wälle mit Terrassen versehen, wobei die einzelnen Ebenen über Stufen miteinander verbunden sind und auch Zugang zur Brustwehr bieten. Beiderseits des mit Oberschwelle versehenen östlichen Zuganges (auf dem Foto nicht sichtbar) befinden sich innerhalb des Walles niedrige Kammern.

Die Anlage war nicht immer so sauber und ordentlich wie heute. Das jetzige Aussehen erhielt sie im Rahmen umfangreicher Rekonstruktionsarbeiten durch den Bischof von Derry, Dr. Bernard, in den siebziger Jahren des vorigen Jahrhunderts. Zu jener Zeit waren die Wälle nur 1,5 m mächtig und

LINKS Von der beherrschenden Position auf einem Hügel zwischen zwei Flüssen war der Grianán von Aileach bis zu seiner Zerstörung durch Muircheartach (sonst Murtagh) im Jahre 1101 Sitz der Könige O'Loughlin von Aileach.

OBEN Geheimnisumwoben liegt das Staigue Fort in einem malerischen Tal in Südkerry. Über seine Geschichte ist wenig bekannt.

zum großen Teil eingestürzt. Der Verfall war zweifellos teilweise die Folge der Ereignisse, die die frühen irischen Quellen als letzte Erwähnung enthalten. In den *Annals of the Four Masters* heißt es in einer Eintragung aus dem Jahre 1101:

> Murtagh O'Brien, König von Munster, an der Spitze der Kräfte von Leinster, Ossory, Meath und Connaught ... schleifte den Grianán von Aileach als Vergeltung für die Zerstörung von Kincora durch Donnell Mac Loughlin kurze Zeit vorher [1088], und er befahl seinen Soldaten, für jeden von ihnen mitgeführten Vorrat einen Stein der zerstörten Gebäude von Aileach nach Limerick mitzubringen.

Soviel aus den alten Quellen klar ist, war Aileach Sitz der zur nördlichen Dynastie Ui Néill gehörenden Könige O'Loughlin. Diese unterschieden sich durch den Beinamen von Aileach von den anderen Mitgliedern der ausgedehnten Familie im Bereich von Londonderry und der Halbinsel Inishowen in der Grafschaft Donegal. Innerhalb der Mauern müssen wir uns mehrere – längst verschwundene – Häuser vorstellen, die ohne besonders majestätisch zu wirken, den Königen von Aileach als ‚Palast' dienten.

Das genaue Jahr der Errichtung der Anlage ist unbekannt. Im *Book of Lecan* werden die Könige von Aileach in einem Poem aus dem 11. Jahrhundert auf Niall im fünften Jahrhundert zurückgeführt. Das um 900 geschriebene *Tripartite Life of St Patrick* berichtet von Aileach als einem Königssitz vor der Zeit eines St. Patrick. Es besteht sogar die Möglichkeit, Aileach als das auf der aus dem zweiten Jahrhundert stammenden Karte des griechischen Geographen Ptolemäus genannte *Regia* zu identifizieren.

Deutungen aus jüngster Zeit sehen in Grianán eher eine Kultstätte für Stammestreffen als den Wohnsitz eines Königsgeschlechtes. Doch die Reste dreier weiterer Erdwälle außerhalb des Steinwalls – aus der Luft leichter als vom Boden zu erkennen – könnten als Gegenargumente gelten und eher auf einen Verteidigungszweck deuten. Welche Aufgabe auch immer die eigentliche war, die Steinfeste bleibt ein bemerkenswertes Zeugnis, dem ihr berühmtester Historiker, George Petrie, Merkmale erster Bemühungen in Richtung der Baukunst bescheinigte: *les ouvrages d'un art sans art* – ‚Werke einer Kunst ohne Kunst'.

STAIGUE FORT
Grafschaft Kerry

Zwischen dem Grianán von Aileach und einem nicht weniger berühmten Gegenstück weit im Süden, Staigue Fort, in 150 m Höhe am Ende eines Tales auf der Halbinsel Iveragh in der Grafschaft Kerry, allgemein als der ‚Ring von Kerry' bekannt, gelegen, bestehen ausgeprägte Parallelen. Staigue ist mit einem Innendurchmesser von 23,8 m nur unwesentlich größer. Auch hier führen im Inneren Stufen bis zur Brustwehr sowie zu zwei kleinen Gängen im Wall. Da die Anlage nicht in dem Maße wie Grianán rekonstruiert wurde, vermittelt sie einen unmittelbareren Eindruck vom ursprünglichen Aussehen der mächtigen Steinfestungen. Zudem ist das Steinwerk von unübertroffener Qualität. Senkrechte Fugen im Wall zeigen an, daß beim Bau Zwischenräume gelassen und später geschlossen wurden. Die Wälle von Staigue sind außen deutlich geneigt. Diese Kontour legte Estyn Evans den Vergleich mit den Broch, runden Steinwehren der Eisenzeit in Schottland, nahe. Somit könnte die Anlage in Kerry in der vorgeschichtlichen Eisenzeit errichtet worden sein.

Auffallen muß, daß Staigue, wie Dún Aengus, trotz seiner imponierenden Größe, an keiner Stelle in den frühen historischen Quellen Erwähnung findet, so daß wir über den Sinn der Anlage und den Zeitpunkt ihrer Errichtung nur Vermutungen anstellen können. Für General Charles Vallancey, Antiquar des achtzehnten Jahrhunderts, war es ein phönizisches Amphitheater, während sein technischer Kollege Alexander Nimmo im neunzehnten Jahrhundert darin ein astronomisches Observatorium erkannte. In jüngerer Zeit erblickte man hier sogar eine Herberge für Pilger auf dem Weg nach Skellig Michael, 19 km vor der Halbinsel Iveragh.

DIE ANKUNFT DER KELTEN

Erst in der Zeit nach 500 v. Chr. wurde Bronze allmählich durch Eisen als wichtigster Werkstoff für die Herstellung von Werkzeugen und Waffen verdrängt. Damit erfolgt der Übergang zur Eisenzeit, die sich bis in die geschichtliche Zeit fortsetzt. Die Frage, ob die Ankunft neuer Bevölkerungsgruppen – ob groß, ob klein – Ursache oder Folge des technischen Wandels war, bleibt unbeantwortet. Ein Ort, welcher die ungebrochene Entwicklung aus der Bronzezeit zur Eisenzeit belegt, ist Navan Fort in der Grafschaft Armagh, wo die mehrfache Errichtung verschiedener Rundhäuser am selben Ort nach 700 v. Chr. über einen Zeitraum von sechshundert Jahren die konsequente, wenn auch nicht kontinuierliche Benutzung über mehr als ein halbes Jahrtausend bezeugt. Möglicherweise wurde der Ort von vielen Generationen eines Volkes genutzt. Und diese Menschen stellen uns vor die alte Frage nach dem Zeitpunkt der Ankunft der Kelten in Irland.

Menschen, die die Griechen als *keltoi* bezeichneten, sind auf dem europäischen Festland seit dem sechsten Jahrhundert vor Christus bekannt. In England und Irland lebten jene, die das ‚P-Keltische' sprachen, d. h. sie verwendeten den Buchstaben ‚p' zum Beispiel in dem Wort *map – Sohn* sowie jene, die das Q-Keltisch sprachen, indem sie das ‚q' in dem Wort für Sohn benutzten – *maq*, was später zahlreichen keltischen Familiennamen als ‚Mac' vorangestellt wurde. Die Bewohner von England und Gallien sprachen P-Keltisch, vermutlich auch die Cruithní im Nordosten Irlands, die eine Beziehung zu den Pikten, einem Volksstamm in Schottland, hatten. Mit Ausnahme einiger Gegenden sprach das übrige Land die Q-keltische Sprache, Vorläufer des heute in Teilen von Irland verbreiteten Irischen. Unter Wissenschaftlern besteht wenig Einvernehmen darüber, wann die Sprache der Kelten (bzw. der sich zum Gälischen wandelnden Sprache) erstmals in Irland benutzt wurde. Generell einigt man sich heute auf eine Zeit irgendwann im letzten Jahrtausend vor Christus. Man darf sich die Ankunft nicht als ein plötzliches Ereignis vorstellen. Vielmehr vollzog sie sich als Prozeß, in dem keltisch sprechende Edelleute in vielen kleineren Gruppen über einen langen Zeitraum verteilt nach Irland kamen. Klar ist jedoch, daß zur Zeit der ersten lokalen Berichte im sechsten Jahrhundert nach Christus das Irische die vorherrschende Sprache im Lande war, das inzwischen im keltischen Kulturkreis aufgegangen war.

Vor dieser Zeit können wir uns nur an externen Beweisen – größtenteils aus griechischen Quellen – orientieren, wo Namen und Orte mehrerer irischer Volksstämme verzeichnet sind. Die gesamte Insel hieß *Ierne*, was von den Römern zu *Hibernia*, dem lateinischen Wort für ‚Winter' verändert wurde – wohl aus der Überzeugung, ein Land so weit im Norden müsse ständig im Griff der kalten Jahreszeit sein. Die Römer benutzen jedoch noch einen weiteren Namen: *Scottia*. Die Bewohner bezeichneten sie als *Scotti*. Diese Bezeichnungen wurden später auf Schottland übertragen, das die Iren in frühgeschichtlicher Zeit beherrschten. Dort blieb der Name erhalten, während er in Irland, dem ursprünglichen *Scottia*, heute unbekannt ist.

Die ausführlichsten, schriftlich niedergelegten Berichte aus dem vorchristlichen Irland verdanken wir dem alexandrinisch-griechischen Geograph Ptolemäus, der um das zweite Jahrhundert nach Christus eine Karte von Irland zusammenstellte, die ungefähre Ortsangaben, die physischen Merkmale der Insel, Angaben zu Volksstämmen und weitere interessante Angaben enthielt. Da die von ihm gemachten Angaben vermutlich Berichten römischer oder britischer Seeleute entnommen wurden, nimmt es nicht wunder, daß die meisten von ihm erwähnten Flüsse, wie Boyne und Lee – vermutlich die Liffey – an der Ost- und Südküste Irlands zu finden sind. Jedoch fehlt nicht die Erwähnung der Shannon-Mündung an der Westküste. Einige Volksstämme, die Ptolemäus von der Ostküste weg ins Landesinnere verlegt, lassen sich mit gebotener Vorsicht wiederfinden: die *Robogdii* mögen die späteren Dál Riata in der Grafschaft Antrim sein, bei seinen *Voluntii* handelt es sich vermutlich um die Ulaid, deren Kultzentrum Emain Macha oder – vorerwähnt – Navan Fort war, was vielleicht mit dem *Isamnion* bei Ptolemäus identisch ist. Die *Brigantes* in Wexford dürften mit dem Volk gleichen Namens in Nordengland verwandt sein, was auf Verbindungen über die Irische See hinweist, während in Munster die *Iverni* des Ptolemäus mit den Erainn, einer großen Gruppe von Stämmen, gleichgesetzt werden dürften, die beträchtliche Teile dieser Provinz bewohnten, aber dem gesamten Land ihren Namen gaben. Ptolemäus *Auteni* sind vermutlich die Uaithne, die am Unterlauf des Shannon lebten.

Wie ein tätowierter Kürbis ist dieser Granit in Castlestrange, Grafschaft Roscommon, über und über mit für den Latènestil typischen wirbelnden Motiven bedeckt. Eine Datierung auf die letzten vorchristlichen Jahrhunderte scheint daher sicher.

Die wenigen archäologischen Funde aus der Eisenzeit im südlichen Teil des Landes, einschließlich Südleinster, erschweren die Zuordnung von Gegenständen zu den Menschen dieser Gegenden. Aber besonders im Norden und Westen von Irland macht eine Reihe von Bronzeobjekten mit Verzierungen im Latènestil mitteleuropäisch-keltischer Herkunft deutlich, daß es sich um Ausstattungsgegenstände eines (teils P-)Keltisch sprechenden Volkes in den heutigen Provinzen Ulster und Connacht handelt. Dazu zählen nicht nur keltische Steine, wie die in Turoe, Grafschaft Galway und Castlestrange, Grafschaft Roscommon, sondern auch die kunstvoll verzierten Schwertscheiden und Gebisse von Pferdezäumen, die die Vorstellung nähren, sie könnten einer Kriegeroberschicht gehört haben, die Pferde und möglicherweise auch Wagen benutzte. Fundorte und Fundgegenstände stimmen recht genau mit dem Inhalt des großen Heldenepos des alten Irland, *Táin Bó Cuailnge*, dem ‚Rinderraub von Cooley', überein. Berichtet wird vom Versuch der Kriegerkönigin Medb (ursprünglich wohl eher eine Gottheit) bei Cruachain in den Ebene von Roscommon einen mächtigen Bullen auf der Halbinsel der Grafschaft Louth, welche dem Epos seinen Namen gab, zu rauben. Dazu mußte sie sich im Kampf gegen die Kräfte der Ulaiden in Zentralulster messen, die ihr Hauptlager in Emain Macha (Navan Fort) hatten und von König Conor Mac Nessa mit kluger Unterstützung durch den jugendlichen Überhelden Cú Chulainn geführt wurden. Die Gestalten der verschiedenen Geschichten um diesen sogenannten ‚Ulster-Kreis' entwikkeln einen Lebensstil, der Gemeinsamkeiten mit den Beschreibungen der Kontinentalkelten des griechischen Ethnographen Posidonius aufweist. Sie gehören einer Gesellschaft von Helden an, die von den christlichen Autoren, die das Poem Jahrhunderte nach der angeblichen Lebenszeit der Hauptgestalten in vorchristlicher Zeit, schrieben, glorifiziert wird. Trotz literarischer Überhöhung können die alten Sagen – wie der verstorbene Kenneth Jackson es ausdrückte – ein ‚Fenster in die Vergangenheit' auftun und ein wenig Licht in das keltische Irland vorgeschichtlicher Zeit werfen.

Die beiden wichtigsten Königszentren der *Táin*, Cruachain und Emain Macha (Navan Fort), haben ein Pendant in Dún Ailinne bei Kilcullen in der Grafschaft Kildare, einem vermutlich wichtigen Kultzentrum der Laigin, der eisenzeitlichen Bewohner von Leinster. Wie im Gebiet von Navan Fort, wurden auch hier Gegenstände der Latènezeit gefunden. Ausgrabungen an beiden Orten ergaben jedoch spärliche Hinweise auf eine dauerhafte Besiedelung, was die Vorstellung, es könnte sich um zentrale Kultstätten gehandelt haben, unterstreicht. Angesichts ihrer Bedeutung liegt die Annahme nahe, daß beide Orte im Zusammenhang mit den Aktivitäten von Königen großer Stammesverbände gestanden haben müssen. Gleiches gilt vermutlich auch für einen der bekanntesten Orte dieser Art – den Hügel von Tara. Dieser niedrige Hügel galt im nächsten Geschichtsabschnitt als symbolischer Sitz des Hochkönigs von Irland. Dennoch steht in äußerstem Zweifel, ob je einer der Könige, die im Zeitraum bis zur endgültigen Aufgabe des Ortes um das sechste Jahrhundert nach Christus tatsächlich hier lebten, die politische Herrschaft über ganz Irland ausübte. Es dürfte sich eher um eine wichtige Stätte kultischen Königtums – zudem eine von großer und anziehender symbolischer Kraft noch lange, nachdem Tara bereits wieder der Natur überlassen wurde – gehandelt haben. In diesem Zusammenhang erscheint ein Merkmal von Tara Bedeutung zu besitzen: das von ca. 2000 v. Chr. stammende neolithische Ganggrab auf dem Hügel. Dieses wurde in der frühen Bronzezeit erneut belegt, was den Anspruch der ‚Könige' von Tara auf ihren Titel durch Identifikation mit dem Bestattungsort ferner Vorfahren, die vielleicht jedoch nicht von gleicher hoher Geburt waren, belegen könnte. Insgesamt bemerkenswert ist die geringe Zahl der auf die Anwesenheit von Menschen hinweisenden Funde aus der Eisenzeit an den Königsorten, die in der Heldenliteratur im Vorfeld der geschichtlichen Periode in der Zeit eines St. Patrick im fünften nachchristlichen Jahrhundert genannt werden.

DER STEIN VON TUROE
Grafschaft Galway

Totem, Phallussymbol, Mittelpunkt der Welt oder Orakelstein wie in Delphi? Alle diese – und weitere – Funktionen sind für den verzierten, vier Tonnen schweren Felsblock in Turoe, etwa 6,4 km von Loughrea in der Grafschaft Galway denkbar, aber eine befriedigende Erklärung gibt es nicht. Sicher ist nur eins: Er trägt einer der aufwendigsten Verzierungen im Repertoire der keltischen Latènekultur in Irland; zudem ist er der unwiderlegbare Beweis, daß die keltischen Künstler um die Zeit von Christi Geburt bereits in den Westen der Insel vorgedrungen waren. Wie ein verziertes Ei in einem Becher, dessen Rand mit Stufenmustern verziert wurde, ist der obere Teil des Steins mit verschiedenen keltischen Motiven keltischer Kunst bedeckt: Schnurräder, Trompetenbecher, Palmetten und selbst ein Ornament, das dem Schnabel des Papageitauchers ähnelt. Die Motive sind geschickt über den gesamten oberen Stein verteilt. Die ‚Kuppel' weist endlos drehende ruhelose Bewegungen von großer Spannung im Wechselspiel positiver und negativer Elemente aus, die durch Einschnitte unterschiedlicher Tiefe eine gestufte Reliefform ergeben.

Was erst klar wurde, als Professor Michael Duignan und Pádraig Ó hÉailidhe die Motive auf Papier niederlegten, war, daß vier Sektionen bestanden – zwei in Form eines D und zwei weitere in Dreieckform, jeweils einander gegenüberliegend. Das könnte bedeuten, daß die Motive von einem vierseitigen Objekt genommen wurden, dem symbolische Kraft zuzuschreiben wäre (vielleicht die vier Ecken der Erde?). Möglicherweise ursprünglich in Holz geschnitzt, statt in Stein gehauen, vielleicht hinsichtlich Motivwahl und Komplexität der Darstellung auch beeinflußt von Bronzegegenständen in England.

Um die Jahrhundertwende gelangte der Stein von seinem ursprünglichen Standort in der Nähe einer Hügelfestung bzw. Ringforts namens Rath of Feerwore – Feste des starken Mannes – (phallische Bedeutung?) nach Turoe, um dort als Gartenschmuck zu dienen. Er ist einer von fünf Steinen in Irland, der eine spezielle Art der Latèneverzierung trägt, die sich im vierten/dritten Jahrhundert vor Christus bei den Kelten im Rheinland herausbildete. Es könnte jedoch länger als zweihundert Jahre gedauert haben, bevor der Stil von dem Künstler, der den Stein von Tuore bearbeitete, angewendet wurde. Trotz unserer spärlichen Kenntnisse über die Religion der prähistorischen Kelten in Irland, muß dieser Stein als eins der nachhaltigsten und künstlerisch ausdrucksvollsten Zeugnisse angesehen werden, der lange vor unserem Wissenshorizont zweifellos religiöse Bedeutung besaß.

Winkel und Schlängelmuster auf dem Granitblock von Turoe, Grafschaft Galway, beweisen die Anwesenheit keltischer Künstler im Westen Irlands in den letzen Jahrhunderten vor Christi Geburt.

NAVAN FORT
Grafschaft Armagh

Im berühmten irischen Epos Táin Bó Cuailnge, in dem die Kräfte von Connacht und Ulster sich getrennt, gemeinsam, heroisch und schließlich ohne recht greifbares Ergebnis maßen, kam Navan Fort glimpflich davon. Der heutige Name Navan leitet sich aus dem ersten von zwei Wörtern her, welche die historische Stätte Emain Macha bezeichnen, das zweite Element bezieht sich auf die angebliche Gründerin, die Kriegsgöttin Macha. Hier, 3,2 km westlich der heutigen Stadt Armagh, befand sich der Sitz Conor Mac Nessas, des legendären Königs der Leute von Ulster, zentrale Figur der Ritter des Roten Zweiges und Beschützer des jugendlichen Helden Cú Chulainn, der es allein zuwege brachte, die Streitkräfte von Connacht zum Rückzug zu zwingen. Ebenfalls an diesem Ort verweigerte sich Deirdre, Irlands legendäre Literaturheldin, dem alternden König, dem sie versprochen war und entkam mit ihrem Liebhaber Naoise, den sie zum ersten Mal erblickte, als er auf der Umwallung seine Stimme zum Gesang erhob, was für beide tragisch endete. Die Wallanlage hat übrigens den Graben innen, was keinen Verteidigungszweck anzeigt.

Archäologisch betrachtet ist Navan Fort voller keltischer Überraschungen. Wie Ausgrabungen ergaben, befinden sich unter dem größeren der beiden Hügel mehrere kreisförmige Bauten, die seit etwa 700 v. Chr. von Generation zu Generation ersetzt wurden. Ein völlig unerwarteter Fund war ein Magot, der im dritten oder zweiten Jahrhundert aus Afrika gekommen war. Die Bewohner, vermutlich die Ulaid (daher auch der Name der Provinz Ulster), unterhielten also bereits vor Beginn geschichtlicher Aufzeichnungen, als sie aus ihrem Gebiet nach Osten verdrängt wurden, Beziehungen zu weit entfernten Gebieten.

Die größte Überraschung aber kam mit der Ausgrabung des großen Hügels durch Dudley Watermann zwischen 1961 und 1972. Er fand vier konzentrisch um einen großen Mittenpfahl errichtete Ringe aus Holzpfählen. Die Datierung der Jahresringe ergab, daß der Baum im Jahre 94 v. Chr. gefällt worden war. Die Anlage mit 38 m Durchmesser besaß ein konisches Strohdach, welches oben von dem Mittenpfosten gehalten wurde. Dann wurde der gesamte Innenraum vermutlich innerhalb von zehn Jahren bis zu einer Höhe von 2,7 m mit Steinen aufgefüllt, die Pfähle in Brand gesteckt und das Gelände anschließend mit einem Erdhügel bedeckt, den wir heute in rekonstruierter Form sehen. Es handelte sich um kein gewöhnliches Bauwerk. Auch das Feuer war kein gewöhnlicher Brand. Nur das außerordentliche Verlangen eines Teiles des Stammes und seiner ‚Druiden' kann eine so weitgehende Zerstörung bewirkt haben, um deren Anlaß man zweitausend Jahre später nur rätseln kann. Das höchste Opfer (der Fruchtbarkeit?) an eine Stammesgottheit, ein apokalyptisches Armageddon oder das Einäschern einer heiligen Stätte, um sie für die Ewigkeit zu bewahren? Wer wird es je wissen?

Eines ist sicher: Hier war eine der heiligsten Kultstätten, geweihtes Land des alten Irland, was durch die Anzahl ungewöhnlicher Funde im Umland, insbesondere dem nahen Weiher, noch unterstrichen wird. Es ist sicher kein Zufall, daß das Holz für den Bau von Dorsey, einer ovalen Wallanlage 24 km südsüdöstlich im selben Jahr gefällt wurde, wie der große Mittenpfahl in Navan Fort.

Nahe der Hauptstraße hat man ein Zentrum eingerichtet, wo die Besucher Informationen zur Geschichte und Vorgeschichte des Navan Fort mit den Mitteln moderner Technik erhalten.

DÚN AILINNE
Grafschaft Kildare

Es ist den Forschungen von John O'Donovan, dem großen keltischen Gelehrten des 19. Jahrhunderts, zu verdanken, daß der in den frühen irischen Quellen Erwähnung findende Königssitz Dùn Ailinne als der Rundhügel bei Kilcullen, Grafschaft Kildare, erkannt wurde, der heute diesen Namen trägt. Die früheste Erwähnung des Ortes aus dem achten oder neunten Jahrhundert nach Christus besaget, daß sich dort der Sitz der Könige von Leinster befand, obwohl er damals vermutlich diese Funktion bereits nicht mehr erfüllte. Dennoch galt er zumindest bei den Chronisten als aktives Symbol des Königtums von Leinster (dessen Dynasten zu jener Zeit der Stamm Uí Dúnlainge war) und war ein ehrfurchtgebietender und geschichtsträchtiger Ort.

Gerade der letztgenannte Aspekt wurde von Bernard Wailes durch Ausgrabungen von Teilen der Hügelspitze zwischen 1968 und 1975 bestätigt, bei denen Spuren menschlicher Besiedlung bis in die Stein- und Bronzezeit gefunden wurden. Der wichtigste Zeitabschnitt lag jedoch in der Eisenzeit und wahrscheinlich in den Jahrhunderten vor und nach Christi Geburt. Daß es sich eher um eine Kultstätte als um eine ständige Siedlung handelt, wird durch den runden Erdwall (365 m Durchmesser) bestätigt, der die Spitze des Hügels wie eine Girlande umgibt sowie den Graben innerhalb des Walls, wie er auch in Navan Fort existierte. Bei Festungen befindet sich der Graben meist außerhalb des Walles.

Auf der Hügelspitze wurden bei Ausgrabungen drei Phasen runder Holzkonstruktionen entdeckt. Die erste war ein Palisadenzaun aus senkrecht stehenden Pfählen, die einen Kreis von etwa 21 m Durchmesser bildeten. Die zweite, die erste teilweise überdeckend, ohne mit ihr konzentrisch zu sein, war größer (30 m Durchmesser) und bestand aus drei konzentrischen Pfahlringen, die mit diesen an Größe zunahmen. Der Leiter der Ausgrabungen zog daraus den Schluß, daß sich darauf Sitzreihen befunden haben könnten, wofür es jedoch an Beweisen mangelt. Den Kreisen dieser zweiten Etappe näherten sich Reihen stehender Pfähle, die sich zum Eingang hin trichterförmig verengten. Die dritte Phase besteht im Bau vermutlich eines hölzernen Turmes in der Mitte des Kreises.

Allen drei Phasen gemeinsam ist die Erkenntnis, daß die Pfähle wieder entfernt wurden, bevor sie verrotteten. Das ist ein bemerkenswerter Unterschied zur Zerstörung in Navan Fort. Zu den Funden zählen eine eiserne Speerspitze, zwei römische Broschen sowie zahlreiche Tierknochen, möglicherweise Überreste großer ritueller Feste der Eisenzeit. Bevorzugt verzehrt wurde das Schwein, das bei den Kelten eine große Symbolkraft besaß. Welchem Zweck Dún Ailinne auch gedient haben mag, es hatte seine Bedeutung im dritten bis vierten Jahrhundert nach Christus verloren. Der Stamm jedoch bewahrte das Andenken an die historische Stätte, die in den Quellen drei- oder vierhundert Jahre später eine erste Erwähnung findet. In der Zeit dazwischen hatte das Christentum auf einem benachbarten Hügel bei Old Kilcullen in nur wenig mehr als 1 km Entfernung ein alternatives Zentrum errichtet. Gleiches geschah ja mit der Errichtung des Bischofsstuhles von Armagh auf einem Hügel nahe Navan Fort im fünften Jahrhundert.

Auf der sanft gerundeten Spitze eines Hügels bei Kilcullen in der Grafschaft Kildale liegt Dún Ailinne, *das* rituelle Zentrum der frühen Könige der Provinz Leinster.

DER HÜGEL TARA
Grafschaft Meath

Lange Zeit, bevor Tara in Thomas Moores Werken verewigt wurde, war Tara im ‚königlichen' Meath die geschichtsträchtigste aller Stätten. Nur 156 m über Meereshöhe, eignete sie sich ausgezeichnet als Zentrum des irischen Königtums, denn bei gutem Wetter – so ist überliefert – erfaßte der Blick von der Spitze des Hügels alle vier Provinzen Irlands. Der Blick auf das Meer in nur 27 km Entfernung ist von hier jedoch nicht gegeben.

Das älteste Denkmal, der Hügel der Geiseln, wurde bei Grabungen als Ganggrab aus dem ausgehenden dritten Jahrtausend vor Christus erkannt. In der Bronzezeit fanden hier Feuerbestattungen statt. Daß ein steinzeitliches Grab in der Nähe der Rath (Fort) der Synoden, dessen Namen auf eine Kirchensynode zurückgeht, die Adamnan, Abt von Iona und Biograph von St. Columba, hier angeblich im Jahre 695 nach Christus abhielt, liegt, ist bezeichnend für die enge Vermengung von Legende und Geschichte an diesem bemerkenswerten Ort. Es ist unmöglich, den Wahrheitsgehalt herauszufiltern.

Schon im frühen Mittelalter reichen die Verbindungen von Tara bis in die Vorgeschichte zurück. Die schriftlichen Quellen jener Zeit enthalten Angaben über Verbindungen mit verschiedenen legendären Figuren der Heldenzeit vor St. Patrick. Wir erfahren, daß Medb, ‚die Trunkene' oder ‚Trunkenmachende', die wichtigste Göttin des Königshügels war. Wer König von Tara werden wollte, mußte sich mit ihr vereinigen, nachdem er als Zeichen ihrer Herrschaft über Tara Ale oder Wein getrunken hatte. Jedoch auch Lug, der gute Gott der heidnischen Kelten, findet einen Platz im heidnischen Pantheon von Tara.

Alter Überlieferung nach war Cormac Mac Airt der mächtigste der Könige. Er soll in den ersten Jahrhunderten nach Christus gelebt haben. Ein anderer, Loegaire, führte nach einer vermutlich apokryphen Sage die unterlegene Seite im Kampf der Druiden mit St. Patrick wegen des Entzündens des Osterfeuers im Jahre 433 n. Chr. an. In der Tat ist der Hügel durchdrungen von heidnischem Druidentum, das zweifellos ein Bestandteil des rituellen sakralen Königtums war, dem Tara ganz wesentlich gedient haben dürfte. Normale Königswürde allein dürfte nicht genügt haben, es war wohl eine kultische Heraushebung, wie sie nur einem Herrscher mit Macht und Einfluß zuteil werden konnte. Als Priester und König wachte er über die Ringwehr auf der Spitze des Hügels, die die literarischen Quellen als Verteidigung des Ortes gegen räuberische Überfälle aus dem Jenseits betrachteten.

Historischen Quellen zufolge besaßen die Laigin, Bewohner von Leinster, bereits früh ein Interesse an dem Hügel. Das änderte sich aber offenbar, als die Uí Néill die Herrschaft über das Gebiet Brega, in dem sich Tara befand, gewannen. Sie waren es, die den Anspruch des Hochkönigtums von Irland im Zusammenhang mit Tara begründeten. Als dieser sich dann im achten oder neunten Jahrhundert durchsetzte, dürfte der Hügel bereits lange Zeit verlassen gelegen haben. Der Überlieferung zufolge führte ein Fluch, den St. Ruadhán von Lorrha Mitte des sechsten Jahrhunderts auf den Hügel und seinen König herabrief, zu seiner Zerstörung. Wie immer die Ereignisse abgelaufen sein mögen, anzunehmen ist, daß Tara als Zentrum heidnischen Druidentums und sakraler Königsherrschaft mit dem Sieg des Christentums endgültig seine Bedeutung verlor. Der König, auf den der Fluch St. Radháns fiel, war Diarmait mac Cerbaill, vermutlich letzter heidnischer Herrscher in Irland und Veranstalter auch des letzten Königsfestes auf Tara. Danach hieß es: ‚Der Druidenkönig ist tot. Lang lebe der Christenkönig!' Tara, vermutlich kurze Zeit danach aufgegeben, sollte nicht vergessen werden. Es lebte in der Erinnerung der Menschen des Mittelalters fort und Daniel O'Connell machte es zum Thema in einer Rede vor einer politischen Massenversammlung 1843. Heute erinnert das Interpretationszentrum in einer Kirche auf dem Hügel daran.

Auf dem Hügel von Tara liegt der bereits erwähnte Ringwall. Bekannt als Ráth na Ríogh oder Festung der Könige, besitzt – er wie Navan Fort und Dún Ailinne – das Merkmal einer Ritenstätte, den Graben innerhalb des Walles. Diese und andere Bauwerke auf dem Hügel erhielten ihren Namen von einer Beschreibung in den *Dinnshenchas*, einer Sammlung von Gedichten zu überlieferten Ortsnamen aus dem frühen elften Jahrhundert. Obwohl ein gesundes Maß an historischer Vorsicht geboten scheint, sind die Namen hilfreich bei der Kennzeichnung der unterschiedlichen Erdbauten. Aus der Luft bietet die Anlage ein eindrucksvolleres Bild als auf dem Boden, wo Besucher gelegentlich enttäuscht sind, weil sie an historisch so bedeutsamer Stätte Aufregenderes zu finden gehofft hatten. Um Enttäuschungen vorzubeugen, sollte man nicht vergessen, daß alle Pracht Taras auf Holz baute, einem Werkstoff, im irischen Klima so vergänglich wie das heidnisch-sakrale Königtum selbst.

Räumt man ein, daß Tara eine rituelle Stätte mit herausragender Bedeutung war, fällt eine Antwort auf die Frage, ob die grasbestandenen Hügel und Erdbauten in ständiger Nutzung gewesen sein mögen, schwer. Viele wurden vielleicht nur bei bestimmten religiösen Handlungen genutzt. Innerhalb von Ráth na Ríogh gibt es zwei kleinere, verbundene Festungswerke, einmal das sog. Forradh (Königshaus bzw. Königsstuhl), zum anderen Cormacs Haus, Wohnsitz des Königs der Sage, so zumindest sagt es der mittelalterliche Dichter. Jetzt steht an diesem Ort der Schicksalsstein Lia Fáil, der – wie die Sage zu berichten weiß – immer, wenn ein rechtmäßiger König eingesetzt wurde, dies lauthin verkündete. Seine Form gemahnt an ein eisenzeitliches Phalluskultsymbol königlicher Fruchtbarkeit. Sein ursprünglicher Standort war auf dem Hügel der Geiseln, jenem prähistorischen Ganggrab, in dem man geneigt ist, die sterblichen Reste vorgeschichtlicher Herrscher jenes Gebietes zu suchen.

In nächster Nähe liegt das Rath der Synoden. Zwischen 1899 und 1902 war sie Objekt rüder Grabungstätigkeit britischer Juden auf der – natürlich ergebnislosen – Suche nach der biblischen Bundeslade. Ausgelöst wurde diese Aktion durch eine ‚Offenbarung' in einer antiquarisch verkauften Schrift in der Londoner Charing Cross Road. Knapp fünfzig Jahre später wurde die Festung durch Séan P. Ó Ríordáin, Professor für Archäologie am University College in Dublin, ausgegraben. Obwohl öffentlich noch immer keine Forschungsergebnisse vorliegen. Soviel ist aber bekannt, daß zu späterer Zeit über einem Bestattungshügel mehrere aus verschiedenen Zeitabschnitten stammende, runde Holzeinfassungen errichtet wurden, auf die wiederum Erd- und Feuerbestattungen folgten. Römische Scherben und Glasfunde im Zusammenhang mit den Feuerbestattungen erlauben eine Datierung auf die ersten nachchristlichen Jahrhunderte. Die Einfassungen könnten damit aus einer etwas früheren Periode stammen.

Vom Rath der Synoden geradlinig nach Norden abgehend befindet sich ein langes, eingesunkenes, rechteckiges Areal mit flachen Erdwällen an den Langseiten. Mittelalterlichen Berichten zufolge stand hier der Bankettsaal. Das *Book of Leinster* aus dem zwölften Jahrhundert enthält sogar eine Darstellung der Ordnung, in welcher die Honoratioren bei Hofe in Gegenwart des Königs ihre Festsitze einnahmen. Ungeachtet dieser phantasievollen Auslegung, könnte der sogenannte Bankettsaal als zeremonieller Zugang zum Hügel gedient haben, wo, wie es heißt, alle Straßen des alten Irlands zusammenführten. Unweit befindet sich eine weitere Festung, die Topographen des Mittel-

Der Hügel Tara in der Grafschaft Meath – der geschichtsträchtigste Ort in ganz Irland. Seit der Steinzeit bis ins neunzehnte Jahrhundert war er Symbol und spielte eine Rolle in Sagen und Mythen. Er war Zentrum des ‚Hochkönigtums' von Irland.

alters in einen Zusammenhang mit Gráinne, Heldin und tragische Geliebte in der Sage von Diarmuid und Gráinne brachten. Auf dem Hügel befinden sich noch zahlreiche weitere Erdbauwerke, darunter auf Luftbildaufnahmen von Leo Swan entdeckte Tumuli (niedrige Rundhügel). Neuere Arbeiten von Conor Newman und Mitarbeiter im Rahmen des Discovery-Programmes dienen der rechnergestützten Kartierung dieser Stätte – in den Augen der Iren ein Machtzentrum des Hochkönigtums des Landes und sichtbarer Ausdruck gälischen Ruhmes.

DAS FRÜHE MITTELALTER

POLITISCHE ENTWICKLUNG

Die ältesten historischen Aufzeichnungen Irlands aus dem sechsten nachchristlichen Jahrhundert lassen erkennen, daß sich das politische Gesicht des Landes seit der Karte des Ptolemäus vierhundert Jahre zuvor gründlich verändert hatte. Viele der bei ihm erwähnten Stämme waren praktisch verschwunden. In Munster wurden die Erainn allmählich von den Eóganachta verdrängt, die Cashel zu ihrer Hauptstadt machten. Die größten Umwälzungen aber erlebte mit der schnellen Expansion des ursprünglich im Westen des Landes ansässigen Herrschergeschlechtes Uí Néill der Norden des Landes. Eine Linie ging nach Ulster, wo sie die Ulaid aus dem Kultzentrum Navan Fort vertrieben und ihre eigenen Nordkönigreiche von Tyrone und Tirconnell (Donegal) errichteten. Ein weiterer, als südliche Uí Néill bekannter Zweig der Familie, überquerte den Shannon ostwärts, um das heilige Königtum Tara einzunehmen und vertrieb dabei offenbar den alten Leinster-Stamm der Laigin in das Gebiet südlich des Flusses Liffey.

Im sechsten Jahrhundert hatten sich die neugezogenen politischen Grenzen stabilisiert, was jedoch die verschiedenen Vertreter des Hauses Uí Néill nicht daran hinderte, sich Jahrhunderte lang gegenseitig die Macht streitig zu machen. Ihr Fernziel bestand in der Erringung der Macht über das ganze Land und der Errichtung des Hochkönigtums in Irland. Ein Ziel, das nicht vor Mitte des neunten Jahrhunderts Wirklichkeit werden sollte.

Das Bild absehbarer mörderischer Rivalitäten wurde aber schon bald durch das Auftreten neuer Personen auf der Bühne des Geschehens verändert. In den letzten fünf Jahren des achten Jahrhunderts landeten die Wikinger zu ersten Raubzügen an der Ostküste des Landes. Sie waren gierig auf Beute, Sklaven, Reichtum, Nahrung und später auch Land, und sie kamen besonders aus Südnorwegen in schnellen, manövrierfähigen Booten, die zur Fortbewegung die Kraft des Windes und der Ruder nutzten. Das versetzte sie in die Lage, mit großer Schnelligkeit in das Land vorzudringen und ebenso schnell wieder zu verschwinden, noch bevor den Iren Zeit zur Organisation einer Gegenattacke blieb. Das Meer um Irland verwandelte sich schnell aus der keltischen Thalassokratie des Historikers E. G. Bowen in einen nordischen See. Unbeeindruckt von den Wogen des Atlantik, umschifften die Wikinger die gesamte Insel, wie wir aus Berichten von Überfällen in Inishmurray und Skellig Michael im frühen neunten Jahrhundert wissen.

Irland muß für Ansiedler so lukrativ und auch attraktiv gewesen sein, daß die Wikinger ab 840 Küstensiedlungen in Dublin, Wexford, Waterford,

Um 900 wurde Silber, das die Wikinger wahrscheinlich von ihren Raubzügen mitbrachten, ein beliebtes Material für die Herstellung von Busennadeln. Manche, wie die mit Bossen verzierte, annähernd ringförmige Nadel rechts mehr nach irischer Tradition, andere – wie die ‚Distelnadel' links sowie das drachenförmige Exemplar in der Mitte, entsprachen eher dem Geschmack der Wikinger.

Cork sowie Limerick errichteten, die sie schon bald zum Ausgangspunkt für Raubzüge entlang des Shannon machten, die sie bis Lough Ree führten. Besonders Dublin entwickelte sich rasch zu einer Handelsniederlassung von großem internationalen Einfluß. Auf halbem Wege zwischen Skandinavien und Frankreich konnten Waren gehandelt und gelagert werden. Die älteste Wikingersiedlung am Liffey ist zwar noch nicht gefunden, doch bei andauernden Ausgrabungen wurden guterhaltene Wikingerhäuser aus dem zehnten und späteren Jahrhunderten im Gebiet um die Christ Church Kathedrale in Dublin gefunden.

Weil zeitgenössische und spätere Chronisten die Wikinger als häßliche, marodierende Mönchsverbläuer beschrieben, hatten sie in Irland den denkbar schlechtesten Ruf. Erst in den siebziger Jahren unseres Jahrhunderts erkannte man ihren großen Beitrag zur Entwicklung Dublins. Seither sieht man in ihnen nicht mehr nur Beutegier und Kampfeslust, sondern würdigt auch ihren Beitrag auf zwei speziellen Gebieten: Schiffbau und Handel. Die nordischen Bewohner der neuen Küstenstädte machten die Iren mit den Vorteilen des Handels ebenso bekannt wie seit dem Jahre 997 mit der Verwendung von Münzgeld. Als Heiden nahmen sie allmählich das Christentum an, und ab Mitte des zehnten Jahrhunderts waren Ehen mit Iren keine Seltenheit mehr. Ihr Einfluß im Lande war so groß, daß die Endung ‚-ster' in die Namen dreier irischer Provinzen Eingang fand.

Die von Liam de Paor vor einem Jahrzehnt entzifferte Inschrift auf diesem Reststück eines Hochkreuzes in Castlebernard, Grafschaft Offaly besagt, daß es von Maelsechlainn I., Hochkönig von Irland, zwischen 846 und 862 errichtet wurde. Das macht es zum ältesten identifizierten Kreuz, das von einem irischen König errichtet wurde und vermutlich auch der eigenen Herrlichkeit diente.

Anfangs waren die Iren außerstande, eine wirksame Gegenoffensive zu unternehmen. Ein Grund dafür war die Verstrickung in eigene Machtkämpfe. Schnell erkannten sie jedoch die Vorteile, die sich für sie aus der Einbindung der wikingischen Siedler in die kriegerischen Auseinandersetzungen mit ihren königlichen Rivalen im Lande ergaben. Gleichzeitig lagen auch die Wikinger in Fehde mit ihrem eigenen Volksstamm in England.

In den Jahren 830 bis 860 erlebte Irland die schlimmsten Angriffe der Wikinger. Am kampfesmutigsten stellte sich ihrem Ansturm in dieser Zeit die Linie Clann Cholmáin der südlichen Uí Néill entgegen. In diesen Kämpfen zeichneten sich besonders zwei Namen aus: Maelsechlainn I. (846 – 862), einer der ersten wahren Hochkönige von Irland, und dessen Sohn Flann Sinna (879 – 916), der eine zeitlang den Ansturm Munsters auf die Uí Néill aufhielt, indem er dem König-Bischof von Cashel, Cormac mac Cuilleannáin in der Schlacht von Ballaghmoon im Jahre 908 eine Niederlage beibrachte, von der sich die Eóganachta nie wieder richtig erholten.

Die entscheidende Auseinandersetzung der Iren mit der nordischen Macht in ihrem Lande begann jedoch erst in der zweiten Hälfte des zehnten Jahrhunderts. Wiederum ragen unter vielen die Namen zweier irischer Könige heraus. Der erste war Maelsechlainn II. (980 – 1002 und 1014 – 1022), der die Wikinger 980 bei Tara besiegte und im Jahr darauf Dublin nahm und den Bewohnern hohen Tribut abverlangte. Der zweite war Brian Boru von den Dál Cais (1002 – 1014), einem bis dahin unbedeutenden Stamm in der Grafschaft Clare. Dieser wußte das in Munster nach dem Niedergang von Eóganacht entstandene Machtvakuum für seinen Aufstieg zu nutzen. Sein kometenhafter Aufstieg über mehrere Jahrzehnte nahm den Uí Néill zeitweilig das Hochkönigtum über Irland und bedeutete zudem in der Schlacht von Glenmáma im Jahre 999 eine schwere Niederlage für das Königreich Leinster und die Skandinavier von Dublin. Durch Brian wurde die Stadt ein weiteres Mal geplündert. Anläßlich eines Besuches von Armagh sechs Jahre danach konnte er sich als ‚Kaiser der Iren' verehren lassen. Es schien, als hätte er schließlich den Weg zu einer starken Zentralherrschaft in Irland geebnet. Dann kam die Schlacht von Clontarf im Jahre 1014, in der Brian die Lorbeeren des Siegers mit ins Grab nahm. In älteren Geschichtsbüchern als der Endpunkt der Herrschaft der Wikinger über Irland beschrieben, wird sie wegen der Beteiligung der Nordländer auf beiden Seiten von der neueren Geschichtsschreibung eher als der Versuch rivalisierender irischer Könige zur Zerstörung weitergehender Ambitionen Dál Cais gewertet.

Clontarf forderte von der Familie Brians einen hohen Blutzoll, denn mit ihm fielen zwei seiner Söhne. Die Überlebenden erwiesen sich als zu schwach, das Hochkönigtum für sich zu beanspruchen. Das machte den Weg für Maelsechlainn II. frei, der als letzter von den Uí Néill gestellter König von Tara bis zu seinem Tode 1022 in alter Manier regierte. Politisch waren die verbleibenden Jahre des elften Jahrhunderts geprägt von den Ansprüchen mehrerer Provinzherrscher, darunter Nachkommen von Brian Boru aus der Linie O'Brien, auf das Hochkönigtum. Die starke Konkurrenz der Mitbewerber verhindert jedoch, daß einer von ihnen das Amt tatsächlich für sich einnehmen konnte. Unerwartet zog Dublin, die von den Ostmännern (wie die Wikinger sich selbst nannten) besiegte Stadt, den größten Nutzen aus den Zwisten. Sie entwickelte sich im elften Jahrhundert zunehmend zu einer bedeutenden europäischen Stadt, um die sich die irischen Könige die Herrschaft streitig machten. Viele von ihnen erfreuten sich im elften und zwölften Jahrhundert jeweils kurze Zeit der Hoheit über Dublin.

Die ursprünglich irische Bevölkerung verspürte nur geringes Verlangen nach der Stadt. Sie zog die sozial und rechtlich fest gefügten Strukturen des ländlichen Daseins einem Leben in der Stadt vor. Ihre einfachen Behausungen haben die Jahrhunderte zwar nicht überdauert, doch moderne Rekonstruktionen in Craggaunowen in der Grafschaft Clare, Gortin in der Grafschaft Tyrone sowie im National Heritage Park bei Wexford vermitteln einen Eindruck von ihrem möglichen Aussehen.

RATHS ODER RINGFESTUNGEN

Die wahrscheinlich verbreitetste Denkmalsform des frühen Mittelalters in Irland sind die Raths – Ringfestungen, von denen es mehr als 30 000 gab. Ihre verstreute Lage in der Landschaft weist sie als Wohnstätten wohlhabender Bauern aus, Vorformen der heutigen Land- oder Cottage-Häuser, von Hecken umgeben. Die Raths bestanden zumeist aus einem einfachen Rundwall aus aufgeworfener Erde (eventuell mit einer Holzpalisade mehr zum Schutz der Tiere als der Menschen). Gelegentlich zeugte ein zweiter und dritter Erdring vom besonderen Status des Erbauers. Alle Anlagen sind heute innen leer. Vorstellbar ist, daß sich dort ein oder mehrere Häuser mit kreisförmigem oder rechteckigem Grundriß befanden. Manche besaßen einen Zugang zu einem unterirdischen Durchgang, dem sogenannten Souterrain, der dann meist noch einen weiteren Eingang außerhalb des Walles hatte. Somit entstanden Fluchtwege oder Verstecke, vermutlich aber Lagerräume für Getreide und andere hauswirtschaftliche Produkte – Vorläufer von Eiskeller und Kühlschrank.

Der Volksmund bezeichnet die Raths als ‚Dänenfestungen' in der Annahme, es handele sich um Verteidigungswerke der Wikinger. Doch hier dürfte sich Volkes Meinung irren, denn eine Verbindung zu den Skandinaviern ist nicht nachweisbar. Auch hätten sie den Ansturm marodierender Horden weder Mensch noch Tier ausreichend Schutz bieten können. Alte irische Literaturquellen erwähnen sie als Wohnstätten unter der Bezeichnung *rath* oder *lios*. In Gegenden mit reichlichen Steinvorkommen heißen sie *cathair*. Darin steckt das Wortelement *cath* für ‚Kampf' als Hinweis auf eine vorhandene Befestigung.

Während die ältesten Raths bereits in der Eisenzeit entstanden sein mögen, entstand die große Mehrzahl im frühen Mittelalter bis zur Ankunft der Normannen. Eine solche Anlage – Cahermacnaughten in der Gegend von Burren in der Grafschaft Clare – war als Rechtsschule bis ins siebzehnte Jahrhundert in Benutzung.

EIN REKONSTRUIERTER CRANNOG
Craggaunowen, Grafschaft Clare

Crannog bezeichnet eine alte irische Siedlungsform, deren Rekonstruktion aus einer kleinen, baumbestandenen Insel in einem See – oft dem einzig noch sichtbaren Rest – große Schwierigkeiten bereitet. Das veranlaßte den inzwischen verstorbenen Philanthrop John Hunt vor über zwanzig Jahren, eine solche Anlage in Craggaunowen in der Grafschaft Clare nachzubauen und damit ein anschauliches Bild früher Lebensformen zu schaffen. Crannogs sind eigentlich künstlich geschaffene Inseln. Dazu wurden Steine in seichtes Wasser gelegt, bis sie über die Wasseroberfläche ragten. Darauf schichtete man Buschwerk (daher die Bezeichnung ‚crannog', eine Herleitung aus dem gälischen Wort *crann* für ‚Baum' oder ‚Holz'). Den Abschluß bildete eine Erdschicht, auf der die Häuser errichtet wurden. Um die Anlage baute man eine Holzpalisade.

Die Crannogs waren stärker befestigt als die Raths. Jede Annäherung wäre dem Angriff ausgesetzt gewesen. Zu manchen mochte der Zugang über einen Dammweg sein, doch diese waren schlechter zu verteidigen. Stieg der Wasserspiegel im See unerwartet, führte das zu Überflutungen. Zudem dürften sie für Bewohner mit Rheumatismus kaum geeignete Wohnstätten gewesen sein. Einige Crannogs datieren vermutlich aus prähistorischer Zeit. Das Holz, aus denen sie errichtet waren, zeigt einheitlich Fälldaten um das siebente Jahrhundert nach Christus. Einer Karte von Ulster zufolge wurden sie noch im siebzehnten Jahrhundert genutzt.

UNTEN Cahermacnaughten war Standort einer berühmten Rechtsschule bis in das siebzehnte Jahrhundert. Das erhabene Innere der Anlage, mit der angesammelten Hinterlassenschaft von Generationen, deutet auf eine Nutzung durch die Bewohner bereits Jahrhunderte früher.

RECHTS Der von John Hunt rekonstruierte Crannog in Craggaunowen, Grafschaft Clare vermittelt ein Bild, wie diese künstlichen Siedlungsinseln vor eintausend Jahren in Irland ausgesehen haben könnten.

ROMANISIERUNG UND AUSBREITUNG DES CHRISTENTUMS

Der römische Historiker Tacitus zitiert seinen Schwiegervater Agricola, der im ersten Jahrhundert nach Christi Geburt häufig davon gesprochen habe, ‚Irland könne geschwächt und von einer einzigen Legion sowie einigen Hilfskräften gehalten werden'. Historisch betrachtet, sind die Römer der Eroberung des Landes keinen Schritt näher gekommen. Daraus zu schließen, Römer wären nie in Irland gewesen oder Rom habe keinen Einfluß auf Irland gehabt, wäre falsch. Es gibt archäologische Beweise für die Anwesenheit römischer Einwanderer – möglicherweise Flüchtlingen aus England – auf der Insel Lambay etwa um die Zeit des Agricola. Sie könnten bis auf die Hauptinsel gelangt und sich auf der Landzunge von Dromanagh bei Loughshinny, etwa 32 km nördlich Dublins, niedergelassen haben.

Im vierten und fünften Jahrhundert wurden die irischen Kontakte mit dem römischen England wesentlich enger. In dieser Zeit schiffte sich der Stamm Déise in der Grafschaft Waterford ein, überquerte die Irische See und gründete Siedlungen in Wales und Südwestengland. Dort lernten sie das römische Alphabet kennen, woraus sich später die Ogham-Schrift entwickelt haben dürfte, die uns auf Steinzeugnissen im Ausgangsland der Déise als älteste schriftliche Belege der irischen Sprache erhalten blieben. Kurze Zeit später nahmen die in den Tälern von Antrim lebenden Dán Riata die wesentlich kürzere Route über den Nordkanal und besetzten Teile Südwestschottlands, denen sie den Namen ihres eigenen Landes – *Scottia* – gaben. Es wird angenommen, daß Iren als Söldner in den römischen Streitkräften in England und anderen Ländern dienten. Nach ihrer Rückkehr mögen wahrscheinlich einige von ihnen bei der Einsetzung des Königreichs Eóganacht in Cashel, Grafschaft Tipperary, deren Namen sich aus dem lateinischen Wort *castellum* – Festung – ableitet, beteiligt gewesen sein.

Im vierten Jahrhundert begann die Macht der Römer in England allmählich zu verfallen – ein Vorgang, der auch den Iren nicht verborgen bleiben konnte. Die bemühten sich nach Kräften, das in sich zusammenfallende Imperium zu plündern. Die Laigin von Leinster dürften sich an diesen Expeditionen beteiligt haben. Hinweise gibt es, daß auch die Uí Néill im fünften Jahrhundert in ähnlicher Weise aus der Situation Kapital schlugen.

Die drastischste Bestätigung solcher Aktivitäten stammt aber aus der Feder eines nicht Geringeren als St. Patrick selbst. Er beschreibt, wie ihn irische Räuber als Kind aus seinem (bisher nicht bekannten) Zuhause – vermutlich in Nordengland – als Sklave in die Gefangenschaft nach Irland verschleppten. Später gelang es ihm zu fliehen. Doch im Traum vernahm er den Ruf der Iren, der zur Rückkehr aufforderte. Er ließ sich zum Priester weihen und ging zurück nach Irland, wo er die Iren erfolgreich zum Evangelium bekehrte.

Mit hoher Sicherheit war er jedoch nicht der erste, der diesen Weg nahm. Widersprüchliche Berichte über das Auftreten von Missionaren vor St. Patrick, darunter St. Declan von Ardmore, berichten über deren Tätigkeit im Südosten Irlands. Das hieße, das Christentum müßte ursprünglich von Südwestengland aus nach Irland gelangt sein, wenn nicht direkt aus dem spätrömischen Gallien. Den frühesten Hinweis auf das Christentum in Irland enthalten Arbeiten des gallischen Geschichtsschreibers Prosper von Aquitanien, der berichtet, Papst Celestinus habe im Jahre 431 Palladium (vermutlich Diakon in Auxerre in Mittelfrankreich) als ersten Bischof zu den zu Christus bekehrten Iren gesandt. Diese Feststellung Prospers bestätigt, daß es zu jener Zeit bereits Christen in Irland gab, die vielleicht gar selbst die Einsetzung eines Bischofs forderten. Muirchú, Autor einer der frühesten Biographien St. Patricks im siebenten Jahrhundert, stellt eine Verbindung von St. Patrick zu Germanus von Auxerre her. Jedoch ist wahrscheinlich, daß spätere irische Quellen Palladius und Patrick miteinander vermischten und in ihnen ein- und dieselbe Person erblickten. Seit über fünfzig Jahren disputiert die Wissenschaft heiß die Probleme um Leben und Wirken St. Patricks und ließen – wie ein Kommentator es formulierte – keinen Stein ungeworfen. Eine der schwierigen Fragen ist die nach seinem Todesjahr: 461 oder 493.

Die Waage scheint sich heute eher zum späteren Datum zu neigen. Damit geriete 444/445 als Gründungsjahr der Hauptdiözese Armagh in Zweifel. Sicher ist, Patrick war eine bescheidene, doch zwingende Persönlichkeit, dessen Missionarstätigkeit im fünften Jahrhundert in der Nordhälfte Irlands, ja nach Westen bis Mayo, von Erfolg begleitet war.

Weithin gilt St. Patrick als Gründer einer Reihe von Bistümern sowie Organisator seiner Kirche auf der Grundlage von Diözesen. Diese Annahme leuchtet ein, da er als Heranwachsender in England diese Organisationsform gekannt haben mochte und die römischen Städte Kernstätten für Bistümer mit großen Gemeinden waren. Da Irland zu jener Zeit aber ein Land mit verstreuten Höfen ohne die Möglichkeiten, die die Städte der Errichtung von Bischofssitzen boten, war, nimmt man an, daß die gerade entstehenden Diözesen bereits in der auf St. Patrick folgenden Generation wieder verschwanden. Das entstandene Vakuum füllten Klöster, die im sechsten Jahrhundert auf den grünen Fluren Irlands wie Pilze aus dem Boden schossen. Berichte über die Gründung von Diözesen durch St. Patrick selbst liegen nicht vor. Die Quellen, die ihm solches zuschreiben, datieren ausnahmslos fast zweihundert Jahre nach seinem Tod. Sie könnten werberischen Zwecken gedient haben. Die Frage, ob St. Patrick tatsächlich ein Netz von Diözesen in Irland errichtete und ob die von ihm miterrichtete ‚Kirche' eine leistungsfähige Organisationsform besaß, ist somit berechtigt. Vielleicht mußte der Nationalheilige des Landes seine Energie stärker auf Bekehrung als auf Organisation richten. Festzustellen bleibt, daß Klöster in der zweiten Hälfte des sechsten Jahrhunderts zwar die Kirche führend vertraten, ordentlich ordinierte Bischöfe – wenn auch ohne Diözese – aber noch immer ihrer Pflicht zur Spendung der Sakramente selbst in den kleineren Kirchgemeinden erfüllten.

OBEN Diese Statue des heiligen Patrick, des Nationalheiligen von Irland, befindet sich in der ihm geweihten Kathedrale von Dublin. Da jedoch Kopf und Rumpf der Statue ursprünglich zu getrennten Kunstwerken gehörten, dürfte der Historie nachgeholfen worden sein.

RECHTS Der Fels von Cashel ist seit dem siebenten Jahrhundert mit dem Namen des heiligen Patrick verbunden. Der Überlieferung nach stieß er bei der Taufe von König Oengus versehentlich seinen spitzen Bischofsstab durch den Fuß des Herrschers, der in der Annahme, das gehöre zur Zeremonie, den Schmerz still erduldet haben soll.

St. Patrick stand dem Klostertum sicherlich mit warmem Herzen gegenüber. Mehrere von ihm bekehrte Männer und Frauen sollen in das Klosterleben eingetreten sein. Er hatte die Absicht, Gallien zu besuchen – wahrscheinlich, weil er dort die Heimat klösterlichen Lebens im Westen erkannte. Nichts ist bekannt, ob er die Reise tatsächlich unternahm. Geistige Anleitung und Führung suchten die Klostergründer in Irland bei den führenden Kirchenvertretern der benachbarten britischen Insel – St. Ninian von

Candida Casa (Whithorn) in Galloway in Südwestschottland, St. David in Wales und Gildas in England. Als einer der frühesten Klostergründer in Irland gilt St. Enda von Aran, der um 530 starb. Er soll in Whithorn studiert haben, doch ist zu wenig über ihn bekannt, um seine Bedeutung für die Entwicklung der Klöster in Irland richtig würdigen zu können. Eine etwas spätere Gründung erfolgte durch St. Finnian von Clonard in der Grafschaft Meath. Das Kloster sollte in späteren Jahrhunderten eine bedeutende Rolle spielen. Heute existieren jedoch keine Spuren mehr davon. Der Heilige soll zwölf herausragende Jünger gehabt haben, darunter Columba von Durrow und Derry, Ciarán von Clonmacnoise, Brendan, den Steuermann – bei Ardfert, Grafschaft Kerry geboren und in Clonfert, Grafschaft Galway beigesetzt – sowie St. Molaise aus Devenish in der Grafschaft Fermanagh.

Finnian und Ciarán fielen beide der verheerenden Pest zum Opfer, die sich in den Jahren nach 540 über ganz Europa ausbreitete. Als Folge ihres

Todes traten viele Menschen in die Klöster ein. Die Pest und die gleichzeitig durch Mißernten verursachte Hungersnot mögen dazu beigetragen haben, daß Klöster populär wurden, wahrscheinlich aber trieb die Menschen in Irland noch ein anderer Grund zu einem Leben in Askese: ihr Wunsch, der Welt zu entsagen – weniger, um dem irdischen Bösen zu entgehen, wie die frühen Eremitenväter in Ägypten, sondern um das Gute hinter sich zu lassen und nach Besserem – einem höheren geistigen Ziel zu streben. Daneben entwickelten sich Klöster unbeeinflußt von Clonard, darunter das von St. Comgall gegründete Bangor in der Grafschaft Down, Glendalough in der Grafschaft Wicklow, wohin St. Kevin sich zurückzog, um in den Bergen zu beten und das von St. Fionnbar gegründete Kloster Cork – um nur einige zu nennen.

Aus der Vielzahl früher Klostergründungen für Männer könnte der Schluß folgen, es habe keine Nonnenklöster gegeben. Daß dem nicht so ist, zeigt das Beispiel von St. Brigit (einer Einrichtung für Mönche und Nonnen) in Kildare, St. Ita in Killeedy, Grafschaft Limerick, wo St. Brendan, der Steuermann, aufwuchs sowie St. Moninne in Killevy, Grafschaft Armagh. Frauen fühlten sich gleichermaßen, wenn nicht stärker als Männer, vom religiösen Dasein angezogen. Der Grund für die relativ kleine Zahl von Frauenklöstern könnte gewesen sein, daß Frauen in Irland das Besitzrecht auf Land über ihren Tod hinaus verwehrt war. Danach fiel der Besitz an die Familie zurück, wodurch der dauerhafte Bestand von Nonnenklöstern stets in Gefahr war.

Das Land für die Mönchsklöster waren Schenkungen begüterter und einflußreicher Familien. Diese stellten in der Regel auch für mehrere Generationen die Äbte. Somit stammten die Gründer meist aus aristokratischen Verhältnissen. Eine seltene Ausnahme war St. Ciarán von Clonmacnoise mit zahlreichen seiner Nachfolger, die aus geringeren Stämmen kamen und zweifellos ob ihrer Qualitäten, weniger ihres Blutes wegen, berufen wurden. Die Herkunft der Äbte aus den Adelsfamilien des Landes machte sie Fürsten ebenbürtig, was zur Integration von Kirche und Laientum beitrug. Daß diese Erscheinung auch über die Grenzen des Landes hinaus wirkte, wird am Beispiel von Iona, jenes von St. Columba 563 gegründeten glückseligen Klosters auf einer Insel der westlichen Hebriden deutlich, von dessen zwölf Äbten zehn zur Familie des Gründers, den Cenél Conaill in der Grafschaft Donegal, gehörten.

St. Columba – oder Colm Cille, um den irischen Namen zu nennen – war zweifellos einer der herausragenden Männer der Kirche im Irland des frühen Mittelalters. Viele erinnern sich heute an ihn durch die (wahrscheinlich apokryphe) Legende, derzufolge er heimlich und unerlaubt ein Manuskript mit den Evangelien abschrieb. Vom damaligen König zur Rückgabe an den rechtmäßigen Eigentümer gezwungen, fällte dieser das erste unverbürgte Urteil zu Fragen der Urheberschaft mit den Worten: ‚Jeder Kuh ihr Kalb, jedem Buch seine Kopie.' Die Legende fährt fort, daß er aus der Überzeugung, daß ihm Unrecht widerfahren sei, ins Feld zog und in der Schlacht 2000 Menschen zu Tode kamen. Darauf habe der Heilige sich zum Verlassen des Landes entschlossen. Er gründete das Kloster Iona. Wir werden wohl nie erfahren, ob er diesen Schritt aus freiem Willen tat. Er sah sein freiwilliges Exil als eine Form von Selbstkasteiung zur höheren Ehre Gottes und zur Bekehrung der Heiden. Damit setzte er eine Bewegung in Gang, der noch viele folgen sollten.

Aus dem von St. Adamnan, Abt von Iona im späten siebenten Jahrhundert, beschriebenen *Leben* des Heiligen wissen wir einiges über das Aussehen dieser frühen Klöster. Die Schrift enthält wertvolle zeitgenössische Angaben über die physische Beschaffenheit eines Klosters. Es lag innerhalb

RECHTS Eins der wenigen baulichen Zeugnisse früher irischer Klöster ist dieser Türgang mit seiner megalithischen Oberschwelle in Killevy in der Grafschaft Armagh, wo St. Moninne (Todesjahr 517 oder 519) einen Konvent für Frauen einrichtete. Der Türgang aus dem elften oder zwölften Jahrhundert blieb erhalten und diente der später am selben Ort errichteten mittelalterlichen Kirche als Eingang.

LINKS Ein Stein mit eingeritztem Kreuz im Tal von Glencolmcille im fernen Westdonegal fordert Wallfahrer zu Einkehr und Gebet. Der Stein trägt den irischen Namen des heiligen Columba, *Colmcille*. Ein Besuch des malerischen Tales durch den Heiligen ist jedoch nicht belegt.

OBEN Im Jahre 563 in Donegal geboren, begab sich der heilige Columba auf Wallfahrt nach Schottland, wo er das Kloster Iona auf den Äußeren Hebriden gründete. Bestimmte Orte in seinem Herkunftsland bezeugen Verbindungen nach Schottland, darunter Cardonagh, wo sich dieser Stein mit dem Abbild eines Menschen mit Glocke, Buch und Stab befindet – vielleicht Darstellung eines Wallfahrers, der gekommen ist, die Reliquien des großen Heiligen zu verehren.

eines *vallum*, eines Erdwalles, im Zentrum eine Holzkirche. Davor eine *platea*, ein offener Hof, von anderen Gebäuden des Klosters umstanden – ein Refektorium sowie ein Scriptorium zum Schreiben sowie die Wohnräume der Mönche. Das Haus des Abtes dürfte etwas größer gewesen sein und abseits der anderen gelegen haben. Außerdem gab es noch einen Friedhof.

Von Iona aus wanderten die Mönche des heiligen Columba nach dessen Tod durch ganz Schottland bis Nordengland, wo Lindisfarne eine ihrer wichtigsten Gründungen wurde. Doch in den darauffolgenden Jahrhunderten sollten noch zahlreiche andere Mönche – dem Vorbild von Columba folgend – ins Ausland gehen, nicht nur zu Pilgerreisen oder *peregrinatio*, wie es damals genannt wurde, sondern auch, um das Wort Gottes in jene Gebiete zu tragen, die von umherziehenden germanischen Stämmen heimgesucht worden waren. Zuvorderst unter ihnen war St. Columbanus, der von Bangor, an der Küste des Belfast Lough, nach Frankreich reiste und dort, obwohl er sich das Mißfallen des Herrschers wegen deutlicher Kommentare zu dessen außerehelichen Affären zuzog, bedeutende merowingische Klöster begründete. Da es ihn nicht hielt, zog er weiter über die Alpen und gründete sein letztes Kloster in Bobbio in Norditalien, wo er um 613 starb. Er verfaßte mystische Schriften und erdreistete sich gar, den Papst in der heiklen Frage des Osterdatums anzugreifen, indem er behauptete, die Iren feierten Ostern an dem nach der wahren Tradition der Apostel festgesetzten Tag, nicht an einem mit den neumodischen Rechenmethoden des fünften Jahrhunderts ermittelten. Einer seiner Schüler war St. Gall, den er in der Schweiz an einem Ort zurückließ, dessen heutige Stadt seinen Namen trägt und in deren alter Klosterbibliothek die bedeutenden Handschriften aufbewahrt werden, welche die irischen Mönche vor mehr als eintausend Jahren bei sich führten.

Zu St. Columba (nicht zu verwechseln mit St. Columbanus) zurückkehrend, kann gesagt werden, daß es ihm der Überlieferung nach gelang, die Ausweisung der Dichter des Landes wegen ihrer Habgier und Arroganz zu verhindern und er auf diese Weise die literarische Tradition Irlands rettete, die das Land bis in unser Jahrhundert berühmt gemacht hat. Columba selbst soll ein Buchnarr gewesen sein. Die in der Royal Irish Academy in Dublin aufbewahrte älteste, noch erhaltene Handschrift, die sogenannte *Cathach* (Schlachttalisman) könnte aus der Hand des heiligen Columba selbst stammen. Anzumerken ist, daß aus den von ihm und seinen Nachfolgern gegründeten Klöstern die bedeutendsten in England und Irland aus dem ersten Jahrtausend erhaltenen Kodexe stammen – die Bücher von Durrow, Lindisfarne und Kells, die ohne die Tätigkeit und – man könnte sagen – Vorwissenschaftlichkeit eines Columba nicht entstanden wären.

Um das Todesjahr des heiligen Columba 597 gab es nirgendwo in Europa mehr Kirchen mit monastischer Hierarchie als in Irland. Ihre Bibliotheken bargen neben Werken der klassischen Antike, nicht nur die Schriften der Kirchenväter, sondern auch die klassischen lateinischen Autoren, von denen einige der Nachzeit erhalten blieben. In diesem Sinne bekommt die Aussage von Kardinal John Henry Newman, diese Klöster seien ‚Schatzkammern der Vergangenheit und Geburtsstätten der Zukunft' einen tiefen Sinn. Die Kirche des fünften Jahrhunderts hatte die lateinische Schrift und lateinisches Wissen übernommen. Dieses Erbe kam den Klöstern gut zustatten, denn die Mönche lernten fließend lateinisch zu schreiben, wie die Werke des Columbanus und die Kommentare der Mönche zur Bibel und den Kirchenvätern beweisen.

Es wäre falsch anzunehmen, die Tätigkeit des heiligen Patrick und seiner missionierenden Mitbrüder im fünften Jahrhundert hätten zu einer schnellen Christianisierung Irlands geführt. Dies war vielmehr ein langer Prozeß, der aber gegen Ende des sechsten Jahrhunderts als abgeschlossen gelten kann, wobei sich die erste Welle der Klostergründungen als hilfreich erwies. Die nächsten einhundert Jahre sollten für die Klöster grundlegende Veränderungen bringen. Viele von ihnen wurden durch Einbindung in die soziale Hierarchie der damaligen Zeit säkularisiert, ja wurden – wie Kildare – Sitz von Königen. Bei einigen erhebt sich die Frage, ob sie ihren Charakter als Kloster überhaupt behielten, da sich in ihnen keine ordinierten Geistlichen mehr befanden und sie vermutlich nur selten einen Priester sahen. Die Seelsorge trat in den Hintergrund. Die Zahl der Priester war klein; viele mußten, wie heute, mehrere abgelegene Kirchen versorgen. Innerhalb ihres *tuath* (Kleinkönigreich) hatten diese Priester Anspruch auf ein Haus und Rationen, einschließlich einer Milchkuh viermal im Jahr sowie Essen an Feiertagen.

Inzwischen spielten die Bischöfe weiter eine bedeutende Rolle. Die zölibatär lebenden Bischöfe erfreuten sich höchsten Respektes. Neben der Spendung der Sakramente, war die Sorge um die Kirchen und die liturgischen Geräte ihre Hauptaufgabe. Ihren Lebensunterhalt bestritten sie, unter anderem, von Begräbnisgebühren. In den großen Klöstern, die zahlreichen Bischöfen Wohnung gaben, waren die wichtigsten Vertreter jedoch der Abt und sein Prior. Äbte waren wie lokale Potentaten. Ihre herausragende Stellung sicherte ihnen auch Einfluß in Fragen der Gesetzgebung. Mit der Annäherung zwischen der christlichen Kirche und der vormals heidnischen Gesellschaft im siebenten Jahrhundert, wurde eine mögliche Kollision zwischen kirchlichem und säkularem Recht vermieden, indem die Kirche die führenden Rolle übernahm. Das damals kodifizierte Recht verpflichtete die Laien, einen bestimmten Beitrag zum Unterhalt der Geistlichkeit zu leisten, die im Gegenzug religiöse Leistungen – Predigtdienst, Taufen und

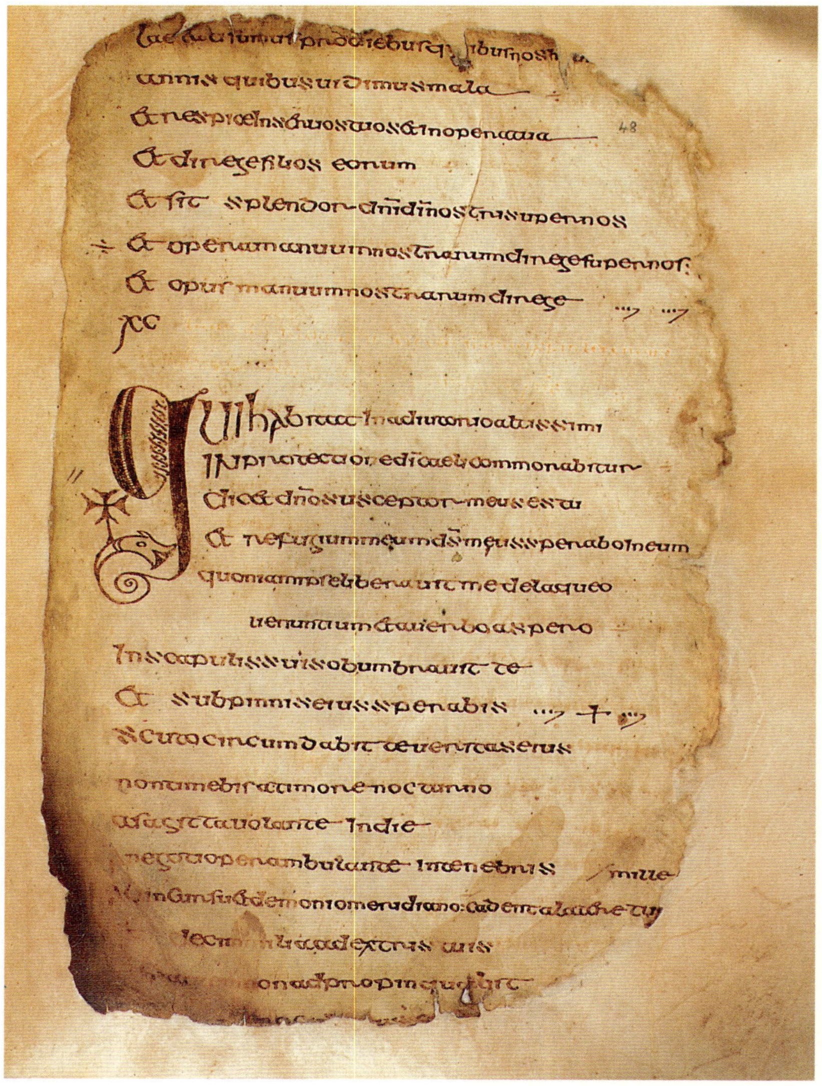

Cathach ist eine der ältesten erhaltenen irischen Handschriften, heute ein gehüteter Schatz der Royal Irish Academy in Dublin. Der irische Name weist darauf hin, daß diese einst von den O'Donnells, der eigenen Familie des heiligen Columba, als Talisman im Kampf mitgeführt wurde. Sie enthält Abschriften der Psalmen in schwarzer Tinte. Die Initialen sind mit Trompeten und Spiralmustern verziert, in einem Fall mit einem Fisch und einem Kreuz. Der erste Buchstabe jedes Psalms ist ebenfalls größer dargestellt, während die folgenden Buchstaben allmählich kleiner werden, bis sie generell die Schriftgröße des Textes annehmen. Diese Anordnung wiederholt sich mit Verzierungen später im *Book of Durrow*. Der *Cathach* wird allgemein um 600 datiert, so daß stimmen könnte, was gesagt wird: Der ‚Mann, der Bücher liebte', der 597 gestorbene heilige Columba, habe die Handschrift eigenhändig verfaßt.

Beerdigungen – zu erbringen hatten. Jene *Romani* genannten Männer der Kirche, die erfolglos versuchten, zum Nutzen des römischen Rechts einen Sieg über die Iren davonzutragen, errangen schließlich einen späten Sieg, indem sie die Iren überzeugten, die Osterfeierlichkeiten an dem von Rom berechneten Tag zu begehen. Doch war das kein kampfloser Sieg.

Die kirchlichen Einrichtungen unterschieden sich hinsichtlich Art und Größe, die einen waren frei, andere unfrei. Doch die augenfälligste Erscheinung des siebenten und achten Jahrhunderts war die Wandlung der großen ‚Klöster' zu kleinen Städten mit säkularem Charakter. Sie besaßen das Land, stellten soziale Dienste bereit, förderten die Künste und die Kinder des Adels, verwalteten die Getreidevorräte und fürstliches Wertgut. Um die Kirche mit Altarraum und Gemeindefriedhof entstanden an der Peripherie der Klöster ganze Handwerkerviertel, in denen auch Laien wohnten, die – obgleich *manaig*, irisch für ‚Mönch' – genannt, doch kein Zölibat zu beachten hatten, obwohl ihnen der Luxus der Polygamie, den das weltliche Recht gestattete, versagt war. Sie waren der Kirche gegenüber zu bestimmten Leistungen verpflichtet, wofür im Gegenzug ihre Kinder kostenlos unterrichtet wurden. Das Erstgeborene war in der Regel in den Dienst der Kirche zu geben. Die *manaig* müssen viele Stunden des Tages mit der Arbeit auf dem Feld verbracht haben und bildeten mit hoher Sicherheit die Mehrheit der Bewohner der klösterlichen ‚Protostädte'. Auf diese Weise war die intensive Bewirtschaftung der Klosterländereien gewährleistet, war doch bereits der schwere Pflug erfunden, der die Erde nicht nur aufriß, sondern die Scholle wendete. Eine weitere, vermutlich in den Klöstern gemachte Erfindung war die Wassermühle in stehender und liegender Form. Wassermühlen vermahlten das Getreide der Äcker der Klöster und des lokalen Adels.

Langsam aber sicher, entwickelten sich die Klöster zu Marktzentren mit regionalwirtschaftlicher Bedeutung. Die wachsende Bevölkerung in den Klosterstädten erstritt ein größeres Mitspracherecht in Planungsfragen, wie dem Bau und der Befestigung von Straßen sowie der Anlage von Friedhöfen. Allmählich bildeten sich städtische Züge heraus. Die Klöster waren mit der Ausweitung und Festigung ihrer Besitzstände befaßt, die häufig die Grenzen des Standortes, ja der Region, überschritten. Kein Kloster war eifriger beim Aufbau eines kirchlichen Imperiums als Armagh selbst, das im Zuge der Erweiterung seiner Rechtsansprüche von bischöflicher zur abteilichen Beherrschung überging. Wohl konnte Armagh sich nicht des Besitzes von Reliquien des heiligen Patrick rühmen (da niemand mehr wußte, wo er begraben lag), doch erhob es Anspruch auf das Primat über das gesamte Irland, wobei man sich darauf berief, der Nationalheilige des Landes habe im fünften Jahrhundert dort die Diözese gegründet. Ab dem siebenten Jahrhundert entfaltete Armagh zur Beförderung seiner Besitzansprüche einen wahren Kult um den heiligen Patrick. Das um 807 geschriebene und heute in der Bibliothek des Trinity College in Dublin aufbewahrte *Book of Armagh* enthält zahlreiche wichtige Dokumente über den Heiligen, einschließlich biographischer Skizzen von Tirechán und Muirchú. Es diente Armagh zur Mehrung von Reichtum und Macht durch die Publizierung der glorreichen Tätigkeiten St. Patricks. Dies geschah zum Nachteil der übrigen Missionare des fünften Jahrhunderts, besonders Palladius, deren Werke nicht nur unter den Teppich gekehrt, sondern zudem noch Patrick zugeschrieben wurden (eine von Palladius zusammengestellte Ostertafel überlebte bis in das siebente Jahrhundert).

Trotz seiner Hegemonieansprüche weiteten im siebenten Jahrhundert neben Armagh auch andere ihre Einflußsphären aus. Clonmacnoise in den Midlands, galt als ernstzunehmender Rivale. Überliefert ist das in den Schimpftiraden, die Tirechán gegen die Forderungen von Clonmacnoise gegenüber bestimmten Kirchen erhob, die Armagh für sich reklamierte. Zwei weitere wichtige Zentren im siebenten und achten Jahrhundert waren Kildare und Iona. Obwohl im schottischen Königreich Dál Riata und damit im Ausland gelegen, waren beide einen Klosterbund – *paruchia* – eingegangen. Die Mitgliedsklöster des Bundes führten ihren gemeinsamen Ursprung auf den heiligen Columba zurück. Kildare setzte der territorialen Strangulierung durch Armagh entgegen, indem es drei unterschiedliche Brigit-Biographien verfaßte, deren eine – von Cogitosus – eine berühmte Beschreibung der Doppelkirche in Kildare enthält. Es sei vermerkt, daß die im siebenten Jahrhundert geschriebenen Lebensgeschichten der frühen Heiligen dem Bemühen der Klosterstädte zur Ausdehnung ihrer Macht geschuldet sind: Tirechán über St. Patrick, Cogitosus über St. Brigid und Adamnan über St. Columba – Beispiele der frühesten Darstellungen von Heiligenleben auf den Inseln.

St. Columba inspirierte auch einige der ältesten, noch existierenden Belege von irischsprachiger Literatur, die kurz nach seinem Tode im Jahre 597 geschrieben wurden. Das Zusammenspiel und die Wechselwirkung zwischen Latein und Irisch wirkten befruchtend auf Literatur und Kunst, die ab dem siebenten Jahrhundert in kleinen wie in großen Klosterkomplexen aufblühten – einer Zeit, die immer stärker die Säkularisierung klösterlicher Einrichtungen erlebte. Das Bildungsmonopol lag in Händen der Mönche, sie beförderten die Gelehrsamkeit und entwickelten rasch bedeutende Schulen, deren Schüler aus England und dem kontinentalen Europa kamen (darunter der spätere König Dagobert von Austrasien). Sie sogen in sich auf, was die Heilige Schrift und die klassischen Autoren zu bieten hatten. Die Lehrer verfaßten exegetische Kommentare zur Bibel, meist in lateinischer Sprache, doch später – zuerst zögerlich, dann zunehmend, auf Irisch. Sie kannten sich in lateinischer Grammatik aus und waren in der Komputistik (der Wissenschaft astronomischer und kalendarischer Berechnungen) bewandert. Iona begann eine Chronik von Tagesereignissen, die irische Zentren, wie Bangor und Clonmacnoise, nach 740 noch ausweiteten und die uns heute als Annalen den Rahmen früher irischer Geschichte füllen. Dadurch angeregt entstanden Genealogien, die uns umfassende Einsichten in die Geschichte der verschiedenen Herrscherhäuser, besonders solcher mit direkten Verbindungen zu den Klöstern, gewähren.

Das Scriptorium dürfte also ein wichtiges und stets emsig genutztes Gebäude im Klosterkomplex gewesen sein. Die irischen Kopisten entwickelten ihre eigene, spezielle Schriftform, die im Laufe der Zeit die des angelsächsischen Englands beeinflußte. Ab der Zeit des heiligen Columba muß das Kopieren und Verzieren der heiligen Texte eine Haupttätigkeit der Mönche gewesen sein. Bereits erwähnt wurde der *Cathach* um 600 mit erkennbaren Anfängen der Ausgestaltung der Anfangsbuchstaben von Textabschnitten. Wie am *Book of Durrow* belegt, verstärkte sich dieser Trend im folgenden Jahrhundert. Dieses Werk wurde über Jahrhunderte im Midlands-Kloster der *paruchia Columbae*, deren Namen es trägt, aufbewahrt, bevor es der Bibliothek des Trinity College in Dublin übergeben wurde, wo es sich befindet. Selbst wenn der Entstehungsort dieser Handschrift ungewiß ist, stellt sie eine der bedeutendsten künstlerischen Dokumente Europas im siebenten Jahrhundert und eine bedeutende Entwicklung meisterhafter Buchverzierung dar. Diese erreichte mit dem ebenfalls im Trinity College aufbewahrten *Book of Kells* um 800 ihren Höhepunkt. Die Herkunft auch dieses Werkes liegt im Dunkel, doch wird Iona dabei immer wieder in Erwägung gezogen. Das *Book of Kells* mit seinen filigranen, in brillanter Farbe ausgeführten und gelegentlich geistreichen Illustrationen von unterschiedlicher Hand hält vermutlich selbst dem Anspruch stand, die am aufwendigsten verzierte der noch erhaltenen Handschriften aus dem Europa des ersten Jahrtausends zu sein. Berichte in den Annalen über den Raub des Buches von Kells im Jahre 1007 und der Wiederauffindung kurze Zeit später bezeichnen es als großes ‚Heiligtum', wertvolle Reliquie, des heiligen Columba. Dem *Book of Lindisfarne* um 700, heute in der British Library, gebührt ebenfalls ein herausragender Platz. Weitere Handschriften vermutlich irischen Ursprungs bzw. mit irischem Einfluß sind diesen jedoch nahezu ebenbürtig, darunter mehrere

LINKS Der heilige Johannes mit dem Evangelistenzeichen des Adlers über seinem Haupt und dem Evangelium in seinen schmalen Händen ziert Band IIV der aus dem späten achten Jahrhundert datierenden gebundenen Handschrift, dem sogenannten Stowe Missal, in der Royal Irish Academy in Dublin. In der Größe eines Taschenbuches konnte es auf Reisen mitgeführt werden.

UNTEN Im frühen Mittelalter trugen wahrscheinlich hochstehende Persönlichkeiten (einschließlich Vertreter der Kirche) Schmucknadeln, vielleicht zu besonderen Anlässen. Ein besonders schönes Exemplar, das möglicherweise irischen Ursprungs ist und sich jetzt im British Museum befindet, ist die sogenannte Londesborough-Nadel aus der Zeit um 800. Sie ist wundervoll mit Vögeln, Tieren und verschlungenen Bändern sowie Einsätzen aus Bernstein und Glas verziert.

nach St. Gallen in die Schweiz verbrachte, wo sie in der dortigen alten Stiftsbibliothek aufbewahrt werden.

Neben der Produktion von Handschriften unterhielten die Klöster Werkstätten, in denen wertvolle, oft zur Erzielung spezieller Effekte mit Email und Bernstein oder anderem Material verzierte Metallarbeiten angefertigt wurden. Solche Werkstätten bestanden auch außerhalb der Klöster, wie in dem von John Bradley ausgegrabenen Crannnog Moynagh Lough in der Grafschaft Meath. Metall war bereits in grauer Vorzeit bearbeitet worden, erhielt aber mit der Herstellung von Schmucknadeln nach dem Vorbild derer aus dem römischen England des vierten und fünften Jahrhunderts neuen Aufschwung. In dieser Zeit entstanden zahlreiche kunstvolle Schmuckstücke, wie die jetzt im British Museum in London befindliche ‚Londesborough'-Nadel. Ferner zählen liturgische Gefäße, zum Beispiel hängende Schalen und Kelche, zu den herausragenden künstlerischen Leistungen jener Zeit. Die beiden erhabensten Stücke sind der Ardaghkelch aus der Grafschaft Limerick sowie der zusammen mit einem herrlichen Hostienteller mit Fuß im Jahre 1980 in Derrynaflan, Grafschaft Tipperary, gefundene Kelch.

Zu den wertvollsten Besitztümern eines Klosters zählen Reliquien des Gründungsheiligen oder anderer, in deren Besitz es rechtens oder unrechtens gekommen sein mag. Sie wurden bei der Eintreibung des Kirchenzehnten mitgeführt und leisteten Dienste bei der Verkündung spezieller Gesetze, der sog. *Cána*, in deren Rahmen, zum Beispiel festgelegt war, daß Geistliche vom Kriegsdienst befreit waren oder die dem Schutz unschuldiger Frauen und Kinder dienten. Gegen Ende des achten Jahrhunderts wurden manche Reliquien in hausförmigen Schreinen aufbewahrt. Später kamen dazu die Stäbe der Gründungsäbte in entsprechend geformten Reliquienschreinen. Viele solche Reliquiare und andere erwähnte Metallarbeiten befinden sich heute im National Museum in Dublin. Sonderbarerweise verdanken wir die Erhaltung weiterer gerade den Wikingern, die sie mit nach Norwegen nahmen, wo sie den Toten als Beigabe ins Grab gelegt wurden und durch Ausgrabungen der letzten dreihundert Jahre wieder ans Licht kamen. So reich war die Beute der Wikinger, daß die norwegischen Museen – nach dem National Museum in Dublin – über die reichhaltigsten Sammlungen irischer Ziermetallgegenstände aus dem achten und neunten Jahrhundert verfügen. Es nimmt nicht wunder, daß die Wikinger die irischen Klöster so anziehend fanden, waren doch dort die Reichtümer angehäuft – Fundgruben königlicher und kirchlicher Schätze.

Zur Zeit der ersten Wikingereinfälle in Irland in der letzten Dekade des achten Jahrhunderts war der Verfall religiöser Disziplin soweit fortgeschritten, daß eine neue Reformbewegung mit dem Ziel, Andacht und religiösen Eifer neu anzufachen, entstand. Es handelte sich um die *Céli Dé*, die Diener Gottes, mit Zentren in den beiden Dubliner Klöstern Tallaght und Finglas. Daneben bestanden weitere Einrichtungen, z. B. Terryglass in der Grafschaft Tipperary und Castledermot in der Grafschaft Kildare. Letztere wurde von den Iren als Dísert Díarmata bezeichnet, wobei der Ortsname *Dísert* von der Bezeichnung für Wüste abgeleitet ist. Bezeichnet wird damit ein abgelegener Ort, wie er von den frühen Eremiten Paul und Anton in der ägyptischen Wüste gewählt wurde, wohin man sich zurückzog, um ein Leben in Gebet und Frieden zu führen. Auf die Ränder ihrer Handschriften schrieben sie Kurzgedichte, die zu den ältesten Überlieferungen des Genres in Volkes Sprache zählen. Das folgende, hier sinngemäß wie-

LINKS Eins der großartigsten Stücke irischer Gold- und Silberschmiedekunst, der zweihenklige Ardaghkelch, wurde 1868 von einem Jungen, der auf der Jagd nach Wildkaninchen war, gefunden. Das Gefäß besteht aus Silber mit reichen Verzierungen aus Gold und Glas, noch belebt durch filigrane Verzierungen. Eine europäische Spitzenleistung auf dem Gebiet sakraler Metallarbeiten jener Zeit (spätes achtes Jahrhundert?).

UNTEN Dieses aus dem achten oder neunten Jahrhundert datierende Sieb aus einer Kupferlegierung, gefunden bei Ausgrabungen im Crannog Moylarg, Grafschaft Antrim im Jahre 1893, ziert ein Drehmuster. Vielleicht wurde es bei liturgischen Zwecken verwendet, wie ein ähnliches Exemplar, das neben kirchlichen Gefäßen in Derrynaflan in der Grafschaft Tipperary gefunden wurde.

dergegebene, findet sich in den Handschriften in der Stiftsbibliothek von St. Gallen:

Über mir hängen grüne Zweige,
eine Amsel singt laut ihr Lied.
Über Stift und Buch lausche ich dem Gesang der Vögel.

Des Kuckucks Ruf ertönt hell und klar.
Im dunklen Kleid versteckt im tiefen, dunklen Tal:
Lob sei Gott für seine Güte.
Daß ich im Waldland gut hier schreibe.

Asketen, die der Welt entsagten, gab es bereits vor der Ankunft der Wikinger. Ihre Lebensweise war Protest gegen eine lose Lebensart, wie sie sich in den verweltlichten Klosterstädten des siebenten und achten Jahrhunderts ausbreitete. Viele zogen sich auf Inseln zurück, andere in das Landesinnere, wie Iniscealtra in der Grafschaft Clare, Monaincha, Grafschaft Tipperary oder

LINKS Church Island, Lough Currane bei Waterville in der Grafschaft Kerry ist eine von zahlreichen Inseln an der irischen Atlantikküste, auf die heilige Männer sich einzeln oder in Gruppen zurückzogen, um mit ihrem Schöpfer ‚fern der niedrigen Gelüste der tobenden Menge' Zwiesprache zu halten.

Church Island im Lough Currane, Grafschaft Kerry, andere vor die Atlantikküste Irlands, z. B. Inishmurray, Grafschaft Sligo oder Skellig Michael, Grafschaft Kerry. Auf anderen kleinen Inseln stehen gelegentlich Hütten und Steinkapellen hinter einem Steinwall, innerhalb dessen sich auch ein Kreuz oder eine Stele – vermutlich zur Kennzeichnung der Grabstelle des Einsiedlers – befindet, wohin die Menschen in späterer Zeit wallfahrten.

Viele erleuchtete Geister – Männer wie Johannes Scottus und Sedulius Scottus – wählten eine andere Richtung und verließen Irland, um im kontinentalen Europa einen Markt für ihr beträchtliches Wissen zu suchen. Sie drangen selbst in erlauchte Kreise, wie in den kulturhungrigen Hof der karolingischen Kaiser, vor. Die Leistungsfähigkeit des handwerklichen und kulturellen Lebens der Klöster wurde aber weniger durch ihren Weggang als die ständigen Raubzüge der Wikinger geschwächt. Ständige, demoralisierende Plünderungen schwächten die Qualität klösterlicher Metallbearbeitung, der hohe künstlerische Stand der Manuskriptillustration verfiel, die Zahl der Scriptorien ging zurück. Als positive Folge führte die ständige Angst vor den Schwertern und Horden aus Skandinavien zur Aufgabe der Bronze und Benutzung von Stein zur Aufbewahrung heiliger Reliquien in Schreinen, die nicht weggeschleppt, den Bau von Steinkirchen, die nicht niedergebrannt und die Errichtung von Steinkreuzen, die – anders als die bronzenen – nicht nach Norwegen verbracht und dort vergraben werden konnten. Was die Wikinger nicht vermochten und die geistliche Literatur des neunten Jahrhunderts belegt, war, das Leben der Frömmigkeit und Hingabe zu brechen. Nachdem die Zeit der schlimmsten Überfälle der Wikinger vorüber war, erlebte das Wallfahrertum unter den Laien im zehnten Jahrhundert einen neuen Höhepunkt.

Eine weitere positive Folge der Raubzüge der Skandinavier war die Beendigung der Streitigkeiten um Besitz und Macht zwischen den Klöstern, die im achten Jahrhundert ihren Höhepunkt erreichten. Nun war jedes Kloster auf das eigene Überleben bedacht. In diesem Prozeß mögen viele der kleineren Einrichtungen spurlos in der Zeit versunken sein. Den großen Klöstern gelang es zu überleben, indem sie sich mit den säkularen Mächten verbündeten. Im Laufe des neunten Jahrhunderts verstärkten sich die Bindungen zu den Herrscherfamilien und fanden ihren Höhepunkt, als der Herrscher von Cashel, Cormac mac Cuileannáin, die Würden eines Königs und Bischofs in seiner Person vereinte. Die im zehnten Jahrhundert noch bestehenden Klöster erholten sich allmählich wieder und strebten einer neuen Blütezeit ihrer Entwicklung entgegen. Im elften Jahrhundert übernahmen sie zunehmend Aufgaben im Bereich staatlicher Verwaltung. Um die Jahrtausendwende war vom einstigen geistigen und literarischen Erbe der Céli Dé nicht mehr viel übriggeblieben. Mit der zunehmenden Verweltlichung der Klöster im elften Jahrhundert war die Zeit für eine neue Kirchenreformbewegung reif, die sich wie ein Sturmwind über den europäischen Kontinent ausbreitete.

OBEN Der Ogham-Stein in der Kathedrale von Ardmore, Grafschaft Waterford, trägt zwei getrennte Inschriften, deren eine an der Kante nach oben und an der anderen nach unten verläuft, während die zweite in einem anderen Winkel angeordnet ist. Die Entzifferung ist mühsam, die zweite Inschrift scheint einem Bischof zu gelten.

OGHAM

Ogham – oder Ogam – abgeleitet von Ogmios, dem antiken Gott der Redegewandtheit, ist eine Schrift, verfaßt in der ältesten bekannten Form des Irischen. Meist auf Steininschriften, gelegentlich in Manuskripten, besteht sie aus Gruppen von ein bis fünf Kerben beiderseits, auf oder diagonal zu einer Mittellinie, die – wie im Fall der Steine – eine winkelige Ecke bildet. Die einzelnen Gruppen von Kerben bilden die Buchstaben des Alphabets, dazu einen Diphthong (ng). Die Schrift ist wahrscheinlich von einem Alphabet – vermutlich dem lateinischen – abgeleitet, entwickelte sich aber unabhängig zur Benutzung mit der irischen Sprache spätestens im fünften

Jahrhundert nach Christi Geburt. Ogham besteht aus Lapidarinschriften, gewöhnlich mit Nennung des Namens einer Person (im Genitiv) sowie deren Beziehung zu einer anderen, z. B. ‚des A, Sohn des B' oder ‚des X, Nachkomme des Y'. Die archaische Form der in diesen Inschriften verwendeten Sprache hat die Gelehrten bewogen, sie auf die Zeit zwischen dem fünften und siebenten Jahrhundert zu datieren. Doch blieb sie mehrere hundert Jahre danach in Gebrauch. Der Schlüssel zu ihrer Entzifferung (sozusagen Oghams Stein von Rosetta) findet sich im *Book of Ballymote* um 1400. Ogham wurde noch bei Inschriften in Kilkenny und Tipperary im neunzehnten Jahrhundert verwendet. Zu jener Zeit mußten Besitzer von Wagen und Pferd ihren Namen auf der Deichsel vermerken. Ein Eigentümer in Cork wurde wegen Nichtbeachtung dieser Vorschrift vor Gericht gebracht. Seinen aufwendigen Erklärungen des Gegenteils wurde erst Glauben geschenkt, als ein von weither geholter Priester bestätigte, der Name des Besitzers stehe tatsächlich am Wagen geschrieben – nur in Ogham.

IRISCHE HANDSCHRIFTEN IN ST. GALLEN
Schweiz

In der Stiftsbibliothek St. Gallen in der Schweiz befindet sich die wahrscheinlich bedeutendste Sammlung irischer bzw. unter irischem Einfluß entstandener Handschriften außerhalb Irlands. Der heilige Gallus, nach dem die Stadt benannt ist, war Schüler des heiligen Columbanus. Dieser ließ ihn vor seiner Alpenüberquerung nach Bobbio in Norditalien in der zweiten Dekade des siebenten Jahrhunderts in der Schweiz zurück. Iren mögen das Grab des heiligen Gallus besucht und in der Nähe Klosterzellen gebaut haben; Stift St. Gallen selbst war aber zu keiner Zeit ein irisches Kloster. Dennoch ist ein bestimmter irischer Einfluß unverkennbar, da die Regeln des im achten Jahrhundert gegründeten Stifts im wesentlichen denen des Columbanus folgen. Zweifellos war St. Gallen ein bedeutendes Einflußzentrum Irlands im kontinentalen Europa. Einige Handschriften dürften von den Iren selbst nach St. Gallen gebracht worden sein, denn ein Bibliothekskatalog aus dem dritten Viertel des neunten Jahrhunderts verzeichnet *scottice scripti* – von Scotti (Iren) geschrieben. Zwei im Stift aufbewahrte Handschriften des neunten Jahrhunderts sind im Katalog nicht enthalten. Sie wurden entweder von Iren oder unter irischem Einfluß geschrieben und

In der Stiftsbibliothek in St. Gallen, Schweiz befinden sich prächtig ausgestattete irische bzw. irisch beeinflußte Handschriften aus dem achten und neunten Jahrhundert. Selbst vollformatige, textfreie Seiten mit reicher Ausstattung sind vorhanden (unten links). Die Initialen sind reich ausgestattet (rechts) wie auch die Darstellungen des Evangelisten Johannes, der Kreuzigung und der Wiederkunft Christi (unten).

AUTEM GE
NERATIO
SIC ERAT

sollen hier besonders erwähnt werden. Die eine ist Handschrift 51, ein Evangelienbuch mit Darstellungen der Kreuzigung und der Wiederkunft Christi sowie der Evangelisten. Aus dem späten achten Jahrhundert datierend, könnte es durch seine Verzierungen als Vorläufer des *Book of Kells* ausgewiesen werden. Die zweite Handschrift ist Codex 904, die Kopie von Priscians Grammatik in Latein aus der Mitte des neunten Jahrhunderts. Unerwartet sind einige Inschriften in Ogham. Zudem enthält es Randbemerkungen in Altirisch, die große Bedeutung für unser Wissen über die irische Sprache im neunten Jahrhundert haben. Einige Bemerkungen sind in lateinischer Sprache geschrieben, darunter eine mit viel menschlichem Gefühl: „Diese Seite ist schwierig. Die dritte Stunde. Zeit zum Essen."

CROAGH PATRICK
Grafschaft Mayo

Die Bucht Clew an der Atlantikküste von Mayo wird von dem breiten, kahlen Hügel Croagh Patrick beherrscht, der wegen seiner kegelförmigen Gestalt aus mehreren Kilometer Entfernung erkennbar ist. Er ist der heiligste Berg Irlands, eine Art Fujiyama des Westens. Nach dem Vorbild des biblischen Mose wird von St. Patrick berichtet, daß er sich vierzig Tage und Nächte zum Fasten auf den Berg zurückzog. Seinem Anliegen, den Iren möge ein besonderer Zugang zum Himmel eröffnet werden, wurde wohl einiger Erfolg zuteil. Möglicherweise irrt die Legende hier aber auch, und St. Patrick war nie auf dem Gipfel des Berges. Heute ziehen Tausende diesen Weg jeweils am letzten Sonntag im Juli. Die Strapazen eines barfüßigen Ganges über das Geröll des ansteigenden Weges, teilweise bei Nacht, nehmen heute nur noch wenige auf sich. Man bevorzugt inzwischen weniger anstrengende Lösungen. Zwischen die Gebete der meist jugendlichen Teilnehmer mischen sich frohes Lachen und angeregte Gespräche. Schließlich ist man aus frohmachendem Anlaß gekommen und pflegt eine bis in graue Vorzeit zurückreichende Tradition. Máire Mac Neill weist in ihrem bezaubernden Buch *The Festival of Lughnasa* (1962) darauf hin, daß der letzte Sonntag im Juli das moderne Datum des heidnischen Festes zu Ehren Lugs, des guten Gottes der Kelten, ist, zu dem die Menschen jährlich aus nah und fern zusammenströmten, um sich mit Freunden zu treffen, Heiraten abzusprechen, Streitigkeiten zu schlichten und viel zu unternehmen. Die heutige Wallfahrt der Christen zu Ehren des Nationalheiligen Irlands ist also die Fortsetzung einer Tradition, die direkt aus der heidnischen Vergangenheit des Landes vor zweitausend Jahren kommt. Bei Ausgrabungen haben Gerry Walsh und zahlreiche Helfer noch 1994 Reste einer Kapelle auf der Spitze des Hügels (750 m) gefunden, deren Form eine verblüffende Ähnlichkeit mit der von Gallarus (s. S. 76–77) aufweist und deren Alter mit Hilfe der Radiocarbonmethode kürzlich auf die Jahr zwischen 568 und 770 festgelegt wurde.

Croagh Patrick in der Grafschaft Mayo – Irlands heiliger Berg *par excellence* – wird jährlich am letzten Julisonntag von Tausenden Christen erklommen. Gleiches taten die Menschen bereits in vorgeschichtlicher Zeit der guten Gottheit der heidnischen Kelten, Lug, zu Ehren.

FRÜHE KIRCHEN AUS HOLZ UND STEIN

Taras mächtige Burg verfiel mit dem Tode ihrer Fürsten: eine große Zahl erhabener Streiter hat die bedeutende Höhe von Machae [Armagh] gesehen.

Rathcroghan, untergegangen ist es mit Ailill, Nachkomme des Sieges: herrlich die Großmächtigkeit über Fürsten, welche im Kloster Clonmacnoise wohnt.

Aillenns stolze Burg ist mit ihrem kriegerischen Herren zugrunde gegangen: Groß die Siege Brigits: makellos ihr vielgestalter Friedhof.

Emains Burg ist verschwunden, nur Steine noch vorhanden: der Friedhof der westlichen Welt ist vielgestaltig Glendalough.

Diese Zeilen aus dem Prolog des *Martyrology of Oengus* eines Mönchs um das Jahr 800 lassen klar werden, daß die alten heidnischen Kultstätten Navan Fort, Rathcroghan (Cruachain), Dun Ailinne und Tara tot und vergessen waren und an ihre Stelle bedeutende Stätten des Christentums – Armagh, Clonmacnoise, Kildare und Glendalough – getreten waren. Diese Gründungen der Heiligen Patrick, Ciarán, Brigit und Kevin, entwickelten sich im siebenten und achten Jahrhundert zu den bedeutendsten religiösen Zentren des Landes. Zugleich sind sie Standort mehrerer der frühesten Zeugen steinerner Sakralarchitektur.

Wir sollten jedoch bedenken, daß die Denkmäler in der von uns heute bewunderten Form – Kirchen, Rundtürme oder Hochkreuze – keinen Originalcharakter besitzen, sondern viele Jahrhunderte später entstanden. Es ist beinahe überraschend zu hören, daß Holz mindestens in den ersten vierhundert Jahren der Existenz von Klöstern das wichtigste Material beim Bau von Kirchen und Wohngebäuden war. Noch im zwölften Jahrhundert benutzte St. Malachy geglättete Bohlen beim Bau einer Kapelle in Bangor in der Grafschaft Down – ‚ein irisches Werk von hinreichender Schönheit', wie sein Biograph, der heilige Bernard von Clairvaux, es ausdrückte. Oberirdisch ist davon nichts geblieben. Doch Spuren tatsächlicher oder vermuteter Holzkirchen fand man bei Ausgrabungen in den letzten vierzig Jahren an wenigstens acht verschiedenen Orten. Keine aber erlaubt den Rückschluß auf ihr einstiges Aussehen. Hinweise in der Literatur, in Rechtstraktaten und Lebensbeschreibungen von Heiligen kommen hier zu Hilfe, so daß wenigstens eine lückenhafte Rekonstruktion möglich scheint.

Ein Gesetzestraktat in dem aus dem sechzehnten Jahrhundert stammenden Manuskript H.3.17 im Trinity College Dublin berichtet, daß Kunsthandwerker zu sehr viel früherer Zeit eine unterschiedliche Zahl von Kühen oder Färsen als Lohn für die Errichtung hölzerner Kirchen erhielten, je nachdem, ob die Bauten 4,5 m oder länger und die Dächer mit Stroh oder Schindeln gedeckt waren. Die irische Bezeichnung für diese Gebäude – *dairthech* – weist auf den Einsatz von Eichenholz beim Bau hin. Manche Kirchen müssen eher groß ausgefallen sein, glaubt man einer Notiz in den Annalen, derzufolge in einer Kirche in Trevet in der Grafschaft Meath im Jahre 850 zweihundertsechzig Menschen den Tod fanden.

Eine große Holzkirche in Kildare wird von Cogitosus, Biograph St. Brigits, im siebenten Jahrhundert beschrieben. Das Ungewöhnliche an ihr war, daß sie den vereinten Kräften von Mönchen und Nonnen in einem Doppelkloster diente. Vermutlich von rechteckigem Grundriß und hoch, hatte sie drei Kapellen (*oratoria*), die durch Holzwände, welche Bilder (vermutlich Tafeln, keine Fresken) zierten, voneinander getrennt und verhangen waren. Eine Querwand trennte den Altar vom übrigen Kirchenraum. Beiderseits dessen standen die Schreine der Gründungsäbtissin, der heiligen Brigit sowie ihres Bischofs Conlaed. In einem weiteren Text aus dem siebenten Jahrhundert, der *Hisperica Famina*, wird in gewundener Sprache eine Kirche aus massivem Holz beschrieben, die – kaum zu erwarten – einen Hauptalter, einen westlichen *porticus*, vier Türme sowie einen kleinen Raum über der Decke besaß. *Leabhar Breac*, ein Text aus dem fünfzehnten Jahrhundert, berichtet über die Weihe einer vermutlich wesentlich früheren Kirche und erwähnt dabei, daß mit einem Messer fünf Kreuze auf den Altar und weitere auf eine *Tel*-Säule (was immer dies gewesen sein mag) an der östlichen Außenseite der Kirche und die Ecktürmchen (*benn cobar*) – vielleicht die ‚Türme' des Bauwerkes in *Hisperica Famina* – gezeichnet wurden.

Mit Ausnahme von Cogitosus enthalten diese Texte nur wenige Angaben zur Ausstattung der Kirchen. Anzunehmen ist jedoch, daß der Altar und die Trennwände in Kildare aus Holz bestanden. Ein kürzlich in Donore, Grafschaft Meath, entdeckter, wundervoll verzierter bronzener Türgriff aus dem achten Jahrhundert könnte von einer Kirchentür stammen und vergraben worden sein, um nicht der Raubgier der Wikinger zum Opfer zu fallen. Die berühmte Darstellung des Tempels von Jerusalem im *Book of Kells* sowie die gleichfalls geschindelten Decksteine von Hochkreuzen, wie von Muiredach in Monasterboice, dienten der weiteren Verschönerung der Holzkirchen. Doch selbst wenn dabei Elemente zeitgenössischer Bauten in Irland kopiert worden sein sollten, verändern sie das bestehende Bild nicht wesentlich. Die meist nicht früher als im zwölften Jahrhundert geschriebenen Heiligenleben sind unzuverlässige Quellen für weitere Detailangaben, wie z. B. die Kirche des hl. Maedoc von Ferns, die ‚wundervolle Schnitzereien und ansehnliche Ornamente' besaß.

Beim Bau der frühen Kirchen wurde nicht nur Holz verwendet. Bei Iniscealtra, Grafschaft Clare, wurden von Liam de Paor Reste einer Kirche (7,5 x 4,5 m) entdeckt, die aus Flechtwerk und Lehm bestand. Im siebenten Jahrhundert berichtet Tirechán, daß St. Patrick eine Kirche aus Erde baute, weil es in der Gegend kein Holz gab. Interessanterweise entdeckten Jenny White Marshall und Claire Walsh bei Ausgrabungen auf der Insel Illaunloughan bei Portmagee in der Grafschaft Kerry 1994 Gräben mit zwei aus Rasenstücken errichteten Andachtsstätten unter einem weiteren aus Stein. Die beiden aus Rasensoden errichteten Betorte stammten aus dem siebenten oder achten Jahrhundert. Sie belegen den Aufschwung im Kirchenbau – später ein Kennzeichen von Orten wie Clonmacnoise und Glendalough – bereits zu jener Zeit. Jede Kirche mag einer anderen Kongregation gedient haben. So steht im *Liber Angeli* des achten Jahrhunderts, daß Bischöfe, Priester und Anachoreten in der Südkirche in Armagh beteten, die Nordkirche hingegen von ‚Jungfrauen, Büßern und jenen, die der Kirche in rechtmäßiger Ehe dienen' genutzt wurde.

Das steinerne Bethaus in Illaunloughan ergab bei der Altersbestimmung nach der Radiocarbonmethode eine Entstehungszeit zwischen 640 und 790 und ist damit das bisher älteste Zeugnis dieser Art. Wahrscheinlich wurde es, wie die größere, bekanntere und besser gebaute Kapelle in Gallarus am Ende der Halbinsel Dingle in derselben Grafschaft im Trockenbau ohne Mörtel errichtet. Das frühe Datum von Illaunloughan bedeutet nicht unbedingt ein gleiches Alter von Gallarus, heißt aber, daß für die Errichtung nicht automatisch das zwölfte Jahrhundert angenommen werden sollte. Die Bootsform von Andachtsstätten, wie in Gallarus, bei der die Seitenwände nach innen gewölbt sind und unmerklich mit dem Steindach verschmelzen, deuteten frühere Experten, darunter H. G. Leask, als Beitrag zur Entwicklung der späteren Steinkirchen, wo eine klare Abgrenzung zwischen senkrechten Seitenwänden und geneigtem Dach gegeben ist. Doch die Verteilung an der

Wahrzeichen der friedlichen Insel Iniscealtra im Lough Derg am Unterlauf des Shannon sind der Rundturm sowie mehrere Steinkirchen. Bei Ausgrabungen in den siebziger Jahren entdeckte man eine noch weitaus ältere Kirche aus Flechtwerk und Lehm.

Westküste, die für die mörtellosen Oratorien die gleiche wie bei den ‚Bienenkorbhütten' auf Skellig Michael war, lassen vermuten, daß es sich bei dem Oratorium von Gallarus um einen Experimentierbau bei der Anpassung der Dachsteinkonstruktion der runden Trockenbauhütten aus Stein an den rechteckigen Grundriß der Andachtsstätten handelt.

Die aufregende Methode der Altersbestimmung mit Hilfe der Radiocarbonmethode, die Rainer Berger von der University of California kürzlich erstmals erfolgreich bei Mörtel praktizierte, läßt uns heute davon ausgehen, daß Mörtel als Baustoff im großen Maße in Irland seit etwa dem achten Jahrhundert verwendet wurde. Bezeichnenderweise sind die ältesten Bauwerke, für die die Verwendung von Mörtel gesichert erscheint, nicht Kirchen im strengen Sinn, sondern steinerne Reliquiare, wie das St. Molaise House auf der Insel Inishmurray vor der Küste von Sligo oder das Grabmal des St. Ciarán (*Teampull Chiaráin)* in Clonmacnoise sowie etwas später der unterste Teil des Hauses des St. Columba in Kells. Sie alle mögen den steigenden Pilgerzahlen gedient und/oder dem Wunsch entsprochen haben, die heiligen Reliquien vor Zerstörung oder Diebstahl in schwieriger Zeit zu bewahren.

Etwa ab derselben Zeit wurde Mörtel auch beim Kirchenbau eingesetzt. Der Fall war dies offenbar in der ersten Phase der Kirche St. Michael auf Skellig Michael, für das die Radiocarbondatierung eine Entstehung zwischen 688 und 777 ergab. Mit Wahrscheinlichkeit gilt die erste Erwähnung

LINKS Das doppelarmige Kreuz am Westgiebel der Kirche St. Killinaboy in der Grafschaft Clare ist älter als das ‚Kreuz von Lorraine' und erinnert mit seiner Form an byzantinische Reliquienschreine mit Splittern des Christuskreuzes. Obwohl der Ort in Clare keine solche Attraktion aufzuweisen hat, weist die Kreuzform – die nicht viel früher als um 1200 zu datieren sein dürfte – auf die andauernde Verwendung der *antae*, Vorsprüngen über der Giebelwand, in bestimmten Teilen Westirlands hin.

RECHTS Majestätisch am Shannon gelegen ist Clonmacnoise, einst Verkehrsknotenpunkt im Herzen Irlands. Das Kloster, eins der belebtesten und wandlungsreichsten im ganzen Land, ist nachweislich ältester Wallfahrtsort.

einer Steinkirche in den Annalen – 789 in Armagh – einer Mörtelkirche. Jedoch blieb sie als Beweis nicht erhalten. Im neunten Jahrhundert hatte sich die ausgesprochene Nützlichkeit von Stein als Baustoff in Irland durchgesetzt, was die Schriftkreuze hinlänglich beweisen. Mitte des darauffolgenden Jahrhunderts arbeitete man bereits am Bau der Kathedrale von Clonmacnoise, der größten erhaltenen mittelalterlichen Kirche Irlands.

Im Irischen heißen die Steinkirchen *damliac*, woraus sich der Name des Ortes Duleek in der Grafschaft Meath ableitet. Der Überlieferung nach hat St. Patrick an diesem Ort eine solche errichtet. Die meisten Steinkirchen besaßen einen rechteckigen Grundriß. Der Zutritt zum Kircheninnern erfolgte durch einen Westdurchgang, den Trabeat, so genannt wegen der megalithischen Oberschwelle auf leicht geneigten Pfosten. Manche dieser Oberschwellen sind mit einem einfachen Kreuz verziert. Weitere Verzierungen sind in diesen Kirchen meist nicht vorhanden. Der Lichteintritt erfolgt durch ein einfaches, sich nach innen erweiterndes Fenster im Ostgiebel; gelegentlich ist ein weiteres in den Längswänden der Kirche. Typisch waren für diese Kirchen aber die verlängerte Nord- und Südmauer über die Giebelwände hinaus. An diesen *antae* waren vermutlich Giebelschutzbretter befestigt, die verhinderten, daß der Regen in das Mauerwerk eindrang. Bei den *antae* handelte es sich wahrscheinlich um Skeumorphe, d. h., sie übernahmen die vorspringenden Rahmen der hölzernen und bronzenen Reliquienschreine bzw. der mächtigen Eckpfeiler, die für die Holzkirchen angenommen werden dürfen und über denen sich die in *Hisperica Famina* erwähnten Türmchen (*pinnas*) oder die *benn cobar* des *Leabhar Breac* erhoben. In den ‚steinreichen' Teilen Westirlands, den Burren der nördlichen Grafschaft Clare und auf den Araninseln, zum Beispiel, blieben die *antae* wahrscheinlich noch bis 1200 in Gebrauch. Bei dem steingedeckten Dach (zwölftes Jahrhundert?) der Kirche der Insel St. Macdara vor der Küste von Connemara wurden offenbar Imitationen von Holzschindeln in die Dachsteine geritzt, was darauf deuten könnte, daß eine früher an diesem Ort befindliche Holzkirche so gedeckt war. Stroh ist ein weiteres Dachmaterial der frühen Steinkirchen. Im Vergleich zu den großen Bauten auf dem europäischen Kontinent sind die frühen Steinkirchen Irlands, obwohl ‚jetzt Witwen ohne Ausstattung', wie der Architekturhistoriker Conant es ausdrückte, klein aber schön. Sie strahlen klassische Einfachheit und Ruhe aus, ihre monumentalen Steine, besonders in den unteren Lagen, sind von der Zeitlosigkeit der Riesen der Märchen, ihre soliden, vertrauengebenden Türgänge vielleicht – wie Maurice Craig sagt – ‚das augenfälligste und auf Dauer befriedigendste Merkmal in der gesamten Baukunst Irlands'.

CLONMACNOISE
Grafschaft Offaly

Betritt man Clonmacnoise heute und läßt die nur vom Gesang der Vögel und kleinen Besuchergruppen unterbrochene Ruhe und Beschaulichkeit des Ortes auf sich wirken, kann man sich schwerlich vorstellen, daß hier einst eine blühende Stadt und eins von Irlands fruchtbarsten Kunst- und Literaturzentren stand. Förderlich für diese Entwicklung dürfte der Standort am Schnittpunkt der Hauptverkehrswege des alten Irland – der Ost-West-Verbindung oder Eiscir Riada mit dem Nord-Süd-Wasserweg des Shannon – gewesen sein, was es zu einem Punkt von herausragender Bedeutung werden ließ. Die strategische Lage prädestinierte den Ruf des Ortes, dessen Flußquerung bereits besiedelt gewesen sein mochte, als St. Ciarán beschloß, hier um 545 ein Kloster zu gründen, denn Weinhändler aus Gallien hätten ihre Ware wohl schwerlich im offenen Felde feilgeboten. Doch erfreute sich St. Ciarán, ein Mann aus Connacht, nur neun Monate der Früchte seiner Gründung, bevor er durch die Pest niedergestreckt wurde. Dennoch ist der Ort vom Charisma des Mannes gefangen. Der Tod ereilte den allerersten verbürgten Pilger Irlands (dessen hölzerne Statue beim Eingang des neuen Interpretationszentrums steht) in der ersten Dekade des folgenden Jahrhunderts. Daraus wird deutlich, daß die Menschen bereits etwas mehr als fünfzig Jahre nach seinem Tod zu diesem Orte wallfahrten, um die heilige Grabstätte zu verehren.

Das Grab befindet sich heute im kleinsten und vielleicht unscheinbarsten Gebäude in Clonmacnoise, dem als *Teampull Chiaráin* oder Kirche St. Ciarán bekannten Andachtsstätte. Die Radiocarbondatierung des Mörtels ergibt eine Zeit zwischen 681 und 881, was heißt, es handelt sich hier um eins der ältesten Gebäude in Irland, bei deren Bau Mörtel verwendet wurde. Zweifellos stand an diesem Ort früher ein Holzschrein, von dem keine Spuren überdauerten. Trotz des etwas unordentlichen Eindruckes – Resultat

zahlreicher Rekonstruktionsbemühungen zur Erhaltung der heiligen Stätte im Laufe der Jahre – blieb die ursprünglich rechteckige Form mit den *antae* an den äußeren Ecken erhalten.

Doch noch vor dem Bau von *Teampull* hatte sich die Gründung des hl. Ciarán ausgedehnt. Adamnan berichtet, daß es von einem *vallum* – Wall und Graben – umgeben war, als St. Columba den Ort Ende des sechsten Jahrhunderts besuchte. Weitere einhundert Jahre später war sie vermutlich nach Armagh bereits die zweitbedeutendste Kirche im Lande, in deren Gelände befestigte Straßen angenommen werden können. In dieser Zeit setzte eine verstärkte Säkularisierung des Klosters ein, und das politische Engagement nahm zu. Bekannt ist, daß den Leuten von Munster, offenbar der Zugang zu Ämtern, einschließlich der Gerichtsbarkeit des Abtes, verweigert wurde. Im achten Jahrhundert bleiben auch die Leinsterer zunehmend ausgeschlossen. Die von Abt und Prior ausgeübte Macht ging zunehmend in die Hände von Connacht, der Geburtsprovinz des Gründers, über. Die Könige von Connacht gewährten dem Kloster vermutlich ihren königlichen Schutz als Gegenleistung für die Beisetzungsrechte. Auf einem in Athlone gefundenen kreuzgeschmückten Stein, der möglicherweise ursprünglich zu Clonmacnoise gehörte, ist der Name Ailill aue Dunchatho, eines Königs von Connacht, verzeichnet, der 764 starb und vermutlich innerhalb des Klosters beigesetzt wurde. Dies ist der älteste Nachweis unter Hunderten von ‚Grabplatten' an dieser Stätte, von denen einige besonders schöne Exemplare im Foyer des Interpretationszentrums aufgestellt sind.

In dem Bestreben zur Ausweitung seiner Macht führte das Kloster in der zweiten Hälfte des achten Jahrhunderts mehrere Kriege gegen seine Widersacher, darunter Birr und Durrow. Im Laufe des folgenden Jahrhunderts scheint Clonmacnoise in einen Kampf Nord gegen Süd verwickelt worden zu sein, in dessen Verlauf der asketische Munsterkönig Feidlimid mac Crimthainn das Kloster in den dreißiger Jahren des neunten Jahrhunderts beim Versuch, die expansionistischen Bestrebungen des Clann Cholmáin, der Uí Néill Könige von Meath, zu beenden, verwüstete. Zu gleicher Zeit fiel die sich bis dahin unvermindert ausdehende Klosterstadt der Invasion aus einer gänzlich anderen Ecke zum Opfer: den Wikingern, die von Limerick den Shannon heraufkamen. Wut mußte sich unter den Einwohnern verbreiten, als – der Überlieferung zufolge – Ota, die Frau des Führers der Norweger, Turgesius, vom Hochaltar ihrer Kirche Orakelsprüche verkündete.

In der zweiten Hälfte des neunten Jahrhunderts verstärkte sich offenbar das Interesse noch, das die Uí Néill Könige an Clonmacnoise hatten. Die sehr bruchstückhafte Inschrift auf dem Südkreuz (heute im Interpretationszentrum) könnte so gedeutet werden, daß die Errichtung des Kreuzes Maelsechlainn I. (846 – 862) zuzuschreiben ist und seinem Sohn Flann Sinna, König von 879 bis 916, die des Schriftkreuzes, das sich heute zum Schutz vor den Unbilden der Witterung ebenfalls im Interpretationszentrum befindet. Für beide Kreuze wurden Nachbildungen am ursprünglichen Ort aufgestellt.

Derselbe Flann Sinna unterstützte den damaligen Abt beim Bau des ältesten Teiles der Steinkathedrale im Jahre 908. Conleth Manning wies erst kürzlich überzeugend nach, daß der ursprüngliche Standort der Südmauer der Kathedrale ca. 1,8 m südlicher als heute war. Das erklärt, weshalb sich der westliche Türgang nicht in der Mitte der Giebelwand befindet. Die Rekonstruktion ergab, daß die Kathedrale in ihrer ursprünglichen Form ungefähr 17,7 x 9,8 m maß. Damit ist sie der größte erhaltene Kirchenbau aus dem vorromanischen Irland – doch noch immer sehr klein im Vergleich zu den großen Kirchen jener Zeit auf dem europäischen Kontinent. Diese enthielten die Grabstätte des Gründers in der Krypta, hier aber befindet sie sich in der nahen, winzigen Teampull Chiaráin. Im Vergleich mit den wuchtigen Kathedralen des Kontinents ist die von Clonmacnoise eine einfache Kirche von rechteckiger Grundform und mit *antae*. Dabei kann mit ziemlicher Sicherheit angenommen werden, daß hier vorher eine oder mehrere Holzkirchen standen. Die steinerne Kirche ist später mehrmals umgebaut worden. Die Breite des Kircheninnern könnte um 1200 verengt worden sein, als auch der westliche Türdurchgang – zweifellos Trabeat – durch einen romanischen ersetzt wurde. Im fünfzehnten Jahrhundert wurde im Ostteil der Kirche ein gotisches Gewölbe eingebaut, vielleicht zeitgleich mit dem Bau des dekorativen Türdurchgangs durch Dean Odo auf der Nordseite um 1459. Die heutige Sakristei dürfte nicht älter als sechzehntes Jahrhundert sein.

Vom zehnten bis zwölften Jahrhundert müssen die den Königen der südlichen Uí Néill, von Connacht und den anderen kleineren Königtümern eingeräumten Bestattungsrechte mit der Überlassung beträchtlicher Privilegien verbunden gewesen sein, was mehrere aus jener Zeit erhaltene Bauwerke belegen. Fergal Ua Ruairc, König von Connacht von 956 bis 966/967 wird der Bau des Rundturmes zugeschrieben, dessen obere Teile nach der Zerstörung durch Blitzschlag im Jahre 1135 ergänzt wurden. Derselbe König soll ferner eine Straße zum Ort gebaut haben, andere innerhalb desselben entstanden im Laufe des elften Jahrhunderts. Als begüterte Klosterstadt erreichte Clonmacnoise seinen Höhepunkt im zwölften Jahrhundert, als es vermutlich sogar eigene Münzen prägte. Ursprünglich gehörte zur Kirche St. Finghin noch ein weiterer Rundturm, der in der zweiten Hälfte des Jahrhunderts im romanischen Baustil in Flußnähe errichtet wurde. Weitaus besser erhalten ist die Nonnenkirche (siehe S. 122), die von Dervorgilla 1167 etwa 400 m östlich der Siedlung für die augustinischen Nonnen aus Arrouaise gebaut wurde, deren Ordensbrüder sich 1142 in Clonmacnoise niedergelassen hatten. Die architektonisch schöne Kirchenruine mit Schiff und Hochchor ist nicht nur wegen der friedlichen Landschaft sehenswert, sondern auch wegen des künstlerischen Wertes von Triumphbogen und westlichem Türdurchgang (beide 1865 rekonstruiert). Andere Kirchen, Tempel Conor nördlich und Tempel Rí südlich der Kathedrale, wurden um 1200 errichtet. Die ausgiebige

LINKS Ein Rundturm gehörte zur Kirche St. Finghin in Clonmacnoise, Grafschaft Offaly im zwölften Jahrhundert. Sein Standort war unweit des Hochchorbogens.

OBEN Diese kleine Kreuzigungsplatte aus Clonmacnoise könnte im Zusammenhang mit der regen Pilgertätigkeit im elften Jahrhundert entstanden sein. Pilger trugen im gesamten elften Jahrhundert wesentlich zur Bereicherung des Klosters und des allgemeinen Kirchenlebens bei.

Bautätigkeit im zwölften Jahrhundert war zweifellos die Folge des starken Anwachsens der Pilgerströme in ganz Europa. Eine Vorstellung von der Größe der Stadt geben Berichte in den Annalen, denenzufolge 105 Häuser im Jahre 1179 ein Raub der Flammen wurden.

Vom Reichtum der Kathedrale zeugt ein weiterer Bericht in den Annalen über einen Schatzraub, bei dem fünfzig Jahre zuvor auch ein Kelch, Becher und möglicherweise das Modell oder ein Reliquiar in der Form des Tempels Salomon abhanden gekommen waren. Einige dieser Gegenstände könnten durchaus in örtlichen Werkstätten gefertigt worden sein, denn Clonmacnoise war vermutlich nicht nur ein Zentrum der Steinbearbeitung, sondern auch des Metallhandwerks. Zu ihren handwerklichen Leistungen zählt wahrscheinlich auch die aus dem achten oder neunten Jahrhundert stammende Platte von ‚Athlone' mit der Darstellung der Kreuzigung sowie verschiedene weitere aus der Zeit um 1100. In diesen Zeitabschnitt gehört wahrscheinlich auch ein wunderschöner Bischofsstabschrein aus Bronze mit Einlegearbeiten aus Silber, der sogenannte Stab der Äbte von Clonmacnoise, der in Teampull Chiaráin gefunden wurde und sich jetzt im National Museum in Dublin befindet.

Clonmacnoise war auch bedeutendes Zentrum der Literatur, das bereits 730 über ein Scriptorium verfügte. Die aktivste Zeit jedoch war um 1100, als dort nicht nur die älteste, sondern auch bedeutendste Sammlung weltlicher Texte, das sog. *Book of the Dun Cow (Lebor na hUidre)* sowie mehrere höchst wertvolle Annale, die von Tigernach, Clonmacnoise sowie die als *Chronicon Scotorum* bekannte Zusammenstellung entstanden. Sie zeugen von einem bedeutenden Interesse an der Aufzeichnung irischer Geschichte.

Mit der Ankunft der Normannen begann der Niedergang von Clonmacnoise. Die Diözese Clonmacnoise hatte bereits im letzten Viertel des zwölften Jahrhunderts an Größe und Bedeutung verloren. Der Bau einer großen normannischen Burg auf einem Feld westlich der Stadt um 1216, von der nur noch einige Reste geblieben sind, muß den Menschen der Klosterstadt wie ein Hohn erschienen sein. Die Gründung eines weltlichen College für vier ortsansässige Priester im Jahre 1459 konnte den beschleunigten Verfall im späten Mittelalter nicht mehr aufhalten. Der vernichtende Schlag kam schließlich 1552 mit der Plünderung und Verwüstung des Ortes durch die Engländer von Athlone, die weder Glocken, noch Bilder, noch Altäre, Bücher oder Kleinodien, nicht einmal das Glas der Kirchenfenster, verschonten.

Untergegangen war damit die in einem Gedicht Enóg Ó Gilláins aus dem fünfzehnten Jahrhundert heraufbeschworene Welt, die sinngemäß so beschrieben wird:

In einem Land mit stillen Wassern, einem Land der Rosen
steht Sankt Ciarans hehre Stadt.
Berühmte Generationen der Krieger des Erin
ruhen dort.

Dort, unter den taubenetzten Hügeln
schlafen die Edelsten des Klans der Conn.
Jeder unter einem Stein, der seinen Namen in breitem Ogham trägt
und mit dem heiligen Knoten darauf.

Dort betteten sie die sieben Könige von Tara zur Ruhe,
auch Caibres Söhne schlafen dort.
Schlachtbanner der Gälen, die in Ciarans Ebene der Kreuze
nun mit den Kriegsherren ruhen.

Auch wenn Clonmacnoise seit der Zeit einer Elisabeth verlassen liegt, lebt es in der Erinnerung der Menschen als einer der bedeutendsten und ältesten Pilgerorte des Landes bis in unsere Tage fort. Sein wohl berühmtester Pilger war Papst Johannes Paul II. im Jahre 1979. Bevor er kam, hatten die zuständigen staatlichen Stellen das Durcheinander der Grabsteine aus dem neunzehnten Jahrhundert, die auf den Romancier Frank O'Connor in den 50er Jahren einen so entmutigenden Eindruck machten, beseitigt. So wurde Clonmacnoise zu einer der schönsten alten Klosterstätten in Irland, ein Magnet, der den Besucher wieder und wieder anzieht, der die Ruhe und den Frieden dieser Stätte am majestätisch dahinfließenden Shannon auf sich wirken lassen und dabei dem Glanz einer vergangenen Epoche nachhängen kann.

LINKS Die Kirche des hl. Kevin in Glendalough besitzt als einzige Rundturm und Steindach, beides Merkmale irischer Architektur.

RECHTS In Glendalough, dem ‚Tal der zwei Seen' im Hintergrund, stand das alte Kloster wahrscheinlich im Bereich der beiden Rundtürme, dem links über das Dach der Kirche des hl. Kevin, hinausragenden und dem am rechten Bildrand.

GLENDALOUGH
Grafschaft Wicklow

Im poetischen Prolog der *Martyrology* of Oengus um 800 wird Glendalough in einer Reihe mit Armagh, Clonmacnoise und Kildare als eine der blühenden Stätten der Christenheit genannt, die die verlassenen heidnischen Kultplätze im Triumph genommen hatte. Versteckt in den Bergen von Wicklow wie in Aladdins Höhle, kann Glendalough zu keiner Zeit eine so große Klosterstadt gewesen sein wie die anderen drei. Die Nennung gemeinsam mit ihnen ist jedoch sicheres Zeichen für seine große Bedeutung im frühen Mittelalter, gewiß nicht die Absicht seines Gründers, St. Kevin. Er kam um das sechste Jahrhundert, um in diesem abgeschiedenen Tal mit seinem Schöpfer Zwiesprache zu halten und im Dasein des Eremiten der Hektik der Welt zu entfliehen. Er starb um 618, angeblich im biblischen Alter von 120 Jahren. Angelockt haben mag ihn die Melancholie des Tales mit den zwei Seen – wie der Name Glendalough übersetzt werden kann. Die Überlieferung weiß von einer von Menschenhand geschaffenen Höhle im Fels über dem Oberen See als seinem Büßerbett.

Beim See, an dessen dunklem Ufer
der Feldlerche Lied nicht erklingt,
wo Fels steil nach dem Himmel greift
bettet jung St. Kevin sein Haupt zur Ruh.

So heißt es etwa in der Ballade von Tom Moore, die dann noch erzählt, daß ihm ein glücklos verliebtes Mädchen bis dorthin folgte:

Furchtlos war sie seiner Spur gefolgt
in die felsige, wilde Zuflucht.
Wie seine Augen den jungen Morgen sahen,
so tranken ihn die ihrigen.
Ach, ihr Heiligen seid grausamen Herzens!
Unbeugsam erhebt er sich vom Lager
und mit rohem, harten Schlag
stößt er sie übern hängenden Fels.
Glendalough! Deine dunkle Wogen
wurden schon bald der holden Cathleens Grab.

Welchen Wahrheitsgehalt diese Geschichte auch haben mag, die Gegend um den Oberen See mit ‚St. Kevins Bett' und ‚Zelle' ist ein möglicher Ort, wo die Einsiedelei eines Kevin zu suchen sein mag. Sollte er dort gelebt haben, bevorzugte die sich allmählich entwickelnde Klosterstadt das Tal weiter unten, wo die meisten Bauten heute nesteln. Was die Menschen nach Glendalough zog, waren weniger die gute Luft und die Schönheit der Landschaft, sondern die Reliquien des Heiligen. Über Wicklow Gap zogen sie aus Westwicklow und der Midland-Ebene die befestigten Straßen hinauf nach Glendalough. Dort angekommen, war es eine Ehre, in Glendalough auch beerdigt zu sein. Im eingangs erwähnten Gedicht von Oengus wird gesagt, hier sei der Friedhof der westlichen Welt. Bezeichnenderweise verwendet der Dichter für ‚Friedhof' das Wort *rúam*, abgeleitet vom Namen der Ewigen Stadt. Es könnte sein, daß die sieben Kirchen Roms, zu denen die Menschen pilgerten, auch den Titel ‚Glendalough

der Sieben Kirchen‘ liehen, obwohl der Ort über mehr als sieben Kirchen verfügt.

Zwei stehen nahe dem Oberen See – die schwer zugängliche Templena-Skellig, ein einfacher Rechteckbau etwa um 1200 und die ältere Reefert Church, an deren Mauern zahlreiche Leinsterkönige ruhen. Ein romantischer Anblick durch den Flor des Sommers, haben wir es hier mit einer der zahlreichen Granitkirchen von Glendalough zu tun. Schiff und Hochchor sind original – typisch nur für hiesige Kirchen.

Die Klosterstadt lag auf dem Rücken einer Hügelkette weiter unten im Tal nahe der Stelle, an der sich beide Flüsse vereinigen. Dort befinden sich auch die wichtigsten Kirchenbauten. Am ältesten ist wahrscheinlich die Kathedrale, die im Laufe der Zeit mehrmals umgebaut wurde. Den ältesten Teil bilden die sauber bearbeiteten Werksteine der unteren Lagen des rechteckigen Schiffes und die *antae.* Später – wahrscheinlich während des Baues des Hochchores im späten zwölften Jahrhundert – führte man die oberen Lagen aus wesentlich kleinerem Bruchsteinmauerwerk auf. Zu gleicher Zeit erhielt der ursprünglich westliche Türdurchgang mit den geneigten Pfosten eine neue Oberschwelle mit Entlastungsbogen darüber, damit sie dem Gewicht der Mauer standhielt. Die Grundabmessungen der Kirche sind etwas kleiner als die der Kathedrale von Clonmacnoise, die Vorlage gewesen sein mag. Der älteste Teil des hiesigen Bauwerkes könnte damit aus der ersten Hälfte des zehnten Jahrhunderts datieren. Ein Rätsel sind die großen, säulen- oder pilasterartigen Steine im Innern der Kirche, die bei der Verarbeitung der Bruchsteine in der zweiten Phase flachgelegt wurden, doch in die Werksteinphase darunter gehören. Gehörten sie vielleicht zu einem Portikus vor dem westlichen Türdurchgang der ersten Steinkirche, wie er in der wesentlich älteren *Hisperica Famina* beschrieben wird. Oder waren sie die seltsame und unerklärliche Säule *tel* aus dem Kirchweihtraktat in dem bereits erwähnten *Leabhar Breac* (s. S. 60)?

OIFIG OIBREACH PUIBLI
BAILE ÁTHA CLIATH

Außer dem Rundturm nordwestlich der Kathedrale sind am Ort weitere sakrale Bauwerke vorhanden. Eins davon ist ein kleines als Priesterhaus bekanntes romanisches Gebäude, das innen nur 4,5 x 2,4 m mißt. An seiner Ostseite befindet sich ein nur von außen sichtbarer romanischer Bogen. Die (teilweise rekonstruierte) Sockelmauer weist eine kleine Schlitzöffnung auf. Das Gebäude war lange Zeit als Grabschrein des hl. Kevin umstritten. Der Schlitz – sofern original – könnte als ‚Sehöffnung' gedeutet werden, durch welche Pilger einen Blick auf die letzte Ruhestätte des Heiligen warfen und Kleidungsstücke hineinreichten, die geweihte Erde berührten, ohne sie betreten zu können. Zutritt ist einzig durch einen schmalen Türgang in der Südmauer, dessen Oberschwelle drei Gestalten zieren. Ein jetzt fehlender, im neunzehnten Jahrhundert noch vorhandener Oberstein läßt erkennen, daß die Oberschwelle die Form eines Ziergiebels besaß. Eine mögliche Deutung der drei Gestalten ist, daß es sich um den sitzenden heiligen Kevin mit zwei sich verneigenden Pilgern handele, deren einer einen Stab, der andere eine Glocke trägt. Sollte das Priesterhaus Kevins Grabschrein sein, erhebt sich die Frage, ob die heutige Gebäudegruppe die ursprüngliche Einsiedelei St. Kevins kennzeichnet oder die sterblichen Überreste des Heiligen vom Oberen See umgebettet wurden, als die Klosterstadt sich entwickelte und einen Anziehungspunkt für die Pilgerscharen benötigte. Das Haus stand innerhalb einer trapezförmigen Einfriedung, umgeben von einem nur noch zu ahnenden Erdwall. Dieser markiert den Standpunkt der Kathedrale und dürfte jüngeren Datums als der Sakralbau sein. Am Zugang stand das noch erhaltene Ringkreuz aus Granit.

Etwas weiter unten steht in der Nähe das berühmteste Gebäude von Glendalough, die St. Kevin's Church. Ihre volkstümliche Bezeichnung ‚Küche des hl. Kevin' gilt dem Rundturm, der wie ein Schornstein das

RECHTS Das kleine Priesterhaus in Glendalough könnte im zwölften Jahrhundert zur Aufbewahrung der sterblichen Überreste des Klostergründers, St. Kevin, gebaut worden sein, der fünfhundert Jahre zuvor lebte.

LINKS Reefert Church in waldiger Umgebung am Oberen See von Glendalough hat einen megalithischen Türdurchgang aus präzise bearbeiteten Granitblöcken. Der äußeren Erscheinung nach zu urteilen, könnten diese von einer früheren Kirche am selben Ort genommen sein.

SKELLIG MICHAEL
Grafschaft Kerry

Den nachhaltigsten Eindruck eines Lebens in Askese im frühchristlichen Irland vermittelt zweifellos die Insel Skellig Michael – oder Sceilg Mhichíl – 13 km vor der Westspitze der Halbinsel Iveragh in der Grafschaft Kerry. Gelegentlich setzt ein Boot Besucher von Portmagee aus über. Die Insel ragt steil aus dem Atlantischen Ozean bis auf 218 m Höhe auf. Dreiecksform und Lage prädestinierten sie als heiligen Ort. Angesichts der Höhe mußte die Insel dem Erzengel Michael, Schutzheiliger hochliegender Orte, geweiht sein. Jedoch ist dies erst nach dem Jahr 1000 belegt. Wem vorher die Insel zu Schutz und Gedeih empfohlen wurde, ist unbekannt. Vielleicht dem hl. Finian, der sich auf der Hauptinsel großer Beliebtheit erfreute? Im Jahre 823 wurde ein Mönch von Wikingern entführt. Der Überlieferung zufolge starb im selben Jahrhundert dort auch ein Abt.

Auf einem Absatz auf der Westseite der Insel, 170 m über dem Meeresspiegel, zieht eine Gruppe von Gebäuden die Aufmerksamkeit des Besuchers auf sich. Der Weg führt über offene Steinstufen, die jünger sind als sie scheinen und an die Jakobsleiter erinnern. Unter den Gebäuden sind fünf komplette Bienenkorbhütten sowie Reste einer sechsten. Die Hütten sind außen rund, innen viereckig. Bekannt ist, daß sie nicht alle zur selben Zeit errichtet wurden, die genaue Datierung bereitet jedoch Probleme. Am wahrscheinlichsten ist das achte und die nachfolgenden Jahrhunderte. Eine sehr einfache, rechteckige Kirche vor den Hütten bietet seit kurzem einen Anhalt. Die Mörtelanalyse macht einen Zeitabschnitt im achten Jahrhundert wahrscheinlich, der zweite Abschnitt liegt irgendwo zwischen 985 und 1160. Zudem gibt es zwei Oratorien der Art, wie sie auch in Gallarus vorhanden sind (s. S. 76–77). Der Standort der Gebäude hoch oben auf einsamer Insel ließ Sir Kenneth Clark vermuten, das frühe Christentum habe in der westlichen Hemisphäre ein Jahrhundert lang an Orten wie Skellig Michael überlebt.

Die Herstellung der Plateaus für den Bau der Häuser war zweifellos eine gewaltige Aufgabe. Ein einzelner Eremit konnte sie ebensowenig bewältigen, wie eine kleine Gruppe. Der Gedanke, daß selbst der anspruchsloseste Mensch die langen Wintermonate, in denen die Insel – bedingt durch das schlechte Wetter – von der Hauptinsel nicht erreichbar war, kaum hätte überstehen können, läßt den Gedanken nicht abwegig erscheinen, es könne sich zumindest teilweise bei Skellig Michael um eine von der Kirche gebaute Sommerpilgerstätte gehandelt haben. Die Hütten hätten dann gestrandeten Pilgern Unterkunft geboten. Skellig Michael war ganz sicher einer der Orte, den ein Pilger in späterer Zeit, Heneas MacNichaill, aufsuchte, der, weil er seinen Sohn ermordet hatte, zur Buße 1543 mehrere Pilgerstätten aufsuchen mußte. Die Anwesenheit eines Abtes im neunten Jahrhundert ist jedenfalls Hinweis auf ein bestimmtes monastisches Geschehen auf der Insel.

Wohl am erstaunlichsten ist eine kleine Einsiedelei nahe des Gipfels. Schwierig zu erklimmen selbst für Geübte, findet sich dort ein dritte kleine Kapelle, jüngst auf eine Zeit um 800 datiert. Einsamer und abgelegener kann kaum ein Ort sein, auch nicht Meteora oder der Berg Athos in Griechenland.

Wer nicht auf die Insel kommt, kann sich im Skellig-Zentrum bei Portmagee ein Bild von ihr machen. Das Zentrum veranstaltet Fahrten um, aber nicht auf die Insel.

Nirgends sind Einsamkeit und Abgeschiedenheit erfahrbarer als auf der Insel Skellig Michael, wo Bienenkorbhütten (rechte Aufnahme vom Gipfel) und kleine Andachtsstätten in gefährlicher Höhe (170 m) über den Wogen des Atlantik stehen. In den Wintermonaten muß die Insel vom Land vollständig abgeschnitten gewesen sein.

Außer dem Rundturm nordwestlich der Kathedrale sind am Ort weitere sakrale Bauwerke vorhanden. Eins davon ist ein kleines als Priesterhaus bekanntes romanisches Gebäude, das innen nur 4,5 x 2,4 m mißt. An seiner Ostseite befindet sich ein nur von außen sichtbarer romanischer Bogen. Die (teilweise rekonstruierte) Sockelmauer weist eine kleine Schlitzöffnung auf. Das Gebäude war lange Zeit als Grabschrein des hl. Kevin umstritten. Der Schlitz – sofern original – könnte als ‚Sehöffnung' gedeutet werden, durch welche Pilger einen Blick auf die letzte Ruhestätte des Heiligen warfen und Kleidungsstücke hineinreichten, die geweihte Erde berührten, ohne sie betreten zu können. Zutritt ist einzig durch einen schmalen Türgang in der Südmauer, dessen Oberschwelle drei Gestalten zieren. Ein jetzt fehlender, im neunzehnten Jahrhundert noch vorhandener Oberstein läßt erkennen, daß die Oberschwelle die Form eines Ziergiebels besaß. Eine mögliche Deutung der drei Gestalten ist, daß es sich um den sitzenden heiligen Kevin mit zwei sich verneigenden Pilgern handele, deren einer einen Stab, der andere eine Glocke trägt. Sollte das Priesterhaus Kevins Grabschrein sein, erhebt sich die Frage, ob die heutige Gebäudegruppe die ursprüngliche Einsiedelei St. Kevins kennzeichnet oder die sterblichen Überreste des Heiligen vom Oberen See umgebettet wurden, als die Klosterstadt sich entwickelte und einen Anziehungspunkt für die Pilgerscharen benötigte. Das Haus stand innerhalb einer trapezförmigen Einfriedung, umgeben von einem nur noch zu ahnenden Erdwall. Dieser markiert den Standpunkt der Kathedrale und dürfte jüngeren Datums als der Sakralbau sein. Am Zugang stand das noch erhaltene Ringkreuz aus Granit.

Etwas weiter unten steht in der Nähe das berühmteste Gebäude von Glendalough, die St. Kevin's Church. Ihre volkstümliche Bezeichnung ‚Küche des hl. Kevin' gilt dem Rundturm, der wie ein Schornstein das

RECHTS Das kleine Priesterhaus in Glendalough könnte im zwölften Jahrhundert zur Aufbewahrung der sterblichen Überreste des Klostergründers, St. Kevin, gebaut worden sein, der fünfhundert Jahre zuvor lebte.

LINKS Reefert Church in waldiger Umgebung am Oberen See von Glendalough hat einen megalithischen Türdurchgang aus präzise bearbeiteten Granitblöcken. Der äußeren Erscheinung nach zu urteilen, könnten diese von einer früheren Kirche am selben Ort genommen sein.

Die erste Kirche, derer Besucher von Glendalough meist ansichtig werden, ist die Trinity Church an der Straße zum alten Kloster. Mit Schiff und Hochchor im Bild ist sie kaum älter als aus dem elften Jahrhundert. Der einstige Rundturm an der Westseite wurde 1818 zerstört.

Steindach der Kirche über dem westlichen Eingang überragt. Hier befindet sich ein Entlastungsbogen nach der Art des Türdurchganges des zweiten Bauabschnittes der Kathedrale. Dieses Merkmal sowie das Gewölbedach innen – einer einfacheren Ausführung als das in Cormac's Chapel in Cashel von 1127/34 – läßt auf das zwölfte Jahrhundert als Entstehungsdatum schließen. Später kam ein Hochchor dazu, sehr viel später die Sakristei. Die Wahrscheinlichkeit, daß drei der Gebäude – die Kathedrale, das Priesterhaus und St. Kevin's Church – im zwölften Jahrhundert entweder errichtet oder erweitert wurden, macht auf die Größe des Klosters (wie Clonmacnoise) in jener Zeit aufmerksam. Ein Dokument aus dem Jahr 1177 berichtet von einer plötzlichen Überschwemmung, die eine Brücke und Mühlen mitriß und auf den Straßen der Stadt tote Fische zurückließ. Der Standort der Brücke ist nicht bekannt. Er muß nicht unbedingt an der Stelle zu suchen sein, an der die jetzige Straßenbrücke den Besucher durch den (ursprünglich zweistöckigen) Eingang zum Hauptplatz gelangen läßt. Denn noch im neunzehnten Jahrhundert befanden sich an dieser Stelle im Fluß Steine, auf denen man das Wasser queren konnte. Einige sind unter der heutigen Brücke noch zu sehen.

Vier weitere Kirchen verdienen Erwähnung. Einmal die Kirche mit Schiff und Hochchor auf der anderen Seite der jetzigen Mauer der St. Kevin's Church. Sie war dem hl. Ciarán geweiht, der vermutlich Clonmacnoise gründete, mit dem Glendalough – vielleicht in einer Art ‚Pilgernetzwerk' – in Verbindung gestanden haben mag. Eine weitere Kirche, St. Mary, steht in einem Feld westlich der Kathedrale. Die Oberschwelle des einfachen Tordurchganges trägt auf der Unterseite als Verzierung ein Kreuzgebälk, das Andreaskreuz, zweifellos Grund genug für den schottischen Romancier Sir Walter Scott, sie bei seinem Besuch 1825 besonders zu erwähnen. Neben der heutigen Straße nach Glendalough liegt die Trinity Church, bestehend aus zeitgenössischem Schiff und Hochchor. Ein ehedem vorhandener Rundturm auf rechteckigem Fuß außerhalb des westlichen Türdurchganges wurde Opfer eines Sturmes im Jahre 1818. Der südliche Rundbogendurchgang wurde 1875 wieder errichtet. Erhalten und offenbar am ursprünglichen Ort blieb ein Steinkreuz am Fuß der Nordmauer.

Die letzte der zu erwähnenden Kirchen, St. Saviour's Priory, liegt 1,2 km weiter unten im Tal. Ungewöhnlich an dieser Kirche mit Schiff und Hochchor sowie falsch zusammengesetzten Steinen um das Ostfenster, sämtlich mit filigranen Verzierungen im romanischen Stil, ist der Anbau von Wohngebäuden aus Stein. Normalerweise – und vermutlich auch richtig – wird diese Kirche mit dem Namen des St. Laurence O'Toole in Verbindung gebracht, dem zweiten bedeutenden Heiligen des Tales der beiden Seen. Nachkomme des ortsansässigen Hauses Uí Muiredaig, Herrscher über Glendalough vor dem zwölften Jahrhundert, wurde er erst zum Abt des Klosters gewählt, im Jahre 1162 dann Erzbischof von Dublin. Er starb 1180 auf der Reise nach Rom in Eu in der Normandie und wurde 1226 heiliggesprochen. Er war nicht nur Gründer von St. Saviour für den Augustinerorden, auf ihn geht vermutlich auch im zwölften Jahrhundert der Bau der Gebäude im Kloster – Priesterhaus, Kirche St. Kevin und Hochchor der Kathedrale – zurück. Die übrigen Kirchen sind vielleicht älter; genaue Angaben sind nicht zu machen.

In seiner hohen Zeit muß das Kloster eine bedeutende Stätte des Lernens gewesen sein. Wir wissen nicht nur, daß Recht gelehrt wurde, ein mathematisches Traktat sowie ein Schulbuch blieben erhalten, und einiges im *Book of Leinster*, einer Zusammenstellung aus dem zwölften Jahrhundert, mag auf Glendalough zurückgehen. Im Berggebiet, das für die Normannen nur schwer zu nehmen war, existierte die Klosterstadt noch bis 1398, als sie von den Engländern endgültig zerstört wurde. Geblieben sind ansehnliche Ruinen, die John O'Donovan, Gelehrter des neunzehnten Jahrhunderts, einmal als ‚das Palmyra Irlands' beschrieb. Lebendig blieb der Pilgerort, der Glendalough bereits im neunten Jahrhundert war. Zu der Zeit, als Joseph Peacock den Pilgerzug von 1813 in Öl malte (das Bild befindet sich im Ulster Museum and Art Gallery in Belfast), war es zum Jahrmarkt geworden, auf dem sich sonntäglich gekleidete Besucher amüsierten und an Buden alles mögliche feilgeboten wurde. Keine fünfzig Jahre später war die jährliche Wallfahrt zum ‚Sauf- und Freßgelage' entartet, so daß die katholische Kirche ein Verbot aussprach. Trauriges Ende einer langen Tradition vielleicht, doch noch immer Anlaß für Tausende Besucher, zu jeder Jahreszeit die Stätte aufzusuchen.

KELLS
Grafschaft Meath

Die Stadt Kells – historisch Cenannus – könnte sich aus einem *dún* der Eisenzeit entwickelt haben, dessen runde Form die Peripherie des Klosters im neunten Jahrhundert sowie die befestigte Normannenstadt prägten und welche heute noch immer in der Anlage der Straßen zu erahnen ist.

Gegeben wurde sie an die Gemeinschaft des hl. Columb von Iona um 804, die vermutlich einen sicheren Ort für die Schätze des Klosters suchte, nachdem ihre Gründung auf den Hebrideninseln von den Wikingern geplündert war. Drei Jahre später wurde ein Kloster *(civitas)* gegründet, das in die Gemeinschaft der Kirchen im Zusammenhang mit Gründungen des hl. Columba mit Hauptsitz in Iona aufgenommen wurde. Nach weiteren sieben Jahren war der Bau einer Kirche – vermutlich ein Steinbau – vollendet. Als Standort wird der der heutigen protestantischen Kirche Thomas Cooleys von 1778 angenommen. Vermutlich wurde in dieser Kirche auch das berühmte Buch *Book of Kells* aufbewahrt, das – im Jahre 1007 gestohlen und ein knappes Jahr später wieder gefunden – vor mehr als dreihundert Jahren in die Bibliothek des Trinity College in Dublin übernommen wurde.

Anders als der Rundturm blieb von den Bauten des frühen Klosters ein eigenartig schlankes, steingedecktes Gebäude, das Haus des hl. Columba, erhalten. Die Untersuchung von zwei Mörtelproben aus dem unteren Teil des Hauses ergaben eine Datierung zwischen 650 und 890 bzw. 654 und 786. Damit ist das Haus des hl. Columba nur wenig jünger als das Fundament des Klosters aus dem frühen neunten Jahrhundert. Hier könnten die Reliquien aufbewahrt worden sein, welche die Mönche von Iona mitbrachten. Damit läge eine Parallele mit Clonmacnoise, Glendalough und Inishmurray vor, wo die Reliquien in einem separaten Schrein diagonal gegenüber der Hauptkirche aufbewahrt wurden. Die Gebeine des hl. Columba konnten jedoch in Kells nicht liegen, da sich das Grab des Heiligen auf Iona befand.

Reliquien – wo sie es gab – wären möglicherweise in der Krypta aufbewahrt worden, die durch einen – recht jung aussehenden – niedrigen Eingang in der Südmauer betreten werden kann. Wahrscheinlich war zwischen dem Fußboden des Untergeschosses und dem hohen Steingewölbe ein Zwischenboden vorhanden, der über einen nicht mehr vorhandenen Eingang in der Westmauer erreichbar war. Der Vergleich mit der Kirche des hl. Kevin in Glendalough legt die Vermutung nahe, daß der obere Teil des Bauwerkes, einschließlich Steindach, in einer zweiten Phase – eventuell erst im zwölften Jahrhundert – gebaut wurde.

Mönche, die aus Furcht vor weiteren Überfällen der Wikinger von ihrem Kloster auf der Hebrideninsel Iona, in das sicherere Kells in der Grafschaft Meath flüchteten, könnten kurz nach ihrer Ankunft Anfang des neunten Jahrhunderts zur Aufbewahrung der Reliquien des Gründers das St. Columb's House errichtet haben. Das Dach dürfte später ergänzt worden sein.

SKELLIG MICHAEL
Grafschaft Kerry

Den nachhaltigsten Eindruck eines Lebens in Askese im frühchristlichen Irland vermittelt zweifellos die Insel Skellig Michael – oder Sceilg Mhichíl – 13 km vor der Westspitze der Halbinsel Iveragh in der Grafschaft Kerry. Gelegentlich setzt ein Boot Besucher von Portmagee aus über. Die Insel ragt steil aus dem Atlantischen Ozean bis auf 218 m Höhe auf. Dreiecksform und Lage prädestinierten sie als heiligen Ort. Angesichts der Höhe mußte die Insel dem Erzengel Michael, Schutzheiliger hochliegender Orte, geweiht sein. Jedoch ist dies erst nach dem Jahr 1000 belegt. Wem vorher die Insel zu Schutz und Gedeih empfohlen wurde, ist unbekannt. Vielleicht dem hl. Finian, der sich auf der Hauptinsel großer Beliebtheit erfreute? Im Jahre 823 wurde ein Mönch von Wikingern entführt. Der Überlieferung zufolge starb im selben Jahrhundert dort auch ein Abt.

Auf einem Absatz auf der Westseite der Insel, 170 m über dem Meeresspiegel, zieht eine Gruppe von Gebäuden die Aufmerksamkeit des Besuchers auf sich. Der Weg führt über offene Steinstufen, die jünger sind als sie scheinen und an die Jakobsleiter erinnern. Unter den Gebäuden sind fünf komplette Bienenkorbhütten sowie Reste einer sechsten. Die Hütten sind außen rund, innen viereckig. Bekannt ist, daß sie nicht alle zur selben Zeit errichtet wurden, die genaue Datierung bereitet jedoch Probleme. Am wahrscheinlichsten ist das achte und die nachfolgenden Jahrhunderte. Eine sehr einfache, rechteckige Kirche vor den Hütten bietet seit kurzem einen Anhalt. Die Mörtelanalyse macht einen Zeitabschnitt im achten Jahrhundert wahrscheinlich, der zweite Abschnitt liegt irgendwo zwischen 985 und 1160. Zudem gibt es zwei Oratorien der Art, wie sie auch in Gallarus vorhanden sind (s. S. 76–77). Der Standort der Gebäude hoch oben auf einsamer Insel ließ Sir Kenneth Clark vermuten, das frühe Christentum habe in der westlichen Hemisphäre ein Jahrhundert lang an Orten wie Skellig Michael überlebt.

Die Herstellung der Plateaus für den Bau der Häuser war zweifellos eine gewaltige Aufgabe. Ein einzelner Eremit konnte sie ebensowenig bewältigen, wie eine kleine Gruppe. Der Gedanke, daß selbst der anspruchsloseste Mensch die langen Wintermonate, in denen die Insel – bedingt durch das schlechte Wetter – von der Hauptinsel nicht erreichbar war, kaum hätte überstehen können, läßt den Gedanken nicht abwegig erscheinen, es könne sich zumindest teilweise bei Skellig Michael um eine von der Kirche gebaute Sommerpilgerstätte gehandelt haben. Die Hütten hätten dann gestrandeten Pilgern Unterkunft geboten. Skellig Michael war ganz sicher einer der Orte, den ein Pilger in späterer Zeit, Heneas MacNichaill, aufsuchte, der, weil er seinen Sohn ermordet hatte, zur Buße 1543 mehrere Pilgerstätten aufsuchen mußte. Die Anwesenheit eines Abtes im neunten Jahrhundert ist jedenfalls Hinweis auf ein bestimmtes monastisches Geschehen auf der Insel.

Wohl am erstaunlichsten ist eine kleine Einsiedelei nahe des Gipfels. Schwierig zu erklimmen selbst für Geübte, findet sich dort ein dritte kleine Kapelle, jüngst auf eine Zeit um 800 datiert. Einsamer und abgelegener kann kaum ein Ort sein, auch nicht Meteora oder der Berg Athos in Griechenland.

Wer nicht auf die Insel kommt, kann sich im Skellig-Zentrum bei Portmagee ein Bild von ihr machen. Das Zentrum veranstaltet Fahrten um, aber nicht auf die Insel.

Nirgends sind Einsamkeit und Abgeschiedenheit erfahrbarer als auf der Insel Skellig Michael, wo Bienenkorbhütten (rechte Aufnahme vom Gipfel) und kleine Andachtsstätten in gefährlicher Höhe (170 m) über den Wogen des Atlantik stehen. In den Wintermonaten muß die Insel vom Land vollständig abgeschnitten gewesen sein.

INISHMURRAY
Grafschaft Sligo

Neben Skellig Michael findet der Besucher auf der Insel Inishmurray vor Sligo – erreichbar mit dem Schiff von Mullaghmore – das am besten erhaltene frühmittelalterliche Kloster Irlands. Das von der Hauptinsel aus betrachtete langgestreckte, flache Inishmurray besitzt eine Fläche von 90 ha. Trotz schwieriger Landung lohnt ein Besuch allein schon wegen der faszinierenden Zahl einmaliger Steindenkmäler. Hauptbauwerk der Insel ist die *caiseal*, eine Steineinfriedung nahe dem südlichen Ende der Insel. Ähnlich angelegt wie die Steinfesten auf den Araninseln, befinden sich drinnen eine Kirche, eine Andachtsstätte, eine Bienenkorbhütte sowie mit Kreuzen bezeichnete Platten. Die ovale Form läßt die bekannte Frage nach dem Huhn und dem Ei auftauchen: Was war zuerst da – die Mauer oder die Gebäude? Die Frage fand bislang keine befriedigende Antwort. Doch schlägt das Pendel der Wahrscheinlichkeit eher in Richtung der *caiseal* als der älteren Anlage.

Innen ist die *caiseal* durch unterschiedlich hohe Steinwälle in verschieden große Abschnitte unterteilt. Das vermutlich älteste Gebäude ist *Teach Molaise* – St. Molaises Haus – von nahezu quadratischem Grundriß und niedrigem Türdurchgang mit Oberschwelle, nach Osten ein Rundbogenfenster und innen ein Sims, auf dem die Holzstatue (dreizehntes Jahrhundert?) des Gründungsheiligen, Molaise, stand, bevor man sie aus Sicherheitsgründen in das National Museum in Dublin brachte. Das Haus des Heiligen selbst ist wesentlich älter. Eine neuere Datierung macht das achte Jahrhundert wahrscheinlich. Die im Verhältnis größere Kirche St. Molaise (im übrigen als Männerkirche bekannt) dürfte ca. zweihundert Jahre jünger sein. Ebenfalls innerhalb der Einfriedung steht ein Wohnhaus mit Feuerstelle in der Mitte, eine Bienenkorbhütte (die einst nach dem heiligen Brendan, dem Steuermann, benannt gewesen sein könnte) sowie die berühmten Fluchsteine. Bei diesen handelt es sich um eine Gruppe vom Wasser gerundeter Steine auf einem erhöhten ‚Altar', die sich, wie es heißt, mit Erfolg gegen einen Widersacher drehen lassen, der dem Drehenden Böses angetan. Ist die Anschuldigung aber unwahr, wendet sich der Fluch gegen den, der ihn ausspricht. Im zweiten Weltkrieg sollen sich die Steine gegen Hitler gewendet haben – was diesem geschah, ist allgemein bekannt.

In Küstennähe steht die spätmittelalterliche Nonnenkirche. Um die Insel herum findet der Besucher zahlreiche ‚Stationen', d. h. aufgehäufte Steine, manche mit einer Kreuzplatte zuoberst, die von den Wallfahrern bis in dieses Jahrhundert aufgesucht wurden. In seinem Buch *Inishmurray* (1982) führt Dr. Paddy Heraughty an, welche Gebete in welcher Abfolge an den einzelnen Stationen gesprochen werden mußten.

Molaise, der Gründungsheilige, lebte im sechsten Jahrhundert. Ihm wird nachgesagt, im Jahre 563 den Bann über St. Columba ausgesprochen zu haben. Die Insel selbst findet erst 747 urkundliche Erwähnung, als ein Abt starb. Jedoch wird der Tod des gelehrten Mannes erst im Jahre 798 aufgezeichnet. Die einzige weitere Erwähnung der Insel in den historischen Quellen erfolgt vier Jahre später, als die Wikinger die Insel in Brand setzten. Danach schweigt die Geschichte für mehr als 800 Jahre. Was geschah in dieser Zeit? Lebte eine kleine klösterliche Gemeinschaft in der *caiseal* oder war es einfach eine Pilgerstätte – oder beides? Die letzte Gruppe Bewohner wurde schließlich im Jahre 1948 zum Verlassen des Sitzes ihrer Vorfahren gezwungen.

TUAMGRANEY
Grafschaft Clare

In Tuamgraney, nahe dem Westufer von Lough Derg in der Grafschaft Clare, steht die wahrscheinlich älteste, noch benutzte Kirche des Landes. Das Schiff der vorhandenen protestantischen Kirche läßt sich mit ziemlicher Sicherheit mit dem im *Chronicon Scotorum* unter dem Jahr 964 erwähnten identifizieren: ‚Cormac Ua Cillín von Uí Fiachrach Aidhne, comarb (Abt) von Tuaim-gréine, von dessen Hand die große Kirche Tuaimgreine und ihr Rundturm errichtet wurden, starb.' Der kurze Nachruf wurde vermutlich in Clonmacnoise geschrieben, wo Cormac ebenfalls Abt war. Die Kirche in Tuamgraney wurde möglicherweise nach dem Vorbild der dortigen wesentlich größeren Kathedrale errichtet. Bis in die achtziger Jahre dieses Jahrhunderts fanden in der Kirche Gottesdienste der Church of Ireland statt. Heute beschränken sie sich auf den Hochchor, der im zwölften Jahrhundert (möglicherweise nach einem Brand 1164) im romanischen Stil angebaut wurde. Das Schiff auf der Westseite wird heute als Interpretationszentrum Ost-Clare benutzt, wo es zahlreiche interessante romanische Stücke zu sehen gibt. Es heißt, Brian Boru habe den Rundturm repariert. Doch muß er nicht gut gearbeitet haben, denn vom Turm ist nichts geblieben.

LINKS Die Gruppe von Gebäuden auf dem unbewohnten Eiland Inishmurray vor Sligo gehört zu den im wesentlichen unversehrt erhaltenen frühirischen Klöstern.

RECHTS Die typisch irische Form des nach oben verengten Türdurchganges wird unauffällig durch den sanft angehobenen Architrav um den tiefen Zugang zur Kirche von Tuamgraney in der Grafschaft Clare unterstrichen. Die Kirche ist wohl die älteste im Lande, in der heute noch Gottesdienste gefeiert werden.

LABBAMOLAGA
Grafschaft Cork

Erwähnenswert an der als Ruine rekonstruierten Kirche von Labbamolaga in Nord-Cork ist der aus drei Steinen bestehende Westeingang mit Oberschwelle. Je ein Stein beiderseits des Eingangs trägt den Querstein darauf. Ungeachtet der megalithischen Erscheinung besitzt der Türdurchgang einen Architrav auf der Oberschwelle, der kaum früher als elftes Jahrhundert sein dürfte. Der heilige Molaga lebte im fünften Jahrhundert und soll Schüler des heiligen David von Wales gewesen sein. Ein Bodenstein im südlichen Teil gilt als *leaba* – Bett – des Heiligen. Daher auch der Name des Ortes – ‚Bett des Molaga'. Die Leute sagen, wer an Rheumatismus leide und eine Nacht unter diesem Stein verbringe, werde von seiner Krankheit geheilt – sofern er nicht einen gehörigen Schnupfen davonträgt!

ORATORIUM GALLARUS
Grafschaft Kerry

Ihrer ausgezeichneten Erhaltung wegen dürfte Gallarus das bekannteste bootförmige Oratorium aus der Frühzeit Irlands sein. Bootförmig deshalb, weil die Form an ein kieloben liegendes Boot gemahnt. Von rechteckigem Grundriß und mit äußerem Sockel, wurde der Bau nach dem Kragprinzip errichtet, d.h. die Steine der einzelnen Langwandschichten wurden immer ein wenig weiter nach innen verlegt, bis beide Wände sich am ‚First' treffen, wodurch die Seitenmauern eine durchgehende Krümmung mit dem Dach bilden. Dieses bereits von runden Bauten, wie den Bienenkorbhäusern auf Skellig Michael, bekannte Prinzip hat bei rechteckigen Konstruktionen den Nachteil, daß die Langmauern nach innen zu fallen drohen. Trotz eines leichten Durchhanges stehen die Wände dank der

RECHTS Die Andachtsstätte Gallarus auf der Halbinsel Dingle erbringt den Nachweis für die erfolgreiche Anwendung der Kragbauweise bei einem rechteckigen Bauwerk. Wahrscheinlich wären die leicht durchhängenden Langwände längst eingestürzt, hätte nicht ein erfahrener und geschickter Meister des Steintrockenbaus sie errichtet.

LINKS Dieser einfache, nur aus drei großen Steinen (zwei stehenden und einem darüber liegenden) bestehende Kircheneingang in Labbamolaga strahlt megalithische Monumentalität aus, die in markantem Kontrast zu den kleineren Steinen im restlichen Verband dieser kleinen Kirche in der Grafschaft Cork steht.

hohen Kunst des Baumeisters noch immer fest. Die einzelnen Steine sind präzise bearbeitet und liegen paßgenau auf dem jeweiligen Unterstein. Auch bei den Andachtsstätten auf Skellig Michael sind die Wände unversehrt, bei allen übrigen hingegen eingestürzt. Bemerkenswert ist, daß Oratorien ausnahmslos an der Westküste Irlands zu finden sind. Sie sind ähnlich gebaut wie die *bories* in der Provence oder die *trulli* in der ‚Ferse' des italienischen ‚Stiefels', von denen einige erst im achtzehnten Jahrhundert gebaut worden sein dürften. Eine direkter Zusammenhang ist jedoch unwahrscheinlich.

Die Pfosten des Türdurchganges in Gallarus sind in gleicher Weise ausgebildet wie bei anderen irischen Kirchentürdurchgängen mit Oberschwellen. Eine Besonderheit besteht insofern, als bei diesem Durchgang unmittelbar über der Oberschwelle horizontal perforierte Steine von innen herausragen. Ein Sinn wäre bei der Annahme zu erkennen, die Tür sei mit einem horizontalen Scharnier an einem in den perforierten Steinen eingesetzten Zapfen befestigt gewesen und habe sich von unten nach oben öffnen lassen.

Da historische Quellen die Andachtsstätte nicht erwähnen, bleibt ihr Alter umstritten. Die Schätzungen reichen vom siebenten bis zwölften Jahrhundert. Die kürzlich vorgenommene Radiocarbondatierung eines ähnlichen Bauwerkes auf dem Gipfel von Croagh Patrick (s. S. 58) ergab den Zeitraum zwischen 568 und 770, die Mörtelanalyse eines primitiveren und weniger meisterlich ausgeführten Baues in Illaunloughan auf der Halbinsel Iveragh weiter südlich ein Datum um das achte Jahrhundert. Daher könnte ein nicht zu spätes Datum innerhalb dieses Zeitraumes angenommen werden. Am besten wäre es, die Frage bliebe offen.

Das Oratorium befindet sich wenige Hundert Meter von der Saint's Road, auf der Pilger, die, über die See kommend, im Hafen von Ventry an Land gingen und an der Kirche von Kilmalkedar vorüber ihren Weg zum Gipfel des Mount Brandon nahmen, um St. Brendan, den Steuermann, zu ehren. Die Wahl könnte auf diesen Standort etwas abseits der Pilgerstraße gefallen sein, weil von hier der Blick auf den Gipfel des Berges in 923 m Höhe frei war, nicht aber von der nahesten Stelle auf der Pilgerstraße selbst.

Es besteht eine bemerkenswerte Übereinstimmung zwischen Zusammenstellung und Auswahl der biblischen Szenen auf den Kreuzen und denen auf den bekannten Fresken in den Kirchen des kontinentalen Europas aus der Zeit von Charlemagne und dessen Söhnen, was den Schluß nahelegt, daß die Hochkreuze einen Ersatz für Fresken darstellten, die sich auf den gedunkelten Innenwänden der viel kleineren irischen Holzkirchen jener Zeit nicht aufbringen ließen. Ferner ist zu vermuten, daß die Steinkünstler der Zeit der Hochkreuze aus den gleichen ikonographischen Quellen schöpften wie die Freskenmaler, die ihre Inspirationen – soweit es Europa betraf – schließlich aus den Kirchen Roms, der Ewigen Stadt, bezogen. Der Vergleich mit den Kirchenfresken auf dem europäischen Festland schafft auch der Möglichkeit, ja, der Wahrscheinlichkeit Raum, daß die Hochkreuze ursprünglich mit den gleichen Farben (Braun- und Weißtöne) bemalt gewesen sein könnten, wie die karolingischen Fresken im kontinentalen Europa. Jedoch wurde zu keiner Zeit auch nur der geringste Farbrest auf einem solchen Kreuz in Irland nachgewiesen. Die Einwirkung der klimatischen Verhältnisse Irlands über einen Zeitraum von mehr als eintausend Jahren hätte davon auch nichts übrig gelassen. Jedenfalls ist es dem Office of Public Works zu danken, daß einige Kreuze (z. B. in Clonmacnoise) zur Verhinderung weiterer schädigender Einflüsse durch den sauren Regen usw. in Innenräume verlagert worden sind. Die Künstler jener Zeit müssen aus einem reichhaltigen Fundus an Möglichkeiten der Darstellung biblischer Szenen auf den Kreuzen geschöpft haben, denn einige von ihnen – Adam und Eva und die Anbetung der Könige, erscheinen in vielerlei Form.

Hinweisen entsprechend könnten die Hochkreuze in Stein Nachschöpfungen von Vorbildern aus anderen Materialien, einschließlich Holz, sein. Diese könnten kleiner gewesen sein, so daß sie möglicherweise im Innern der Kirchen Platz fanden. Der eigentliche Grund für die Herstellung der Steinkreuze ist unbekannt. Eine Annahme geht davon aus, daß Steinkreuze von den marodierenden Wikingern nicht so leicht zu zerstören oder wegzuschleppen waren, wie einige geometrisch verzierte Bronzekreuze, die nach Norwegen abtransportiert wurden. Welche Ursachen die plötzliche Popularität der Steinkreuze im neunten Jahrhundert auch gehabt hat, sicher haben die Menschen im Gebete vor diesen Kreuzen gekniet, was den Inschriftenforscher John Higgit zu der Erkenntnis brachte, daß sich die Inschriften nur deshalb stets am Fuß des Kreuzschaftes befinden, damit sie kniend besser gelesen werden konnten. Gelegentlich befindet sich die nach der Kreuzigung wichtigste Bibeldarstellung zuunterst am Schaft – wahrscheinlich aus eben diesem Grunde.

Viele der ‚großen' Kreuze sind aus einem oder mehreren feinkörnigen Sandsteinblöcken gehauen. Granit diente als Material für die Kreuze in Moone, Castledermot und anderen Standorten im Barrowtal. Mit Ausnahme der Drumbane-Körnung für das Kreuz des hl. Patrick auf dem Fels Cashel waren die Orte, an denen die Steine für die Kreuze gebrochen wurden, bisher nicht feststellbar.

Viele Kreuze aus dem neunten und zehnten Jahrhundert stehen in Leinster und Ulster, relativ wenige in Munster und Connacht. Das mag zum Teil auf die Gewogenheit der jeweiligen Herrscher zurückzuführen sein, könnte aber auch mit dem Mangel an gut ausgebildeten Steinmetzen erklärt werden. Wo die Künstler ihre Ausbildung genossen, liegt ebenso im Dunkel. Die klassisch inspirierte, naturalistisch figürliche Darstellungsweise ist – das weiß man aus zeitgenössischen Manuskripten zur Genüge – der keltischen Tradition der stilisierten Darstellung des Menschen fremd. Einflüsse von außerhalb des Landes könnten eine Rolle gespielt haben. Das ‚unfertige' Kreuz von Kells macht deutlich, daß die Bearbeitung an un-

RECHTS Fragmente von zwei unterschiedlichen Kreuzen wurden zu diesem Kreuz in Clones, Provinz Ulster zusammengefügt. Die gleichen Darstellungen aus dem Alten und Neuen Testament sind auch auf zahlreichen anderen Kreuzen zu finden.

GANZ LINKS UND LINKS Unschuldige Darstellung der Arglist: Bilder der Geschichte von Adam und Eva mit der Schlange auf den Kreuzen von Moone (ganz links) und Castledermot (links).

UNTEN Bei dem sogenannten ‚unfertigen' Kreuz von Kells, Grafschaft Meath, sind mehrere Quader am Schaft ohne Skulpturen. Es wird angenommen, daß die Hochkreuze erst nach dem Zusammensetzen der rohbehauenen Blöcke fertig bearbeitet wurden.

behauenen Blöcken erfolgte, nachdem diese bereits aufgestellt waren. Unbekannt ist, ob die ‚Bauhütten' lokal ansässig waren oder auf der Suche nach Aufträgen wanderten, wie die Steinmetze an den großartigen gotischen Kathedralen in Europa.

Die Herstellung großer Serien von Schriftkreuzen scheint sich im Laufe des zehnten Jahrhunderts langsam abgeschwächt zu haben. Doch zweihundert Jahre später entstand eine neue Blütezeit. Jetzt fehlte den Kreuzen der für die frühere Periode typische Ring. Statt Darstellungen aus der Bibel zieren diese Kreuze überwiegend Hochreliefs Jesu Christi (der Gekreuzigte oder der Sieger). Die Figur eines Bischofs oder Abtes, vermutlich des Gründers der Ortskirche, gemahnte die Pilger an die Verehrung derer Reliquien. Hier sind besonders Munster (z. B. Cashel und Dysert O'Dea) sowie Connacht (Tuam) zu nennen, wo neben Sandstein auch der sehr viel härtere Kalkstein verwendet wurde. Einige Beispiele gibt es auch in Ulster (Downpatrick) und Leinster (Glendalough). Die Kreuze in Tuam sind wegen ihrer Inschriften erwähnenswert, die die Protektion durch die Hochkönige O Conor verdeutlichen. Diese mögen die Kreuze als Wiederbelebung vergangener goldener Zeiten zur Beförderung ihrer politischen Ziele genutzt haben.

Die Normannen setzten der mehr als vierhundert Jahre währenden Hochkreuzproduktion ein Ende. Die Kreuze des späteren Mittelalters sowie des siebzehnten Jahrhunderts sind von anderer Art, allgemein weniger eindrucksvoll. Interessanterweise erlebten die keltischen Ringkreuze Mitte des neunzehnten Jahrhunderts aus politischen Gründen eine Renaissance – Ausdruck der Rückbesinnung auf keltische Wurzeln und des wirtschaftlichen Wohlstandes der Mittelklassen in Irland.

BANAGHER
Grafschaft Offaly

Ein ca. 1,4 m hoher, verzierter Steinschaft, der ursprünglich in Banagher in der Grafschaft Offaly stand, jetzt aber in National Museum in Dublin aufbewahrt wird, gehört zu dem halben Dutzend Denkmälern, die wahrscheinlich einer Bauhütte in Clonmacnoise um 800 zuzuschreiben sind und zu den ältesten Hochkreuzen Irlands zählen. Die Öffnungen oben an den Schmalseiten des Steines waren möglicherweise Aufnahmen für die unteren Teile eines Kreuzringes. Da sie aber in die Ornamentik vorgetrieben sind, sind sie deutlich zweitrangig. Damit fehlt die Gewißheit, daß der Schaft ursprünglich Teil eines Kreuzes war. Eventuell war es einfach eine freistehende Säule. Die Schmalseiten schmücken verschlungene Motive und Tierfiguren. Die Hauptflächen zeigen umrahmte, versenkte Reliefdarstellungen eines Reiters mit Stab (oder Krummstab), einen in einer Falle gefangenen Hirsch und Menschendarstellungen. Ihre einstige symbolische Bedeutung ist leider verlorengegangen.

FAHAN MURA
Grafschaft Donegal

Die Stele in Fahan Mura hat in der wissenschaftlichen Auseinandersetzung um die Entwicklung des irischen Hochkreuzes eine bedeutende Rolle gespielt. Die Armstümpfe wurden als Ausbruch des Kreuzes aus der dekorativen, stehenden Tafel gedeutet, als deren Vorläufer im siebenten Jahrhundert es angenommen wurde. Ein engerer Zusammenhang scheint aber eher mit den Piktentafeln in Schottland gegeben, die oben ebenso in der Art eines Spitzgiebels auslaufen. Bekannt wurde der Stein von Fahan durch die griechischen Inschriften auf der Nordseite. Übersetzt lauten sie ‚Ruhm und Ehre dem Vater, dem Sohn und dem Heiligen Geist'. Diese Formel, obwohl durch das Konzil von Toledo 633 angenommen, ist kein sicherer Anhaltspunkt für eine Datierung auf das siebente Jahrhundert, denn sie findet sich auch in einem Bußtraktat um 800 und wird noch heute im Munster-Irisch verwendet. Selbst wenn sich der Stein einer eindeutigen Altersbestimmung (siebentes, achtes oder neuntes Jahrhundert) entzieht, bleibt er mit seinen filigranen Kreuzen ein beachtliches Kunstwerk. Am Fuß des Kreuzes auf der Westseite des Steines stehen Figuren (mit nicht entzifferbaren Inschriften), die sich am Schaftgrund – jetzt im Erdreich – verteilen.

Fahan wird meist mit dem Namen Mura verwendet, dem Namen des Abtes, der Anfang des siebenten Jahrhunderts das hiesige Kloster gründete und dessen Stabschrein und Kelch sich heute im National Museum in Dublin befinden. Sein Name verbindet sich mit einem metrischen *Life of St. Columba*, was helfen könnte, eine mögliche Verbindung mit Schottland zu erklären. Ein späterer Abt – Fothad (819) – erreichte, daß Mönche und Geistliche vom Kriegsdienst befreit wurden; ein weiterer, Mael Mura, starb als bekannter Poet 887.

CLONMACNOISE
Grafschaft Offaly

Bealin, Banagher und ähnliche Orte waren wie die Knospen des Frühlings, als in Clonmacnoise um 800 erste Versuche mit Steinkreuzen unternommen wurden. Darauf folgt eine unerklärliche Pause von wenigstens fünfzig Jahren vor der Blütezeit mit dem meisterlichen Südkreuz und der

LINKS Tiere – ein Löwe, ein Pferd (mit stabtragendem Reiter) und ein in einer Falle gefangener Hirsch – zieren den Kreuzschaft bzw. die Säule von Banagher in der Grafschaft Offaly, möglicherweise einem der ältesten erhaltenen Hochkreuze in Irland. Heutiger Standort ist das Nationalmuseum von Irland.

UNTEN Verschlungene Bänder, wie die Pikten in Schottland sie verwendeten, ergeben zusammen die Form eines Kreuzes auf der Stele in Fahan, Grafschaft Donegal.

RECHTS Ursprünglich vor dem Eingang zur Kathedrale von Clonmacnoise, später in den Schutz des Interpretationszentrums umgesetzt, hat das Schriftkreuz mit seinem markanten Ring und den leicht nach oben weisenden Armen eine der gelungensten Proportionen aller Kreuze in Irland. Auf der nach Osten weisenden Fläche befindet sich die Darstellung des Jüngsten Gerichtes.

Tafeln mit figürlichen Darstellungen an der Westseite des Schriftkreuzes von Clonmacnoise erzählen die Leidensgeschichte vom Palmsonntag bis zum Auferstehungsmorgen. Die Darstellung der Kreuzigung befindet sich im Zentrum des Kreuzkopfes.

hohen Kunstfertigkeit des Schriftkreuzes um die zweite Hälfte des neunten Jahrhunderts. Beide befinden sich heute zum Schutz im Interpretationszentrum.

Das vordem nahe der Südwestecke der als Hurpantempel bekannten Kirche stehende Südkreuz ruht auf einem Sockel, der auf der Südseite vermutlich eine Darstellung mit Adam und Eva trägt. Die einzige neutestamentliche Darstellung ist die Kreuzigung, entgegen aller Erwartung nicht im Zentrum des Kopfteiles, sondern auf der Westseite des Schaftes. Daß die sorgfältige Kopie einer rechteckigen Vorlage im Kopfbereich des Kreuzes nicht hätte gut untergebracht werden können, mag die Erklärung dafür liefern. Eine auf der Westseite des Schaftes entdeckte Inschrift ist so stark verwittert, daß sie sich der Entschlüsselung entzieht. Eine Deutung der unleserlichen Buchstaben zwischen den noch erkennbaren erkennt die Bitte um ein Gebet für Maelsechlainn, Sohn des Maelruanaidh, desselben Herrschers, unter dem das Kreuz von Castlebernard errichtet wurde. Damit ergäbe sich ein Anhaltspunkt für die Datierung dieses Kreuzes um die Mitte des neunten Jahrhunderts.

Der Name Maelsechlainn wird wahrscheinlich auch in den etwas besser erhaltenen Inschriften an der Vorder- und Hinterseite des Schriftkreuzes erwähnt. Seinen Namen verdankt es der vermutlich korrekten Identifizierung mit dem Kreuz gleicher Bezeichnung in den *Annals of the Four Masters*. Hier wird der Name jedoch nur als der Vater des Mannes genannt, der das

RECHTS Diese rätselhafte Darstellung auf der Ostseite des Schriftkreuzes wurde verschiedentlich als biblische Szene oder als Abt und König beim Legen des Grundsteines für die Kathedrale von Clonmacnoise gegenüber dem Kreuz gedeutet.

GANZ RECHTS Detail der Darstellungen auf der Westseite des Kreuzes: Ein Vogel haucht dem unter einer Steinplatte ruhenden Leichnam Christi den Odem des Lebens ein. Die Wächter sind über ihren Waffen eingeschlafen. Der Augenblick der Auferstehung naht.

RECHTS Bildnis eines alten Pfeifenspielers auf der Nordseite des Schriftkreuzes von Clonmacnoise.

GANZ RECHTS Im untersten Feld des Schriftkreuzes von Clonmacnoise ist ein rätselhafter Falkner dargestellt, der seinen Stab in das Auge einer kleineren Figur, zu seinen Füßen liegend, sticht. Eine überzeugende Erklärung für diese Darstellung wurde bis heute nicht gefunden.

Kreuz in Auftrag gab – Fland, eher bekannt als Flann Sinna, König von Irland zwischen 879 und 916. Wir könnten es also hier mit einem Kreuz zu tun haben, das eine Generation nach dem vorerwähnten Südkreuz entstand.

Seine Proportionen sowie die ungewöhnlich aufsteigenden Arme machen das Schriftkreuz zu einem der elegantesten aller Kreuze in Irland. Zudem ist es das erste hier vorgestellte Kreuz mit ausführlichen Darstellungen biblischer Geschehnisse. Dies überdeckt nicht die unterschiedlichen Interpretationen, insbesondere der Nordseite, für die eine nachvollziehbare Auslegung bisher fehlt. Die Darstellungen auf der gegenüberliegenden Schmalseite sowie auf Vorder- und Rückseite ergeben trotz bestimmter Schwierigkeiten einen Sinn. Hauptthema sind Leiden, Tod und Auferstehung Christi. Im Mittelpunkt steht die Kreuzigung am Kopf auf der Westseite des Kreuzes. Unmittelbar darunter folgt die Szene mit den Soldaten, die sich entschließen, den Rock Jesu nicht zu teilen. Dieses Bild ist als Symbol für die Unteilbarkeit der Kirche Bestandteil mancher Kreuzigungsdarstellungen in der Kunst des frühen Mittelalters. Darunter folgen die Verspottung und Jesus im Grabe, wobei – als Hinweis auf die kommende Auferstehung – ein Vogel dem toten Herrn den Odem des Lebens eingibt. Das gleiche Thema wird auf dem Sockel fortgeführt, an dessen Fuß – stark verwittert – der Einzug Jesu in Jerusalem, die Auferstehung und die heiligen Frauen am Grabe dargestellt sind. Darüber steht Jesus mit sechs Aposteln. Die Darstellung der Leidensgeschichte setzt sich mit der Gefangennahme Jesu im unteren Teil des Sockels auf dessen Südeite fort.

Der Kopf der Ostseite des Schriftkreuzes zeigt das Jüngste Gericht. Christus auf dem Thron der Herrlichkeit oben sowie direkt darunter Jesus, der Petrus den Schlüssel und Paulus das Evangelium reicht. Die Deutung der beiden folgenden Tafeln darunter erwies sich als weitaus schwieriger. Bei der untersten Darstellung nimmt man verschiedene lokale Geschehnisse an. Dargestellt sind zwei Männer in unterschiedlicher Kleidung. Zwischen sich halten sie einen senkrechten Stab. Eine Deutung sieht in ihnen König Diarmait mac Cerbaill, wahrscheinlich letzer heidnischer Hochkönig, wie er St. Ciarán beim Aufrichten des Eckpfahles seiner Kirche hilft; eine andere deutet die Gestalten als die von Abt Colman und Flann Sinna, Erbauer der Kathedrale, vor der das Kreuz steht. Beide Darstellungen passen nicht ganz in das Bild eines ‚Kreuzes der Schrift'. Die einzige biblische Deutung für die beiden unteren Bildtafeln auf der Ostseite – auch wenn sie nicht unproblematisch ist – besagt, die untere stelle Josef dar, welcher den Traum des Küchenmeisters des Pharaos deute, die obere Tafel die Erfüllung dieses Traumes, als der Küchenmeister drei Tage später wieder eingestellt wird. Das Interessante an dieser Auslegung ist, daß sie als alttestamentliche Vorwegnahme der von Christus selbst angekündigten Auferstehung drei Tage nach seinem Tode gelten kann – der Darstellung auf der untersten Tafel auf der gegenüberliegenden Westseite des Kreuzes. Welche Interpretation der Szenen des Kreuzes die richtige ist, wird – wie seit Jahrhunderten – auch in Zukunft heftig umstritten bleiben.

DURROW
Grafschaft Offaly

Durrow war eine Klostergründung des hl. Columba, bevor dieser 563 Irland verließ. Bekannt wurde der Ort durch das berühmte Buch aus dem siebenten Jahrhundert, das ein Jahrtausend später nach Dublin gelangte, wo es zusammen mit dem anderen Glanzstück des Columba, dem *Book of Kells*, einen bedeutenden Schatz in der Bibliothek des Trinity College bildet. Das wichtigste, am Ort des Klosters verbliebene Denkmal ist das Hochkreuz mit Parallelen und Unterschieden zum Schriftkreuz von Clonmacnoise. Anders als das Schriftkreuz hat es keine figürlichen Darstellungen am Sockel, auch ist das Alte Testament stärker präsent. Mehrere Tafeln tragen Darstellungen aus dem Buch Genesis, zwei aus dem Buch David. Zwei ungewöhnliche Szenen mit Johannes dem Täufer befinden sich auf der Nordseite. Eine Tafel auf der Ostseite des Schaftes zeigt

Der bedeutenden Gründung eines St. Columba in Durrow, Grafschaft Offaly, haben wir dieses ansehnliche Hochkreuz aus dem neunten/zehnten Jahrhundert sowie aus dem siebenten Jahrhundert das heute in der Bibliothek des Trinity College in Dublin aufbewahrte *Book of Durrow* zu verdanken.

Flechtornament. Demgegenüber bestehen Ähnlichkeiten, bis hin zu den Verzierungen des Ringes und Einzelheiten beiderseits des Kopfes, den mit Schlangen verschlungenen Menschenköpfen, die massig-pyramidalen Enden der Kreuzarme, die an erhabene Metallverzierungen im Oseberg-Schiff in Norwegen erinnern, vor allem aber die Bilder der Leidensgeschichte an der Westseite des Schaftes. Einzelheiten gerade der Passionsdarstellungen verbieten die Annahme, beide Kreuze seien von derselben Hand gemacht, berechtigen uns aber zumindest zu der Annahme von einer gemeinsamen ‚Bauhütte'.

Eine erhaltene Inschrift am Kreuz von Durrow überrascht, indem sie Anlaß zu der Annahme gibt, das Kreuz könne bereits eine Generation vor dem Schriftkreuz entstanden sein. Von der Inschrift auf der Westseite sind zu wenige Buchstaben erhalten, um sie entziffern zu können. Die unten am Sockel auf der Nordseite des Schaftes könnte wiederum anzeigen, daß das Kreuz das Werk derselben Gruppe ist, die das Kreuz von Castlebernard schuf, weil der vermutete Text übersetzt sinngemäß lautet: ‚Betet für Maelsechlainn, König von Irland, betet für Colman, der dieses Kreuz schuf.' Die Erwähnung des Namens Colman auf dem Kreuz stärkt jene, die in ihm den Hofsteinmetz sehen. Doch müßte dann eine Datierung in die Regentschaft von Maelsechlainn (846 – 862) erfolgen, wohingegen das Schriftkreuz offenbar von seinem Sohn Fland (879 – 916) errichtet wurde.

KELLS
Grafschaft Meath

Wie bereits erwähnt, wurde das Kloster Kells Anfang des neunten Jahrhunderts durch Mönche des hl. Columba gegründet. Der Anlaß mag der Wunsch gewesen sein, für die aus Iona auf den Westhebriden mitgeführten Gebeine des Heiligen eine Ruhestätte zu schaffen. Iona gilt als eine wichtige Stätte für die Entwicklung der Ringkreuze. Möglicherweise brachten die Mönche neue Ideen für die Errichtung der Hochkreuze in Kells im Laufe des neunten Jahrhunderts mit. Die wenigen Darstellungen von Szenen aus der Schrift auf den Kreuzen von Iona im Vergleich zu der reichen Auswahl auf den Kreuzen von Kells läßt jedoch den Schluß zu, Kells habe sich bei der Auswahl biblischer Themen stärker nach Europa orientiert. Kells kann sogar als wichtiges, wenn nicht das wichtigste Zentrum für die Verbreitung der biblischen Ikonographie auf bedeutenden Schriftkreuzen gelten.

In Kells stehen heute noch vier Kreuze sowie ein einzelner Rundsockel. Der Besucher trifft meist zuerst auf das Kreuz auf dem Marktplatz des Ortes. Die anderen drei befinden sich allesamt auf dem Kirchhof der protestantischen Kirche, vermuteter Standort der einstigen Steinkirche des Klosters. Ein Kreuz (s. S. 81) ist unvollendet. An ihm ist deutlich zu erkennen,

LINKS UND RECHTS Seit 1688 – wahrscheinlich aber schon sehr viel länger – steht das Marktkreuz an der Stelle, wo sich der Eingang zu dem Anfang des neunten Jahrhunderts von Mönchen des hl. Columba in Kells, Grafschaft Meath, gegründeten Klosters befunden haben könnte.

daß die Feinbearbeitung des Steines erst vorgenommen wurde, nachdem der Block bereits errichtet war. Es mag jünger als die anderen sein, vielleicht erst zehntes Jahrhundert, während die anderen beiden wahrscheinlich in das neunte Jahrhundert gehören. Eins davon, nahe dem Rundturm, dürfte nach Ansicht von Roger Stalley kurz vor dem Jahr 900 errichtet worden sein. Die fehlende Einteilung der biblischen Szenen in Felder sowie das flacher ausgearbeitete Relief unterstützen eine solche Annahme.

Ursprünglich war das heute ‚zerbrochene' Kreuz das wichtigere der beiden Kreuze. Da es aber ohne Querarme steht, wird es vom Besucher leider zu häufig übersehen. Das massige Stumpf, noch immer mit einer Höhe von 2,4 m, vermittelt einen Eindruck von der Gewalt, ja Ehrfurcht, angesichts der Größe des Kreuzes, einschließlich des verlorengegangenen oberen Teiles. Der Standort ist möglicherweise nicht der ursprüngliche, denn normalerweise finden sich die Darstellungen aus dem Alten Testament auf der Ostseite, nicht der Westseite. Folglich könnte der Standort irgendwann gewechselt worden sein.

Das Ungewöhnliche bei diesem Kreuz ist die Wahl der biblischen Themen. Sieben von insgesamt zwölf sind auf keinem anderen Kreuz in Irland zu finden. Die Seitenflächen sind zumeist mit geometrischen, verschlungenen und erhabenen Mustern verziert. Die großen Flächen hinten und vorn füllen Tafeldarstellungen aus der Schrift, Altes und Neues Testament fein säuberlich getrennt auf unterschiedlichen Seiten. Auf der Westseite sind – von unten nach oben – Adam und Eva, Noahs Arche, danach drei Szenen aus dem Buche Exodus, wahrscheinlich die Verwandlung der Wasser von Ägypten in Blut, die Feuersäule in der Wüste sowie ein Fragment des Durchzuges der Israeliten durch das Rote Meer. Die Darstellungen auf der Ostseite gelten der Taufe Jesu, der Hochzeit zu Kana, dann eine Tafel vermutlich mit der gemeinsamen Darstellung der Heilung des Lahmen am Teich von Betesda und Jesus und die Samariterin, anschließend die apokryphe Waschung des Jesuskindes, darüber die drei Weisen bei der Befragung des Herodes und, abschließend, Jesu Einzug in Jerusalem.

Es besteht eine klare Korrelation zwischen den Darstellungen auf beiden Seiten des Kreuzes. Zum Beispiel sind Vierfüßler der gemeinsame Nenner des Durchzuges durch das Rote Meer und des Einzuges in Jerusalem oben am Kreuz, das übernatürliche Licht teilt die Feuersäule in der Wüste mit dem Stern, der die Weisen zu Herodes führte. Wasser ist ein entscheidendes Element der Geschichten auf acht Tafeln. Verdeutlicht werden mag dadurch die reinigende Kraft des Wassers, was die Bedeutung der Taufe

RECHTS Mit seiner ursprünglichen Größe, einschließlich des leider verlorengegangenen Kopfteiles, muß das ‚zerbrochene' Kreuz von Kells einen überwältigenden Eindruck auf den Betrachter gemacht haben, der kam, um die Bibel in Bildern zu lesen. Die Hochrelieftafeln der Ostseite auf der Abbildung sind Darstellungen aus dem Neuen Testament, unten die Taufe Jesu, darüber die Hochzeit zu Kana.

als Sakrament unterstreicht. Aus diesem Grunde dürfte auch die Taufe Jesu im Jordan nicht an ihrem von der Chronologie vorgegebenen Platz, sondern am Fuße des Kreuzschaftes erscheinen, wo der kniende Beter das Bild in Augenhöhe vor sich hatte. Die Taufe galt als ein Weg zur Erneuerung der Menschheit. Rücken an Rücken am Fuß der Westseite des Kreuzes befindet sich die Darstellung von Adam und Eva als der ersten Generation im Buche Genesis. Die Ikonographie dieses Kreuzes beweist die Klugheit, mit der die Wahl auf Szenen fiel, die Schlüsselbotschaften trugen; hier das Sakrament der Taufe – neben dem heiligen Abendmahl das einzige von der damaligen Kirche anerkannte Sakrament. Vorstellbar ist die befruchtende Kraft eines solch riesigen Kreuzes mit der durchdachten Wahl biblischer Szenen auf die Entwicklung der Schriftkreuze in Irland. Als Datum könnte die Mitte des neunten Jahrhunderts oder früher angesetzt werden.

MONASTERBOICE
Grafschaft Louth

Monasterboice ist eine Gründung des hl. Buite, über den wenig mehr bekannt ist, als daß er der Überlieferung nach am Sterbetag des hl. Columba das Licht der Welt erblickte. Damit könnte ein gewisser Zusammenhang zwischen den Kreuzen von Kells und Monasterboice vorgezeichnet sein, die die Kreuze an beiden Orten aus etwa derselben Zeit des neunten Jahrhunderts datieren sollten. Von den zwei vollständigen Hochkreuzen in Monasterboice erreicht jenes in größter Nähe zum Rundturm eine Höhe von über 6,4 m. Das andere Kreuz (siehe nebenstehende Abbildung), gehockt und solide proportioniert, ist eines der beeindruckendsten und am besten erhaltenen Hochkreuze in ganz Irland. Qualität und Reichtum der Arbeit der Steinmetze jener Zeit stellt alle Imitationen aus dem neunzehnten Jahrhundert in den Schatten, die um das Kreuz gruppiert sind. Das Bild gewänne beträchtlich, folgte man dem Beispiel von Clonmacnoise und legte die Grabsteine des Friedhofes flach.

Muiredachs Kreuz, wie es genannt wird, erhielt seinen Namen durch eine Inschrift am Fuße der Westseite seines Schaftes, die um ein gedenkendes Gebet für Muiredach bittet, ‚der das Kreuz gemacht'. Wir erhalten keinen Hinweis darauf, wer Muiredach gewesen sein könnte – König, Abt oder vielleicht Steinbildhauer. Es könnte neuntes oder auch frühes zehntes Jahrhundert gewesen sein, als er mit diesem großartigen Kreuz den Schatz frühmittelalterlicher Kunst im Lande mehrte. Die biblischen Gestalten auf dem Kreuz sind in bemerkenswertem Hochrelief dargestellt. Die dadurch entstehenden Schatten lassen die Figuren geradezu aus dem Hintergrund heraus uns entgegentreten. Die Zahl einzelner Figuren auf der Ostseite des Kreuzes ist ungewöhnlich groß. Das Glanzstück bildet das Jüngste Gericht mit Scharen von Menschen am Kopf des Kreuzes – eine der grandiosesten Frühdarstellungen dieses Themas in ganz Europa.

Die Kreuzigung ist Mittelpunkt der Darstellungen auf der Westseite am Kopf des Kreuzes. Neben den üblichen Schwamm- und Lanzenträgern sind hier auch Sonne und Mond sowie weitere Figuren zu sehen, die stellvertretend für Land und Meer stehen könnten. Damit wäre ein Bezug zu den vier Elementen gegeben. Der umlaufende Ring symbolisierte den Kosmos. Die vier Weisen in der Anbetungsszene auf der anderen Seite könnten die vier Ecken der Erde verkörpern, aus denen sie ja kommen sollen. Die Tafeln am Schaft unterhalb der Kreuzigung dürften das Thema Erde und Himmel weiterführen. Auf der Tafel zuunterst (über der zwischen Katzen plazierten Inschrift) wird Christus als irdischer König der Juden verspottet, darüber der erhöhte Herr mit der Darstellung Christi als König des Himmels, darunter

Muiredachs Kreuz in Monasterboice, Grafschaft Louth, das am besten erhaltene Hochkreuz, datiert wahrscheinlich aus der zweiten Hälfte des neunten Jahrhunderts. Die Westseite des Kreuzes trägt zahlreiche Darstellungen aus dem Neuen Testament, die Figuren auf den Tafeln am Schaft sind deutlich größer als die am Kopf des Kreuzes, wo im Mittelpunkt die Kreuzigung steht.

LINKS Die Unterseite des Ringes des Muiredach-Kreuzes in Monasterboice mit den drei geheimnisvollen, von Schlangen umrahmten Menschenköpfen und der aus den Wolken darüber ragenden Hand Gottes ist weniger stark verwittert als die Oberseite. Hier wird die Perfektion der bildhauerischen Arbeit deutlich, welche die vor mehr als eintausend Jahren hergestellten Kreuze auszeichnete.

LINKS Rücken an Rücken, zwei schwanzbeißende Tierfiguren unbekannter Art am Fuße von Muiredachs Kreuz in Monasterboice sind fröhliche Darstellungen, wie sie als kapriziöse Kreaturen auch die Zeilen des *Book of Kells* beleben.

die Kreuzigung. Jesus übergibt dem hl. Paulus das Evangelium für die Kirche auf Erden, dem hl. Petrus die Schlüssel des Himmelreiches. In der Zusammenschau könnte die Themenwahl als Darstellung Christi, König des Himmels und der Erde verstanden werden. Die abschließende Darstellung oben zeigt Christi Himmelfahrt; die Auferstehung – Vorstufe der himmlischen Reise – ist am südlichen Arm des Kreuzes dargestellt.

MOONE
Grafschaft Kildare

Das Kloster Moone wird mindestens seit dem zehnten Jahrhundert im Verbund mit den Gründungen des hl. Columba gesehen. Doch scheinen seine ungewöhnlichen Hochkreuze (von denen nur eins vollständig ist) ohne Stilzusammenhang mit denen in Durrow und Kells, weiteren Klöstern des hl. Columba. Die einzigartige Schlankheit und der präzise Schematismus seiner bildkünstlerischen Gestaltung machen das Kreuz von Moone zu einem der attraktivsten Hochkreuze in Irland. Die einzig erkennbare biblische Gestalt ist Christus im Zentrum der Ostseite. Die übrigen Flächen zieren zumeist seltsame Vögel und andere Tiere.

Die eigentliche Faszination des Kreuzes besteht im Sockel, dessen vier Seiten mit Figuren bedeckt sind. Diese sind so flach, daß sie ursprünglich farbig gestaltet gewesen sein müssen. Der Sockel besteht aus zwei trapezförmigen Blöcken, von denen der obere spitzer zuläuft als der untere. Die Darstellungen auf den großen Flächen sind – von unten beginnend – Daniel in der Löwengrube (die sieben Löwen machen deutlich, daß es sich um die Darstellung eines apokryphen Buches aus dem Alten Testament handelt), das Opfer des Isaak und – zuoberst – Adam und Eva (einzige Tafel mit Rundrelief). Der Grund, die chronologische Abfolge von oben nach unten statt entgegengesetzt darzustellen, mag darin zu sehen sein, daß Adam und Eva,

RECHTS Der hohe Sockel ist Hauptträger der biblischen Botschaft auf dem ungewöhnlich schlanken Hochkreuz in Moone, Grafschaft Kildare. Zum Schutz vor Verwitterung wurde es jetzt in die kürzlich mit einem neuen Dach versehene, benachbarte Kirche umgesetzt.

die der Erbsünde schuldig wurden, die zu sühnen Jesus sein Leben gab, Rükken an Rücken mit der Kreuzigung über einer aufgeräumt wirkenden Darstellung der zwölf Apostel auf der Westseite angeordnet werden konnte.

Zwei Themen auf der Ostseite – Isaak und Daniel – verdeutlichen, daß Gott seinen Gläubigen in der Gefahr beisteht. Derselbe Gedanke erfüllt die drei Themen auf der Südseite. Die Anordnung setzt sich auf dieser Seite fort, die zeitlich älteste Szene steht zuoberst – die drei hebräischen Kinder, die ein Engel mit schützend gebreiteten Flügeln vor dem Feuertod im Ofen rettet. Einer dieser geflügelten Boten Gottes erschien auch dem Josef und gebot ihm, mit seiner Familie nach Ägypten zu ziehen. Dieser Szene göttlicher Hilfe ist das mittlere Feld in Form der Flucht nach Ägypten gewidmet. Die Jungfrau reitet im Damensattel, vom Jesuskind ist nur der Kopf diagonal neben ihr sichtbar. Der Körper muß wohl auf den grobschlächtig viereckigen Torso der Gottesmutter aufgemalt gewesen sein. Mit Gottes Hilfe vollbrachte Jesus auch das Wunder der Brotvermehrung, indem er fünftausend Menschen speiste, die auf dem Berge der Verkündigung des Wortes aus seinem Munde lauschten. Die brillante Darstellung des Wundergeschehens enthält die unterste Tafel mit fünf flachen Broten und vier Fischen. Die Gestalt Jesu fehlt dabei völlig – ganz sicher eine der darstellerisch überzeugendsten Varianten dieses Themas auf einem Hochkreuz in Irland.

Die Granitkreuze in Südleinster sind ohne Inschriften, so daß die Datierung schwierig ist. Jedoch dürfte die Annahme, das wundervoll gearbeitete Kreuz in Moone sei eine Arbeit aus dem neunten Jahrhundert, nicht allzu weit an der Realität vorübergehen.

CASTLEDERMOT
Grafschaft Kildare

Castledermot – auf Irisch *Dísert Díarmata* – wurde zur Zeit der Reformbewegung Céli Dé um das Jahr 812 von einem Mann namens Diarmait als Einsiedelei gegründet. Da die Darstellungen auf den beiden Kreuzen in Granit – einem harten, schwer zu bearbeitenden Stein – gehauen sind, wirken sie steif und stilisiert. Dennoch haben auch die Apostel, die Brote und Fische ein wenig von der Lebendigkeit des Themas auf dem Kreuz in Moone. Die Anordnung Adams und Evas Rücken an Rücken mit der Kreuzigung in Moone wird hier zur wichtigen Botschaft erhoben, deren jeder ein ganzes Feld auf beiden Seiten des Kreuzes im Kopfbereich zugeteilt ist. Um Adam und Eva auf der Westseite gruppieren sich der harfespielende David (Arm links), Abraham und Isaak (Arm rechts) und Daniel in der Löwengrube (darunter). Die zentralen Figuren auf den beiden untersten Tafeln am Schaft sind von Tieren umrahmt. Sie könnten den hl. Antonius, Vorbild als heiliger Einsiedler in der Wüste, darstellen.

Die Hochreliefs der S-Spiralen auf dem Sockel machen den Eindruck, als habe man sie soeben aus einer Zahncremetube gedrückt. Die Zwischenräume füllen erhabene Kreise und Rauten – gewiß Steinimitationen der Köpfe von Metallnieten, mit denen die spiralverzierte Bronzeplatte am Fuß des als Vorlage dienenden Holzkreuzes befestigt war. Ein Beweis, daß die irischen Steinkreuze zuerst in Holz und Bronze, möglicherweise auch anderem Material, gearbeitet wurden, bevor die Arbeit des Bildhauers begann.

In Castledermot befindet sich südlich der Kirche ein zweites Kreuz mit Darstellungen biblischer Szenen auf nur einer Seite. Die andere Fläche wird vollständig von geometrischen Mustern eingenommen. Zwischen beiden Kreuzen steht der erhaltene romanische Türdurchgang der Kirche aus dem zwölften Jahrhundert. Diese mußte im dreizehnten Jahrhundert einer größeren gotischen Gemeindekirche weichen.

OBEN Ausdrucksvolle Darstellung der Opferung Isaaks durch den Vater Abraham auf dem Kreuz in Moone.

DARUNTER Darstellung der wunderbaren Brotvermehrung auf dem Sockel des Kreuzes in Moone, Grafschaft Kildare. Obwohl Jesus als Wundertäter nicht in Erscheinung tritt, büßt das Bild nichts von seiner Aussagekraft ein.

RECHTS UND GANZ RECHTS Selbst widerspenstiger Granit mußte sich dem meisterlich geführten Werkzeug in der Hand des Bildhauers beugen. Ungewöhnlich beim Nordkreuz (rechts außen) von Castledermot, Grafschaft Kildare, ist die Darstellung Adams und Evas in zentraler Position. Das Südkreuz (rechts) trägt, wie üblich, an dieser Stelle die Kreuzigung.

AHENNY
Grafschaft Tipperary

Die historischen Quellen mögen sich über Ahenny ausschweigen, doch dort befinden sich zwei der am einfühlsamsten gearbeiteten Hochkreuze des Landes. Keine Reliefs biblischer Szenen, sondern zerbrechlich filigrane Muster zieren den ebenen Stein, darunter federartig aufsteigende Spiralformen. Gleichsam Ruhe und Gediegenheit der Darstellung störend, ist ein unerwartetes Menschenmotiv in der Schaftmitte, dessen Symbolik ebenso verloren ist, wie die der übrigen Zierungen. Fünf Erhebungen könnten für die fünf Wunden Jesu am Kreuze stehen oder einfach Imitationen verzierter Nietköpfe aus der Bronzevorlage sein.

Wie in Moone ist der Sockel wichtigster Platz für die Darstellung des Menschen auf dem Kreuz. Die hier abgebildete Seite zeigt Christus mit sechs seiner krummstabtragenden Apostel. Diese Szene finden wir in ähnlicher Position am Schriftkreuz von Clonmacnoise wieder. Im Unterschied zur gelegentlichen Annahme, Ahenny repräsentiere die frühesten Exemplare der Blütezeit der Hochkreuze im Irland des achten Jahrhunderts, könnte es somit regionales Zentrum einer Schule hochqualifizierter Steinbildhauer gewesen sein, die mit Clonmacnoise in Verbindung stand und möglicherweise ungefähr zeitgleich mit den Schriftkreuzen existierte.

DYSERT O'DEA
Grafschaft Clare

Ein Vertreter der Familie O'Dea, die der *Dísert*, d. h. Einsiedelei, in der sich der hl. Tola im achten Jahrhundert niederließ, ihren Namen gab, ‚reparierte' 1683 dieses Kreuz aus dem zwölften Jahrhundert. Dabei mag Michael O'Dea nicht die gute Absicht abgesprochen werden, doch vermutlich setzte er Schaft und Kopf zweier verschiedener Kreuze ebenso zusammen, wie die Steine von zwei getrennten Portalen zu dem berühmten Türdurchgang (s. S. 120) der nahegelegenen romanischen Kirche zusammengefügt wurden – wahrscheinlich zur gleichen Zeit und von derselben Hand. Die von den Wikingern beeinflußten Tierdarstellungen am unteren Teil des Kreuzschaftes unterscheiden sich deutlich von den geometrischen Ornamenten am Kopffragment.

Die in lange Robe gehüllte Jesusgestalt auf der Ostseite erinnert an die hochverehrte Christusstatue Volto Santo in der italienischen Stadt Lucca. Darunter stehend die Gestalt eines Bischofs oder Abtes mit Mitra – vermutlich der hl. Toba. Die Darstellung sollte zweifellos Pilger zur Verehrung des Heiligen, seines Kelches und Krummstabschreines – heute beides im Nationalmuseum in Dublin – anregen. Der pyramidenförmige Sockel des Kreuzes auf Steinen aus der nahen Kirche trägt in Fortführung früherer Darstellungen biblischer Szenen auf der einen Seite Adam und Eva zwischen den ausladenden Zweigen eines Apfelbaumes und auf der anderen vermutlich Daniel in der Löwengrube.

GLENDALOUGH
Grafschaft Wicklow

Das jetzt im Interpretationszentrum von Glendalough aufgestellte, sogenannte ‚Marktkreuz' belegt, daß Kreuze aus dem zwölften Jahrhundert nicht das Privileg des westlichen Teils des Landes sind. Obwohl kleiner, weist es doch zahlreiche Merkmale der anderen Kreuze auf, z. B. die kleinen Figuren am Sockel wie in Tuam und die Tierornamente an den Seiten, die ihren Ursprung in den sogenannten ‚Urnes', einer Schmuckart der Wikinger, haben. Ferner ist der nur mit einem Lendentuch bekleidete Christus zu sehen, wie ihn zahlreiche kleine Bronzekruzifixe jener Zeit darstellen. Darunter steht ein Abt oder Bischof, wahrscheinlich Vertreter des hl. Kevin, des Gründers von Glendalough.

LINKS Christus, der Sieger und die Gestalt des hl. Tola zieren als Hochreliefs die Ostseite des auf das zwölfte Jahrhundert datierten Kreuzes in Dysert O'Dea, Grafschaft Clare.

RECHTS Möglicherweise im neunten Jahrhundert entstanden, zieren das Nordkreuz von Ahenny als Flachrelief filigran ausgearbeitete Schmuckmotive an Schaft und Kopf. Der Sockel trägt Darstellungen biblischer Gestalten.

RECHTS Der Kirchenmann am Schaft des jetzt im Interpretationszentrum aufgestellten Marktkreuzes in Glendalough ist vermutlich der hl. Kevin.

GEDENKSTEINE UND RÄTSELHAFTE PLASTIKEN

Zweifellos sind die Hochkreuze Irlands einprägsamster und augenfälligster Beitrag zur figürlichen Plastik des frühen Mittelalters in Europa, doch verfügt das Land über eine beträchtliche Zahl weiterer Zeugen für das meisterliche Können der Bildhauer jener Epoche. Seien es einfache freistehende oder in Säulen gearbeitete Kreuze, die – heute in irgendeinem halbvergessenen Feld – schweigend Zeugnis von der Tiefe des christlichen Glaubens im mittelalterlichen Irland geben. Auf umgestürzten Denkmälern an einst bedeutenden klösterlichen Pilgerstätten tragen Kreuze Namen vergessener Menschen, deren Ruf nach fürbittendem Gebet durch die Jahrhunderte klingt. Auch Menschengestalten erscheinen, als Hochrelief oder versenkt, sprechen zu uns ohne Worte, mit intensivem Blick und überlassen uns die Deutung ihrer Botschaft.

REASK
Grafschaft Kerry

Reask, eine nahezu kreisförmige Einfriedung in der Nähe von Ballyferriter, besitzt mehrere mit Kreuzen verzierte Steine, von denen einige jetzt im Heritage Centre in Ballyferriter ausgestellt sind. Der bekannteste, am ursprünglichen Ort verbliebene Stein zeigt ein aus Bögen geformtes Kreuz im Kreis. Das Kreuz ruht auf schmückenden Spiralen. Eingeschrieben auf dem Stein sind die Buchstaben DNE, vermutlich die Abkürzung des lateinischen Wortes *domine* – ‚Herr'. Obwohl von ungewisser Herkunft, könnte der Stein aus dem siebenten bis zehnten Jahrhundert datieren. Wie so viele Stätten am westlichen Ende der Halbinsel Dingle, ist auch Reask geschichtslos. Nahezu all unser Wissen hierum verdanken wir den Ausgrabungen des inzwischen verstorbenen Tom Fanning in den Jahren 1972 bis 1975.

KILNASAGGART
Grafschaft Armagh

Eine 2,2 m hohe Säule in einem Feld bei Kilnasaggart (‚Kirche des Priesters') in der Grafschaft Armagh ist das älteste steinerne Denkmal Irlands, welches durch seine Inschriften eine Datierung zuläßt. Eine Seite des Steins trägt einen altirischen Text, der etwa so lautet: ‚Diesen Ort vermacht Ternóc, Sohn Ciarán des Kleinen, unter dem Schutz des Apostels Petrus.' Da der Tod des Ternóc in den *Annals of Tigernach* für das Jahr 716 verbrieft ist, datiert der Stein wahrscheinlich aus dem ersten Viertel des achten Jahrhunderts und wäre damit beträchtlich älter als alle Steinkreuze. Über der Inschrift befindet sich ein lateinisches Kreuz, darunter im Kreis ein gleicharmiges Kreuz, dessen Arme in Spiralen auslaufen. In die andere Seite sind weitere zehn Kreuze geritzt und mit einem Reliefkreis umgeben. Ausgra-

LINKS Auf dem Säulenstein in Reask, Grafschaft Kerry, verleiht das Kreuz im Kreis den drei senkrecht angeordneten Buchstaben darunter Bedeutung: DNE – für DOMINE, eine Anrufung des Herrn.

RECHTS Die Inschrift auf der ältesten datierbaren Säule in Kilnasaggart, Grafschaft Armagh, berichtet vom Geschenk eines Mannes namens Ternoc, der 716 starb.

bungen durch Ann Hamlin in den Jahren 1966 und 1986 brachten Steingräber um den Fuß des Steines zutage. Einige waren aus Stein errichtet, andere eingelassen. Von einer Kirche, die dem Ort den Namen gab, fand sich keine Spur.

CLONMACNOISE
Grafschaft Offaly

In Clonmacnoise befindet sich die umfangreichste Sammlung jener flachen, kreuzverzierten Steine, die allgemein als Grabmarkierungen gelten, die ein vorsichtiger Macalister aber als ‚Gedenkplatten' bezeichnet. Es gibt von ihnen mehr als sechshundert, die meisten als Fragmente. Ihr Alter wird mit dem frühen siebenten bis zwölften Jahrhundert angegeben. Die Kreuze haben unterschiedliche Formen; häufig sind die Arme von gleicher Länge, die Kreuze im eckigen Rahmen (hauptsächlich achtes und neuntes Jahrhundert) oder rahmenlose lateinische Kreuze mit verzierten Enden der Arme, die sich zum Halbkreis weiten (vermutlich neuntes bis elftes Jahrhundert). Die Inschriften beginnen häufig mit der Formel ÒR DO (ein Gebet für), gefolgt vom Namen der anbefohlenen Person. Nur in seltenen Fällen lassen die historischen Quellen eine Identifizierung der Person zu. Einer der schönsten Steine ist der für Tuathal Saer, einen Zimmermann (*saer* in Irisch), der leider nicht identifizierbar ist. Der Stil jedoch deutet auf das neunte oder zehnte Jahrhundert, als die Bauhütte von Clonmacnoise nicht nur

LINKS Clonmacnoise besitzt eine der umfangreichsten irischen Sammlungen kreuzverzierter Steinplatten – Erzeugnissen einer Hütte aus der Zeit zwischen 700 und 1200 nach Christus. Die Muster änderten sich im Lauf der Jahrhunderte. Auf diesem wird um fürbittendes Gedenken an Tuathal, den Stellmacher, gebeten. Er stammt vermutlich aus dem neunten oder zehnten Jahrhundert.

RECHTS Odrán háu Eolais, Lektor in Clonmacnoise, gestorben 994, ist einer von vier Namen, die aus der umfangreichen Sammlung von Platten mit Kreuzornamentik an diesem historischen Klosterort identifiziert wurden.

Steine wie diese, sondern auch Hochkreuze herstellte. Ein stark verwitterter Stein in einer Gruppe im Vorraum des neuen Interpretationszentrums erinnert an Odrán háu Eolais, Schreiber oder Lektor in Clonmacnoise, dessen Tod in den *Annals of the Four Masters* mit dem Jahr 994 angegeben wird.

TULLYLEASE
Grafschaft Cork

Wenn auch die Zahl der kreuzverzierten Gedenkplatten in Tullylease wesentlich kleiner als die in Clonmacnoise ist, kommt zumindest ein Stein diesen in Güte gleich. Die Inschrift in lateinischer Sprache fordert den Leser zu einem Gebet für Berechtuine auf. In einem Rahmen steht ein griechisches Kreuz mit kelchartigen Enden. Ein Schaft reicht in eine Hemisphäre darunter. Ein Kreis mit verschlungenen Mustern beherrscht die Kreuzmitte, der Rest ist mit gebrochenen Mäanderornamenten bedeckt. Außerdem sind in den freien Zwischenräumen vier Spiralkreise angeordnet. In der oberen rechten Ecke finden wir die Buchstaben XPS für Christus.

Tullylease hat eine angelsächsiche Beziehung. Der Berechtuine der Inschrift ist der angelsächsische Name Beorhtwine. Ein historischer Zusammenhang mit zwei ähnlich klingenden Namen in frühen Quellen – einem Bercert Anfang des achten Jahrhunderts oder einem 839 gestorbenen Berichter – ist nicht herzustellen. So bleibt das Datum der Platte ungewiß (achtes, möglicherweise neuntes Jahrhundert?). Das Kreuz weist Ähnlichkeiten mit einem im *Book of Lindisfarne* um 700 auf. Statt aber das eine als Vorläufer des anderen zu sehen, ist es vermutlich günstiger, für beide eine gemeinsame Quelle anzunehmen.

INSEL BOA
Grafschaft Fermanagh

An der Nordkante von Lower Lough Erne befinden sich auf dem kleinen Friedhof von Caldragh auf der Insel Boa, die beiderseits durch eine Straße mit dem Festland verbunden ist, zwei bemerkenswerte Steinplastiken von beunruhigender, nahezu bedrohlicher Erscheinung. Die kleinere stammt von einer noch winzigeren, vorgelagerten Insel namens Lustymore; die größere gehört offenbar direkt zur Insel Boa. Die größere Plastik bildet den Kopf eines nahezu rechteckigen Steinquaders, aus dem – Rücken an Rücken – zwei Figuren gehauen sind. Beide Köpfe sind dreieckig, beinahe birnenförmig, ihre markanten Augen mit versenkter Iris durch Wülste darüber und darunter betont. Einer hat einen gedrehten Schnauzbart, beider Bärte wallen bis auf die vor den Körpern verschränkten Arme. Ein Leibriemen bindet beide Gestalten aneinander, das verschlungene Haar fällt seitlich zwischen beiden Köpfen herab. Das Paar wurde mit dem zweigesichtigen Januskopf der Römer vergleichen und daraus häufig gefolgert, es handele sich um eine keltische Doppelgottheit. Wenn das stimmt, wären die Plastiken zweifellos prähistorisch. Doch die rätselhaften mittelalterlichen Figuren auf der Insel White im oberen Teil des Sees sind neuerlich Anlaß für interessante Vermutungen, bei den Figuren auf Boa habe man es doch eher mit Plastiken aus christlicher Zeit zu tun, wenn ihre Herkunft auch im Dunkel bleibt. Ungeachtet ihres tatsächlichen Alters aber bleibt vieles an ihnen erstaunlich und geheimnisvoll.

OBEN Berechtuine, dessen Name auf dieser meisterhaft gearbeiteten Steinplatte in Tullylease, Grafschaft Cork, zu lesen ist, kann nicht mit Sicherheit bestimmt werden, doch sein Denkmal könnte im achten oder neunten Jahrhundert geschaffen worden sein.

RECHTS Wie die Osterinseln im Stillen Ozean hat die Insel Boa im Lower Lough Erne, Grafschaft Fermanagh, ihre verblüffenden und geheimnisvollen Statuen. Wir wissen nicht einmal mit Sicherheit, ob diese Rücken an Rücken stehenden beiden Figuren aus heidnischer oder christlicher Zeit stammen.

INSEL WHITE
Grafschaft Fermanagh

Lough Erne war im frühen Mittelalter zweifellos eine belebte Wasserstraße, die Inseln bevorzugter Standort für die Errichtung von Kirchen. Die imposanteste stand in Devenish, am oberen Ende des Lower Lough Erne. Weiter stromab, nahe dem bewaldeten Ostufer, gibt es eine kleinere, doch nicht weniger faszinierende Insel – White Island – die man vom Bootshafen in Castle Archdale erreicht. Hier steht innerhalb der neuzeitlichen Mauer eine mittelalterliche Kirche von ca. 1200 mit dem einzig vollständig erhaltenen romanischen Rundtürdurchgang in Nordirland.

Seit dem neunzehnten Jahrhundert wurden mehr und mehr rätselhafte Skulpturen aus ihrem Gemäuer freigelegt, die jetzt mit der inneren Nordmauer in Verbindung gebracht werden. Abgesehen von zwei, die im wesentlichen nur Köpfe darstellen, sind drei Gruppen zu je zwei vollen Gestalten zu unterscheiden. Obwohl von unterschiedlicher Größe, sind alle betont als Hochreliefs gearbeitet. Ihr durchdringender Blick ist nach vorn gerichtet. Eine der kleinsten Figuren sitzt mit gekreuzten Beinen, eine andere trägt die Hände im Muff. Eine Figur in der großen Gruppe hält einen Stab oder Krummstab in der Hand, die zweite Figur der Gruppe führt eine Hand zum Mund und trägt um die Hüfte einen beutelförmigen Gegenstand. Die eine Figur der mittelgroßen Gruppe mit gelocktem Haar hält zwei Tiere (mit Vogelkopf, aber vier Beinen) Gesicht zu Gesicht, die andere ein Schwert und Kleinschild vor sich. Den Schwertträger ziert eine annähernd ringförmige Busennadel, was für die gesamte Gruppe eine Datierung im achten oder neunten Jahrhundert wahrscheinlich macht.

Einzeln, wie als Gruppe, bereiten die Figuren Probleme hinsichtlich Zuordnung und Funktion. Die Gruppe aus Beutelträger und Krieger hat man vorsichtig als David und Goliath interpretiert, eine andere Erklärung sieht in ihnen Zusammenhänge mit den Pilgern, die den Ort besuchen. Da unter den mittelalterlichen Steinplastiken Irlands nichts Vergleichbares existiert, können die Funktionen, denen sie einst dienten, nur vermutet werden. Auch dazu gibt es eine Vielzahl von Theorien – Stufenträgerpaare einer Kanzel oder eines Reliquiarschreines aus wenig beständigem, längst verfallenem Material. Der Vorschläge sind viele, doch die Figuren geben ihr Geheimnis nicht leicht preis.

KILLADEAS
Grafschaft Fermanagh

Eines der Bindeglieder in dem kleinen Kreis der rätselhaften Plastiken in und um Lower Lough Erne in der Grafschaft Fermanagh ist die als ‚Bischofsstein' bekannte kleine, stehende Platte auf dem Friedhof von Killadeas zwischen Enniskillen und Castle Archdale. Wahrscheinlich im achten oder neunten Jahrhundert geschaffen, ist der Stein nur etwa 90 cm hoch. Der Kopf mit erhabenem, rechteckigen Mund auf der Schmalseite stellt den Stein in Beziehung zu den Figuren auf der Insel White; darunter ein Flechtornament. Eine der großen Flächen des Steines zeigt eine seiner äußeren Form angepaßte, nahezu karikierte Figur mit stark vorspringendem Kinn in versenktem Relief. In einer Hand trägt sie einen Stab bzw. Krummstab – daher der Name des Steines – in der anderen Hand eine Glocke. An den Füßen trägt sie Schuhe mit hoher Spitze und Ferse. Ist das tatsächlich das Abbild eines Bischofs? Könnten Stab, Glocke und Schuhe nicht auch realistisches Abbild eines frühchristlichen Pilgers auf dem Weg zu den Inseln sein – beispielsweise Devenish, wo die Reliquien des hl. Molaise verehrt wurden? Wir werden es nicht erfahren. Doch diese liebenswerte Plastik entstand von der Hand eines Künstlers mit Sinn für Karikatur, sollte man meinen.

OBEN Unterschiedliche Größe, Haartracht, Gesichtsausdruck und Gegenstände der geheimnisvollen Figuren (neuntes Jahrhundert?) auf der Insel White, Grafschaft Fermanagh, erschweren die Deutung.

RECHTS Der äußeren Form des Steines entsprechend gebückt, führt die Figur in Killadeas, nahe Lower Lough Erne in der Grafschaft Fermanagh, Gegenstände bei sich, wie sie auch Pilger zum nahegelegenen Devenish getragen haben könnten: Stab, Glocke und ein Paar derbe Schuhe.

RUNDTÜRME

Rundtürme im Verbund mit Hochkreuzen (ganz zu schweigen von Wolfshunden und Shamrock-Kleeblättern) zählen zu den urtypischen Symbolen Irlands. Außerhalb des Landes sind nur drei Rundtürme bekannt: zwei in Schottland, einer auf der Insel Man. Intakte Türme ragen bis zu Höhen von 20–30 m auf. Oben auf den elegant verjüngten Rundkörpern der meisten Türme sitzt eine konische Haube. Einige (z. B. Kildare) besitzen oben Zinnenkränze, die nicht alle vor das Mittelalter zu datieren sind. Die Turmeingänge, meist ca. 3 m über Bodenhöhe, weisen ungefähr in Richtung der jeweiligen Hauptkirche am Ort. Türdurchgänge und Fensteröffnungen haben unterschiedliche Formen, die einen rund, andere oben gerade, gelegentlich spitz. Mit Ausnahme der symmetrisch verteilten oberen vier Fenster zeigen die übrigen in unterschiedliche Richtungen. Also dürften die Treppen im Turm auch nicht in der Geraden angeordnet gewesen sein. Wahrscheinlich wechselte die Richtung von Absatz zu Absatz. Von diesen gab es bis zu sieben, was sich aus Kröpfungen oder Konsolen schließen läßt. Absätze und Treppen bestanden aus Holz. Originale gibt es keine, doch hat man in mehrere Türme (z. B. Kildare, Devenish, Kilkenny und Clondalkin, Grafschaft Dublin) Nachbildungen eingebaut, damit Besucher den Rundblick von oben genießen können.

Wie die alte irische Bezeichnung *cloicthech* – ‚Glockenhaus' oder ‚Turm' – besagt, könnten aus den oberen Fenstern Glocken gerufen haben. Das legt den Schluß nahe, die Türme könnten, wie die italienischen *campanile* oder die Minarette des Islam – die Gläubigen zum Gebet eingeladen haben. Doch dürfte das nicht die einzige Nutzung gewesen sein. Im neunzehnten Jahrhundert sah man in ihnen phönizische Leuchttürme, Stylitsäulen, selbst Phallussymbole. Erst 1845, als George Petrie seine Erkenntnisse über Sinn und Zweck der Rundtürme aus dem Studium der alten Literaturquellen Irlands vorlegte, wurde klar, daß sie nicht als Glockentürme, sondern auch als Zufluchtsstätten und Lager für Gegenstände des Klosters, wie Glocken, Krummstäbe, selbst Bücher, dienten. Solche Gegenstände konnten als Reliquiarschreine gelten. Eine mögliche Erklärung für die allgemein hohe Anordnung der Zugänge könnte lauten, daß man die Schreine in den Zugang stellte, wo sie für die Pilger sichtbar waren, ohne berührt werden zu können. Dazu mußten die Türme natürlich nicht so hoch sein, wie sie gebaut wurden. Doch so waren sie bereits auf große Entfernung sichtbar und wiesen dem Reisenden den Weg zum Kloster. In der Tat, nähert man sich Orten wie Clonmacnoise oder Glendalough heute, sieht man als erstes den oberen Teil des Rundturmes. Der Turm von Glendalough vermittelt den Eindruck einer himmelwärts steigenden Rakete – eine nicht so einfach von der Hand zu weisende Symboldeutung.

Heute gibt es in Irland noch ca. 65 Rundtürme – einige nahezu unversehrt, andere nicht viel mehr als Stümpfe. Die Quellen berichten, Sturm und Blitz haben ihre Zahl verringert, andere seien ein Raub der Flammen geworden. Geriet das Holz im Innern einmal in Brand, machte die Schlotwirkung des Bauwerkes die Flammen schnell zum Inferno und legte binnen kurzem alles in Schutt und Asche. Es wird berichtet, daß Laien, Mönche und Könige in den Flammen den Tod fanden.

Der Volkstradition entsprechend wurden die Türme als Schutz der Klöster vor den marodierenden Wikingern gebaut. Dabei wurden diese von den Iren ebenso verfolgt wie von den Skandinaviern. Die härteste Zeit der Wikingereinfälle war allerdings vorüber, bevor die Annalen ein Rundturm 950 erstmals erwähnen. Danach gibt es bis 1238 mehrere Hinweise auf diese Türme. Die Mehrzahl könnte also im elften und zwölften Jahrhundert er-

LINKS Nur die spitze Haube fehlt dem Rundturm von Donaghmore, Grafschaft Meath. Mit einer Höhe von 26 m bildet er ein imposantes und weithin sichtbares Wahrzeichen.

RECHTS Wie eh und je werden Besucher von Glendalough, Grafschaft Wicklow, zuerst des Rundturmes über den Wipfeln der Bäume ansichtig. Er kündet ihnen die Nähe der geweihten Stätte mit den Gebeinen des hl. Kevin.

ERECTED BY
JOHN BYRNE,
CATHERINE BYRNE
MICHAEL
PATRICK
PETER BYRNE
MATHEW
IHS

richtet worden sein. Es mag mehr als ein Zufall sein, daß der erste Beleg für einen Turm im Jahr 950 (in Slane, Grafschaft Meath, einer jener Türme, die nicht mehr vorhanden sind) fast auf das Jahr genau mit dem Wiederauftreten von Pilgern nach mehr als einem Jahrhundert Unterbrechung – vermutlich infolge der unsicheren Zustände während der ersten Phase der Wikingerkriege – zusammenfällt.

Türme wurden vermutlich bereits einige Jahre oder Jahrzehnte vor 950 gebaut; wie früh, entzieht sich unserer Kenntnis. Auch könnten die ersten Türme aus Holz gewesen sein, wie in York um 800. Doch ungeachtet des faktischen irischen Monopols auf diese Türme, muß die Idee nicht im Lande geboren worden sein. Freistehende Rundtürme mit Zinnenkränzen soll es in Rom ja bereits um 700 gegeben haben. Kirchen der Karolinger im kontinentalen Europa des ausgehenden achten, neunten und zehnten Jahrhunderts hatten Rundtürme (mit Wendeltreppen) an ihrer Westecke. Zudem zeigt ein idealisierter Grundriß des Stiftes St. Gallen in der Schweiz aus der Zeit um 820 ähnliche Türme. Aus einer dieser Quellen könnte der Gedanke nach Irland gekommen sein – möglicherweise auch über das angelsächsische England.

KILMACDUAGH
Grafschaft Galway

Mit ca. 30 m zählt der Rundturm von Kilmacduagh, Grafschaft Galway, zu den höchsten Irlands. Zugleich ist er, ungeachtet der 1878–79 weitgehend ergänzten Haube, einer der besterhaltenen. Der runde Türdurchgang liegt mit etwa 7 m ungewöhnlich hoch. Vermutlich bedingt durch den Standort über mehreren Grabstätten (die während Umbauarbeiten in Fundamentnähe entdeckt wurden), ist er ca. 60 cm nach Süden geneigt. Ob er Pate für den weit berühmteren Turm von Pisa stand, wird nicht behauptet. Der Turm entzieht sich einer Altersbestimmung, doch wurde er vermutlich um das elfte oder zwölfte Jahrhundert gebaut.

Das Kloster in Kilmacduagh ist eine Gründung des hl. Colman Anfang des siebenten Jahrhunderts. Das Land war eine Schenkung seines Bruders Guaire, eines ob seiner Gastfreundlichkeit gerühmten Königs. Das Grab des Heiligen, von Bischof French 1852 als eigene Ruhestätte beansprucht, befindet sich in geringer Entfernung vom Rundturm. Um 1200 wurde Kilmacduagh Bischofssitz und Standort der größten erhaltenen Kathedrale früher Klöster. Die Erhebung in den Rang einer Bischofsstadt mag Anlaß für die Erweiterung der alten Kirche gegeben haben. Deren Giebel mit Türdurchgang und Oberschwelle sind Teil der Westmauer. Ihre jetzige Größe erhielt die Kirche jedoch erst im späten Mittelalter. Kilmacduagh besitzt weitere vier Kirchen. Eine – auf der anderen Seite der Straße – war der Jungfrau geweiht. Eine weitere ist die architektonisch interessante Kirche der ‚Schule des Westens' wenige Hundert Meter westlich der Kathedrale. Sie stammt aus dem frühen dreizehnten Jahrhundert und weist Spuren eines kleinen Kreuzganges auf. Ein ungewöhnlicher Bau nördlich der Kathedrale ist das ‚Bischofshaus', ein zweistöckiges Gebäude etwa aus dem dreizehnten Jahrhundert. Die Gebäudegruppe macht Kilmacduagh zu einer der interessantesten Klosterstätten in Westirland, inmitten der lieblichen Hügellandschaft von Burren.

LUSK
Grafschaft Dublin

Lusk, im nördlichen Gebiet Fingal der Grafschaft Dublin, gehört zu jenen frühen Klosteranlagen, die man am besten vom Flugzeug aus betrachtet, weil erst dann der Verlauf des Rundwalles oder Dammes erkennbar wird, den noch heute die gewundenen Straßen nachzeichnen. Das Kloster soll von St. Mac Cuillinn oder Lochan gegründet worden sein. Einzelheiten aus dessen Lebensbeschreibung wurden unerklärlicherweise in Gänze von der des hl. Finnbarr von Cork geliehen. Das Kloster blühte für Jahrhunderte, durchlitt aber auch schwere Zeiten. Zweimal wurde es im neunten Jahrhundert Opfer von Überfällen der Wikinger. Im Jahre 1053 wurden aus der Steinkirche Gefangene weggebracht. Einhundertachtzig Menschen fanden im Jahre 1089 in ebendieser Kirche den Tod durch die Hand der Männer von Munster. Schließlich brannten die Männer von Meath die mit Menschen gefüllte Kirche samt Reliquien im Jahre 1133 nieder. Das erklärt, weshalb vom Kloster keine Kirche, sondern nur der Rundturm blieb.

Im späteren Mittelalter wurde daneben ein rechteckiger Turm errichtet, in dessen eine Ecke der Rundturm integriert wurde. Des harmonischen Anblicks wegen errichtete man noch je einen weiteren Rundturm an den übrigen drei Ecken. In der mittelalterlichen Kirche westlich der Türme befinden sich mehrere interessante Grabstätten, darunter elisabethanische Bildnisse von Sir Christopher Barnewall und dessen Gemahlin aus dem Jahre 1586. In der aus dem Jahre 1847 stammenden, modernen Kirche ist das Willie Monks Memorial Museum mit lokaler Folklore und historischem Material untergebracht.

LINKS Trotz Rekonstruktion mit sorgfältig behauenen Quadern behält der 30 m hohe Rundturm in Kilmacduagh, Grafschaft Galway, 60 cm Abweichung von der Lotrechten. Er ist mehrere Hundert Jahre älter als der berühmte schiefe Turm von Pisa.

RECHTS Die Erbauer des rechteckigen Glockenturmes von Lusk, Grafschaft Dublin, fügten je einen Rundturm an den übrigen drei Ecken hinzu. Sie ergänzen den getrennt stehenden, frühchristlichen Rundturm zur Linken.

DEVENISH
Grafschaft Fermanagh

Devenish, auf einer Insel im Lower Lough Erne, ist das einzige irische Kloster, mit zwei getrennten, freistehende Rundtürmen, von denen einer möglicherweise als Ersatz für den zweiten gebaut wurde. Von diesem entdeckte Dudley Waterman bei Ausgrabungen 1972–73 die Fundamentschichten. Der Eingang des erhaltenen Turmes liegt 2,75 m über der Erde. Der Turm kann durch diesen Eingang betreten und bis zu den oberen Fenstern bestiegen werden. Die Spitze der konischen Haube erreicht 25 m Höhe. Unmittelbar darunter ist ein umlaufender Fries mit vier Menschenmasken, alle, außer einer, mit prächtigen Vollbärten. Dem Stil entsprechend könnte der Turm um die zweite Hälfte des zwölften Jahrhunderts errichtet worden sein. Damit wäre er einer der letzten großen Rundtürme. Er ist aber auch einer der schönsten und ausgezeichnet verarbeitet. Gleiches gilt für ein weiteres bemerkenswertes Gebäude am Ort – das Haus des hl. Molaise, eine ursprünglich mit Steindach versehene romanische Kirche, die vor etwa zweihundert Jahren einstürzte.

St. Molaise, Gründer des hiesigen Klosters in Devenish, verstarb im Jahre 564. Im zehnten Jahrhundert gelangte es in den Besitz der asketischen Gemeinschaft Culdee, die auch nach Gründung der Priorei der Augustiner und deren Bau der Kirche St. Mary auf dem Hügel im zwölften Jahrhundert fortbestand.

INSEL SCATTERY
Grafschaft Clare

Die Insel Scattery vor Kilrush im Mündungsgebiet des Shannon gelegen und von dort mit dem Schiff erreichbar, hieß auf Irisch Inis Chathaigh, nach dem furchterregenden Ungetüm Cata, welches St. Senan, Gründer des hiesigen Klosters, kurz vor seinem Tode 544 besiegte. Zweimal wurde der Ort von den Wikingern heimgesucht, einmal 816 und nochmals 835. Wahrscheinlich hielten sie es auch kurze Zeit von 972 bis 975 besetzt, wonach es ihnen der große Munsterkönig Brian Boru nahm. Die Insel wird vom Rundturm beherrscht. Dieser hat eine Höhe von 37 m und als einziger den Eingang auf Bodenhöhe. Weshalb er sich darin von allen anderen unterscheidet, ist nicht bekannt. In Turmnähe steht die Kathedrale, eine Kirche mit *antae* sowie Türgang mit Oberschwelle – im dreizehnten oder vierzehnten Jahrhundert weitgehend verändert. Es gibt noch weitere Kirchen auf der Insel, darunter eine auf dem sogenannten Engelshügel, auf dem der hl. Senan das Ungetüm besiegt haben soll. Eine der Kirchen wurde im romanischen Stil des zwölften Jahrhunderts errichtet, möglicherweise im Zusammenhang mit der kurzen Zeit, als Scattery Sitz einer Diözese war. Das Kloster muß bis zum sechzehnten Jahrhundert bestanden haben. Die Insel galt bei Seeleuten als so heilig, daß sie sie mit der Sonne umsteuerten. Die Sitte mochte vorgeschichtliche Überlieferung sein, doch selbst Kiesel von der Insel galten als Talisman gegen Schiffbruch.

LINKS Devenish, Stolz von Lough Erne und gediegenster Klosterstandort in Nordirland, besitzt einen der wenigen intakten Rundtürme. Besucher können ihn besteigen und das Panorama der Landschaft genießen.

LINKS Der Rundturm auf der Insel Scattery im Mündungsgebiet des Shannon vor Kilrush, Grafschaft Clare, hat als einziger in Irland den Eingang zu ebener Erde.

UNTEN Der Rundturm in Kildare, eins der wenigen Zeugnisse des großen Doppelklosters spätestens aus dem siebenten Jahrhundert an diesem Ort, bewacht die Kathedrale St. Brigid.

KILDARE

Im Prolog zur *Martyrology of Oengus* (um 800) wird die Zerstörung des heidnischen Dún Ailinne (s. S. 39) dem Sieg durch Brigit gegenübergestellt: ‚makellos ist ihr vielgestaltiger Friedhof'. Verwiesen wird hier auf das Kloster Kildare, mit dem Brigit (sonst ‚Brigid'), Heilige im sechsten Jahrhundert, in Verbindung gebracht wird. Deren Verehrung geht durch seltsamen Zufall auf den Kult einer heidnischen Göttin zurück, denn ihr Gedenktag (1. Februar) fällt auf denselben Tag wie das alte heidnische *Imbolc* Fest zurück, das den Frühling ankündigte. Ein von Giraldus Cambrensis, walisischer Historiker im zwölften Jahrhundert, erwähntes ewiges Licht, um das sich Nonnen kümmerten, erscheint gleichfalls als Fortsetzung eines vorchristlichen Vestalinnenkultes. Giraldus beschreibt weiter ein erleuchtetes Manuskript in Kildare mit so glühenden Worten, daß er das *Book of Kells* gemeint haben könnte. Doch ist ziemlich sicher, daß Kildare ein eigenes Gegenstück zum Codex von Kells besaß, das leider verloren ist.

Dieses Manuskript unterstreicht zweifellos die Bedeutung von Kildare, die sich bis in das siebente Jahrhundert zurückverfolgen läßt, als Cogitosus das *Life of St. Brigid* schrieb, jenes Heiligenleben mit der bekannten Beschreibung der Holzkirche im Doppelkloster für Mönche und Nonnen. Im darauffolgenden Jahrhundert bewarb sich Kildare als bedeutendste Kirche in ganz Leinster und in enger Gemeinschaft mit den Provinzkönigen Uí Dúnlainge um das Primat von Irland. Doch obwohl Brigit zu den drei Nationalheiligen Irlands gehört, unterlag es gegen Armagh und verlor in der Folgezeit an Bedeutung und Einfluß.

Es war vermutlich in der zweiten Hälfte des zwölften Jahrhunderts. Zufall oder nicht, um diese Zeit entstand die romanische Tür für den Rundturm, der – möglicherweise mit Ausnahme des vermuteten ‚Spritzenhauses' (Datierung sehr ungewiß) – das einzige aus vornormannischer Zeit erhaltene Bauwerk der alten Klosterstadt ist. Mit den Zinnen – offenbar eine Ergänzung aus dem Jahr 1730 – erreicht der Turm die stattliche Höhe von 32 m und ist damit der zweithöchste in Irland. Das Mauerwerk wechselt in etwa 2,75 m Höhe von normalem Granithaustein zu grobem Kalkbruchstein. Ob es sich dabei um Veränderungen der Baupläne handelt oder zwischen beiden ein Zeitabstand vorhanden ist, läßt sich schwer feststellen. Der Sandstein des Türdurchganges steht im Kontrast zur Farbe des Kalksteins. Den Abschluß oben bildet ein Spitzgiebel mit vier Ordnungen – die inneren drei ursprünglich, wenn auch nicht mehr in gutem Zustand. Seit einigen Jahren gelangt man über eine Leiter zur Tür, kann den Turm besteigen und den ausgezeichneten Blick auf die benachbarte Kathedrale (s. S. 157), die Stadt und Curragh, das wegen seiner Pferde und der Rennbahn bekannte flache Land im Osten, genießen.

TIMAHOE
Grafschaft Laois

Der Rundturm in Timahoe ist das einzige erhaltene Bauwerk des frühmittelalterlichen Klosters, das von St. Mochua mac Lonan gegründet wurde, der 654 starb. Die nahe Kirche – später zur Burg umgebaut – datiert vermutlich frühestens aus dem fünfzehnten Jahrhundert. Der Rundturm mit einer Höhe von etwa 29 m, dessen konische Haube – wie bei zahlreichen anderen Türmen – im vergangenen Jahrhundert rekonstruiert wurde, ist von größtem Durchmesser. Am bekanntesten wurde er wegen seines 4,5 m über dem Erdboden beginnenden romanischen Türdurchganges. Der architektonisch eleganteste Eingang aller Rundtürme scheint aus zwei Durchgängen mit je zwei Ordnungen hintereinander zu bestehen. Bärtige Gesichter mit verflochtenem Haar blicken von Kapitellen und Füßen, von denen einige zylindrische Form besitzen. Ungewöhnlich ist das Fenster mit Spitzarchitrav im dritten Stockwerk und Köpfen ähnlich denen am Eingang. Da er nicht den Elementen ausgesetzt ist, befindet sich der innere Türdurchgang in gutem Zustand. Leider erreicht die bildhauerische Leistung hier nicht die Qualität des Durchganges der Kirche von Killeshin in derselben Grafschaft, die – wie der Turm – um das dritte Viertel des zwölften Jahrhunderts entstand.

ARDMORE
Grafschaft Waterford

Ardmore in der Grafschaft Waterford wird uns im Zusammenhang mit seiner Kathedrale noch beschäftigen (S. 126). Hier soll nur auf den schlanken, hohen Rundturm hingewiesen werden, der die Silhouette des alten Klosters St. Declan bestimmt und über die Keltische See blickt. Das Eigenwillige an diesem Turm sind die drei Simse auf unterschiedlichen Ebenen seiner 27 m Höhe. Der oben runde Türdurchgang wird von einem einfachen Schmuckprofil eingefaßt. Kragstücke mit Tier- und Menschenköpfen in den Innenwänden deuten auf zwölftes Jahrhundert. Da der Turm in der kurzen Periode um 1170 errichtet worden sein könnte, in der Ardmore Bischofssitz war, könnte er einer der letzten in Irland errichteten Rundtürme sein.

RECHTS Drei Simse geben dem eleganten, schlanken Rundturm in Ardmore, Grafschaft Waterford, einem Bau aus dem zwölften Jahrhundert, die horizontale Gliederung.

LINKS UND UNTEN LINKS (Detail) Der im zwölften Jahrhundert erbaute Rundturm in Timahoe, Grafschaft Laois, besitzt einen Türdurchgang mit vollendeter Ornamentik im romanischen Stil.

DAS ELFTE UND ZWÖLFTE JAHRHUNDERT

POLITISCHE ENTWICKLUNG

Das elfte und insbesondere zwölfte Jahrhundert sollte sich in vielerlei Hinsicht als entscheidender Wendepunkt in der Geschichte Irlands erweisen. Das Land wurde aus Jahrhunderten keltischer Lebensart gerissen und mußte sich den politischen und religiösen Entwicklungen in einem zunehmend feudalistischen Europa stellen.

Zu Beginn des Jahrtausends hatte Brian Boru schließlich das wahre Hochkönigtum an sich gerissen und nutzte die Kirche für seine politischen Ziele. Sein Tod in der Schlacht von Clontarf 1014 löste Bewegungen in den folgenden zwei Jahrhunderten aus, die zeigten, daß der Kampf um das Hochkönigtum nicht mit dem alten Konzept der Brehon-Gesetze, sondern durch die Macht des Schwertes entschieden wurde. Clontarf bedeutete das Ende des Anspruches der Dál Cais auf ein Erbkönigtum, nicht aber – wie oft angenommen – das Ende der Wikingermacht in Irland, die damals bereits Vergangenheit war. Dublin und andere Wikingerstädte wurden zu wertvollen Pfändern im politischen Machtkampf. Gleichzeitig gingen von den dort tätigen Bauhütten neue künstlerische Anregungen für ganz Irland aus. Der Macht beraubt, widmeten sich die Menschen wieder friedlicheren Tätigkeiten und konzentrierten sich auf ihre Handelsinteressen.

Mit dem Tod von Brian Boru stand die Position des Hochkönigs einer Reihe von Herrscherhäusern offen, die sich in den folgenden eineinhalb Jahrhunderten mit bislang unbekannter Grausamkeit den Weg zur Macht bahnten. Gegner wurden geblendet, verstümmelt und geschlachtet. Gleichzeitig war man bestrebt, Königreiche zu schneidern, die zunehmend feudale Züge trugen. Die Provinzkönige gewannen zunehmend Macht über lokale Herrscherhäuser, beanspruchten und verschenkten Ländereien, die sie nicht ererbt hatten und versicherten sich dafür Lehnsleistungen und Waffendienste ihrer Vasallen. Immer längere und häufigere Kriege erforderten den Aufbau von Verwaltungen im eigenen Königreich, die während der Abwesenheit des Regenten auf ausgedehnten Kriegszügen mit den Tagesproblemen befaßt waren.

F. X. Martin verglich diese Kriege mit einer Stuhlpolonaise zu dissonanter Militärmusik, bei der der Verlust des Stuhles gleichbedeutend mit dem Verlust des eigenen Kopfes ist. Diesen Kämpfen fielen die kleinen Königreiche der früheren Jahrhunderte, die *túatha*, eines nach dem anderen zum Opfer. Sie wurden zu Vasallen der Provinzherrscher. Deren Streben nach dem Hochkönigtum war zumeist so unzulänglich, daß zeitgenössische Chronisten sie als ‚Hochkönige mit Opposition' bezeichneten. Keiner von ihnen erreichte das ersehnte Ziel. Ein Dichter des zwölften Jahrhunderts sprach zu Recht von der ‚Arroganz der Könige'.

Nach Brian Borus Tod erwies sich der Stamm Dál Cais als zu schwach, den Anspruch auf die Stellung des Hochkönigs zu verteidigen. So füllten erneut – wenn auch nur für achte Jahre – die Uí Néill die Vakanz. Deren Führer, Maelsechlainn II., konnte für die Kathedrale in Clonmacnoise einen Altarvorsatz erwerben, für dessen Bezahlung er jedoch dem Volk eine Steuer auferlegte. Nach seinem Tod 1022 machte das Haus einen erneuten Versuch, unterlag aber der Konkurrenz durch Diarmaid mac Mael na mBò, der als König von Leinster Mitte des elften Jahrhunderts die politische Bühne betrat. Er erkannte die Schlüsselstellung von Dublin und nahm es folglich ein. In den folgenden siebzig Jahren war Dublin hart umstritten, wurde von zwei Königen von Leinster, zwei von Munster und einem weiteren von Connacht besetzt. Die Stadt war ein bedeutendes Handelszentrum und unterhielt Kontakte mit dem Ausland – eine lebendige und dynamische Stadt, die – wie Ausgrabungen erst kürzlich bewiesen – im elften Jahrhundert eine erhebliche Ausdehnung erfuhr. Es gab zahlreiche kleine, strohgedeckte Häuser, deren Schmalseite zur Straße zeigte, einige Händler und Manufakturen, die Produkte herstellten, die der Bevölkerung im Lande als wertvoll und besitzenswert erschienen.

Nach dem Tode von Diarmuid mac Mael na mBó wechselte die Macht erneut zu den Nachkommen Brian Borus, die sich nun O'Briens nannten. Zu jener Zeit legten sich die irischen Könige die heute üblichen Nachnamen zu und unterschieden sich damit von ihnen hörigen Herrschern. Turlough O'Brien, in den Augen der Iren nur König von Munster, verfügte über so bedeutende Macht, daß er vom Erzbischof von Canterbury, Lanfranc, als König von Irland betitelt wurde. Er gab die Macht an seinen Sohn Muircheartach weiter, der in der Zeit zwischen Clontarf und der Ankunft der Normannen zu einem der mächtigsten Herrscher wurde. Seine Regentschaft dauerte, trotz krankheitsbedingtem Kräfteverfall in den letzten fünf Jahre seines Lebens, von 1086 bis zu seinem Tode 1119. Gleich seinem Vater wurde auch er von einem Erzbischof von Canterbury als König von Irland gegrüßt. Mehr als alle anderen Könige dieses Zeitabschnittes widmete er sich Dingen des Auslandes, gab eine Tochter dem König von Norwegen zur Frau, eine weitere dem Bruder des Earl of Shrewsbury, der Heinrich I. vom Königsthron Englands zu stürzen versuchte. Er faßte Teile von Nordirland zu einem Gerichtsbezirk zusammen und schleifte nebenher die Bergfeste Grianán von Aileach (s. S. 34/35). Seine bemerkenswerteste Tat aber war die Übergabe des Rock of Cashel an die Kirche. Das machte ihn nicht nur zu deren Wohltäter, Cashel wurde damit auch der Macht der MacCarthys entzogen, deren Stammsitz

Als der König von Munster, Muircheartach, den Rock of Cashel 1101 der Kirche zum Geschenk machte, war das eine wichtige symbolische Geste für die erfolgreiche Einleitung der Kirchenreform im zwölften Jahrhundert in Irland.

sich bis zur Eroberung durch die O'Briens im Jahrhundert davor dort befand. Jedoch fiel der Besitz an die MacCarthys zurück, als Cormac, Nachfolger der MacCarthys als König von Munster, der mit O'Briens Gönnertum regierte, zwischen 1127 und 1134 auf dem Fels die Cormac's Chapel, die erste romanische Kirche des Landes errichten ließ. Zu jener Zeit war die Macht von Munster im Schwinden. Trotz bedeutender politischer Leistungen und innovativer Beiträge zur Kirchenreform versagte Muircheartach. Dennoch hatten die O'Briens Munster in den einhundert Jahren zwischen dem Tod Brian Borus und der Krankheit Muircheartachs zur fortschrittlichsten Provinz mit den engsten Kontakten zum Ausland gemacht.

Sein Tod machte für das Haus O Conor in Connacht den Weg zur Macht frei. Dieses Haus sollte die beiden letzten Hochkönige Irlands stellen – Turlough (1106–1156) und dessen Sohn Rory, der bei Ankunft der Normannen 1169 die Macht ausübte. Turlough mag den Weg nach Frankreich geöffnet haben, er ermutigte Clonmacnoise zur Rivalität gegenüber den ostmanischen Städten an der Küste. Gnadenlos teilte er den territorialen Besitz seiner Feinde auf und zerstörte die Macht Munsters zwischen 1115 und 1131. Ab 1140 konzentrierte er sich auf die Festigung seiner Macht als Hochkönig. Erfolgreich verlagerte er das Zentrum der Macht aus dem südlichen in den nördlichen Teil Irlands. Im Zusammenhang seiner Feldzüge entstanden die ersten strategischen Brücken über den Shannon. Er errichtete eine Reihe von Burgen, z. B. in Galway sowie in seiner eigenen Machtbasis Tuam. Von diesen sind keine Spuren geblieben. Als einer der ersten irischen Könige erkannte er die Bedeutung der Seestreitkräfte und errichtete eine bedeutende Streitmacht zur See.

Als er 1156 starb, verlagerte sich die Macht noch weiter nach Norden, zu Muircheartach MacLochlainn von Aileach, der sich in einem zehn Jahre währenden Kampf unter anderem mit dem aufsteigenden Stern von Diarmuid (Dermot) Mac Murrough, König von Leinster, verbündete. Doch 1166 holte Rory O Conor die Macht zurück nach Connacht, der gemeinsam mit seinem Verbündeten Tighernán O'Rourke von Breifne gegen MacMurrough zog, der einige Jahre zuvor O'Rourkes Gemahlin Dervorgilla entführt hatte. Von seinen Verbündeten verlassen, ging MacMurrough ins Ausland und suchte um Hilfe bei König Heinrich II. von England nach. Dieser entsandte als Antwort 1169 normannische Barone nach Irland. Die landeten in Wexford, nahmen Waterford, danach Dublin. In der Furcht, der Herrschaft über seine Vasallen verlustig zu gehen, begab sich Heinrich 1171 nach Dublin, um deren Macht zu beschneiden. Als Gegenleistung für erwiesene Unterstützung hatte MacMurrough das Reich seinem Schwiegersohn Richard, Earl of Striguil, versprochen. Dieser – besser als Strongbow bekannt – übernahm 1170 nach MacMurroughs Tod die Herrschaft in Leinster. Die Normannen führten nicht nur überlegene Waffen und Pferde, ihre Art der Kriegführung war den Iren unbekannt, auch waren sie dafür nicht gerüstet. So brachten sie innerhalb eines Jahrzehnts auch die östlichen Midlands und Teile von Ulster in ihre Gewalt. Der weitere Gang der Ereignisse reicht dann jedoch in das späte Mittelalter.

DIE KIRCHENREFORM

Auch mit Beginn des neuen Jahrtausends nahmen die seit dem siebenten Jahrhundert weitestgehend verweltlichten Klöster weiter ihre Aufgabe als Kirchenführer in Irland wahr. Trotz dringend erforderlicher Reformen, erfüllte die Kirche weiterhin nützliche Funktionen. Ihr gehörten heilige Männer an, und trotz der Anstürme der Wikinger blieben ihre Schulen – wie die Klöster Jahrhunderte zuvor – Horte irischer Gelehrsamkeit. Die Auswanderung irischer Gelehrter nach dem kontinentalen Europa nahm nach dem Abklingen der schlimmsten Angriffe der Wikinger im zehnten Jahrhundert wieder zu und hielt bis in das elfte Jahrhundert unvermindert an. Männer wie Marianus Scottus gingen nach Deutschland und stellten dort eine wertvolle Weltchronik zusammen. Ein anderer Marianus ging nach Regensburg, wo er das erste sogenannte Schottenkloster in Deutschland gründete. Ihm folgten in späteren Jahrhunderten andere. Kontakte mit Europa auf höchster Ebene unterhielten Könige durch Pilgerreisen nach Rom. Diese wurden nach 1066 weitgehend eingestellt, nachdem die normannische Eroberung den Landweg über England abschnitt. Wie wissen auch von einer kleinen Gemeinschaft irischer Geistlicher im elften Jahrhundert in Rom. Vermutlich waren sie es, die – zusammen mit den pilgernden Königen – Nachrichten über die Bemühungen der Päpste Gregor VII. und Urban II. über die Durchführung der Kirchenreform nach Irland leiteten. Beider Bestreben war die Stärkung der päpstlichen Macht in Politik und Kirche.

Die irischen Mönche und Klöster waren von den neuen benediktinischen Reformen, die von den großen Klöstern von Cluny betrieben wurden, nicht unbedingt fasziniert. Doch bereits in den ersten Jahren des neuen Jahrtausends wurde es zunehmend schwieriger, gegen den Strom der Veränderung zu schwimmen.

Durch einen seltsamen Widerspruch brach die kurz zuvor christianisierte Ostman-Stadt Dublin selbst den Damm, der die Reformen in Gang setzte. Im Jahre 1038 gründete der skandinavische König Sitric eine neue Kirche – Christ Church – in der unbändig wachsenden Stadt. Diese wurde zur Kathedrale und benötigte deshalb einen Bischof. Die Stadt wünschte keine zu engen Bindungen mit dem irischen Klosterwesen. So entschied sie angesichts ihrer Kontakte zum Ausland, den neugewählten Bischof Dunan durch den

Irgendwann zwischen 1001 und 1025 wurde das als Soiscel Molaise bekannte Buchbehältnis aus dem achten Jahrhundert (das vermutlich ursprünglich ein Evangeliar enthielt, welches St. Molaise von Devenish gehört haben mochte) durch Hinzufügen der Symbole der Evangelisten ergänzt. Nachdem sich die Befürchtungen über den Untergang der Welt mit der Jahrtausendwende zerstreut hatten, könnte das Ausdruck einer neuen Hoffnung gewesen sein. Das Objekt befindet sich heute im National Museum of Ireland in Dublin.

Erzbischof von Canterbury weihen zu lassen. Damit wurde die noch frische Diözese Dublin Suffragan von Canterbury. Zwei spätere Erzbischöfe von Canterbury – Lanfranc (1070–1089) und St. Anselm (1093–1109) – beide aus Italien, entschieden, ihren Fuß in der Tür Irlands zu belassen, um so die Kirche des Landes schneller reformieren zu können. Kurze Zeit, nachdem er Dunans Nachfolger, Patrick von Winchester, konsekriert hatte, richtete Lanfranc ein Schreiben an Turlough O'Brien, das diesen als ‚edlen König von Irland' ansprach und ermahnte ihn, die im Lande übliche Praxis der Ehescheidung auszusetzen – der erste offizielle Schlag der gregorianischen Reformer gegen das im Recht des Landes tief verwurzelte irische System. Weiter enthielt der Brief die Empfehlung, künftig keine geistlichen Ämter mehr für Geld zu vergeben – mit anderen Worten, der Sünde der Simonie ein Ende zu bereiten. Als Turloughs Sohn Muircheartach 1101 vor die Synode in Cashel trat, vermied er das Thema Scheidung. Da die versammelten Synodale nicht ausschließlich Vertreter der Kirche, sondern – nach dem Vorbild der Franken vor der Hildebrandinischen Reform – auch der Laienschaft waren, wollte er möglicherweise einer Überreaktion Irlands vorbeugen.

Das spektakulärste Ereignis der Synode war die Übergabe des Rock of Cashel als Geschenk an die Kirche durch Muircheartach. Durch Verbot der Simonie, der Ehe zwischen Blutsverwandten, des Bestehens von zwei Leitungen einer Kirche und der Kirchenleitung durch Laien bemühte sich die Synode jedoch auch um den Gleichklang der irischen Kirche mit Rom. Das Leitungsverbot für Laien war ein unverhohlener Schlag gegen das irische System, das dem Laien zu viel, dem Bischof aber zu wenig Macht einräumte. Nicht nur läutete es dessen Ende ein, es bedeutete auch ein Unglück für die Kultur Irlands. Die Auswirkungen der Edikte von Cashel mögen anfangs nur im Süden des Landes spürbar geworden sein. Doch der Reformenthusiasmus griff schon bald auf Armagh über, wo Cellach 1106 als ‚edler Bischof von Armagh' konsekriert wurde.

Fünf Jahre später wurde eine weitere Synode nach Rath Breasail unweit Cashel einberufen. An ihr nahmen 50 Bischöfe, 300 Priester und 3000 andere Kirchenvertreter teil, den Vorsitz führte der päpstliche Legat in Person von Gilbert, dem neuen Bischof der nordischen Stadt Limerick, dessen Konsekration Canterbury erstmals verdeutlicht hatte, daß die nordischen Städte nunmehr in der Lage waren, ihre eigenen Bischöfe zu weihen. Nach dem Vorbild der Einteilung Englands in die beiden Erzbistümer Canterbury und York, teilte Rath Breasail Irland in zwei Teile, die fortan durch die Provinz Armagh im Norden und Cashel im Süden vertreten wurden. Jeder von ihnen waren elf Suffraganbistümer zugeordnet, deren Grenzziehung lokalen politischen Einflüssen unterlag. Erstmals entsprach die Kirchenstruktur Irlands damit dem europäischem Vorbild. In einer um die gleiche Zeit verfaßten Abhandlung bestätigt Gilbert, daß der Bischof nunmehr Autorität über Gemeinde und Klöster besitze, daß Cashel Armagh unterstellt sei und alle sich dem Papst in Rom unterwarfen.

Mit dem Tod von Muircheartach O'Brien 1119 verlor die Reformbewegung in Munster an Schwung. Cellach in Armagh wurde zum Vorreiter weiterer Reformen im ganzen Land. Er gewann die Unterstützung eines Mannes, der 1190 als St. Malachy heiliggesprochen wurde. Der kam auf der Suche nach geistiger Erbauung in die ehrwürdige Klosterschule in Lismore, Grafschaft Waterford. Später sollte er (für kurze Zeit?) ein Kloster in dieser Provinz gründen, wo er häufig den Besuch von Cormac MacCarthy, den Erbauer von Cormacs Chapel auf dem Rock of Cashel (1127–1134) empfing.

Cellach war Erzbischof und ‚*comarb* von Patrick', ein Erbamt, das die Familie seit sieben Generationen innehatte. Nach seinem Tode wurden die Ämter geteilt. Malachy, der sich als Erbe nicht ausweisen konnte, übernahm 1134 das Erzbistum. Wegen der Antireformbewegung im Erzbistum fühlte er sich auf dem erzbischöflichen Stuhl recht unwohl. Nach drei Jahren stellte er sein Amt zur Verfügung und zog sich in das kleinere Bistum Down zurück. Dort wählte er das alte Kloster Bangor als Sitz und stellte sich an die Spitze der Reformer. Doch stieß er auch jetzt bei dem Versuch, eine neue, größere Kirche, als Irland sie bis dahin kannte, zu errichten, auf Widerstand.

Malachy strebte nach der endgültigen Zustimmung Roms zu den in Rath Breasail 1111 eingeleiteten Reformen. Dazu machte er sich 1139 dorthin auf die Reise, wo er den Papst um das Pallium, Symbol der vom Papst verliehenen erzbischöflichen Würde, für die beiden Erzbischöfe von Armagh und Cashel bitten wollte. Seine Reise führte ihn durch Frankreich, wo seine Besuche zweier Klöster für Irland von entscheidender Bedeutung sein sollten: Arrouaise, wo er die augustinischen Ordensregeln kennenlernte und Clairvaux, wo ihn sofort eine tiefe Freundschaft mit dem großen Abt und Prediger, dem hl. Bernard, verband. So stark beeindruckten ihn die zisterziensischen Regeln seines neugewonnenen Freundes, daß er bei seiner Ankunft in Rom den Papst bat, den Lebensabend in Clairvaux verbringen zu dürfen, wo er Teil der alles besiegenden Geistigkeit eines hl. Bernard sein wollte. In der Überzeugung, daß Malachy durch seine Tätigkeit zu Hause der Kirche wertvollere Dienste leistete, verweigerte der Papst das Pallium, entließ Malachy dafür aber als päpstlichen Legat. Auf der Rückreise ließ Malachy einige jüngere Mitbrüder in Clairvaux zurück, um sich mit dem Leben der Zisterzienser vertraut zu machen. Sie kehrten ein Jahr später nach Irland zurück. Mit ihnen kam eine Gruppe französischer Steinmetze. Mit ihrer Hilfe errichtete Malachy die erste Abtei der Zisterzienser in Mellifont in der Grafschaft Louth. Das Land dazu erhielt er als Geschenk von dem ihm wohlgesonnenen König Donnchad Ó Cerbaill. Dieser ersten Gründung eines kontinental-europäischen Ordenshauses in Irland folgten zahlreiche weitere. Sie sollten bis zur Zeit der Reformation im kirchlichen Leben des Landes eine überragende Rolle spielen. Der Besuch St. Malachys in Arrouaise sollte noch weitere Frucht bringen. Augustiner des Ordens von Arrouaise kamen nach Irland, wo sie in einigen der alten Klöster, darunter Clonmacnoise und Glendalough eine neue Heimstatt fanden.

Einer der vermuteten Gründe für die Weigerung des Papstes, Malachy auf dessen Bitte das Pallium zu gewähren, war, daß der Papst erwartete, daß das Anliegen nicht von Malachy allein, sondern von allen irischen Bischöfen an ihn herangetragen werde. Als diese sich 1148 auf der Insel Inis Phádraig vor Skerries versammelten, überzeugten sie den nun leidenden Malachy, er solle ein weiteres Mal nach Rom reisen, um die Bitte um das Pallium offiziell vorzutragen.

Malachy kam nur noch bis Clairvaux, wo er kurz darauf in den Armen seines Freundes Bernard verstarb. Dieser erwies ihm die einzigartige Ehre, seine Lebensgeschichte zu schreiben. Als er dann fünf Jahre später selbst starb, ließ er sich neben Malachy vor dem Hochaltar in Clairvaux beisetzen. Malachys letzte Reise war nicht vergebens. Als 1152 erneut eine Synode erst in Kells, dann zur Abschlußsitzung in Mellifont zusammentrat, überbrachte der päpstliche Legat Kardinal Paparo nicht nur die von Malachy für Armagh und Cashel begehrte Pallia, sondern darüber hinaus auch für Dublin und Tuam.

Die Synode von Kells nahm Korrekturen am organisatorischen Aufbau und den Amtsgrenzen der Bistümer vor, die vierzig Jahre zuvor in Rath Breasail festgelegt wurden. Die damals gefundene Lösung hat sich mit unwesentlichen Änderungen bis heute erhalten. Entsprechend dem Vorschlag in Gilberts Abhandlung wurde Armagh offiziell das Primat zuerkannt. Die Synode beschäftigte sich mit einer Reihe weiterer Reformen, die in Rath Breasail nicht mehr behandelt worden waren: Abschaffung des Konkubinates, Abschaffung der bezahlten Taufe sowie ein Verbot zur Entgegennahme von Zahlungen für Kirchenbesitz, doch Aufforderung zur pünktlichen Zahlung des Zehnten. Kells prägte der Reformbewegung seinen Stempel auf. Deren Geist sollte in der nachfolgenden Generation durch einen weiteren irischen Heiligen, Laurence O'Toole, Abt von Glendalough und später Erzbischof von Dublin, fortgeführt werden. Zufällig war er auch Schwager des Diarmuid MacMurrough. Wie bei Malachy, wurde seine Lebensgeschichte nach seinem Tode ebenfalls von einem Autor auf dem Kontinent geschrieben.

Gegen die vorreformliche Kirche Irlands wird häufig der Vorwurf erhoben, sie habe mehr Laster denn Tugenden besessen. Doch war nicht alles an ihr schlecht. Die alten irischen Klöster waren Wächter der traditionellen Gelehrsamkeit. Im zwölften Jahrhundert entstanden in ihnen drei große Handschriftensammlungen mit religiösen und weltlichen Texten: *Lebor na hUidre* oder das *Book of Dun Cow*, die Handschrift Rawlinson B. 502, jetzt in der Bodleian Library in Oxford – beide offenbar in Clonmacnoise geschrieben – und das *Book of Leinster*. Sie sind entscheidende Quellen für die Bewahrung von Brauchtum aus vielen Jahrhunderten davor, einschließlich des großen Gedichtes *Táin Bó Cuailnge* – des Rinderraubes von Cooley. Sie zeichnen ein breites Bild, enthalten aber auch das Beste aus den alten irischen Klöstern. Die Reformbewegung mit der Zentralisierung der Macht in Händen der Diözesanbischöfe bewirkte eine Verarmung der in der monastischen Tradition verkörperten irischen Kultur. Vor ihrem Niedergang erlebten die Klöster im ausgehenden elften und der ersten Hälfte des zwölften Jahrhunderts jedoch noch eine Blütezeit der Baukunst und der Metallbearbeitung. Die Reliquien zahlreicher Heiliger wurden in Schreine gefaßt – die Glocke des hl. Patrick, der Krummstab der Äbte von Clonmacnoise, St. Lachtins Arm von Freshford, Grafschaft Kilkenny sowie die erste verzeichnete Reliquie des wahren Kreuzes in Irland im Kreuz von Cong – jetzt sämtlich in der Schatzkammer des National Museum in Dublin. Zu weiteren hervorragenden Reliquiaren des frühen zwölften Jahrhunderts zählen *Bearnán Cuileain*, der Glockenschrein von Glankeen, Grafschaft Tipperary, jetzt im British Museum sowie der dachförmige Schrein des St. Manchan aus Lemanaghan in der Grafschaft Offaly, der heute in der nahen katholischen Kirche von Boher aufbewahrt wird.

Die Kunstwerke sind teils dem Bestreben des Zentralkönigtums zu verdanken, Großzügigkeit zu beweisen, indem es die Stücke in Auftrag gab, andererseits demonstrierten diese Könige, an erster Stelle die O Conors, auf diese Weise, daß sie die Wiedergeburt des Goldenen Zeitalters der Vergangenheit Irlands verkörperten. Auf der politischen Ebene belebten Turlough O Conor und dessen Sohn Rory eine alte, traditionelle Messe, die sogenannte *óenach Tailten*, neu, vermutlich in der Überzeugung, sie nähmen wiederum die Vorrechte des Königs von Irland wahr. Die erneute Produktion von Hochkreuzen – wenn auch in anderer Form – hauptsächlich in Tuam, dem Zentrum der O Conors, doch auch an anderen Orten in Connacht und Munster, ist ebenso als Renaissance der Goldenen Zeit der Hochkreuze zu sehen, während der mehr als zweihundert Jahre davor der Clann Cholmáin König von Meath Kreuze in Clonmacnoise und anderen Orten aufstellte.

Die Kreuze von Tuam zeigten Einflüsse der von Dublin ausgehenden Wikingerkunst in Form von Tierornamenten. Es erhebt sich die Frage, ob darin eine Symbolik der Reformbewegung lag, die zum Teil die Christianisierung der heidnischen Ostmanstadt bewirkte. Cormac's Chapel in Cashel war die großzügige Gabe eines MacCarthy Königs von Munster im Herzland der Reform. Wenigstens einige der herrlichen romanischen Kirchen, die im Gefolge entstanden, könnten auf Aufträge des Hofes zurückzuführen sein. Der Diarmuid, dessen Name auf dem Portal in Killeshin verzeichnet ist, könnte derselbe MacMurrough sein, auf dessen Einladung die Normannen nach Irland kamen und auf den die Gründung des Tochterhauses von Mellifont in Baltinglass, Grafschaft Wicklow, zurückgeht.

Ein weiterer Faktor für die Welle romanischen Kirchenbaues und der Standortwahl im Irland des zwölften Jahrhunderts war das auflebende Pilgertum. In diesem Zeitabschnitt waren Pilgerreisen eine höchst beliebte Beschäftigung in ganz Europa. Da dieser Trend an Irland wahrscheinlich nicht

LINKS UND RECHTS (Detail) Die Glocke St. Cuileans – auf Irisch *Bearnán Cuileain* – wurde angeblich in einem Hohlen Baum in Glankeen, Grafschaft Tipperary, gefunden. Sie befindet sich heute im British Museum. Zur Zeit der Einfassung um 1100 war die Glocke mit Flechtmotiven sowie mit Menschen- und Tierköpfen geschmückt, die mit eingelegten Streifen aus Silber und Niello damasziert waren.

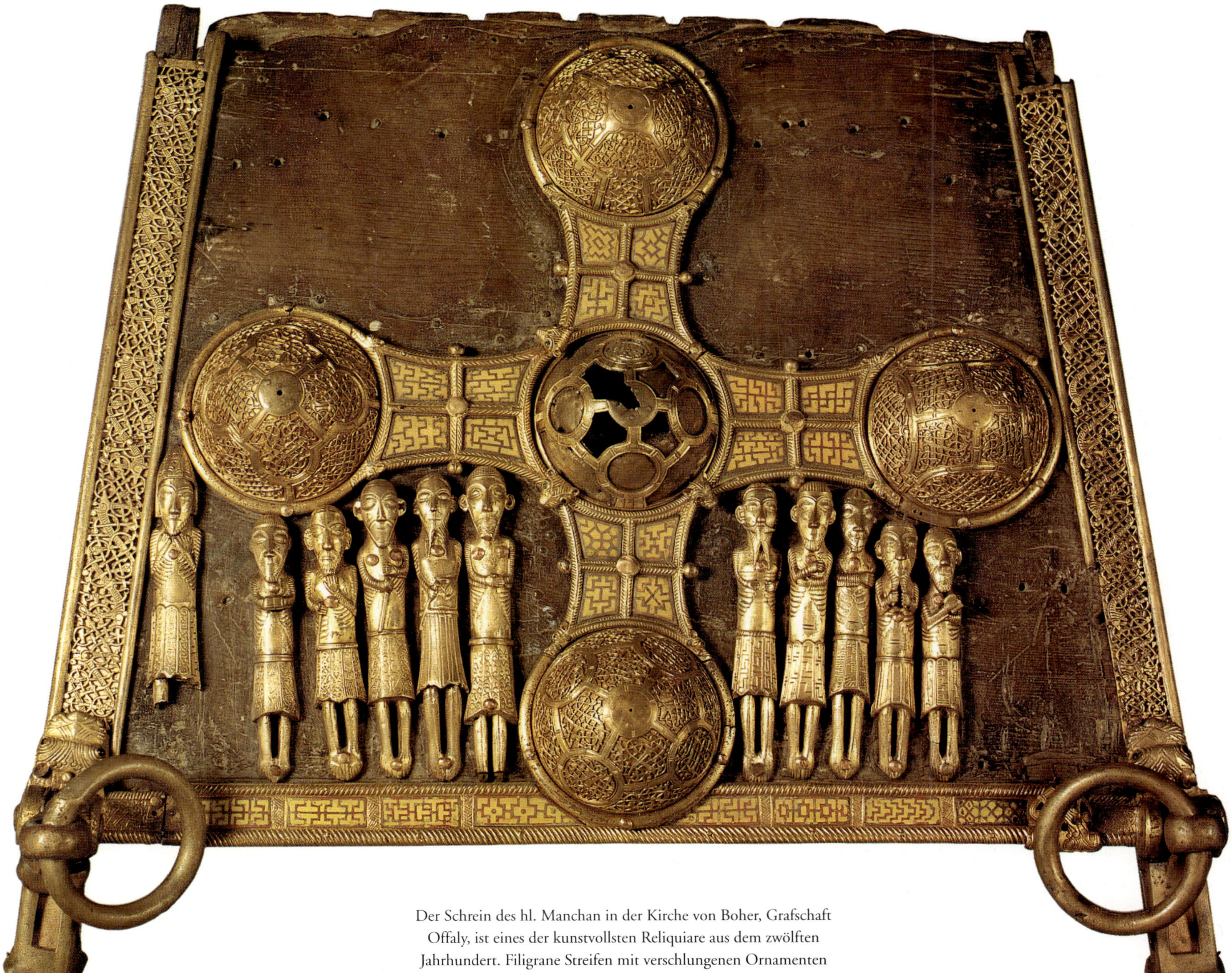

Der Schrein des hl. Manchan in der Kirche von Boher, Grafschaft Offaly, ist eines der kunstvollsten Reliquiare aus dem zwölften Jahrhundert. Filigrane Streifen mit verschlungenen Ornamenten und ein gleicharmiges Kreuz aus Bronze und Email werden durch eigenartige kleine Figuren aus demselben Zeitabschnitt ergänzt, die jedoch wahrscheinlich ursprünglich nicht dazugehörten.

spurlos vorüberging, könnten die zahlreichen romanischen Kirchen an alten Klosterstandorten, den Bedürfnissen der Pilger entgegenkommen, die kamen, die Reliquien der irischen Heiligen in den von ihnen gegründeten Einrichtungen zu verehren. Die Pilgerfahrt zum Fegefeuer des hl. Patrick in Donegal Lough Derg, die Irland im späten Mittelalter in ganz Europa bekannt machte, läßt sich gleichfalls in das zwölfte Jahrhundert zurückverfolgen. Die Verehrung der Reliquien irischer Heiliger in den alten Klöstern mag teilweise konservative irische Tradition, teilweise Ausdruck des neuen religiösen Feuers sein, das das Land im zwölften Jahrhundert erfaßte.

Der Pilgereifer der Iren muß wohl durch die Ausbreitung der Normannen im zwölften Jahrhundert einen Dämpfer bekommen haben. Es ist bezeichnend, daß die irische Tradition dekorativer Metallarbeiten an Schreinen mit alten Reliquien in der ersten Hälfte dieses Jahrhunderts eine letzte Blüte erlebte. Die neuen Religionsorden vom europäischen Kontinent und die in ihrem Kielwasser segelnden Normannen schwächten die alte irische Tradition der Herstellung von Handschriften und Metallarbeiten. Das Land geriet in den Sog gesamteuropäischer Stile, die besonders in der Baukunst Ausdruck fanden. Lediglich in Connacht hielt sich der alte romanische Stil bis zur Ankunft der Normannen um 1235.

ROMANISCHE KIRCHEN UND KIRCHENSCHMUCK

Aus dem Blickwinkel der Baukunst war das zwölfte Jahrhundert wegen der Vielfalt und des raschen Wechsels der Kirchenbaustile das bedeutendste im Irland des Mittelalters. Seit dem neunten Jahrhundert hatte sich an den einfachen, rechteckigen Kirchengrundrissen wenig verändert, ob sie nun aus Holz oder Stein gebaut waren. Die erhaltenen Steinkirchen lassen kein größeres Interesse an Ausschmückung des Kircheninnern erkennen. Es wäre jedoch möglich, daß selbige in Form von Holzeinbauten, Wandbehängen und vielleicht sogar Fresken und Bildern, die längst vergangen sind, bestanden. Das zwölfte Jahrhundert veränderte alles.

Die Wiederbelebung des Zeitgeistes, erkennbar, seit die Christenheit zu der Überzeugung gelangte, daß das Jahr 1000 nicht das von vielen befürchtete Ende der Welt bedeutete, zeigte sich in einem neuen Sinn für Schmuck, in dem wiedergefundene Freude und hinreißendes Mysterium zum Ausdruck kamen. Im Frankreich des elften Jahrhunderts finden sich erste Experimente nicht nur plastischen Schmuck zu verwenden, sondern auch die immer breiteren Hallen und Hochchöre zu überwölben. Das große burgundische Kloster von Cluny spielte eine bedeutende Rolle bei der Ausbreitung dieser neuartigen Sicht romanischer Bauweise und regte den Bau zahlreicher kleiner Kirchen an, die in reichem Maße geheimnisvolle Darstellungen von Menschen und Tieren enthalten. Sie wurden von den Pilgern auf dem Wege zu den Reliquien des Apostels Jakobus in Santiago de Compostela in Nordwestspanien bewundert. Mit der Zeit verbreitete sich der romanische Stil – so genannt nach der Verwendung des Rundbogens wie im alten Rom – auch außerhalb von Frankreich und Spanien und erreichte schließlich auch Irland, nachdem England zuvor als Sprungbrett diente. Später zeigte sich der französische Einfluß im Schmuck der Wölbsteine der Türdurchgänge mit Menschen- und Tierköpfen.

Seltsame Kapitelle und sauber gefugtes Mauerwerk im östlichen Innenfenster der Kathedrale Kilfenora belegen die Fortsetzung des romanischen Rundbogenstils durch die Schule des Westens in Clare und Connacht noch im ersten Viertel des dreizehnten Jahrhunderts.

Mit den Rundtürmen hatte Irland bewiesen, daß es hohe Bauwerke errichten konnte. Der eigene Konservatismus erlaubte zu diesem Zeitpunkt noch nicht den entscheidenden Schritt nach vorn – den Bau großer, in den Himmel strebender Kirchen mit Gewölben wie in England und auf dem Kontinent. Cormac's Chapel auf dem Rock of Cashel war ein mutiger Anfang. Nach der Synode von Rath Breasail im Jahre 1111 hatte der Geist der Religionsreform das ganze Land ergriffen und den Grundstock für die spätere Verbreitung des neuen Baustils – anfangs in Munster, später in den Midlands und weiter im Norden – gelegt. Selbst noch nachdem der bedeutendste irische Reformer jener Tage, St. Malachy von Armagh, die monastischen Orden aus dem kontinentalen Europa nach Irland holte, wo diese ab 1140 die ersten großen Steinkirchen erbauten, bevorzugte das konservative Irland weiter Kirchen, die nur unwesentlich größer waren als in den letzten dreihundert Jahren vorher. Anders als zuvor aber begann man nun mit wahrer Begeisterung, die Türdurchgänge, Hochchorbögen und gelegentlich Fenster der kleinen Kirchen mit Ornamenten, seltener mit figürlicher Plastik, zu schmücken. Die Arbeiten waren ausnahmslos von hohem künstlerischen Wert, wie die Hochkreuze zweihundert Jahre früher. Zwar wurden die größeren gotischen Kirchen in den normannisierten Städten im Osten des Landes nach 1200 stärker angenommen, westlich des Shannon behielt man den romanischen Kirchenschmuck bis in das erste Viertel des dreizehnten Jahrhunderts bei. Was Leask die ‚Schule des Westens' nannte, war Steinbildhauerkunst und Plastik von hoher Solidität und Qualität mit den Wurzeln im Jahrhundert davor.

Es wäre jedoch falsch, die Romanik auf das zwölfte Jahrhundert einzuengen. Ein Viertel Jahrhundert war bereits vergangen, ehe sich die Romanik in Form von Cormac's Chapel etablierte. Auszuschließen ist auch nicht, daß selbst im zwölften Jahrhundert noch einige der einfachen, schmucklosen Kirchen früherer Bauart entstanden. Darauf läßt die Verwendung der alten *antae* möglicherweise bis in das dreizehnte Jahrhundert schließen.

ROCK OF CASHEL
Grafschaft Tipperary

Der Rock of Cashel umfaßt zweifellos die beeindruckendste Gruppe mittelalterlicher Baudenkmäler in Irland: Rundturm, Cormac's Chapel, Hochkreuz, Kathedrale und die spätmittelalterliche Hall of the Vicars' Choral – dicht beieinander auf der Kuppe des steil aus dem Golden Vale aufsteigenden Felsens. Die strategische Lage prädestinierte den Hügel als Standort der Macht der frühen Eóganacht-Könige von Munster. Im Jahre 1101 ‚vermachte der Munsterkönig Muircheartach O'Brien das Cashel der Könige den Religiösen, ohne Anspruch durch Laien oder Priester, sondern den Religiösen von Irland allgemein'. Der Schritt erfolgte in der Absicht, Munster gegen die Macht Armaghs in Ulster zu stärken. Hinweise auf kirchliche Tätigkeit auf dem Fels vor 1101 gibt es, darunter religiöse Ge-

Aus einem Machtzentrum der Könige von Munster auf dem Rock of Cashel im Golden Vale der Grafschaft Tipperary wurde mit der Übergabe an die Kirche im Jahre 1101 ein Zentrum der Kirchenreform. Ausdruck fand die neue Bedeutung im Bau von Cormac's Chapel (1127 – 1134). Im Kontrast mit dem kälteren Kalkstein der gotischen Kathedrale aus dem dreizehnten Jahrhundert erstrahlt die Sandsteinkapelle in warmen Farben.

genstände aus Bronze und Stein aus dem neunten Jahrhundert, ein möglicherweise vor 1100 erbauter Rundturm, die Existenz von Bauten aus Holz und Stein mit entsprechenden Grabstätten unter Cormac's Chapel sowie die Kathedrale. Die frühen Bauten könnten bestimmte Hinweise auf die Klärung von Besonderheiten der von Cormac MacCarthy vermutlich für die Benediktinermönche zwischen 1127 und 1134 errichteten Kapelle geben. Dazu gehören der gegenüber der Längsachse versetzte Hochchor, der Haupteingang von Norden, zwei weitere Türen, keine von ihnen – wie zu erwarten – in der Westmauer sowie zwei hohe Rechtecktürme statt Querhäusern. Die Südmauer hat außen mehrere Blendarkaden übereinander. Das Dach aus Stein wird durch einen Spitzbogen in einer kleinen Kammer über dem

LINKS Cormac's Chapel (erbaut 1127–1134) auf dem Rock of Cashel ist wahrscheinlich Irlands älteste romanische Kirche. Zahlreiche architektonische Neuerungen – große Höhe, drei Türdurchgänge, überlagerte Blendarkaden, Steindach und Türmen als Querhäuser – werden die Menschen in Erstaunen versetzt haben.

RECHTS Ein Zentaur mit normannischem Helm auf dem Tympanon des Nordeingangs von Cormac's Chapel in Cashel greift den Löwen an – Hinweis auf den englischen Ursprung zahlreicher neuer Ideen in diesem einzigartigen Bauwerk.

OBEN Fresken von beeindruckender Farbgestaltung aus dem zwölften Jahrhundert wurden jüngst als Irlands älteste erhaltene Wandmalereien entdeckt. Leider sind die Figuren nicht vollständig genug für eine schlüssige Identifizierung.

Mittelhaus gestützt. Über dem ursprünglichen Haupteingang – einer tiefen Vorhalle mit der Aufgabe, Bedeutung zu vermitteln – befand sich ein mit horizontalen und vertikalen Zickzackbändern mit eingestreuten Rosetten verzierter ‚Tangentengiebel'. Die Ornamentik könnte einer Holzvorlage nachgestaltet sein. Weiter hat die Vorhalle als besonderes Merkmal ein Tympanon über der Tür, darauf ein normannisch behelmter Zentaur, der auf einen großen Löwen schießt. Dies ist der erste Hinweis auf englische Einflüsse an diesem Bauwerk. Gegenüber dem Nordeingang liegt eine Südtür. Ein dritter (jetzt verschlossener) Zugang befand sich in der Ostmauer des Nordturmes. Dieser mag vom zelebrierenden Priester beim Gang in die Kirche benutzt worden sein.

Das Tonnengewölbe des Mittelhauses ruht auf Innensäulen mit Kapitellen. Hier mögen die westenglischen Kirchen Pate gestanden haben. Der Bogen des Hochchores ist reichlich mit Köpfen und ‚floraler' Motivmalerei geschmückt. Das Rippengewölbe des Hochchores weist den Erbauer als auf der Höhe der fachlichen Entwicklung seiner Zeit stehend aus. Bei neueren Konservierungsarbeiten entdeckte man hochwertige romanische Fresken mit figürlichen Szenen (darunter möglicherweise Salomon und den Tempel), deren Farbpalette an Canterbury erinnert.

Der Archäologe Liam de Paor sieht Cormac's Chapel als eine Einheit, ‚ein Stück romanischer *Architektur* wie kaum eine andere romanische Kirche'. Maßgebliche Fachleute schließen sich inzwischen nahezu einhellig seiner Auffassung an, es handele sich um die älteste erhaltene Kirche dieses Baustils in Irland. Zweifellos ein atemberaubender Start in eine neue Stilepoche! Die Segnung der Kirche im Jahre 1134 muß ein Ereignis gewesen sein. Sie enthielt so zahlreiche Neuerungen – viele davon, wie Roger Stalley richtig feststellt, von der Schule des Westens inspiriert – daß die Besucher großes Erstaunen ergriffen haben mag, die doch an die damals noch viel kleineren Kirchen gewöhnt waren, in denen es zudem kaum eine Spur künstlerischer Ausgestaltung gab. Großartigkeit und Ausschmückung schienen sich rationeller Betrachtung schier zu entziehen. Die mehrfachen Eingänge, die Türme und die reiche Ausschmückung innen fanden indes wenig Nachahmung. Die erstmalige Ausschmückung der Eingangsbereiche und des Hochchorbogens, die Steinkonstruktion des Daches und, vor allem, die Details der skulptierten Ornamentik werden im zwölften Jahrhundert in Irland vielfach kopiert.

Heute erscheint der rote Sandstein von Cormac's Chapel in einem warmen Kontrast zum kälteren Kalkstein der riesigen Kathedrale aus dem dreizehnten Jahrhundert, die den Blick auf die ursprüngliche Westseite verstellt. Die vermutlich am Standort einer älteren Kirche aus den Jahren um 1170 stehende Kathedrale ist frühe Gotik mit hohen Spitzbogenfenstern im Hochchor. Ungewöhnlich ist die kürzere Länge des Mittelhauses gegenüber dem Hochchor infolge Umbaues der Westseite in eine befestigte Residenz im späten Mittelalter. Die Furcht vor Angriffen war nicht ohne Begründung. Es wird berichtet, der Earl of Kildare habe die Kathedrale 1495 in Brand gesteckt, in der Hoffnung, der Erzbischof befinde sich drinnen. In der Kathedrale fanden bis 1749 Gottesdienste statt. Danach fand Erzbischof Price die Besteigung des Felsens zu mühsam und nutzte fortan die Kathedrale St. John in der Stadt.

LINKS Im Innern von Cormac's Chapel hat der Besucher trotz verhältnismäßiger Kürze des Raumes den Eindruck beträchtlicher Tiefe. Der Hochchor ist gegenüber der Längsachse versetzt.

KILMALKEDAR CHURCH
Grafschaft Kerry

Die Gotik faßte in Irland zuerst Fuß in Munster. Der Stil von Cormac's Chapel wurde beim Bau neuer Kirchen im Südwesten der Provinz angewendet und breitete sich von dort aus. Ausgezeichnete Beispiele dafür liefern zwei Kirchen im Zusammenhang mit Irlands bekanntestem Heiligen des Mittelalters, St. Brendan, dem Steuermann, dessen abenteuerliche Reiseberichte in den *Navigatio Brendani* ihn in ganz Europa bekannt machten. Die eine ist die Kathedrale Ardfert, die andere Kirche ist dem 636 gestorbenen hl. Maolchethair (Malkedar) geweiht. Der Zusammenhang mit dem hl. Brendan besteht darin, daß sie an der Saint's Road liegt, welche die Pilger nach der Ausschiffung im Hafen von Ventry zu ihrem Ziel auf dem Gipfel des Mount Brandon nahmen. Die Kirche liegt romantisch in einer großen, durch Steinwälle und Fuchsienbüsche geteilten Arena, die den unvergleichlichen Blick auf den Hafen Smerwick an der Spitze der Halbinsel Dingle freigibt. Sie besitzt noch Merkmale des alten Kirchenbaustils, z. B. *antae* an den vier Ecken des Hauses. Leask erkannte den Zusammenhang mit Cormac's Chapel in Form eines Tympanon (mit einem Stierkopf – nur auf der Innenseite), eines Steindaches (weitestgehend nicht mehr vorhanden) und einer Blendarkade mit Faltenkapitellen in ca. 0,9 m Höhe an der Innenmauer des Kirchenhauses. Der aus Sockeln von etwa gleicher Höhe springende und unten mit unterbrochenen Rautenmotiven geschmückte Hochchorbogen führt in den Hochchor (ebenfalls mit Steindach), der an-

OBEN UND LINKS Beinahe am Ende der damals bekannten Welt steht die Kirche Kilmalkedar auf der Spitze der Halbinsel Dingle. Einige Besonderheiten der Kirche, darunter das Steindach, sind vermutlich Anleihen bei Cormac's Chapel in Cashel. Äußere *antae* sowie Kreuzblumen an den Giebeln sind Unterscheidungsmerkmale.

RECHTS Eine romantische Seelandschaft bildet den Hintergrund für Kirche und Türdurchgang in Aghadoe bei Killarney. 1158, das Jahr der Erbauung, ist einer der wenigen chronologischen Fixpunkte für Bauten im Irland des zwölften Jahrhunderts ist.

OBEN Die elegante Sonnenuhr in Kilmalkedar, Grafschaft Kerry ist vermutlich zeitgleich entstanden mit der nahen Kirche. Sie gehört zu den wenigen erhaltenen Objekten dieser Art in Irland.

stelle eines früheren errichtet wurde. Den oberen Abschluß zweier Giebel bilden Kreuzblumen. Die Kirche besitzt eine Reihe kleiner, kunstgeschichtlich interessanter Objekte. Neben dem Hochchorbogen steht ein Stein mit Kreuzverzierungen, in den ein Alphabet eingehauen ist. Er soll aus dem sechsten Jahrhundert stammen. Auf dem Friedhof findet der Besucher einen Oghamstein, ein Steinkreuz sowie eine kunstvoll gestaltete Sonnenuhr.

AGHADOE CHURCH
Grafschaft Kerry

Unter dem Jahr 1282 vermerkt der Autor der *Annals of Inisfallen,* daß ‚es zahlreiche schwere Windstürme gab und Schober und Häuser beschädigt wurden; auch die große Kirche Achad Déo (die unbeschädigt seit einhundertvierundzwanzig Jahren steht), samt ihrem heiligen Kreuz, sind zerbrochen, was ich sehr bedauere'. Diese Kirche war die von Aghadoe auf einem abfallenden Hügel mit Blick auf das bezaubernde Inselkloster des Schreibers inmitten der sanften Seenlandschaft von Killarney. Wenn es eines Beweises bedurfte, daß die irischen Mönche ein besonderes Verhältnis zu den Schönheiten der Natur pflegte, hier wäre er. Der Standort der ersten Kirche war von einem der zahlreichen hl. Finians (wahrscheinlich ‚der Aussätzige'), der wahrscheinlich im siebenten Jahrhundert lebte, ausgewählt worden.

Ein rechtmäßiger Erbe des Herrscherhauses Eóganacht wurde hier 1061 aus einer Steinkirche geschleppt. Die großen Steine in der Nordwestecke der jetzigen Kirche mögen zu jener gehört haben. Sie stand in unmittelbarer Nähe des Rundturmes, von dem der Stumpf erhalten ist. Die nach nur 124 Jahren Bestand im Jahre 1282 beschädigte Kirche war zweifellos jene, deren Ruine wir heute noch sehen, mit reich geschmücktem romanischen Türdurchgang in der Westmauer. Die Jahresangabe 1158 ist einer der wenigen gesicherten Orientierungspunkte in der Chronologie der romanischen Kirchen Irlands.

Der Türdurchgang, wahrscheinlich einst mit Tympanon, hat durch die unkundige Arbeit früherer ‚Restauratoren' gelitten. Drei Ordnungen, die äußere mit Zickzackornamentik an der Säule, die mittlere mit zinnenartiger vertikaler Verzierung am Pfosten. Der äußere Ring des Bogens weist das gleiche Kugelfriesornament auf wie Kilmalkedar, eine andere Kirche in der Grafschaft Kerry, was die Bedeutung der südlichen Munsterprovinz bei der Entwicklung des romanischen Baustils in Irland unterstreicht. Die Spitzbogenfenster im Ostgiebel weisen auf die Erweiterung der Kirche im dreizehnten Jahrhundert hin. Der Innenraum wurde irgendwann später durch eine Quermauer geteilt.

ST. CRONAN'S CHURCH
Roscrea, Grafschaft Tipperary

Irgendwann im sechsten Jahrhundert gründete St. Cronan ein Kloster in Roscrea, das mindestens bis in das zwölfte Jahrhundert bestand. Roscrea war als Suffragan von Cashel auch in der Liste der Bistümer verzeichnet, die der päpstliche Nuntius Kardinal Paparo nach der Synode von Kells 1152 mit nach Rom nahm. Der Tod eines Isaac Ó Cuanain als Bischof von Roscrea im Jahre 1161 ist verzeichnet. Er könnte die Kirche des hl. Cronan in der Stadt gebaut haben; eine Kathedrale für eine nur kurze Zeit bestehende Diözese, von der nach 1160 nichts mehr berichtet wird. Ein Datum kurz nach der Mitte des zwölften Jahrhunderts scheint daher für eine Kirche, die an die 1134 fertiggestellte Cormac Chapel in Cashel erinnert, nicht abwegig.

Die Kirche wurde 1812 zum größten Teil abgerissen, glücklicherweise nicht der sandsteinerne Westgiebel. Diesen haben aber die Abgase des dichten Verkehrs unmittelbar vor dem Portal stark in Mitleidenschaft gezogen. Die *antae* an den Ecken scheinen das Hauptportal zu bewachen. Beiderseits des Portals stehen Blendarkaden. Eine Kämpferleiste über die Breite der Fassade hält das Gesamte zusammen. Der Türdurchgang mit zwei Ordnungen Zickzackbändern besitzt die doppelte Breite einer Arkade. Der Tangentialgiebel über dem Türdurchgang ist etwa doppelt so hoch wie die Giebel über den Arkaden. Bei der architektonischen Gestaltung spielte somit mathematisches Feingefühl eine Rolle. Rosetten von der Art des nördlichen Türdurchganges in Cashel flankieren die hohe Gestalt eines Heiligen – zweifellos des hl. Cronan – über dem Eingang. Als Hochrelief kehrt er auf mehreren Steinen wieder, was den Charakter der Kirche bestimmt. Weiter oben am Giebel sind weitere Rosetten. Sie befanden sich früher nicht dort. Eine Teilerneuerung des ursprünglich wahrscheinlich höheren Giebels wurde im neunzehnten Jahrhundert durchgeführt. Trotz der nicht besonders guten Erhaltung ist die Plastik in Roscrea von einer Qualität, wie sie hier nur noch von dem unvollkommen erhaltenen Hochkreuz südlich der Kirche erreicht wird. Jenseits der Fahrbahn steht ein Rundturm, der ungefähr zeitgleich mit der Kirche entstanden sein könnte, aber bar jedes romanischen Schmuckes ist.

OBEN Altmodische *antae* flankieren den Giebel über dem jüngeren und moderneren Türdurchgang (Mitte des zwölften Jahrhunderts) der romanischen Kirche St. Cronan in Roscrea, Grafschaft Tipperary.

RECHTS Bearbeitete Steine von wenigstens zwei verschiedenen romanischen Kirchen wurden in der Südwand der Kirche Dysert O'Dea in der Grafschaft Clare zusammengewürfelt. Gewölbesteine mit menschlichen Antlitzen verraten französischen Einfluß.

DYSERT O'DEA
Grafschaft Clare

Jener Michael O'Dea, der 1683 das Hochkreuz in Dysert ‚reparierte' (s. S. 92), muß ein seltsamer Vogel gewesen sein. Nicht nur setzte er zwei offensichtlich nicht zusammengehörende Teile zu einem Kreuz zusammen, er trug auch Teile von zwei unterschiedlichen Kirchen zusammen und baute daraus eine neue. Mit Material der Kirche stützte er wohl das Hochkreuz im benachbarten Feld ab. Höchstwahrscheinlich ist das unglaubliche Durcheinander der Kirche in Dysert ebenfalls sein Werk. Wie an den verschiedenartigen, in den Westgiebel eingebauten Fensterfragmenten abzulesen, ist die verzierte Steinplastik zu üppig und unterschiedlich, um aus einer einzigen Kirche genommen zu sein. Wie G. U. Macnamara richtig vermutet haben dürfte, wurden die bearbeiteten Steine der ursprünglichen Kirche von Dysert durch weiteres Material ergänzt, welches (zweifellos von Michael, dem ‚seltsamen Vogel') von der Ruine der 3 km entfernten romanischen Kirche in Rath herangeschafft wurde. Der romanische Türdurchgang in der Südmauer macht das Durcheinander der Stile perfekt.

Die Säulen wurden geschickt in vier Ordnungen mit Rankenfragmenten, Flechtmotive mit Tieren sowie Perl- und Zickzackverzierungen gruppiert; letztere auch am Bogen darüber. Das bekannteste Element ist die äußere Ordnung des Bogens – ein seltsames Kompendium aus Tier- und Menschenköpfen, die wohl von zwei getrennten Türdurchgängen stammen. Die Menschenköpfe aus hartem Kalkstein, wie er am Ort vorkommt, haben hohe Wangenknochen, hervortretende Augen und hohe Ohren. Der Gesichtsausdruck ist sehr verschieden – ein Kopf mit langem Oberlippenbart hat eine deutlich orientalische Physiognomie. Köpfe wurden auch bei Cormac's Chapel über den Hochchorbogen eingesetzt, diese hier weisen jedoch deutlichere Merkmale derer in den Kirchen im Gebiet von Bordeaux in Westfrankreich auf, wo der Schutzheilige von Dysert (und Rath?) sie auf einer Pilgerreise nach Santiago de Compostela gesehen haben könnte.

NUNS' CHURCH
Clonmacnoise, Grafschaft Offaly

Trotz ihrer Verweltlichung unterhielten die irischen Klöster wahrscheinlich außerhalb ihrer Mauern Konvente für Nonnen. Der deutlichste Beweis ist die Nonnenkirche in Clonmacnoise an der Pilgerstraße etwa einen halben Kilometer östlich der Haupteinfriedung. Die kompakte Kirche aus Halle und Hochchor wurde 1167 fertiggestellt. Sie mag anstelle einer älteren Kirche errichtet worden sein, von der Reste innerhalb eines nahen Feldzaunes erhalten sind. Die Stifterin der Kirche war Dearbhforgaill, besser bekannt als Dervorgilla, Gemahlin des Königs von Breifne, Tighernán O'Rourke. Ihre (offenbar nicht ganz freiwillige) Entführung durch Dermot MacMurrough im Jahre 1152 hatte vierzehn Jahre später dessen Verbannung aus seinem Königreich Leinster und schließlich die Ankunft der Normannen 1169 zur Folge.

Die Kirche in ihrer jetzigen Form ist das Ergebnis der Rekonstruktion im Jahre 1865 durch James Graves und die Kilkenny and South-East of Ireland Archaelogical Society mit Hilfe privater Spenden. Graves und seine Berater ersetzten die fehlenden Teile durch Kalkstein, der mit dem warmen Ton des Sandsteines der ursprünglichen, reichen Romanik an Türdurchgang und Hochchorbogen angenehm kontrastiert. Den Türdurchgang zieren Tiere in verschiedenen Situationen – eine Stange mit Bögen beißend über der Tür, als Abschluß einer Kranzleiste oder beim Verzehr kleinerer Beute auf einem der Zickzackbänder des Türdurchganges. Noch üppigeren Schmuck trägt der Bogen des Hochchores. Die Kapitelle sind reich mit verschiedenen Ornamenten gestaltet – ein ernster Fall von *horror vacui* – der Furcht vor leeren Flächen. Einige Ornamente sind von geometrischer Form; an der Ecke befinden sich Masken, deren eine Agamemnon sein könnte. Die Motivfülle aus Flora und Fauna erfüllt wahrscheinlich ein reines Schmuckbedürfnis und stellt keine Architekturplastik dar. Der Bogen trägt opulente Zickzackornamentik mit Kugelverzierung, oft als Rahmen für dreieckiges Blätterwerk sowie in einem Fall eine weibliche Figur, die ihr nacktes Hinterteil präsentiert.

ST. DOULAGH'S CHURCH
Balgriffin, Grafschaft Dublin

Die faszinierende Kirche des hl. Doulagh, unübersehbar an der Straße Dublin – Malahide gelegen, gibt den Archäologen wegen der Vielzahl ungewöhnlicher Merkmale mehr Rätsel auf als jede andere Kirche dieser Größe im Lande. Ihr Platz unter all den reich geschmückten Kirchen in diesem Kapitel des Buches mag als Ausnahme erscheinen. Der Grund, daß sie dennoch hier vorgestellt wird, ist ihr ältester Teil, der mit dem Steindach über dem Gewölbehochchor noch Einflüsse von Cormac's Chapel aufweist. Dem zwölften Jahrhundert zuzurechnen ist allein der Ostteil des Hochchores in größter Nähe zur Straße. Etwa in halber Länge liegt gut versteckt der Übergang zu den späteren gotischen Teilen des Bauwerkes, die die abgerissenen Teile der Kirche aus dem zwölften Jahrhundert ersetzten. Wie Maurice Craig feststellt, liegt in der gelegentlichen Verwendung eines sehr leichten Steines, dem sogenannten Tuffkalk, eine weitere Parallele zu Cormac's Chapel.

Romanische Steinplastiken sind weder in der Kirche noch in ihrer Umgebung zu finden. Daher dürfte ursprünglich hier eine einfache Kirche gestanden haben, wie die des St. Kevin in Glendalough mit ähnlich gestaltetem Gewölbe. Das ausgesprochen irische Steindach auf dem Ostteil vom St. Doulagh könnte unmittelbar vor der Invasion der Region durch die Normannen in den Jahren nach 1170 aufgesetzt worden sein. Doulagh, dem die Kirche geweiht ist, galt einst als Däne. Erst 1859 wurde nachgewiesen, daß er ein unbekannter, wahrscheinlich um 600 gestorbener irischer Heiliger war.

LINKS Dervorgilla, deren Entführung schließlich mit dem Einfall der Normannen in Irland endete, soll die sogenannte Nonnenkirche in Clonmacnoise gestiftet haben. Im Jahre 1167 fertiggestellt, verfügt sie über üppigen Schmuck an Türdurchgang und Hochchorbogen und gilt als Beispiel für die reiche romanische Ausgestaltung vieler Kirchen des zwölften Jahrhunderts.

RECHTS Teile des schmalen, steinbedachten Hochchores der Kirche St. Doulagh in Balgriffin, Grafschaft Dublin, gehören in die Zeit – weniger zum Stil – der Romanik. Die übrigen Teile sind mittelalterlicher bzw. viktorianischer Anbau.

LINKS Versteckt in einem sehr viel jüngeren Turm in Maghera, Grafschaft Derry, ist diese Oberschwelle aus dem zwölften Jahrhundert. Es gibt nur wenige romanische Beispiele in Europa, bei denen die Kreuzigung Teil der Architekturplastik ist.

RECHTS Venezianische Farben bestimmten den Einsatz unterschiedlicher Steine des Giebeltürdurchganges in Killeshin, Grafschaft Laois. Die Kirche könnte auf Geheiß Dermot MacMurroughs zu Beginn der zweiten Hälfte des zwölften Jahrhunderts gebaut worden sein.

DIE OBERSCHWELLE VON MAGHERA
Grafschaft Derry

Das Tympanon von Cormac's Chapel (s. S. 117) ist ein Beispiel für frühe irische Architekturplastik. Ein weiteres, etwas jüngeres Beispiel ist die einstige Oberschwelle im Türdurchgang einer romanischen Kirche, die heute ihr Dasein in einem dunklen Turm aus dem siebzehnten Jahrhundert in Maghera, Grafschaft Derry, fristet. Sie enthält in zusammenhängender Abfolge Szenen aus der Leidensgeschichte Jesu in der Karwoche. Im Zentrum steht die Kreuzigung. Jesus ist darauf nur mit einem Lendentuch bekleidet. Seine überlangen Arme entsprechen dem noch längeren Querstamm des Kreuzes. Aus der Wunde in seiner rechten Seite fließt Blut auf die Gestalt des Schwammträgers Stephaton. Auf der anderen Seite des Kreuzes an dieser Stelle steht Longinus mit der Lanze. Auf den Köpfen beider stehen die Gestalten der zwei Verbrecher, deren Körper zwischen die Arme Jesu und das Kreuz reichen, wodurch ihre Köpfe neben denen der Engel über dem Querbalken des Kreuzes erscheinen. Stehend hinter Stephaton ist Maria. Die übrigen Figuren sind schwieriger zu identifizieren. Die Darstellung ganz links könnte die Szene sein, in der Jesus verspottet wird. Rechts hingegen könnten ein Zenturio, die Soldaten, die über die Kleider Jesu das Los werfen und die Frauen, die zum Grabe eilen, dargestellt sein. Die Plastik mag nicht von besonders herausragender Qualität sein, doch die zahlreichen Figuren der Kreuzigungs-szene folgen dem europäischen Vorbild in Fresken um 1100. Diese und das Fragment einer Oberschwelle in Raphoe, Grafschaft Donegal, gehören zu den wenigen Beispielen, in denen die Kreuzigung ein Teil der Architekturplastik in den europäischen Kirchen des zwölften Jahrhunderts ist.

KILLESHIN
Grafschaft Laois

Das Kloster in Killeshin, wenige Kilometer nordwestlich von Carlow, ist zwei Schutzheiligen befohlen: Diarmait, einem frühen Heiligen aus Leinster sowie Comgán, einem Heiligen aus Munster, dessen Name sich mit dem Kloster verband, als die Dál Cais im elften Jahrhundert eingriffen. Weitere Störungen von außen dürften auf den Leinsterkönig Dermot MacMurrough (um 1133 – 71) zurückgehen, dessen Name im Türdurchgang der Kirche verzeichnet gewesen sein kann.

Die Tür befindet sich im Westgiebel, wo an der Nordwestecke auch ein *anta* erhalten ist. Stärker als bei anderen Durchgängen fällt dem Betrachter die farbliche Komposition der Granite und eines braunen Sandsteins ins Auge. Vier Säulenordnungen unter dem Tangentengiebel bieten ausreichend Raum für Schmuckmotive, ohne die Überladung der Nonnenkirche von Clonmacnoise zu erreichen. Am augenfälligsten sind die Köpfe – bartlos und glattrasiert – an den Ecken der Säulenkapitelle, deren Haar als verschlungenes Muster weitergeführt wird, in einem Falle selbst in ein Tierornament nach dem Urnensvorbild der Wikingerzeit übergeht. Ein besonders markanter, bärtiger Kopf ist allein in der Mitte des innersten Bogens zu sehen. Um ihn herum Laubwerk, Vierfüßler und Vögel in den Zwickeln, Zickzackbänder und Motive in den Bögenordnungen.

Die Zwiebelform der Säulenfüße weist starke Parallelen zur Zisterzienserkirche in Baltinglass, Grafschaft Wicklow, auf, von der wir jetzt wissen, daß sie eine Gründung des Dermot MacMurrough aus dem Jahre 1148 ist. Somit darf für Killeshin ein Datum im Zeitrahmen von zehn Jahren danach angesetzt werden. Die zum Teil erhaltene, waagerechte Inschrift auf dem Abakus

über den Kapitellen lautet ‚D.AR ... I LAGEN', was sich als DIARMUIT RI LAGEN, Diarmuit (oder Dermot), König von Leinster, rekonstruieren ließe, der damit auch Anteil am Bau des Gotteshauses gehabt haben könnte. Auf der Nordseite des Türdurchganges befindet sich eine weitere, vertikale Inschrift. Leider konnte der dort genannte ‚Cellicami' bisher keiner historischen Persönlichkeit zugeordnet werden. Einst stand die Kirche im Schatten eines Rundturmes, der 1703 abgerissen wurde. Sofern einem alten Bericht zu glauben ist, war er mit 32 m einer der höchsten im Lande.

ARDMORE CATHEDRAL
Grafschaft Waterford

Außer dem Rundturm (s. S. 106/107) fesselt der reiche Hochreliefschmuck des Westgiebels der Kathedrale von Ardmore, Grafschaft Waterford, unsere Aufmerksamkeit. Nirgendwo im Lande existiert eine umfangreichere Ansammlung von Architekturplastik des zwölften Jahrhunderts.

Der Ort ist Declan geweiht, einem Heiligen des frühen Irlands vor St. Patrick. Seine Gebeine ruhen in einem kleinen, vielfach beschädigten Grabschrein mit Steindach östlich der Kathedrale. Die Kirche selbst gehört mehreren Stilepochen an. Die Herkunft der Plastiken, die zu einem unbekanntem Zeitpunkt in den äußeren Westgiebel der Kathedrale eingesetzt wurden, kann nicht mit Sicherheit festgestellt werden. Ihre Verteilung in zwei Bogenfelder und mehrere kleinere Arkaden darüber scheint recht zusammenhanglos. Am ehesten identifizierbar sind zwei Szenen aus dem Alten Testament – Adam und Eva in der Mitte des linken Bogenfeldes sowie das Urteil des Salomon im oberen Teil der rechten Lünette. Der Harfenspieler zur Rechten dieser Szene ist höchstwahrscheinlich Salomons Vater David. Jüngere Deutungsversuche erkennen in zahlreichen anderen Plastiken des Giebels Szenen aus dem Leben der beiden biblischen Könige, darunter Davids Kampf gegen Goliath und den Bau des Tempels Salomons. Sollte die Interpretation aus mehreren einzelnen Teilstücken richtig sein, wäre sie des Schmucks einer Kathedrale würdig.

Ein Bischof von Ardmore namens Eugene wird als Unterzeichner eines Dokumentes aus den Jahren 1172–79 genannt. Als erster und wahrscheinlich einziger Bischof von Ardmore, dürften die Skulpturen sein Auftrag gewesen sein. Er muß sie in einen später abgerissenen Teil der Kathedrale gebaut haben. Die Fragmente dürften jedoch bedeutend genug gewesen sein, daß man sie sammeln und in ihrer jetzigen Form im Westgiebel zusammenwürfeln ließ.

Die Arkaden in der Westmauer der Kathedrale von Ardmore, Grafschaft Waterford, enthalten eine ungeordnete Ansammlung von Skulpturen aus einem früheren Bauwerk des zwölften Jahrhunderts. Zu den erkennbaren Szenen gehören der Sündenfall und das Urteil das Salomon.

LINKS Die Kirche von Monaincha wurde im zwölften Jahrhundert auf einer früheren Insel in einem jetzt trockengelegten Moor errichtet. Im siebzehnten Jahrhundert war sie ein bedeutender Pilgerort.

UNTEN Nur wenige Fenster tragen außen romanischen Schmuck wie die der Kirche von Toureen Peakaun, im verschwiegenen Glen von Aherlow, Grafschaft Tipperary, Standort mehrerer interessanter Denkmäler.

MONAINCHA
Grafschaft Tipperary

Eine kleine, sehr attraktive romanische Kirche steht in Monaincha, unweit Roscrea. Ihr Standort war eine Insel in einem Anfang des neunzehnten Jahrhunderts trockengelegten See. Auf diese Insel hatte sich Culdees als Einsiedler zurückgezogen. Wie der walisische Historiker Giraldus nach einem Besuch der Insel 1185/86 berichtet, sei sie so unwirtlich, daß kein weibliches Wesen – Mensch oder Tier – dort leben könne. Die Kirche wurde vermutlich von den Augustinern im letzten Drittel des zwölften Jahrhunderts errichtet. Leider sind die Inschriften über dem Türdurchgang in einem zu schlechten Erhaltungszustand, als daß der Name des Bauherrn zu entziffern wäre.

Der nach alter irischer Manier leicht geneigte westliche Türdurchgang besteht aus wunderschön warmem, roten Sandstein, mit Zickzackbändern und Laubwerk, darunter Voluten und Variationen der klassischen Palmette, dekoriert. Den Bogen schmücken ebenfalls Zickackbänder und florale Motive. Besser erhalten ist der Hochchorbogen, dessen Plastik besonders an der Unterseite eine erstaunliche Ausstrahlungskraft besitzt. Über den Faltenkapitellen werden feingliedrige Zickzackornamente von einem Rollenprofil flankiert, das in Drachenköpfe ausläuft. Im wechselnden Rhythmus der Zickzackornamente sind florale Motive eingestreut. Die Fenster in der Südmauer wurden im dreizehnten Jahrhundert eingesetzt. Das kleine Fenster über der Westtür beweist, daß die Kirche zweihundert Jahre später noch benutzt wurde.

Seit früher Zeit war Monaincha eine wichtige Pilgerstätte. Selbst aus Deutschland kam 1591 einer. Im siebzehnten Jahrhundert strömten sie Berichten zufolge zu Tausenden hierher, verrichteten fromme Gebete und knieten dabei sicher vor dem jetzt außerhalb des Westeinganges rekonstruiertem Kreuz aus dem zwölften Jahrhundert.

TOUREEN PEAKAUN
Grafschaft Tipperary

Eine der faszinierendsten archäologischen Stätten im bezaubernden Glen von Aherlow ist Toureen Peakaun mit mehreren frühmittelalterlichen Denkmälern. Der Name ‚Peakaun' leitet sich von dem frühen Klostergründer und Heiligen Beagán (lateinisch Beccanus) her. Als Klausner besonderer Art sprach er täglich alle Psalmen stehend, die gestreckten Arme zum Kreuz geformt. Die hier abgebildete Kirche wurde im zwölften Jahrhundert, etwa fünfhundert Jahre nach seinem Tode, errichtet. Ungewöhnlich ist die romanische Laubwerkornamentik außen am Südfenster.

Bei der Kirche wurden bis zu dreißig mit Kreuzverzierung und Namensinschriften versehene Gedenkplatten – einige bei Ausgrabungen 1944 – gefunden. Leider läßt sich keine der Gedenkplatten einer historisch verbürgten Person mit absoluter Sicherheit zuordnen. Ein interessantes Steinkreuz mit irischer Inschrift aus Versalien der Art des Kelches von Ardagh (s. S. 53) konnte bisher ebenfalls nicht vollständig entziffert werden. Da es Zimmermannstechniken nachzuahmen scheint, könnte ein Holzkreuz um 800 als Vorlage gedient haben.

TUAM CATHEDRAL
Grafschaft Galway

Als Sitz des Hauses O Conor, das zwei irische Hochkönige des elften Jahrhunderts stellte, verfügt Tuam über eine Reihe wichtiger Denkmäler jener Zeit. Drei Hochkreuze befinden sich jetzt in der protestantischen Kathedrale. Die Kathedrale selbst beherbergt den Hochchor eines romanischen Vorläufers als Sitz des von der Synode von Kells 1152 eingerichteten Erzbistums. Mit einer Spannweite von 5 m ist der Hochchorbogen der breiteste seiner Art in Irland. Die Kapitelle schmückten Tierornamente als Imitation des Urnes-Stils, wie an dem jetzt im Südquerschiff aufgestellten Marktkreuz. Die innerste Ordnung trägt an der Innenfläche eine wunderbar lächelnde Maske. Die profilierte Platte über dem Kapitell ist Merkmal der Spätromanik in Irland. Das verleiht dem Argument von Roger Stalley Kraft, der Hochchor insgesamt, einschließlich der inneren Ostfenster mit einer eigenartigen schwerttragenden Figur, stamme aus der Zeit nach dem Brand 1183.

Der Hochchor der alten romanischen Kathedrale wurde im vierzehnten Jahrhundert zum Vorbau eines auf der Ostseite angefügten, von Maurice Craig als ‚Retrochorus' bezeichneten Gebäudes, umfunktioniert. Dieses Gebäude wurde als Chor der mittelalterlichen Kathedrale genutzt. Der Durchbruch des mittleren Ostfensters des romanischen Hochchores diente als Eingang. Nach dem Bau des jetzigen Schiffes an der Stelle des ursprünglichen Schiffes 1861 wurde die Maueröffnung geschlossen.

RECHTS UND UNTEN (Detail)
Die von den Hochkönigen O Conor im zwölften Jahrhundert reich ausgestattete Kathedrale Tuam erhielt wahrscheinlich nach einem Brand 1183 den breitesten romanischen Hochchorbogen aller Kirchen des Landes. Vor Witterungseinflüssen geschützt, blieben die plastischen Steinarbeiten, wie die Maskenköpfe an den Kapitellen, in ungewöhnlicher Qualität erhalten.

CLONFERT CATHEDRAL
Grafschaft Galway

Der großartige Westtürdurchgang der Kathedrale von Clonfert gilt allgemein als Höhepunkt der romanischen Bauornamentik in Irland. Mit ‚barocker' Fülle bleibt kaum ein Quadratzentimeter Fläche ohne Schmuck. Der Grund für ein so aufwendiges Portal: Es diente als Zugang zur Ruhestätte des in ganz Europa bekannten irischen Heiligen, Brendan des Steuermannes, hier, fern von der von ihm so geliebten See. Gestorben war er in einem anderen von ihm gegründeten Kloster in Annaghdown am Lough Corrib (wo sich ebenfalls romanische Überreste befinden), der Leichnam wurde 577 oder 583 hier beigesetzt.

Der Türdurchgang wurde in einen vorhandenen Giebel mit *antae* eingesetzt, zu dem einige romanische Reste älterer Erscheinung im Innern der Kathedrale gehört haben mögen. In der Steigung des Durchganges liegt ein leichtes Gefälle. Dieses wurde im fünfzehnten Jahrhundert durch Einfügen der innersten Ordnung, Kalksteinsäulen mit einer senkrechten Türeinfassung mit floralen Ornamenten und den Gestalten von zwei Bischöfen ‚korrigiert'.

Der Portalschmuck ist vielfältig. Tiermotive skandinavischen Ursprungs,

GANZ LINKS, LINKS UND LINKS UNTEN Zu Ehren des hl. Brendan, des Steuermannes, errichtet, dessen Gebeine hier in Ostgalway, weit von seiner geliebten See, zur letzten Ruhe gebettet sind, besitzt die Kathedrale von Clonfert einen Türdurchgang mit Giebel, der als Klimax romanischer Architekturskulptur in Irland gilt. In ‚barocker' Laune ist er üppig mit Flechtmotiven und Bossen sowie Menschenköpfen (im Giebel) geschmückt. Die innerste Säulenordnung – möglicherweise mit einem Abbild des Heiligen – ist eine Ergänzung aus dem fünfzehnten Jahrhundert.

klassische Palmetten, florale Muster und Voluten, Zickzackbänder, Bossen und Tierköpfe, einige Säulenpfosten verzehrend, andere in Hochrelief als Masken oder einen halbkreisförmigen Torus im Bogen haltend. Die drei äußeren Bogenordnungen zieren Hochreliefbossen; bei den drei inneren Ordnungen spielt der Wechsel von Licht und Schatten eine Rolle. Über dem Bogen findet sich ein letztes, großartiges Beispiel des Tangentengiebels von Cormac's Chapel mit einem halben Dutzend Köpfen im oberen Teil einer Arkade sowie flachen Dreiecken im Wechsel mit Menschenköpfen als versenkte Reliefarbeit im Scheitelbereich. Weitere Menschenkopfdarstellungen erscheinen wahllos eingestreut. Manche Köpfe, in denen einige Autoren den Rückgriff auf die von den heidnischen Kelten verehrten *tête-coupée* (abgetrennte Köpfe) sehen, sind stilisiert, andere bärtig oder glattrasiert, gelegentlich portraithaft, was den Übergang von der Romanik zur Gotik andeuten könnte. Der anzunehmende Zeitraum wären dann die letzten beiden Jahrzehnte des zwölften Jahrhunderts. Große Teile von Schiff und Hochchor könnten frühes dreizehntes Jahrhundert sein. Der Turm über dem Türdurchgang, die Querschiffe (von denen das nördliche nicht mehr vorhanden ist) und die Sakristei gehören in das späte Mittelalter, als der Hochchorbogen (mit behelmtem Kopf) eingebaut wurde.

TÜRDURCHGANG IN DER KATHEDRALE KILLALOE
Grafschaft Clare

Die romanische Kathedrale in Killaloe steht nicht mehr; erhalten und rekonstruiert ist aber der westliche Türdurchgang in der Südwestecke der gotischen Kathedrale. Die kräftige Skulpturarbeit, zumeist in Hochrelief, gab wohl den Ausschlag für die Erhaltung.

An den Pfosten proliferieren Kugelfriese, Zickzackornamente mit Laubwerkvoluten, phantasievolle Tierköpfe als Abschlüsse von Profilen, in einem Fall ein ganzes Tier, das, den Kopf gesenkt, in ein Rollenprofil beißt. Die Kapitelle sind eine entwickelte Form des Faltenkapitells, aufgelockert durch asparagusartige Ergänzungen und Spiralen darüber. Der Bogen ist mit Zickzackbändern geschmückt. Eine Ordnung unterscheidet sich durch Hochreliefs von Menschenantlitzen und Tieren. Zahlreiche Einzelheiten dieses Türdurchganges finden wir in der Plastik der ‚Schule des Westens', zum Beispiel in Ballintubber, Boyle und Corcomroe, wieder. Sie dürfen daher zu Recht als Ausgangspunkt für die Entwicklung der Schule im ersten Viertel des dreizehnten Jahrhunderts gelten. Tessa Gartons Datierung um 1200 erscheint somit für den Türdurchgang in Killaloe angemessen. Belegt wird damit die ungebrochene Kraft der spätromanischen Bildhauerkunst im Westen Irlands, während sich im Osten des Landes bereits der gotische Stil herausbildete.

Der Türdurchgang in der Südwestecke des Schiffes der gotischen Kathedrale von Killaloe gehört zu einer älteren romanischen Kirche, die den Künstler der ‚Schule des Westens' anfangs des dreizehnten Jahrhunderts beeinflußt haben dürfte.

DIE ANGLONORMANNEN, 1169–1400

POLITISCHE ENTWICKLUNG

Im Jahre 1175 schloß König Heinrich II. von England mit Rory O Conor, ‚Hochkönig' von Irland, den Vertrag von Windsor. Darin verpflichtete sich der irische König zur Zahlung eines jährlichen Tributes. Als Gegenleistung durfte O Conor weiter als Hochkönig über den von den Normannen nicht eingenommenen Teil des Landes herrschen. Beide Parteien hielten sich jedoch nicht an die Absprache – oder konnten es nicht. O Conor, weil er nicht im gesamten gälischen Irland als Hochkönig anerkannt war; Heinrich, weil er seine raubgierigen Barone nicht davon abhalten konnte, sich in den Besitz der fruchtbaren Ländereien zu bringen. Den Iren blieben die Moore und das bewaldete Oberland. König Heinrich behielt Dublin, einschließlich des Hinterlandes, ebenso die Küstenstädte Cork und Limerick, für sich. Die Barone verfolgten ebenso rasch eigene Interessen. Hugh de Lacy brachte Meath vom Shannon bis an die Irische See in seine Gewalt; John de Courcy marschierte in Ulster ein, nahm Downpatrick und schuf neue Machtzentren in Carrickfergus, Dundrum und anderen Orten. Munster wurde unter mehreren fremden Rittern aufgeteilt und wurde beinahe so französisch wie Frankreich. Erst 1235 marschierten die Normannen von ihren Burgen am Shannon in Connacht ein. Die Könige O Conor, Verbündete des englischen Herrschers, mußten erleben, wie ihr Land unter den de Burgos, de Lacys und FitzGeralds aufgeteilt wurde. Normannische Städte entstanden in Galway und Athenry, die alte nordische Stadt Limerick erhielt Befestigungen. Die bewohnten Viertel zahlreicher weitere Städte, darunter Youghal, wurden mit Stadtmauern umgeben. Mitte des dreizehnten Jahrhunderts befanden sich drei Viertel Irlands in der Hand der Normannen. Das restliche Viertel – der Norden – sollte seine Unabhängigkeit länger als drei Jahrhunderte behalten.

Die Normannen verdankten den militärischen Erfolg ihrer eisernen Disziplin, der Überlegenheit ihrer Waffen und Rüstungen. Als Anpassung

Es ist anzunehmen, daß John de Courcy als erster die Burg Dundrum in der Grafschaft Down mit Wehranlagen versah, um die von ihm 1177 eroberten Teile von Ulster zu verteidigen. Große Teile der heutigen Anlagen wurden wahrscheinlich erst zu Beginn des nächsten Jahrhunderts erbaut.

Die Condons und Roches gehörten zu den ersten normannischen Eindringlingen in Nord-Cork. Wahrscheinlich geht der Bau der Burg Glanworth in der zweiten Hälfte des dreizehnten Jahrhunderts wesentlich auf beide zurück.

an die Kampfbedingungen in Irland setzten sich allmählich leichtere Rüstungen durch. Im Unterschied zu den Iren, für die Krieg hauptsächlich im Stehlen von Rindern bestand, behielten die Normannen, was sie durch das Schwert errangen. Zum Ausbau von Vorauspositionen für weitere Angriffe sowie in der Absicht, die Iren zu unterdrücken und gleichermaßen zu beeindrucken, bauten sie Motten – Erdkegelburgen – und dazu Höfe für die Unterbringung von Rindern und Pferden. Noch im selben Jahrhundert errichteten sie Ringmauern mit Gräben und Palisaden und einem Torhaus zur Bewachung. Gleichzeitig begannen sie zum Zwecke der Sicherung der territorialen Zugewinne mit dem Bau von Steinburgen. Statt die einheimische Bevölkerung zu vertreiben, ließen sie sie das Land bebauen. Dem irischen Adel gaben sie ihre Töchter zu Frauen.

Eine wesentliche Leistung war die Stärkung und Ordnung der alten nordischen Städte Dublin, Wexford, Waterford, Cork und Limerick, um die sie gewaltige Mauern zogen. In Dublin wurde zudem eine wehrhafte Burg errichtet. Die Arbeiten begannen 1204. Für mehr als 700 Jahre sollte sie das Symbol der von England verwalteten Macht in Irland bleiben. Sie errichteten Märkte, prägten Münzen, bauten Güter, Werkstätten und Kirchen, in den größeren Städten neue, imposante Kathedralen und Kirchen und ermutigten die Dominikaner und Franziskaner als Neuankömmlinge, sich in den Städten niederzulassen und den Menschen zu predigen.

Ulster westlich des Bann verblieb in irischer Hand. Der Eroberungsdrang der Normannen kam zum Erliegen. Alle waffenfähigen Männer standen im Kampf in England und Frankreich. Trotz mehrerer größerer Siege der Normannen in der zweiten Hälfte des dreizehnten Jahrhunderts, konnten die Iren erstmals das Blatt wenden, besonders im Südwesten und in Connacht.

Um 1300 hatten die Normannen den Rahmen für eine Verwaltung geschaffen, ein Parlament sowie die erforderlichen Rechtspersonen eingesetzt. Sie steigerten die Felderträge durch besseres Pflügen des Bodens und Rodung großer Waldflächen. Doch war Irland noch für Jahrhunderte wesentlich dichter bewaldet als heute. Die Weizenerträge waren dank optimaler Klimaverhältnisse hoch, gingen aber im Jahrhundert darauf drastisch zurück. Ein weithin unbeachteter Aspekt der Normannen in Irland ist die Entwicklung einer eigenen Literatur und die Einrichtung von Schulen, die meisten im Zusammenhang mit Klöstern. Die gesellschaftliche Oberschicht ließ ihren Söhnen jedoch höhere Bildung in Oxford und Cambridge angedeihen.

Mit Fortschreiten des vierzehnten Jahrhunderts verschlimmerten sich die Verhältnisse für die Anglo-Iren. Edward the Bruce setzte 1315 von Schottland über (zwei Jahre darauf sein Bruder Robert), wo ihn die einheimische Bevölkerung zum König von Irland ausrief. Als er am Ende eines dreijäh-

OBEN In der Kirche St. Mary in New Ross befindet sich diese Statue eines unbekannten Laien, Vertreter der reichen Bürgerschaft in den von den Normannen gegründeten Städten, die im dreizehnten Jahrhundert zur Blüte aufstiegen. Der Stein wurde – möglicherweise mit der fertigen Plastik – aus normannischem Gebiet in Westengland eingeführt.

RECHTS Greencastle, auch bekannt als Northburgh oder Newcastle, auf der Halbinsel Inishowen, Grafschaft Donegal, wurde 1305 vom ‚Roten' Earl of Ulster mit der Absicht gegründet, sie zur Hauptfeste im Nordwesten Irlands auszubauen. Die Absicht ließ sich nicht verwirklichen. Die Burg wurde von dem Schotten unter Edward the Bruce 1316 eingenommen und fiel später in irische Hand.

rigen Feldzuges getötet wurde, lag das Land verwüstet. Mitte der zwanziger Jahre des vierzehnten Jahrhunderts lebten die Besitzer der Hälfte des besiedelten Landes außerhalb desselben in England. Die Verteidigungsanlagen verfielen rasch. Reiche Ernte fuhr der Schwarze Tod ein. Besonders in den Städten raffte die Beulenpest zwischen 1348 und 1350 die Menschen dahin. Bruder Clyn von Kilkenny hinterließ einen aufrüttelnden Bericht über die Pest, der erst abbricht, als ihn die Krankheit ebenfalls hinweggerafft. Schätzungen zufolge fand in jenen Jahren etwa jeder dritte Stadtbewohner in Irland den Tod. Landhäuser und Dörfer wurden hastig verlassen, die Felder nicht mehr bestellt. Viele der Überlebenden gingen nach England zurück. Nach dem Abklingen der Pest verloren die Anglo-Iren die Herrschaft über Teile des Territoriums. Gleichzeitig erstarkte das gälische Irland, das von der Pest Mitte des Jahrhunderts weitestgehend verschont geblieben war.

Das gälische Irland blieb mit nicht mehr als etwa einer halben Million Seelen weiter dünn besiedeltes Land, geprägt von der Weidewirtschaft mit einem bescheidenen Feldbau. Die Siedlungen lagen verstreut, viele nicht auf Dauer errichtet. Ausgangs des zwölften Jahrhunderts konnte Giraldus Cambrensis, voreingenommen und direkt, wie es seiner Art entsprach, von den Iren sagen, ‚die Wälder sind ihre Festungen, die Sümpfe ihre Gräben'. Die Burgen der O Conors verließen sie bereits vor Ankunft der Normannen. Was als Palast beschreiben wurde, hat wohl etwas Dekoratives, ist aber wenig mehr als ein größeres Holzhaus. Ein zisterziensischer Abt machte sich über die irischen Könige lustig und schrieb, sie lebten in Strohhütten. Politisch ließ die gälische Gesellschaft Stabilität vermissen, war von Rivalitäten zerrissen.

Die Führung erneuerte sich jeweils von oben nach unten. Dabei folgten die Jungen den Alten an der Macht. Wenig blieb aus jener Zeit erhalten, was Auskunft über das mittelalterliche Irland der Gälen geben könnte. Das Wissen über die anglonormannische Gesellschaft ist ungleich vollständiger. Erhalten blieben aber jene Kernsiedlungen, die an Orten, wie Clonmacnoise und Armagh, lange vor der normannischen Eroberung bestanden. Kleinere Ansiedlungen mit Handwerkern dürften auch um die weniger bedeutsamen religiösen Einrichtungen bestanden haben. Crannogs, wie sie bereits in vornormannischer Zeit benutzt wurden, gab es offenbar – zumindest in Ulster – bis um 1600.

Ausdruck für das kulturelle Wiedererwachen des gälischen Irlands nach der Pest war das bedeutende Treffen der Poeten, Barden und Harfenspieler 1351 im Hause O'Kelly in Connacht. Mehr als ein halbes Jahrhundert blieb der gälische Adel Mäzen für eine neue Generation von Poeten der irischen Sprache, die die Vergangenheit zu erwecken suchten, als habe es die Normannen nie gegeben. Ja, einer der größten dieser Poeten, der dritte Earl von Desmond, besser bekannt als Gearóid Iarla, hatte selbst normannisches Blut in den Adern. Um 1400 entstehen bedeutende Kodizes, zum Beispiel das *Book of Ballymote* und das *Yellow Book of Lecan*, jedes – wie Donnchadh Ó Corráin sagt – eine ‚Bibliothek gälischer Gelehrsamkeit'. Zu den heute unverständlichen frühen irischen Rechtstraktaten erscheinen neue Kommentare, Übersetzungen von astronomischen Abhandlungen und kontinentalen Rittersagen befinden sich in Vorbereitung. Für uns symbolisiert

GANZ LINKS UND LINKS Plastiken in Gowran, Grafschaft Kilkenny – vermutlich James le Butler, erster Earl von Ormond und seine Gemahlin Eleanor de Bohun – sind nach dem Niedergang der normannischen Herrschaft in Irland von Strenge gekennzeichnet. Nur zehn Jahre später hält der Schwarze Tod ab 1348 reiche Ernte.

Gearóid Iarla das erstarkende Bestreben unter alten anglo-irischen Familien, irische Sitten anzunehmen und irische Kleidung zu tragen. Dies bereitete der englischen Regierung so große Sorge, daß sie schon vor den Tagen des Poeten und Earl in den Statuten von Kilkenny 1366 die Gälisierung unter den Kolonisten verbot. Das Gesetz bewirkte wenig; es wurde häufiger übertreten denn beachtet. Etwas später versuchte William von Windsor, den Trend aufzuhalten, indem er allen Besitzern die Rückkehr nach Irland befahl, wo sie die verfallenden Verteidigungsanlagen instandzusetzen hätten. Andernfalls sollten sie für die Kosten einstehen. Die Folge war, daß viele ihre irischen Besitzungen verkauften. Ende des vierzehnten Jahrhunderts unternahm Richard II. zwei Reisen nach Irland, mußte aber nach England zurückkehren, wo er auch wegen der fehlgeschlagenen Versuche, dem gälischen Wiedererstarken Einhalt zu bieten, seinen Kopf verlor. Um 1400 hatte England die Kontrolle über große Teile Irlands verloren. Die Verbliebenen waren zumeist auf sich selbst gestellt.

DER CANTWELL RITTER IN KILFANE
Grafschaft Kilkenny

In der mittelalterlichen Pfarrkirche von Kilfane in der Grafschaft Kilkenny befindet sich das prachtvolle Abbild eines normannischen Ritters, das Roger Stalley als ‚eines der besten seiner Art in ganz England und Irland' bezeichnet. Mit 2,40 m Länge ist es auch das größte, ‚ein Koloß unter den mittelalterlichen Abbildern' – wiederum mit den Worten Roger Stalleys. Der Ritter trägt als Schutz ein mehrteiliges Panzerhemd, auf dem Kopf eine Helmkappe, darunter eine Kappe als Schutz des Schädels, wie zu vermuten ist. Eine Halsberge bedeckt den Körper bis zu den Knien, dazu Knieschutz und Handschuhe. Über der Halsberge trägt der Krieger einen Überwurf mit tiefen Falten, darüber einen Gürtel für das zwischen seinen Beinen sichtbare Schwert. Der lange Dreieckschild in seiner Linken zeigt das Wappen der Familie Cantwell, die im Gefolge von Theo-

LINKS Das große Bildnis eines Cantwell Ritters (genannt ‚Cantwell Fada' oder ‚Langer Cantwell') in Kilfane, Grafschaft Kilkenny, ist Inbegriff normannischer Überlegenheit und Dominanz weiter Teile Irlands eineinhalb Jahrhunderte nach der Invasion des Landes 1169.

RECHTS Die beiden als ‚die Brüder' bekannten Ritter stehen einander auf diesem Grabstein in Jerpoint Abbey, Grafschaft Kilkenny, gegenüber. Dargestellt ist unterschiedlicher Kopfschutz, wie ihn die Normannen in Irland gegen Ende des dreizehnten Jahrhunderts benutzten.

bald Walter mit den Normannen im späten zwölften Jahrhundert nach Irland kam.

Jedoch, wessen Abbild aus der Familie ist es? Die Rädersporen an den Fersen bewogen John Hunt zu der Annahme, es sei vielleicht Thomas Cantwell, der um 1320 starb. Roger Stalley hingegen führt zwingend Stilgründe an, die für ein etwa siebzig Jahre früheres Datum sprechen. Das Problem, welcher Cantwell nun abgebildet ist, löst dies mithin nicht. Wer immer die gebieterische Rittergestalt mit der stolzen Bewegung der übereinandergeschlagenen Beine und dem selbstsicheren Blick sein mag, sie führt uns eindrucksvoll die Erscheinung eines normannischen Ritters in voller Rüstung vor Augen, der – wie die ‚Brüder' in Jerpoint – den Osten Irlands im gesamten dreizehnten Jahrhunderts beherrschte. Obwohl einheimischer Kalkstein verwendet wurde, könnte der Künstler aus Südwales stammen.

NORMANNISCHE MOTTEN UND BURGEN

Innerhalb weniger Jahrzehnte nach ihrer Ankunft 1169 begannen die Normannen, ihr hinzugewonnenes Territorium durch Befestigungen aus Erde und Stein zu schützen. Selbst unausgebildete Arbeiter wären in der Lage gewesen, Erdwerke schnell und wirksam aufzuwerfen. Zwei Formen wurden ausgeführt: Motten und Zingel. Die Motte – wie in Knockgraffon – ist ein hoher Erdhügel, auf dessen abgeflachter Kuppe ein Holzturm, eine sogenannte Bretesche, errichtet wurde. In diesem wurden Waffen gelagert, und er diente als Wachturm vor anrennenden Feinden. Die Erde für die Motten erhielt man durch das Ausheben von tiefen Gräben um deren Fuß. Direkt vor dem Graben befand sich häufig ein Hof – ein ebenfalls durch Graben und wahrscheinlich eine Holzpalisade geschützter, ebener Bereich, der dem Aufenthalt von Soldaten und Vieh diente. Zingel waren runde, von einem Erdwall umgebene Einfriedungen, gelegentlich mit erhöhtem Innenraum. Auf einigen wurden später Steinburgen errichtet. Wie bereits erwähnt, nahm die Gesellschaft in Irland nach europäischem Vorbild in zunehmendem Maße feudalistische Züge an. Einige Zingel, eventuell selbst Motten, waren das Werk der Iren, Ebenbild der normannischen und von diesen kaum zu unterscheiden.

Eindeutig normannischen Ursprungs sind die großen Steinburgen, mit deren Bau die Normannen innerhalb eines Jahrzehnts nach ihrem Einmarsch begannen. In dieser oder jener Form entstanden in den nächsten etwa einhundertdreißig Jahren zahlreiche weitere. Unter den frühesten waren auch die stärksten – Carrickfergus in der Grafschaft Antrim und Trim in der Grafschaft Meath. Jede wurde von dem normannischen Baron gebaut, der das Gebiet eroberte, in dem sie steht: John de Courcy, Eroberer von Ulster und Hugh de Lacy, Lord of Meath. Beide Burgen besitzen einen dreistöckigen, rechteckigen Mittelturm mit Zugang im ersten Stockwerk. Dieser diente als Raum für die Wächter, die den Zutritt zur Hauptburg kontrollierten. Das zweite Stockwerk war für das unmittelbare Gefolge des Ritters reserviert. Die Privatgemächer des Hausherrn lagen im obersten Stockwerk. Die Tatsache, daß die Türme keine Unterkünfte für Soldaten enthielten, legt nahe, daß der große Saal, wo sich Burgherr und Soldaten trafen, außerhalb der Hauptburg gelegen haben muß, auch daß die Türme unter anderem Statussymbole waren, die die Bedeutung des Burgherrn unterstrichen. Das Fehlen bestimmter Verteidigungsanlagen, wie in einigen Fällen Scharten zum Abschießen von Pfeilen, beweist, daß die Anglonormannen die unterworfenen Iren nicht allzu sehr als Feinde fürchteten, deren man sich ständig erwehren mußte.

Der König von England aber hatte nicht die Absicht, sich beeindrucken zu lassen. Ihm war der offen zur Schau getragene Stolz der Barone ein Dorn im Auge. Nicht nur die der Erbauer von Carrickfergus und Trim, sondern auch anderer, wie William the Marshal in Kilkenny und Geoffrey de Marisco in Adare. Der König spürte, daß er handeln mußte, wollte er die eigene Zentralmacht errichten. Um 1204 befahl er, mit dem Bau der Burg von Dublin zu beginnen. Dort entstand ein großer Saal als Mittelpunkt gesellschaftlicher Ereignisse. Möglicherweise war die Handlungsweise des Königs dadurch bestimmt, daß er in Dublin keinen Belfried oder Donjon gegen die

Motten, wie diese in Knockgraffon, Grafschaft Tipperary, ursprünglich mit hölzernem Wachturm, zählen im ausgehenden zwölften Jahrhundert zu den frühesten normannischen Wehranlagen in Irland.

Turmmacht der Barone aufbieten konnte. Gleiches traf auch auf die königliche Burg in Limerick zu, wo unmittelbar nach der Abreise von König Johann 1210 aus Irland umfangreiche Bauarbeiten begannen. Diese, wie in Dublin, umfaßte einen ovalen Bereich hinter einer Umfassungsmauer mit starken Rundtürmen an den Ecken und entlang der Mauer. Die Verteidigung des Zugangs übernahmen in jedem Falle zwei halbrunde Trommeltürme. Das etwa um diese Zeit erbaute Athlone hatte wegen seiner Funktion zur Errichtung eines normannischen Brückenkopfes westlich des Shannon einen starken Vieleckturm als Mittelturm.

Die Erfahrung in England hatte gezeigt, daß eckige Türme untergraben werden konnten. Das bewies König Johann in beeindruckender Weise, als seine Belagerung einen der rechteckigen Türme in Rochester im Jahre 1215 zu Fall brachte. Um 1200 errichtete Theobald Walter den wuchtigen Donjon seiner Burg in Nenagh als zylindrischen Turm von nahezu 30 m Höhe. Kein anderer Turm im Lande kam diesem gleich. Innerhalb der nächsten zehn Jahre sollte Dundrum, Grafschaft Down, ein ähnliches Bauwerk erhalten. Die Normannen, welche schnell erkannten, daß Rundtürme weniger leicht verwundbar waren als eckige, entwickelten eine neue Burgform für Irland, die in der einen oder anderen Form bis in das sechzehnte Jahrhundert modern bleiben sollte. Sie bestand aus einem großen, rechteckigen Block mit einer Rundbastei an jeder Ecke, wie sie – leider teilweise zerstört – heute noch in Ferns und Carlow gut zu sehen sind. Die Burg Kilkenny war im wesentlichen von gleicher Art, doch bot ihr dreieckiger Grundriß reichlich Platz für einen offenen Innenraum. Rundbasteien wurden allein für Normannenburgen in Ballyloughan, Grafschaft Carlow und anderen Orten bis in das frühe vierzehnte Jahrhundert errichtet. Das große Tor der Burg Roscrea um 1280 bedeutete die Rückkehr zur Rechteckform.

Die Topographie des Landes war ein entscheidender Faktor für die Form frühnormannischer Burgen, besonders wenn sie auf Felsausbissen, wie in Dunamase, Grafschaft Laois und Carlingford, Grafschaft Louth – beide entstanden im frühen dreizehnten Jahrhundert – errichtet wurden. Später in diesem Jahrhundert wurden Rechteckburgen mit Rundbasteien an den Ecken eher auf flachem Grund errichtet. Nachahmung ist die wirksamste Form von Schmeichelei. So kann man nur vermuten, daß die Stärke der im späten dreizehnten Jahrhundert von Justitiarius Robert de Ufford errichteten Burg dieser Art in Roscommon die O Conor Könige von Connacht so beeindruckte, daß diese im darauffolgenden Jahrhundert eine ähnliche Burg im ebenen Lande in nur 16 km Entfernung bauten. Kurze Zeit darauf stürzte die Invasion der Bruce Irland ins Chaos und brachte den normannischen Burgenbau im Lande faktisch zum Erliegen.

LINKS Theobald Walter Butlers Dreißigmeter-Donjon beherrschte um 1200 die Burg Nenagh, Grafschaft Tipperary und das Gebiet Ormond. Ihre Mauern widerstanden selbst einer Schwarzpulverexplosion 1760, mit der ein Bauer Sperlinge von seinen Feldern zu verscheuchen hoffte. Das obere Stockwerk wurde etwa einhundert Jahre später aufgesetzt.

RECHTS Der Erbauer der nach König Johann benannten Burg in Carlingford, Grafschaft Louth, um 1200 war vermutlich Hugh de Lacy. Die gute Verteidigungsmöglichkeit der Burg auf der felsigen Landspitze sowie eine Möglichkeit, im tiefen Wasser Anker zu werfen, dürften für die Standortwahl ausschlaggebend gewesen sein, vielleicht auch die eine oder andere Auster – noch heute eine Delikatesse hier.

CARRICKFERGUS CASTLE
Grafschaft Antrim

Die Burg Carrickfergus ist zweifellos die intakteste der die anglonormannische Eroberung überdauernden Burgen. Errichtet auf einem zungenartig in den Belfast Lough vorspringenden Fels, könnte John de Courcy 1178, dem Jahr seines Einmarsches in Nordwestulster, mit dem Bau begonnen haben. Das wichtigste Gebäude während der frühen Phase war ein ca. 27 m hoher, dreistöckiger Rechteckturm. Nur das oberste Stockwerk verfügt über ausreichend Fenster. Von dort oben konnte de Courcy die Vorgänge im Hof gut im Auge behalten. Dieser wurde durch eine Umfassungsmauer mit gelegentlichen Türmen geschützt. Der Turm oder Donjon stand in einer Ecke des vieleckigen Hofes, an dessen Ostseite, nahe dem ursprünglichen Zugang, sich der Saal befand, in dem die versammelten Soldaten gelegentlich die Worte ihres Herrn und Meisters vernahmen. De Courcy erfreute sich der Burg, bis Hugh de Lacy, Sohn des ersten Erbauers von Trim Castle, ihn stürzte. Diesen wiederum hatte man aus dem Land des Earls von Ulster verjagt, als König Johann die Burg 1210 überrannte. Der König übernahm die Verteidigung der Burg und besetzte sie im Jahr darauf mit zehn Rittern, sechzehn Soldaten, fünf Bogenschützen und einem Geistlichen – doppelt so viele, wie in jeder anderen Burg in Ulster.

Da die landseitige Mauer des Turmes von potentiellen Angreifern leicht eingenommen werden konnte, wurde auf der Nordseite um 1220 eine weitere Schutzmauer errichtet, die Belagerer in möglichst großer Entfernung vom Turm halten sollte. Dabei blieb nur ein Stück der Landzunge ohne Verteidigungsanlage. Doch bis zur Mitte des Jahrhunderts war auch diese errichtet. Danach konnte die Burg nur noch durch ein von zwei mächtigen Basteien flankiertes Tor auf der Landseite betreten werden. Spätere Ergänzungen sind nur unbedeutend, so daß Carrickfergus als wunderschöne Burg aus dem dreizehnten Jahrhundert erhalten blieb.

Sie diente im späten Mittelalter als Verwaltungszentrum und erlebte eine friedvolle Periode, bis Schomberg sie 1689 für König Wilhelm von Oranien nahm, der im Jahr darauf Carrickfergus für seine erste Landung in Irland aussah. Der französische Kommandant Thurot nahm die Burg 1760 in einem Handstreich von See aus. Einige der Kanonen wurden dort vorsorglich gegen eine Invasion Napoleons aufgestellt, die nie stattfand.

TRIM CASTLE
Grafschaft Meath

Nach Carrickfergus ist Trim in der Grafschaft Meath zweifellos die besterhaltene Normannenburg in Irland. Zudem ist sie mit 1,2 ha die größte. Als zentrales Gebäude erhebt sich ein mächtiger Belfried oder Donjon mit größtenteils rechteckiger Grundform, dazu auf jeder der vier Seiten ein weiterer Rechteckturm (von denen einer nicht mehr vorhanden ist). Zusammen ergeben sie die Form eines gleichseitigen griechischen Kreuzes. Keine andere Normannenburg kommt dieser Grundform nahe. Da jede der insgesamt ein Dutzend Ecken potentiellen Belagerern leichten Zugang gewährt hätte, dienten die Türme möglicherweise nicht als reine

RECHTS Durch Ableiten des Wassers aus der Boyne in den Burggraben entstand für die Burg Trim eine zusätzliche Verteidigungslinie. Zu weiteren Wehranlagen gehörte ein teilweise erhaltener äußerer Wall.

LINKS Carrickfergus ist die imposanteste und am vollständigsten erhaltene Normannenburg in Irland.

Verteidigungsanlagen sondern unterstrichen die gesellschaftliche Bedeutung des Bauherrn. Hugh Tyrell, den Hugh de Lacy, Lord of the Liberty of Trim, 1172 als Verwalter des Ortes einsetzte, könnte den Bau der frühen Verteidigungsanlagen angewiesen haben. Als der Connachtkönig Rory O Conor diese bedrohte, setzte Tyrell sie in Brand. Dies könnte der Zingel gewesen sein, den Alan Hayden bei Ausgrabungen unter der Burg 1995 freilegte. De Lacy muß den Entschluß zum Bau des steinernen Belfrieds bald danach gefaßt haben, da die vom Office of Public Works durchgeführte Datierung des erhaltenen Rüstholzes in den Burgmauern nach der Jahresringmethode einen Zeitraum um die Jahre 1174–75 ergab.

Die Datierung weiterer Holzfunde in größerer Höhe des Bauwerkes ergaben die Jahre um 1195 und 1204. Wenn die Unterbrechung der Bauarbeiten an den Mauern ursächlich mit dem Tode von Hugh de Lacy 1186 gesehen wird, muß die Burg 1210, als König Johann sie einnahm, praktisch fertig gewesen sein. Abschließende Arbeiten mag William Peppard selbst 1220 noch ausgeführt haben. Etwa um diese Zeit wurde auch der Sockel am Turm ergänzt.

Die wirksamste Verteidigung von Trim boten die Umfassungsmauern, die entlang der Boyne in Form eines D errichtet wurden. Wasser aus dem Fluß füllte einen Graben um die Mauern und machte den Gesamtkomplex zur Insel. Das bedeutete eine Erhöhung der Verteidigungskraft. Unmittelbar hinter der nördlichen Umfassungsmauer legte Alan Hayden vor kurzem bei Grabungen einen nicht vermuteten, großen Steinsaal mit doppelter Säulenreihe und Gewölbe aus der Zeit um 1300 frei. Unter der Wiese zwischen Umfassungsmauer und Belfried werden weitere Bauten aus Stein oder Holz vermutet. Die wesentlich dem zwölften Jahrhundert zuzuschreibende Umfassungsmauer hatte mehrere Türme, davon einen Rechteckturm als Eingang auf der Westseite, die übrigen sind Rundtürme. Einer auf der Südseite besaß eine vollständig eingehauste Zugbrücke. Der Überlieferung nach wurden hier Prinz Hal (der spätere König Heinrich V.) und der ‚Gute Herzog' Humphrey von Gloucester aus Sicherheitsgründen untergebracht, nachdem König Richard II. die Burg 1399 verließ. Die Funde David Sweetmans in den Türmen und im Graben lassen vermuten, daß die Burg nach der Pest 1348–50 verlassen wurde, als sich das Schicksal gegen die Anglonormannen in Irland wandte. Trotz Reparaturen während des Aufstandes von Silken Thomas 1536 und 1541 spielte die Burg erst um 1640 erneut eine militärische Rolle, als sie zweimal genommen wurde, das zweite Mal durch die Kräfte Cromwells unter Lord Inchiquin. Danach wurde sie endgültig aufgegeben. Lord Dunsany übergab sie 1993 in staatliche Obhut.

DUBLIN CASTLE

Heute kennen wir die Burg Dublin von den mit großem Sicherheitsaufwand veranstalteten Zusammenkünften der Ministerpräsidenten der Europäischen Union, Einführungen des Präsidenten in den State Apartments und staatlichen Tribunalen, ganz zu schweigen von den Revenue Commissioners. Alles scheint Lichtjahre von jener mittelalterlichen Burg entfernt zu sein, die Meiler fitz Henry in 1204 auf Geheiß König Johanns, ihm in Dublin ‚zur Bewahrung seines Schatzes, zur Rechtsprechung und Verteidigung der Stadt mit guten Gräben und starken Mauern' zu errichten sich anschickte. Der Grundriß der Burg ist im wesentlichen rechteckig, mit einer Rundbastei an jeder Ecke. Die Langmauern hatten eine halbkreisförmige Bastei auf der Südseite sowie einen zweitürmigen Zugang im Norden. Angesichts der Dichte der Stadtbebauung um die Burg fällt die Vorstellung schwer, daß einst auf zwei Seiten die Poddle floß. Auf ihr gelangten Schiffe von der Liffey bis zu einem Becken auf der Südseite der Burg. Wasser aus dem heute kanalisierten Fluß wurde in einen Graben auf den beiden anderen Seiten geleitet. Bei Ausgrabungen im Pulverturm an der Nordostecke fand Conleth Manning nicht nur den Graben und den Turm aus dem dreizehnten Jahrhundert sowie den Abzweig zur Hauptmauer der Stadt, darunter entdeckte er mehrere Schichten aus der Zeit der Wikinger. Damit war klar, daß die Normannenburg auf einer Jahrhunderte alten skandinavischen Siedlung und ebensolchen Verteidigungsanlagen stand, denn die frühere Landzunge war ein eminent zu befestigender Ort.

Die Burg war von ihrer Gründung bis zur Übergabe an die Iren 1922 das Machtzentrum Englands in Irland. In den Jahrhunderten dazwischen erfüllte sie verschiedene Funktionen: Residenz des Lord Deputy and Lieutenant, selbst von Königen, darunter Richard II. um 1390, wahrscheinlich Jakob II. und William III. (beide 1690) und Georg V. 1911, Schatz- und Rüstkammer, Sitz von Parlamenten und Gerichten sowie Gefängnis für zahlreiche irische Patrioten (aus dem Red Hugh O'Donnell als einer der wenigen im Jahre 1592 entkam). Von dem durch Feuer im siebzehnten Jahrhundert zerstörten großen Saal ist nichts geblieben. Einzig die Türme an der Südflanke, einschließlich des hier abgebildeten Record Tower und Teile der Mauer zwischen ihnen, blieben von der mittelalterlichen Burg als oberirdische Bauten erhalten. Nach den Ausgrabungen von 1980 sind auch die beiden nordseitigen Ecktürme unterirdisch zu besichtigen. Cork Tower an der Nordwestecke (nahe dem heutigen Konferenzsaal), wurde von Ann Lynch ausgegraben. Sein Einsturz 1624 war Ausdruck des allgemeinen Verfalls der Burg in jener Zeit. Ein verheerender Brand 1684 beschleunigte die weitestgehend im achtzehnten Jahrhundert durchgeführte Rekonstruktion. Damals erhielt die Burg das uns heute vertraute Bild.

KING JOHN'S CASTLE
Limerick

Als am weitesten flußab gelegene Überquerungsmöglichkeit des Shannon wurde Limerick von den Wikingern wahrscheinlich bereits im zehnten Jahrhundert befestigt. Die strategische Lage gegenüber dem O'Brien Königreich Thomond veranlaßte König Johann, den Ort in den Jahren um 1200 weiter als Festung auszubauen. Als Lord of Ireland hatte er Limerick 1197 das Stadtrecht verliehen. Damit war das Signal zum Bau der König-Johann-Burg gegeben, einer der wenigen Königsburgen in Irland, bevor König Johann das Land als König 1210 besuchte. Die Burg ist in die Stadtmauern am Shannon gebaut und überblickt die Thomond Bridge, vermutlich die zweite von König Johann zu Beginn des dreizehnten Jahrhunderts gebaute Brücke. Die Befestigung besitzt in etwa Quadratform. An drei der vier Ecken stehen noch die trotzigen Basteien. Der Zugang, flankiert von zwei Rundtürmchen, lag auf der Nordseite.

Instandsetzungen erfolgten 1211–12. Danach hatte die Burg verschiedene Herren, die Brüder de Braose, Geoffrey de Marisco und Richard de Burgh, bis die Zustände 1226 schließlich chaotisch waren und sie ‚viel zerschlagenes Porzellan' enthielt. Häufig bedrohten die O'Briens und Macnamaras die Burg. Ein einziges Mal nahmen sie sie im vierzehnten Jahrhundert. Trotz Übernahme durch die Kaufleute der Stadt verfielen die Festungsanlagen in den folgenden einhundert Jahren weiter. Die von Sheelagh Harbison dokumentierte relative Vernachlässigung der Burg vom vierzehnten bis sechzehnten Jahrhundert bestätigte David Sweetman durch Ausgrabungen in der Burg in den siebziger Jahren dieses Jahrhunderts. Nach einer Aufzeichnung des Jesuitenpaters David Wolfe war die Burg 1574 ‚seit vielen Jahren unbewohnt … die Häuser und das Dach der Burg sind verfallen'. Ein neuer Turm wurde durch Josias Bodley 1608–11 in der Südostecke errichtet. Unweit davon fand Kenneth Wiggins Spuren vornormannischer Nutzung unter der östlichen Umfassungsmauer. Dieser Teil der Verteidigungsanlagen ist gut erhalten im unteren Geschoß eines maroden, zweistöckigen Interpretationszentrums, das etwa 1991 eingerichtet wurde, nachdem man Reste von Kasernen aus dem achtzehnten Jahrhundert und häßliche Gemeindewohnungen aus den dreißiger Jahren aus dem Burginnern entfernt hatte.

DUNAMASE CASTLE
Grafschaft Laois

Der Fels von Dunamase, geologisch ein Kalkrestberg, gewährt einen uneingeschränkten Blick über die Ebenen der Grafschaft Laois. Leider entspricht der Zustand der Burg auf dem Fels nicht der Schönheit des Ausblickes. Zur Zeit der normannischen Invasion 1169 war der Fels Besitz des

LINKS Der mächtige Record Tower der Burg von Dublin erfuhr seit seiner Errichtung im dreizehnten Jahrhundert nur geringe bauliche Veränderungen.

RECHTS Die Burg King John's Castle in Limerick sollte bei ihrer Errichtung um 1200 die irische Bevölkerung auf der anderen Uferseite des Shannon einschüchtern.

UNTEN Dunamase Castle in der Grafschaft Laois, heute leider nur eine Ruine, steht hoch oben auf einem Felsen. Bereits bei ihrer Entstehung im dreizehnten Jahrhundert muß sie einen bedrohlichen Eindruck gemacht haben, hatte aber auch etwas von einem verwunschenen Schloß an sich.

Königs von Leinster Dermot MacMurrough. Durch die Eheschließung seiner Tochter Aoife ging der Besitz an Strongbow und durch dessen Tochter an Großzeremonienmeister William. Dieser oder Meiler fitz Henry begannen mit der Befestigung des Felsens, die wahrscheinlich von William de Braose nach dessen Übernahme 1231 vollendet wurde. Oben umschließt den Fels eine Umfassungsmauer, drinnen der bis zum sechzehnten Jahrhundert mehrfach umgebaute, mächtige Belfried. Der Verteidigung des Belfrieds diente ein äußerer, dreieckiger Hof, der von einem anderen, D-förmigen Hof an der Ostseite des Felsens über einen Rundturm mit Tor zu erreichen war.

Für den Rest des Mittelalters blieb die Burg ein ständiges Streitobjekt zwischen Engländern und Iren. Die Engländer unterhielten zur Wahrung ihrer Interessen stets ein starkes Kontingent auf der Burg. In den von Cromwell geführten Kriegen wechselte die Burg mehrfach den Besitzer. Schließlich wurde sie von den Generälen Cromwells, Hewson und Reynolds in die Luft gesprengt. Übrig blieb die heutige Ruine. Im achtzehnten Jahrhundert spielte Sir John Parnell mit der Idee, sie in alter Größe und Schönheit wiederzuerrichten. Doch aus diesem Plan wurde nichts. Sein Sohn schließlich ließ die Burg vollends verkommen.

KILKENNY CASTLE

Kilkenny ist eine der großen mittelalterlichen Städte Irlands. In ihren alten Mauern birgt sie zahlreiche Gebäude aus dem Mittelalter. Am schönsten sind die Kathedrale St. Canice und die Burg Kilkenny. Trotz ihrer Größe und Macht taucht die Burg in den historischen Quellen nur selten auf. Die früheste Bautätigkeit könnte Großzeremonienmeister William um 1192 begonnen haben. Die trapezförmige Grundform der Burg dürfte kaum älter als dreizehntes Jahrhundert sein. Zu dieser Zeit wurden die massigen Rundbasteien an den Ecken gebaut, von denen noch drei vorhanden sind. Wie bei den Burgen in Dublin und Limerick, befand sich im großen, offenen Innenhof vermutlich kein freistehender Turm. Die vier die Türme verbindenden Mauern waren wahrscheinlich noch vorhanden, als die Butlers, Earls von Ormond, die Burg von den im Ausland lebenden Besitzern 1391/92 käuflich erwarben. Den einzigen erfolgreichen Angriff auf die Burg führte Oliver Cromwell 1650. Der dabei am ursprünglichen Eingang und der angrenzenden Mauer auf der Südostseite entstandene Schaden muß so groß gewesen sein, daß die gesamte Flanke später niedergerissen wurde und so der freie Ausblick auf die weitläufige Parklandschaft freigegeben wurde, den wir heute genießen.

Kurz nach 1698 baute der zweite Herzog von Ormond einen neuen Eingang im klassischen Stil. Er ließ die Burg im Stil eines französischen Château umbauen. In den Jahren nach 1826 ließ der erste Marquis von Ormond, der der Burg das mittelalterliche Aussehen zurückgeben wollte, die Umbauten des Herzogs größtenteils rückgängig machen. Sein Nachfolger, der zweite Marquis, baute in den fünfziger Jahren des neunzehnten Jahrhunderts die großartige, zweistöckige Bildergalerie mit Blick über die Nore nach Plänen des viktorianischen Architekten Benjamin Woodward. Damit war die heutige Mischung der Stile komplett. Nach annähernd 500 Jahren ununterbrochener Nutzung veräußerten die Ormonds 1935 das Inventar und übergaben die Burg 1967 für einen nominellen Kaufpreis von 50 Pfund Sterling offiziell dem Staat.

RECHTS Efeubewachsen überblickt die im dreizehnten Jahrhundert errichtete Burg Adare, Grafschaft Limerick, den Fluß Maigue. Ohne Zweifel wäre sie ein Gewinner bei einem Wettbewerb der romantischsten Festen des Landes.

LINKS Kilkenny Castle an der Nore, Zentrum der bezaubernden ‚Marmorstadt', hat seit ihrer Entstehung im dreizehnten Jahrhundert viele Wandlungen erlebt.

ADARE CASTLE
Grafschaft Limerick

In Adare, ca. 18 km westlich der Stadt Limerick, befinden sich mehrere der schönsten mittelalterlichen Denkmäler Irlands, darunter eine stolze Burg, deren Mauern – wie bei der Burg Dublin – an einen Fluß, die Maigue, gebaut sind. Der verfallene Belfried der Burg mit pilasterartigen Vorsprüngen an zwei Seiten, ist Teil der östlichen Umfassungsmauer eines Innenbezirkes, irgendwann vor 1226 vielleicht Zingel oder rechteckige Erdwallburg. Der Zugang zu diesem Innenbezirk erfolgte durch ein Tor, vor dem sich eine Brücke oder Zugbrücke über einen Wassergraben spannte, der den Innenbezirk umgab. Die Erbauer des Belfrieds könnten den Graben vertieft und zur Sicherung einer stabilen Wasserversorgung mit dem Fluß verbunden haben. Die Brücke verband inneren und äußeren Hof miteinander. Dort stehen parallel zum Fluß zwei große Säle. Der Saal weiter flußab, nahe dem Tor auf der Westseite, ist der ältere. Seine gerundeten Fenster deuten auf die Erbauung um 1200. Der Saal weiter östlich entstand etwas später im dreizehnten Jahrhundert.

Der gesamte Komplex wird meist als Desmond Castle bezeichnet. Der Grund mag sein, daß die Earls von Desmond hier zwischen 1536 und 1584 ihren Wohnsitz unterhielten. Die Erbauer waren sie nicht – doch wer dann? Der herrschaftliche Landsitz Adare befand sich 1226 im Besitz von Geoffrey de Marisco, als die Krone ihm das Messerecht verlieh. Er könnte Bauherr des Belfrieds und des älteren Saales gewesen sein. Eine ‚Inquisition' 1329–31 nach dem Ableben des Earl of Kildare, Richard fitz Thomas, nennt als Teile der Burg eine Kapelle und eine Kammer, beide mit Stroh oder Schindeln gedeckt, einen mit Bohlen abgedeckten Turm (Belfried) sowie eine Schiefer gedeckte Küche – sämtlich in ‚jüngsten' Kriegen mit den Iren zerstört. Bereits 1559 sprach Simon Barnewall von der ‚alten zerbrochenen Burg'. Trotz Schleifung vierzig Jahre später, wurde die Burg von den Royalisten bis 1641 gehalten, aber 1657 erneut durch die Kräfte Cromwells geschleift. Im Jahre 1683 ging sie an Thady Quin, dessen Familie, die Earls of Dunbraven, sie bis heute besitzen.

ATHENRY CASTLE
Grafschaft Galway

Die Burg Athenry erhebt sich an der Nordostecke der weitläufigen Verteidigungsmauern der Stadt im vierzehnten und fünfzehnten Jahrhundert, ist aber wesentlich älter als sie. Die Burg wurde 1238 von Meiler de Bermingham gebaut, die Stadtmauern frühestens 1316 durch den Anglonormannen William Liath de Burgo und Richard de Bermingham mit Geldern aus dem Verkauf von Waffen und Rüstungen der 8000 besiegten Anhänger des Connachtkönig Felim O Conor. Die Burg besteht aus einem gefälligen, dreistöckigen Belfried von rechteckiger Form. Das Erdgeschoß wird von Gewölben auf drei Quadratsäulen getragen. In die Burg gelangte man durch einen Zugang im Stockwerk darüber. Der Türdurchgang ist ungewöhnlich mit Laubwerkkapitellen geschmückt. Die hohen Giebelenden dürften nicht älter als fünfzehntes Jahrhundert sein.

Die Burg stand innerhalb einer D-förmigen Umschließung mit zwei runden Ecktürmen auf der Ostseite, wo die Stadtmauer angrenzte. Das Schicksal der Burg ist wechselhaft und verworren. Im vierzehnten und fünfzehnten Jahrhundert vermutlich bewohnt, wurde sie im sechzehnten endgültig aufgegeben. Neuere Ausgrabungen durch Cliona Papazian brachten magere Erkenntnisse über die Zeit danach. Die Söhne des Earl von Clanricarde dürfen also wenig Beute gemacht haben, als sie die Stadt Athenry 1577 plünderten. Die Burg jedoch entging offenbar weiterer Zerstörung, als Red Hugh O'Donnell und Tibbot McWilliam Burke Connacht 1596 überrannten. Die Stadt jedoch erholte sich davon nicht.

REGINALD'S TOWER
Waterford

Reginald's Tower ist die eindrucksvollste Verkörperung der mittelalterlichen Vergangenheit der Stadt Waterford. Auf der Seite der Landungsanlagen der Suir steht er am äußersten Nordostende der langen, mittelalterlichen Stadtmauern. Als Bastei war er wichtiger Teil der Verteidigungsanlagen der Stadt. Der Rundturm mit seinen mächtigen Mauern mißt 15 m in der Höhe und 11 m im Durchmesser. Oben befindet sich eine Brüstung mit Mauergang am Fuße des Kegeldaches. Der Turm erhielt seinen Namen von Ragnvald, einem Wikinger, der ihn 1003 erbaut haben soll. Waterford war zweifellos eine irisch-nordische Stadt. Jüngere Ausgrabungen durch Maurice Hurley belegen die Besiedelung durch die Wikinger bereits im zehnten Jahrhundert. Diese dürften die Stadt mit einem Wall umgeben haben; ob aus Erde oder Stein, ist ungewiß. Vergleiche mit den Verteidigungsanlagen des wikingischen Dublin machen es unwahrscheinlich, daß der Turm bereits 1003 gebaut wurde. Daß er vor 1170, als die Wikinger die Stadt einnahmen, existierte, gilt als wahrscheinlich. Hier soll auch der normannische Eindringling Strongbow Aoife, die Tochter des Leinsterkönigs Dermot MacMurrough im selben Jahr geehelicht haben. Die Normannen könnten den Turm jedoch auch verstärkt und ihm seine jetzige Form gegeben haben. Ob nordisch oder normannisch, er sah Ankunft und Abreise hoher Besucher, darunter 1172 König Heinrich II. und Richard II. am Ende des vierzehnten Jahrhunderts. Selbst Oliver Cromwell biß sich wohl an ihm die Zähne aus. In seiner langen Geschichte soll er zu verschiedenen Zeiten als Münze, Munitionslager und

OBEN Ein verzierter Türdurchgang in Höhe des ersten Obergeschosses, eine Schrägmauer am Fuße und Giebel an den Stirnwänden sind Merkmale der 1238 durch Meiler de Bermingham mit klarer Linienführung erbauten Burg Athenry, Grafschaft Galway.

RECHTS Reginald's Tower an einer wichtigen Ecke der Stadtmauern mit Blick auf den Fluß Suir ist das beeindruckendste Wahrzeichen der mittelalterlichen Vergangenheit von Waterford.

OBEN Die Burg im Zentrum von Roscrea wurde um das Jahr 1280 gebaut. Obwohl Besitz verschiedener Könige von England, wurde sie von keinem je besucht.

GANZ OBEN St. Laurence's Gate in Drogheda, eine der hervorragendsten Verteidigungsanlagen irischer Städte aus der Zeit um 1250, bewachte den Ostzugang der Stadt auf der Nordseite der Boyne.

Gefängnis gedient haben. Heute beherbergt er das Museum der Stadt Waterford. Zu den Exponaten zählt ein Zeremonienschwert Heinrichs VIII., sowie mehrere Urkunden, darunter die Charter Roll Richards II. mit einer faszinierenden Darstellung der Abfolge der Vertreter der englischen Könige in Irland bis zu dieser Zeit.

ST. LAURENCE'S GATE

Drogheda, Grafschaft Louth

John Bradley beschrieb das St. Laurence Tor in der mittelalterlichen Stadt Drogheda als ‚das herrlichste erhaltene Relikt mittelalterlicher Stadtverteidigungsanlagen in Irland'. Technisch betrachtet ist es kein Stadttor, sondern eine Barbakane vor dem (nicht mehr vorhandenen) eigentlichen Tor in der Stadtmauer. Es ist möglich, daß sich ursprünglich dazwischen ein Wassergraben mit Zugbrücke befand. Es besteht aus zwei nicht ganz identischen Trommeltürmen, mit einem flachen Bogen dazwischen als Durchgang. Ein zweiter, höherer Bogen schafft einen Mauergang zwischen den beiden Türmen.

Das Tor besaß zwei Zugänge, vermutlich auch ein Fallgatter, obwohl Hinweise auf Winden nicht gefunden wurden.

Den Namen St. Laurence hat das Tor von einem Krankenhaus unmittelbar vor der Stadtmauer, welche einst die längste aller irischen Städte um ein Gelände von 46 ha war. Sie bestand aus zwei Teilen, einer nördlich des Flusses (zu dem St. Laurence's Gate gehört), die andere südlich, in der Grafschaft Meath. Die Länge der Mauer weist Drogheda als bedeutendste Stadt an der Ostküste nördlich von Dublin aus. St. Laurence's Gate, erbaut um die Mitte des dreizehnten Jahrhunderts, etwa fünfzig Jahre nach dem ältesten erhaltenen Privileg, das Walter de Lacy den Bürgern 1194 gewährte, bewachte den Zutritt von Osten, von der Küste.

ROSCREA CASTLE

Grafschaft Tipperary

Im Zentrum von Roscrea erhebt sich ein hoher, rechteckiger Turm, einst Zugang zur Burg Roscrea. Vor 1212 befand sich hier eine Erdkegelburg mit Hof. Möglicherweise wurde die jetzige Burg errichtet, bevor der Bischof von Killaloe für den Bau einer königlichen Burg auf seinem Lande im Jahre 1280 entschädigt wurde. Der Torturm, ein dreigeschossiger Bau, kann mit hoher Wahrscheinlichkeit auf die zweite Hälfte des dreizehnten Jahrhunderts datiert werden. Giebel und Schornsteine kamen im achtzehnten Jahrhundert hinzu. Die ursprüngliche hölzerne Zugbrücke wurde in den letzten Jahren durch das Office of Public Works rekonstruiert. Der Turm steht an der Nordseite eines mehreckigen, von Mauern umgebenen Bezirkes. Diese bilden einen Hof ohne Belfried. Heute befinden sich hier das Damer House und das Roscrea Heritage Centre. Roscrea diente bis 1315 als königliche Burg. Danach war sie bis 1650 im Besitz der Butlers, wurde in jenem Jahr von Cromwell genommen, kehrte aber nach der Wiedereinsetzung Karls II. im Jahre 1660 in deren Besitz zurück. Der Zerstörung durch die Anhänger Williams 1692 entging sie. Die Butlers gingen ihrer endgültig 1703 verlustig. Im Jahre 1722 wurde sie von der Familie Damer gekauft, die das frühe georgianische Haus in der Burg errichtete. Im Krisenjahr 1798 wurde die Burg von den Commissioners and Overseers of the Barracks of England gepachtet. Der Torturm ging etwas mehr als einhundert Jahre später in staatliche Aufsicht über.

LINKS An den Hängen eines steil in einen schmalen Küstenstreifen abfallenden Hügels gelegen, errichtete die Stadt Youghal eine lange Stadtmauer gegen Gefahren von der Landseite. Die Mauer ist zum großen Teil erhalten.

UNTEN Wegen ihrer Lage abseits der großen Straßen oft übersehen, bietet Fethard den geordneten Mikrokosmos einer mittelalterlichen Stadt mit Stadtmauer (jüngst wiederhergestellt), zwei noch in Nutzung befindliche Kirchen sowie mehrere Turmhäuser.

DIE STADTMAUER VON YOUGHAL
Grafschaft Cork

Teile der mittelalterlichen Stadtmauern von Youghal sind noch gut erhalten. Das älteste, bekannte Privileg zur Erhebung eines Zinses zur Erhaltung der Stadtmauer erteilte De Clare 1275. Die Stadt dürfte also bereits vor jenem Jahr befestigt gewesen sein. Reparaturen an den Mauern wurden während des gesamten Mittelalters durchgeführt, danach im siebzehnten und achtzehnten Jahrhundert. In den siebziger Jahren unseres Jahrhunderts ermöglichte die Stadtbehörde von Youghal den Zugang zu den Mauergängen vom Gelände der Kirche St. Mary, ihrerseits eine interessante mittelalterliche Stadtkirche (s. S. 158). Im Mittelalter war die Stadt ein bedeutender Hafen für Südmunster, ebenso ausgangs des sechzehnten und im frühen siebzehnten Jahrhundert, als Sir Walter Raleigh und die Familie Boyle hier lebten. Da das urbane Zentrum sich an einem schmalen Küstenstreifen entlangzieht, bezog die Mauer einen Teil der steilen Hügel mit ein, so daß von dort kein Angriff mehr zu befürchten war.

FETHARD
Grafschaft Tipperary

Im dreizehnten Jahrhundert gegründet, besitzt Fethard mit den Worten von Avril Thomas ‚die vollständigste Stadtmauer aller irischen Städte'. Auf ca. 1125 m Länge mit nur wenigen Unterbrechungen verteilt stehen fünf Türme und zahlreiche Tore. Von den Türmen ist leider nur ein einziger erhalten. Die protestantische Kirche Holy Trinity datiert hauptsächlich aus dem fünfzehnten Jahrhundert. Jedoch mußte ein wichtiges Gebäude bereits vorhanden sein, denn die Erbauer der Stadtmauer umgingen 1292 das Kirchengelände in aufwendiger Bauweise. Zu weiteren Denkmälern des Mittelalters in der Stadt gehören vier Turmhäuser. Weitere Häuser zeigen die Wappen der Erbauer des siebzehnten Jahrhunderts, besonders der Everards, einst Lords der Stadt, die beträchtliche Areale vom Erzbischof von Cashel, dem frühest verzeichneten Eigentümer, erwarben. Unmittelbar vor der Stadtmauer befand sich eine heute noch besetzte Priorei der Augustiner (s. S. 207).

Die abgeschiedene Lage als Wächterin einer Brücke über das Flüßchen Clashawley mag der Grund sein, weshalb Fethard in den turbulenten Jahrhunderten des späten Mittelalters in Irland weitestgehend ungeschoren blieb. Es könnte aber auch sein, daß die Stadt Oliver Cromwell keinen stärkeren Widerstand entgegensetzte, der während seines Irlandfeldzuges 1649–50 niederschrieb, sie besitze ‚sehr gute runde und rechteckige Bollwerke von der Art alter Befestigungen'. Diese Bemerkung weckte bei den Bürgern Fethards noch Mitte des neunzehnten Jahrhunderts bittere Gefühle, als die berühmten viktorianischen Reisenden Mr. und Mrs. S. C. Hall berichten, ‚es gibt ein bestimmtes Tor, durch das – trotz des direkten Weges – kein Toter getragen wird, denn durch dieses Tor drang Cromwell in die Stadt ein'.

DIE NORMANNISCHEN KIRCHEN UND DIE NEUEN MÖNCHSORDEN

Die Ankunft der Normannen in Irland bedeutete auch für die irische Kirche tiefgreifende Veränderungen. Nach dem Tode von St. Laurence O'Toole im Jahre 1180 setzte praktisch der englische König die Bischöfe und Erzbischöfe in den Bistümern der besetzten Gebiete ein. Daß diese neue Praxis in O'Tooles Erzbistum Dublin beginnt, nimmt nicht wunder. Hier wird John Comyn Nachfolger. In rascher Folge werden neue Bischöfe auch in den Diözesen außerhalb der Hauptstadt eingesetzt, so Connor in Nordost-Ulster, wo John de Courcy erfolgreich war. Trotz ausdrücklichen Verbotes seitens des Papstes bleiben Iren von allen kirchlichen Würden ausgeschlossen. Jede vakante Diözese wird mit einem Mann der Engländer besetzt. Die Unterscheidung zwischen der ‚Kirche der Engländer' und der ‚Kirche der Iren' wird im späteren Mittelalter zur fundamentalen Realität in Gesellschaft und Politik Irlands. In bestimmten Fällen wurden Dekane und Diakone in Diözesen ernannt, in denen die Bevölkerung ausgewogen aus Iren und Engländern bestand und beide Sprachen gesprochen wurden. Ein Erzbischof von Cashel, der Gelehrte Michael Scot, legte sein Amt nur zwei Tage, nachdem er es übernommen hatte, nieder, weil er der Sprache der meisten Schäflein seiner Herde nicht mächtig war. Gegen Ende des dreizehnten Jahrhunderts war eine größere Zahl Bischofsämter mit Engländern besetzt, besonders nachdem Connacht 1235 an die Normannen fiel.

OBEN RECHTS UND RECHTS (Detail) Da im Mittelalter die englischen Bischöfe von Armagh am Sitz ihres Bistums mitten in irisch beherrschtem Gebiet um ihr Leben fürchteten, hielten sie sich zumeist in der Nähe dieser Burg in Termonfeckin, Grafschaft Louth, in der äußersten Südwestecke des Bistums, auf. Die Dächer der Burg empfinden die kragende Bauart der viertausend Jahre früher angelegten Kammergräber in Newgrange in nur 16 km Entfernung nach.

Armagh erhielt erst unter Edward I. (1272–1307) einen englischen Erzbischof. Doch statt in Armagh, wo er mit starken Gegenkräften rechnen mußte, residierte dieser die meiste Zeit in seiner Burg in Termonfeckin in der äußersten Südwestecke der Diözese, in größter Nähe zu Dublin. Ordnung und Disziplin innerhalb der Kirche wurden durch Konzile und Synoden gewährleistet. Priester waren de facto Angestellte mit einem Salär, nur unwesentlich über dem einer ungelernten Arbeitskraft in England. Mit der Einrichtung von Gemeinden in den Diözesen im dreizehnten Jahrhundert, sahen die Priester ihr Heil in der Übernahme mehrerer verschiedener Ämter. Viele von ihnen dürften wahrscheinlich auch in Beziehung zu Klöstern gestanden haben.

Abgesehen von der Verkleinerung des Verwaltungsgebietes und einer allgemeinen Interessenlosigkeit, unterschied sich die Kirchenverwaltung der Engländer in Irland im vierzehnten Jahrhundert nur gering von der im dreizehnten. Chronischer Geldmangel sowie die Furcht vor Aufständen der Iren gegen die Krone veranlaßte den König von England, die Zustimmung Roms für die Zusammenlegung mehrerer Diözesen einzuholen. Diese wurde gewährt, doch der Plan brachte nicht die gewünschte, dauerhafte Wirkung. Wie er später feststellte, wurden dadurch, wie in Tuam, ‚die reinen Engländer' in eine Diözese ‚der reinen Iren' eingebunden. Der König ersuchte selbst den Papst um Zustimmung, daß kein Ire ohne königliches Placet Bischof oder Erzbischof werden dürfe. Bis auf wenige Fälle stimmte er englischen Kandidaten zu; päpstliche Intervention blieb die Ausnahme. Eine betraf William fitz John of Cashel, angeblich Vater von vierzehn illegitimen Töchtern, die er zur Mehrung seiner Macht und der Unterdrückung von Geistlichkeit und Kirchenvolk verheiratete. Dann war da Richard de Ledrede, sein Nachfolger im Bischofsamt von Ossory, berüchtigt wegen seiner Verfolgung der Dame Alice Kyteler in Kilkenny wegen Hexerei und Ketzerei. Die Geschichte der Kirche von England in Irland während des vierzehnten Jahrhunderts war endloser Streit um die Besetzung von Bistümern und Erzbistümern.

Die Erzbischöfe von Dublin lebten häufig im Ausland oder befanden sich auf Dienstreisen außerhalb Irlands. Einer von ihnen, Alexander de Bicknor, bemühte sich um die päpstliche Zustimmung zur Einrichtung eines *studium generale*, einer Universität mit Fakultät für Theologie und Recht, für die Kathedrale St. Patrick. Obwohl Rom zustimmte, schlug das Vorhaben fehl. Bicknor wurde zudem wegen Nichtzahlung des Tributes exkommuniziert. Trotz weiterer Bemühungen in Richtung eines *studium generale*, erhielt Irland erst mit der Gründung des Trinity College 1592 seine erste Universität. In Armagh sollte David O'Hiraghty, von Papst Benedikt XII. 1533 ernannt, für zweihundert Jahre der letzte Ire an der Spitze des Erzbistums sein. David MacCarville (1254–89), Erzbischof von Cashel, hatte als Ire kanonisches Recht in Oxford studiert und stand damit stark unter anglonormannischem Einfluß. In Limerick wurde im Jahre 1400 ein Ire, Cornelius O'Dea, gewählt.

Der bekannteste Erzbischof von Armagh Mitte des vierzehnten Jahrhunderts war Richard fitz Ralph, ein Anglonormanne, berüchtigt wegen seiner Scheltreden gegen die Bettelmönche.

Die Zeit der Kirchenspaltung und der Päpste von Avignon (1378–1417) sah große Verwirrungen, die bis weit in das fünfzehnte Jahrhundert hinein wirkten. Irland bekannte sich mehrheitlich zu den römischen Päpsten Urban VI. und Bonifatius IX. In der Erzdiözese Tuam hingegen unterstützte ein Teil den Gegenpapst Clemens VII. Ausgangs des vierzehnten Jahrhunderts war der Einfluß der Kirche der Engländer in Irland zurückgegangen. In den gälischen Gebieten zeigte sich der wachsende Einfluß der römischen und anglonormannischen Traditionen in Kirche und Gesellschaft. Beide Kirchen unterhielten im späten Mittelalter Klöster. Einige stellten Bischöfe, selbst Erzbischöfe, für die Diözesen. Insgesamt waren die Klöster in den gälischen Teilen Irlands ärmer als die im englischen Teil. Einige mußten aus Armut schließen.

In direkter Folge der Kirchenreformen im zwölften Jahrhundert gelangten die Zisterzienserklöster zu größter Bedeutung. Zwischen ihrer ersten Klostergründung 1141/42 in Mellifont bis zur letzten 1272 in Hore wurden insgesamt neununddreißig Häuser dieses Ordens in Irland eingerichtet. Selbst hier blieb die häßliche ethnische Trennung erhalten. Die frühen Gründungen, Töchter des Mutterhauses Mellifont, waren generell irisch. Die nach der Invasion der Normannen entstandenen Gründungen waren, wie Tintern und Dunbrody, rein anglonormannisch; anderen standen wenigstens irische Äbte vor.

Zwischen 1217 und 1231 gab es in jenen von den Anglonormannen besetzten Gebieten Schwierigkeiten, da die Iren bemüht waren, bestimmte Elemente des früheren monastischen Systems im Lande zu bewahren. Das führte 1227 zur ‚Verschwörung von Mellifont', in deren Folge alle beteiligten irischen Äbte abgesetzt wurden.

Malachy von Armagh hatte nicht nur die Zisterzienser, sondern auch die Regeln der Augustiner von Arrouaise in das Land gebracht. Der Orden – Kleriker und Brüder – tätigte eigene Gründungen, übernahm aber auch mehrere alte irische Klöster, wie Clonmacnoise, und erfüllte sie mit neuem Leben. Mit den Augustinern im Zusammenhang stand der Hospi-

LINKS Richard de Ledrede, Bischof von Ossory (1317–60), berüchtigt ob seiner Hexenverfolgungen, führte erste Rekonstruktionsmaßnahmen an der zum großen Teil verfallenen Kathedrale St. Canice in Kilkenny durch. Dort befindet sich auch sein Abbild.

RECHTS Hore Abbey bei Cashel, Grafschaft Tipperary, war 1272 das letzte Haus der Zisterzienser vor der Reformation in Irland.

taliterorden der *Fratres Cruciferi*, Kreuzbrüder – so genannt wegen des Kreuzes auf ihren Kutten. Auch sie unterhielten bereits vor dem Ende des zwölften Jahrhunderts Häuser in Irland. Der älteste aller Orden, die Benediktiner, hatten im zwölften Jahrhundert Häuser mit einigen irischen Mönchen in Deutschland (sog. *Schottenklöster*), jedoch nur wenige in Irland selbst. Von einiger Bedeutung war, neben einem bei Cormac's Chapel in Cashel, nur das in Fore, Grafschaft Westmeath. Erwähnenswert ist die Gründung von zwei Abteien der Regel des hl. Benedikt in der Kongregation von Savigny – Erenagh in der Grafschaft Down (1127) und St. Mary in Dublin (1139). Angeregt wurden beide durch St. Malachy, noch ehe er die Zisterzienser 1142 nach Mellifont holte. Fünf Jahre später schlossen sich beide den Zisterziensern an.

Brüder der in Europa um 1200 entstehenden großen, neuen Bettelorden kamen in der ersten Hälfte des dreizehnten Jahrhunderts nach Irland: die Dominikaner 1224, die Franziskaner beinahe zeitgleich, die Karmeliter innerhalb der nächsten fünfzig Jahre, als letzte 1282 die Augustiner. Auch die Zahl der Nonnenklöster wuchs. Die meisten gehörten den Augustinern, doch waren Zisterzienser, Benediktiner und Franziskaner ebenfalls vertreten. Nach Maßgabe ihrer Möglichkeiten kümmerten sich die Klöster um die Kranken und Armen. Zudem unterhielten Templer und Hospitaliter Spitale für Aussätzige. Doch auch Fremde und Pilger waren ihnen willkommen. Das Laienvolk pilgerte regelmäßig zu den Klöstern, wie Holy Cross, Ballintober, Glendalough und Clonfert. Die einzige, außerhalb Irlands bekannte Pilgerstätte blieb jedoch die Insel St. Patrick im Lough Derg in Donegal. Zahlreiche Häuser, insbesondere die der Bruderorden, richteten Schulen für die jungen Menschen ein. Aus ihnen gingen hervorragende Lehrer und Gelehrte für Theologie, Recht, Kunst, Komputistik und Altirlandkunde hervor. Da Irland über keine Universität verfügte, gingen viele zu höheren Studien nach Oxford, Bologna, Padua und andere Städte des Auslandes.

GOTHISCHE KATHEDRALEN UND PFARRKIRCHEN

Eine der großen Leistungen der frühen englischen Kirche in Irland besteht im Bau mehrerer bedeutender Kathedralen in den von ihr kontrollierten Städten. Dazu gehören nicht nur die beiden Dubliner Kathedralen Christ Church und St. Patrick, sondern auch St. Canice in Kilkenny, die in Ausstattung und Größe nur noch von Dublin übertroffen wird. Selbst kleinere Diözesen mit englischem Anteil, wie Ardfert, bauten respektable Kathedralen. Die Vorstellung des heutigen kleinen Dorfes Ardfert als belebte Stadt mit Stadtmauer im Mittelalter, die sie war, fällt uns schwer. Doch nur so bekommen wir eine Vorstellung von der Bedeutung dieser Gotteshäuser, die sich hoch über die an der Straße nestelnden einstöckigen, gelegentlich zweigeschossigen Holzhäuser erhoben. Die Kirchen müssen über große Entfernungen hin sichtbar gewesen sein – wie die Rund-

türme, neben denen sie in Kilkenny und Kildare stehen – oder in Ardfert, dessen Rundturm 1771 fiel. Wie Cashel und Killaloe zeigen, errichtete auch die irische Kirche Kathedralen im gotischen Stil.

Durch die Einrichtung von Pfarrbezirken mußten Pfarrkirchen gebaut werden, darunter die in New Ross und Youghal im dreizehnten Jahrhundert sowie St. Nicholas in Galway hauptsächlich im vierzehnten Jahrhundert. Obwohl sie sich von den englischen Kirchen nicht besonders unterscheiden, zählen sie zu den größten Pfarrkirchen des Mittelalters in Irland. Die meisten anderen Pfarrkirchen des fünfzehnten Jahrhunderts waren von sehr viel bescheidenerem Ausmaß, außer einem gelegentlichen Fenstersims außen, zumeist von schmuckloser Architektur.

LINKS Dieses Kapitell aus dem späten zwölften Jahrhundert im Nordquerschiff der Kathedrale Christ Church in Dublin spiegelt den Einfluß des Westens Englands auf den Skulpturschmuck wider.

RECHTS Hauptschiff und Chor der Kathedrale Christ Church in Dublin, der ältesten Kirche der Stadt und bedeutendster Beitrag der Normannen zur Baukunst Irlands.

UNTEN Farbige Bodenfliesen aus dem Mittelalter in der Kathedrale Christ Church in Dublin.

CHRIST CHURCH CATHEDRAL
Dublin

Die Kathedrale Christ Church im Zentrum des alten Dublin der Zeit der Wikinger und Normannen ist nicht nur das älteste erhaltene Steingebäude der Stadt, sondern möglicherweise auch der herausragendste normannische Beitrag zur irischen Baukunst. Wahrscheinlich stand bereits vorher eine kleinere, angeblich vom nordischen König Sitric 1038 gegründete Kirche an dieser Stelle. Den Bau der heutigen Kirche begann wahrscheinlich John Comyn, erster anglonormannischer Erzbischof der Stadt, um 1185–90. Von ihm kann mit Recht gesagt werden, er habe der Ankunft der Normannen ein Triumphmal und ihrem Herkunftsland ein Denkmal gesetzt. Form und Schmuck der Kathedrale, selbst einige ursprünglich geschmückte Steine, sind in der Tat starke Anleihen Westenenglands. Letztere wurden in Dundry bei Bristol gebrochen. Dorther kamen die Männer, die Dublin von Heinrich II. erhielten.

Christ Church besitzt als einzige Kathedrale ihrer Art in Großbritannien oder Irland eine Krypta über die gesamte Länge der Kirche. Dies war zweifellos für die sichere Gründung eines so großen Bauwerkes eine Notwendigkeit. Der Chor und die beiden Querschiffe wurden als erste oberirdische Bauten fertiggestellt. Sie sind in spätromanischem Stil gebaut. Die Bögen zieren stark unterschnittene Zickzackleisten, die Kapitelle zeigen Krieger, Drachen und Unterhalter. Die Künstler dieser Werke kamen vermutlich aus dem Gebiet des Severn. Der Chor wurde im vierzehnten Jahrhundert weitgehend zerstört. In seiner gegenwärtigen Form wurde er wesentlich von dem berühmten viktorianischen Architekten George Edmund Street zwischen 1871 und 1878 hergestellt. Einige der mittelalterlichen Fliesen wurden dabei wiederverwendet.

Nach Fertigstellung von Chor und Querschiffen ruhten die Bauarbeiten für zehn oder zwanzig Jahre. Danach entstand das Hauptschiff im stark abweichenden englischen Stil der Frühgotik mit mehreren Flachbögen im Bogengang und einer klug integrierten senkrechten Verbindung von Triforium und Fenstergaden. Roger Stalley nimmt den Zeitraum um 1216–30 für alle Felder, außer dem westlichsten, an. Dieses kann den Jahren 1234–36 zugeordnet werden. Auch hier sind Stil und Form der Kapitelle Anlehnungen an den Westen Englands. Leider stürzte das Gewölbe des Hauptschiffes, zweifellos die Krönung der Kathedrale, im Jahre 1562 ein. Nur die Nordwand blieb erhalten, jedoch mit einer Neigung von 0,6–0,9 m nach außen. Das hätte zweifellos zum Einsturz geführt, hätte nicht Street vor etwas mehr als einhundert Jahren die äußeren Strebpfeiler angesetzt. Die heutige Südseite ist komplett von Street rekonstruiert. Er mag das Aussehen der Kathedrale grundlegend verändert haben, doch gibt er uns eine Vorstellung von dem großartigen gotischen Innenraum – dank der Großzügigkeit des Dubliner Whiskyherstellers Henry Roe, der die gesamte von Street durchgeführte Rekonstruktion finanzierte. Zu Christ Church gehörte ein Augustinerkloster, dessen Kapitel noch in einiger Entfernung außerhalb des südlichen Querschiffes zu sehen ist, wo es den Kreuzganghofrasen auf einer Seite begrenzte.

ST. PATRICK'S CATHEDRAL
Dublin

Ist die Kathedrale Christ Church in Dublin eines der Prunkstücke gotischer Baukunst in Irland, ist St. Patrick ihr durchaus ebenbürtig. Mit einer Innenlänge von 87 m war sie die größte Kirche im mittelalterlichen Irland und, wie der amerikanische Baukunsthistoriker Edwin C. Rae feststellte, ‚eine der gelungensten Konzeptionen spätmittelalterlicher insularer Baukunst'. Unkundige Besucher Dublins muß es eigenartig berühren, daß die Stadt zwei protestantische Kathedralen aus dem Mittelalter in enger Nachbarschaft zueinander besitzt. Die Hauptschiffe beider Kirchen entstanden etwa zeitgleich im dreizehnten Jahrhundert, beide wurden nacheinander im neunzehnten Jahrhundert restauriert. Zwei protestantische Kathedralen in einem heute katholischen Teil des Landes sind das Ergebnis der Gründung der Kirche von Irland zur Zeit der Reformation. Sie übernahm zahlreiche große Pfarrkirchen und mittelalterliche Kathedralen, trug so zu deren Erhalt bis in unsere Tage bei. Im dreizehnten Jahrhundert war es jedoch nicht eifersüchtige Rivalität, sondern der Zwang administrativer Vorschriften, der zum Entstehen der beiden Kirchen in enger Nachbarschaft führte. Christ Church war eine Klosterkathedrale mit angeschlossenem Kanonikerkapitel der Augustiner. Die frühen anglonormannischen Bischöfe hingegen waren darauf bedacht, daß die Angelegenheiten der Diözese in den Händen eines weltlichen Kapitels lagen. Die Kirche St. Patrick auf einer kleinen Insel im Fluß Poddle dicht bei der Stadtmauer erhielt durch Erzbischof Comyn 1192 den Status einer Kollegiatskirche, die weltliche Priester ausbilden durfte, ohne Episkopalsitz zu sein. Um 1220 schloß Henry de Loundres die Lücke, indem er St. Patrick zur Kathedrale erhob, deren Präbende ergiebig genug waren, um fähige Beamte mit der Verwaltung der weltlichen und episkopalen Angelegenheiten zu betrauen. Prediger zogen 1225 aus, um Almosen für den Bau der Kathedrale zu sammeln, die 1254 konsekriert – und wahrscheinlich im wesentlichen fertiggestellt – wurde.

In der Kathedrale wurde die Liturgie von Salisbury gefeiert. Diese dürfte auch bei der Gestaltung von St. Patrick von Bedeutung gewesen sein. Weil der Bau ohne Unterbrechung fortschritt, ist ihr Stil einheitlicher als der von Christ Church. Möglicherweise brachten die Prediger weniger Geld ein als benötigt, so wurde der Stil von Ost nach West zunehmend strenger. Es ist ein anmutiger und raumgreifender Bau mit quadratischem Chorgang auf der Ostseite und achtjochigem Hauptschiff. Drei horizontal getrennte Geschosse trugen ein Gewölbe, das 1544 einstürzte und jetzt nachempfunden wird. Ein Großfeuer im Jahre 1362 beschädigte den Westteil des Schiffes und den Turm, den Erzbischof Minot 1372 durch den jetzigen ersetzen ließ. Im siebzehnten Jahrhundert befand sich das gesamte Bauwerk halb im Verfall. Umfangreiche Rekonstruktionsarbeiten wurden verschiedentlich zwischen 1832 und 1904 durchgeführt. Die dafür aufgewendeten Kosten trug weitestgehend die Familie Guinness. Daher die bissige Bemerkung, Christ Church sei vom Whisky, St. Patrick vom Bier wiedererweckt. Trotz umfassender Rekonstruktionsarbeiten blieben – wie Prof. Rae in einer eingehenden Studie nachwies – wesentliche Teile des mittelalterlichen Bauwerkes, darunter die wunderschön skulptierten Kapitelle, erhalten. Der berühmteste Dekan von St. Patrick war natürlich Jonathan Swift (1667 – 1745). Sein Grab befindet sich im Hauptschiff, nur wenige Schritte neben seiner geliebten Stella, nach Swifts eigenen Worten ‚der treueste, tugendhafteste und wertvollste Freund, mit dem ich oder vielleicht eine andere Person je gesegnet wurde'.

LINKS Die Kathedrale St. Patrick in Dublin in voller Pracht in einer Luftaufnahme.

RECHTS Der Chor von St. Patrick, ältester Teil der Kathedrale, entstand im dreizehnten Jahrhundert und wurde im neunzehnten Jahrhundert umfassend rekonstruiert.

ST. CANICE'S CATHEDRAL
Kilkenny

Die kleinen romanischen Kathedralen in einigen irischen Diözesen erwiesen sich als zu klein für die anwachsende Bevölkerung und die Ansprüche der neuen normannischen Städte. Die romanische Kathedrale von Ardfert wurde bis auf das als Zugang zu der neuen, viel größeren gotischen Kirche benutzte Portal und die zugehörige Arkade abgerissen. In Kilkenny wurde die gesamte Kathedrale in großer Eile durch den wunderschönen gotischen Folgebau ersetzt. Baubeginn durch den Bischof von Ossory Hugh de Rous war 1202–1218, Fertigstellung um 1260. Mit Christ Church und St. Patrick war Dublin Vorreiter beim Bau gotischer Kathedralen, deren spitze Steinbögen auf wundersame Weise wie die Fäden eines Spinnennetzes Stabilität aufwiesen. St. Canice in Kilkenny brach aus diesem Trend aus und verwendete Holz für das Dach des Schiffes und den Chor. Die größere Zahl der Fenster und entsprechend weniger Wandfläche schufen einen hellen Innenraum, besonders im Chor mit drei hohen und breiten Lanzettfenstern. Die Bögen im Hauptschiff sind tiefgezogen mit leichten Vierblattpfeilern, darauf weite Bögen sowie eine unkomplizierte Folge von Gadefenstern darüber. Die Lichtflut, die einfache Klarheit der Linien ohne übertriebene Details sowie relativ wenige nachteilige Veränderungen in späterer Zeit machen St. Canice zur erfolgreichsten Kathedrale außerhalb von Dublin. An Kunstwert gewinnt sie noch durch die Hand eines begnadeten Künstlers, der Kragsteine und Kapitelle an verschiedenen Orten innerhalb und außerhalb der Kirche mit den Köpfen fein lächelnder Menschen und Laubwerkmotiven schmückte. Roger Stalley, der ihn wegen seiner Arbeit an einer Kirche im Ort dieses Namens 13 km entfernt den ‚Meister von Gowran' nannte, be-

OBEN Das lange, niedrige Hauptschiff und der Chor der Kathedrale St. Canice in Kilkenny strahlen nahezu überirdische Anmut aus.

LINKS Die schönste normannische Kathedrale Irlands außerhalb Dublins, St. Canice in Kilkenny, wurde im dreizehnten Jahrhundert am Ort eines früheren Klosters errichtet. Der zugehörige Rundturm kann bis zur Spitze bestiegen werden.

Das weihevolle Innere der Kathedrale St. Brigid in Kildare wurde von G. E. Street von 1875 bis 1896 wiederaufgebaut. Beim Blick durch die Bögen des Vierungsturmes bilden die putzlosen Wände im Vordergrund einen maßvollen Kontrast zum glatten, weißen Caen-Stein an der Ostseite des Chores.

schrieb ihn als ‚wahrscheinlich den begabtesten Handwerker in Irland im dreizehnten Jahrhundert'. Er vereinte in sich die Fertigkeiten des Handwerkers mit den Fähigkeiten des Künstlers. Sein künstlerischer Einfluß wird besonders in der Grabnische im nördlichen Querschiff sowie an zwei Türdurchgängen der Kathedrale spürbar. Von letzteren ist die im Westgiebel am besten erhalten und gleichzeitig der schönste frühgotische Türdurchgang in Lande.

St. Canice ist jedoch auch wegen der wunderbaren Sammlung mittelalterlicher Grabplastiken sehenswert, deren meisten aus dem fünfzehnten und sechzehnten Jahrhundert stammen. Leider richteten die Männer Cromwells in der Kathedrale weitreichende Zerstörungen an, so daß nur wenige Abbilder zu den Grabeinfassungen gehören, denen sie zugeordnet sind. Der Rundturm neben der Kathedrale erinnert daran, daß die Gründung von Kilkenny vor der Zeit der Anglonormannen liegt. Das erste Kloster am Ort gründete der hl. Cainnech (daher Canice) von Aghaboe, der um das Jahr 600 starb.

ST. BRIGID'S CATHEDRAL
Kildare

Die Kathedrale, welche nach Berichten Ralph von Bristol, erster normannischer Bischof in Kildare, 1223 ‚reparierte und ausschmückte', war Nachfolgerin der Kirche im Doppelkloster St. Brigid in Kildare, wo, einer Beschreibung des Biographen Cogitosus (s. S. 105) zufolge, Mönche und Nonnen durch eine Holzwand voneinander getrennt waren und sich nicht sehen konnten. Ralph von Bristol hingegen brachte die Bürger Kildaers beiderlei Geschlechts in einer der wohl schönsten normannischen Kathedralen der irischen Provinz zusammen. Der Bau des Gotteshauses war vermutlich kurz nach 1250 abgeschlossen. Die Grundform des Gebäudes ist kreuzförmig. Über dem Schnittpunkt erhebt sich ein kräftiger Turm. Hochchor bzw. Chorraum sind gegenüber dem Schiff versetzt. Auffälligstes Merkmal sind die spitzbögigen äußeren Strebpfeiler des Schiffes mit bezinnter Brüstung darüber. Die hohen, schmalen Lanzettfenster entsprechen dem allgemeinen Stil des frühen dreizehnten Jahrhunderts.

Auch weitere Bauarbeiten und Verschönerungen durch Bischof Edmund Lane um 1482 retteten die Kirche nicht über die Wirren der Kriege im siebzehnten Jahrhundert. Um 1683 erneuerte William Moreton von Chester kurz nach seiner Weihe zum Bischof das Chordach, so daß erneut Gottesdienste stattfinden konnten. Um 1871 befand sich die Kathedrale in einem so schlechten Zustand, daß Bischof, Dekan und Kapitel George Edmund Street, der just mit der Rekonstruktion der Kathedrale Christ Church in Dublin begonnen hatte, beauftragten, einen Bauzustandsbericht für die Kathedrale Kildare vorzulegen. Dort wird unumwunden festgestellt, der Chor befinde sich ‚im miserabelsten baulichen Zustand', der ‚Rest der Kirche ist eine Ruine'. Mit Hilfe von Spenden baute Street den Chor und das nördliche Querhaus auf den alten normannischen Fundamenten vollständig wieder auf, rekonstruierte Schiff und südliches Querhaus unter weitgehender Einbeziehung der vorhandenen Bausubstanz und machte den mächtigen Turm erneut zum Wahrzeichen der Kathedrale. Streets bauliche Vorstellungen wurden vom Architekten der Diözese, J. F. Fuller umgesetzt. Als der Erzbischof von Canterbury, Dr. Benson, die Kathedrale nach ihrer vollständigen Wiederherstellung 1896 weihte, war diese mit den Worten von T. M. Fallow, Autor des zwei Jahre zuvor in London veröffentlichten Buches *Cathedral Churches of Ireland*, ‚eine der schönsten modernen Kirchenbauten in Irland'.

ST. NICHOLAS OF MYRA COLLEGIATE CHURCH
Galway

Bei der Einteilung der Diözesen auf den Synoden des zwölften Jahrhunderts ging die Stadt Galway leer aus. Der Grund war weniger die Nähe zu Tuam als Sitz von König und Erzbischof, sondern Tuam war noch nicht jene bedeutende Küstenstadt des dreizehnten Jahrhunderts, die sie wegen ihrer Loyalität zur englischen Krone für das gesamte späte Mittelalter bleiben sollte. Aus der einstigen Pfarrkirche der Stadt war 1484 die Stiftskirche St. Nicholas geworden. Seitdem betreute eine von den städtischen Behörden gewählte Gemeinschaft von Priestern, das sogenannte Kollegium, die Gottesdienste, bis die Reformation 1568 schließlich auch Galway erreichte.

Der Erhebung der Kirche zur Stiftskirche waren hundert Jahre eines unwürdigen Streites vorausgegangen. So nimmt es nicht wunder, daß der Kern der heutigen Kirche aus der Zeit um 1330 bis in das späte fünfzehnte Jahrhundert weithin unverändert und ohne Erweiterung blieb. Verlängerungen der Seitenschiffe und des nördlichen Querhauses erfolgten bis in das sechzehnte Jahrhundert. Auch eine Sakramentskapelle kam damals hinzu. Nach der Reformation erfolgten weitere Arbeiten. So erhielt der um 1500 gebaute Turm 1683 ein Pyramidendach, 1833 entstanden die Brüstungen. Im Innern der protestantischen Pfarrkirche befindet sich interessante Architektur- und Grabmalsplastik, Indiz einer organischen Entwicklung im fünfzehnten und frühen sechzehnten Jahrhundert. Darunter im südlichen Querhaus das Mauergrab der Familie Joyce aus dem sechzehnten Jahrhundert sowie das etwa ebenso alte Taufbecken. Draußen fallen die Wasserspeier ins Auge.

ST. MARY'S CHURCH
Youghal, Grafschaft Cork

Dublin, Waterford und Limerick waren die einzigen Küstenstädte des Landes, die nach Beschlüssen der Synode von Rath Breasail 1111 in den Rang von Diözesanzentren erhoben wurden. Die anderen, deren Einwohnerzahlen im dreizehnten Jahrhundert durch die normannische Invasion in die Höhe schnellten, begnügten sich mit großen Pfarrkirchen. Eine der schönsten, die Kirche St. Mary in Youghal, blieb erhalten. Sie hat die Form eines großen Kreuzes mit fünf Schiffen und einem nebenstehenden Turm. Wesentliche Teile der Kirche datieren aus der Mitte des dreizehnten Jahrhunderts. Um 1460 wurde die Kirche einem vom Achten Earl von Desmond, der den Hochchor rekonstruierte und das herrliche Maßwerkfenster auf der Ostseite einbauen ließ, errichteten Kolleg zugeordnet. Im Laufe der Zeit verfiel das Dach des Hochchores. John Wesley, der 1763 hier predigte, stellt fest, die halbe Kirche sei eine Ruine. Nach dem Neubau des Daches um 1850 erstrahlte die Kirche in alter Schönheit. Die interessante Sammlung von Grabsteinen aus dem dreizehnten bis siebzehnten Jahrhundert findet darin ebenso Schutz.

LINKS Gotische Bögen gibt es in der Kirche St. Nikolaus von Myra in der Stadt Galway reichlich. Die protestantische Pfarrkirche nahm eine organische Entwicklung, besonders im fünfzehnten und frühen sechzehnten Jahrhundert.

OBEN Eine der wenigen noch bestehenden, großen Pfarrkirchen Irlands aus dem Mittelalter, St. Mary in Youghal, Grafschaft Cork, besitzt einen Chor von ungewöhnlicher Länge.

ST. MARY'S CATHEDRAL

Limerick

Zu Beginn des zwölften Jahrhunderts spielte Limerick eine bedeutende Rolle in der Kirchenreformbewegung. Als päpstlicher Legat hatte der nordische Bischof Gilbert der Synode von Rath Breasail 1111 (s. S. 111) vorgesessen. Ausgangs des Jahrhunderts entwickelte sich hier ein besonderer Stil kathedraler Architektur. Nachdem Dónal Mór O'Brien die Normannen 1176 aus Limerick vertrieben hatte, schleifte er die Stadt. An einer ausgesuchten Stelle errichtete er seine neue Kathedrale. Damit wird er bis zu seinem Tode im Jahre 1194 befaßt gewesen sein. Von den alten irischen Kirchen, wie Clonmacnoise und Glendalough, nicht überzeugt – der Bau von Christ Church in Dublin hatte gerade erst begonnen – suchte Donald sein Vorbild unter den unerhört großen, wenn auch gelegentlich tristen Zisterzienserkirchen der vorhergehenden Jahrzehnte. Der kreuzförmige Grundriß sowie die Bögen der Seitenschiffe verraten die ursprünglich burgundische Herkunft der Kathedrale. Der karge Schmuck, z. B. an den Pfeilern des Schiffes, entspricht zisterziensischem Vorbild. Da die Kathedrale jedoch keine geschlossene Klosterkirche, sondern eine offene Stadtkirche war, erhielt die Westseite einen geschmückten romanischen Türdurchgang mit Blick auf den Shannon. Leider ist er nach der ‚Rekonstruktion' durch J. F. Fuller 1895 nur noch ein Zerrbild seiner selbst.

Besonders während des fünfzehnten und sechzehnten Jahrhunderts stifteten reiche Bürger Kapellen an die Kathedrale, in die das Licht durch goti-

OBEN Die Kathedrale St. Mary in Limerick, ein Werk des großen Kirchenbaumeisters Dónal Mór O'Brien aus dem letzten Viertel des zwölften Jahrhunderts, verfügt über romanische Elemente mit Einflüssen durch die Zisterzienserarchitektur. Im wesentlichen ist das Gebäude im gotischen Stil gebaut. Zinnen verleihen ihm das Aussehen einer Feste.

RECHTS Grabnischen und Ausstattung des Chores der Kathedrale St. Mary in Limerick stammen aus dem dreizehnten Jahrhundert, ebenso das einzige aus dieser Zeit erhaltene Chorgestühl mit den berühmten Miserikordien (s. S. 220).

sche Maßwerkfenster von unterschiedlicher Größe fiel. Kapellen und andere Anbauten erweiterten die Seitenschiffe, weitere Bauten entstanden östlich der Querhäuser, so daß zur Zeit der Reformation ein annähernd rechteckiger Grundriß entstanden war, dazu die bezinnte Brüstung sowie ein hoher Turm über dem westlichen Türdurchgang – wie in Clonfert. Im Kircheninnern befinden sich zahlreiche interessante Grabdenkmäler aus dem dreizehnten und den folgenden Jahrhunderten. Zudem findet der Besucher hier das einzige erhaltene, mittelalterliche Chorgestühl aus Holz mit herrlich geschnitzten Miserikordien (s. S. 220).

Die Zisterzienser

Eigentlich kamen die Zisterzienser nicht als erster Klosterorden vom kontinentalen Europa nach Irland. Früher waren die Benediktiner und deren Zweig des Ordens von Savigny, die sich aber 1147/48 dem Gesetz der Zisterzienser unterwarfen. Wenn nicht die ersten, so waren die Zisterzienser zweifellos der bedeutendste unter den früh nach Irland gekommenen Orden. Ihre Häuser bedeuteten einen grundlegenden Wandel des Kirchenbaues in Irland. Verglichen mit den einfachen romanischen Kirchen muß der von St. Malachy 1142 in Mellifont begonnene Kirchenbau höchst beeindruckend gewesen sein. Doch teilten nicht alle Iren diese Meinung. Als St. Malachy einige Jahre zuvor ein große, nicht erhaltene Andachtsstätte in Bangor, Grafschaft Down, erbaute, nannte ein Lästerer es Neuheit, überflüssige Leichtfertigkeit, ja Wahnsinn. Glücklicherweise hielt die Wertung eines eingefleischten Konservativen St. Malachy nicht von der Übernahme zisterziensischer Bautradition ab. Nach der Romanik sollte diese sich als zweite wichtige Veränderung des Kirchenbaustils im Irland des zwölften Jahrhunderts erweisen.

Die ersten Zisterzienser bauten in Irland zunächst in romanischer Manier, jedoch mit anderen Maßstäben und anderer Ordnung. Sie ersetzten den scheinbar planlosen, früheren Klosterbau im Lande durch eine logische Organisation der Architektur. Die Gebäude standen um einen rechteckigen, begrünten Innenhof mit umlaufendem Kreuzgang. An einer Ecke die Kirche, an der gegenüberliegenden Schmalseite Küche und Refektorium. Eine Langseite nahmen die äbtlichen Gemächer und das Kapitel ein. Hier besprachen die Mönche Tagesangelegenheiten. Auf der anderen Seite befanden sich Lagerräume, darüber der Schlafsaal der Mönche. Das Leben der Zisterzienser erfordert Demut, Einfachheit, Gebet und Genügsamkeit. Ihr Baustil ist Ausdruck der Reinheit dieser Lebenshaltung. Der hl. Bernard, der gegen die groteske Menagerie unter dem Schmuck romanischer Kirchen zu Felde zog, verbannte die überirdischen, wunderbaren Geschöpfe aus seinen Kirchen, weil sie vom Gebet ablenkten. Einige irische Häuser, darunter Boyle und Corcomroe, von denen St. Bernard und Burgund am weitesten entfernt waren, zogen es vor, den strengen Vorschriften nicht zu entsprechen. Auch wenn die Iren nicht ständig lernbereit waren, die Zisterzienser zeigten ihnen, wie man große Räume, im Vergleich zu denen Cormac's Chapel eine Hütte war, mit Stein überwölbte. Anfänglich spitzes Tonnen-

OBEN RECHTS UND RECHTS Die von Cumbria durch Affreca, Tochter des Königs von Man und Gemahlin John de Courcys gegründete Abtei Grey in der Grafschaft Down wurde als eine der ersten Irlands im gotischen Stil erbaut. Neben dem Refektorium der Mönche gehört der frühenglische Türdurchgang (rechts) von ca. 1225 – jetzt in der Westfassade, nicht unbedingt der ursprüngliche Standort – zu den bekanntesten Sehenswürdigkeiten.

gewölbe ersetzten die Zisterzienser später durch Rippengewölbe, wie es die Abtei St. Mary in Dublin um 1200 beispielhaft demonstriert. Sie führten auch den gotischen Spitzbogen ein – für die Baukunst in Irland eine höchst bedeutsame Neuerung. Die Abteien Grey und Inch in der Grafschaft Down wendeten die neue Technik ausgangs des zwölften Jahrhunderts als erste an. Zu Beginn des nächsten Jahrhunderts war sie in Graiguenamanagh bereits ausgereift. Ein Kloster wie Boyle verdeutlicht den anfangs starken Einfluß Burgunds, der durch normannischen Elementen aus England zuerst im Osten des Landes verdrängt wird, die danach innerhalb von fünfzig Jahren nach der normannischen Invasion in großen Teilen des Landes Verbreitung finden.

Offenbar weckte St. Malachy mit seiner Gründung 1142 in Mellifont eine große Begeisterung. So entstanden Tochterhäuser in Bective (1147), Baltinglass (1148) und Boyle. Zahlreiche weitere wurden unter dem Einfluß der Anglonormannen von englischen Mutterhäusern gegründet. Im frühen dreizehnten Jahrhundert kam es zu Spannungen zwischen den Häusern mit irischen Äbten und denen der Engländer, woraufhin die ‚Verschwörung von Mellifont' 1227 Stephen von Lexington veranlaßte, alle Äbte irischer Herkunft zu entlassen. Gleichzeitig wurden Englisch und Französisch die Sprachen der Zisterzienser der Insel. Die Religion wurde zunehmend politisiert. Doch da war die Mehrzahl der Zisterzienserabteien bereits gebaut. Während der achtzig Jahre nach der Gründung von Mellifont 1142 baute kein Orden mehr Klöster in Irland als die Zisterzienser. Die Abtei Holy Cross (s. S. 208) war eine der ganz wenigen, die in der nächsten bedeutenden Klosterbauperiode im fünfzehnten Jahrhundert wesentlich verändert und umgebaut wurde.

MELLIFONT ABBEY
Grafschaft Louth

Mellifont am Fluß Mattock in der Grafschaft Louth wurde von St. Malachy auf Grund und Boden gegründet, den Donnchad O Cerbhaill, König von Airgialla, 1142 stiftete. Malachy erhielt Unterstützung durch Mönche, die mit dem Segen des hl. Bernard mit ihm aus Clairvaux in Burgund kamen. Ihr Einfluß wird in den abwechselnd runden und eckigen Seitenkapellen an der Ostmauer der Querhäuser deutlich. Enttäuscht von der mangelnden Disziplin der Iren, kehrten die Franzosen schon bald nach Hause zurück und überließen den Bau der ersten Kirche den Iren. Der Bau des Gotteshauses dürfte 1152, als der päpstliche Gesandte Kardinal Paparo dort die abschließende Sitzung der Synode von Kells hielt, im wesentlichen

RECHTS UND UNTEN (Detail)
In der Abtei Mellifont, Irlands ältester Zisterziensergründung in der Grafschaft Louth, befindet sich im Innenhof das einzige erhaltene Lavabo, wo sich die Mönche vor und nach den Mahlzeiten die Hände wuschen. Die Sandsteinkapitelle des um 1200 errichteten zweigeschossigen Baues zieren feine Blattwerk- und Vogelmotive. Teile des Kreuzganges wurden in den fünfziger Jahren dieses Jahrhunderts wieder aufgebaut.

Die 1148 von Dermot MacMurrough gegründete Abtei Baltinglass in der Grafschaft Wicklow wurde erst nach ca. dreißig Jahren Bauzeit vollendet. Die Kapitelle der Säulen der Bogenstellung, mit abwechselnd rechteckigen und runden Pfeilern, ziert reinster gotischer Schmuck.

abgeschlossen gewesen sein. Bereits im darauffolgenden Jahr war die Gemeinschaft stark genug, sieben Tochterhäuser zu gründen. Zur Zeit des Einfalls der Normannen zwanzig Jahre später, erledigten 300 Laienbrüder in Mellifont alle niederen Arbeiten. Nach der ‚Verschwörung von Mellifont' 1227, in deren Gefolge alle irischen Äbte entlassen und viele Mönche ausgeschlossen wurden, war die Zahl der Laienbrüder auf 60, die der Mönche auf 50 begrenzt.

Viele der heute von uns in Mellifont bewunderten Gebäude bestanden bereits lange vor der Verschwörung. Von der Kirche sind, außer Presbyterium bzw. Chor, wo die Mauern bis zur Fensterhöhe stehen, im wesentlichen nur die Fundamente geblieben. Bei Ausgrabungen durch Liam de Paor wurde eine einzigartige Krypta unter der Westseite der Kirche entdeckt. An den Innenhof des Klosters schließen zwei besser erhaltene Bauten an: das Kapitel mit dem zarten Rippengewölbe aus dem frühen dreizehnten Jahrhundert, das zweihundert Jahre später rekonstruiert wurde, sowie – wodurch Mellifont am bekanntesten ist – das wunderschöne achteckige Sandsteinlavabo. Um 1200 errichtet, befand sich hier ursprünglich ein Brunnen, durch unterirdische Leitungen mit Wasser aus dem Fluß Mattock versorgt. Die Kapitelle der Rundbögen lassen trotz schwerster Beschädigung die Kunstfertigkeit der Arbeit der Mönche erkennen. Gleiches verdeutlichen einige Kapitelle des rekonstruierten romanischen Kreuzganges. Die Kirche erfuhr mehrfach Veränderungen. Um 1320 erfolgte der Einbau rautenförmiger Pfeiler im südlichen Querhaus; später kam darüber noch ein Turm hinzu. Als das Kloster zur Reformation aufgelöst wurde, waren nur noch wenige Mönche da. Um 1560 wurden die Gebäude in ein befestigtes Wohnhaus umgebaut. Nach ihrer endgültigen Aufgabe 1727 diente die Abtei als Baumaterialspender. Übrig blieb, was wir heute sehen.

BALTINGLASS ABBEY
Grafschaft Wicklow

Die Abtei Baltinglass im Flußtal der Slaney, gegründet 1148 unter der Protektion des Leinsterkönigs Dermot MacMurrough, war ein frühes Tochterhaus Mellifonts. Die zu großen Teilen erhaltene Kirche verrät burgundischen Einfluß im rechteckigen Abschluß des Presbyteriums sowie der niedrigen Bogenstellung zum Querhaus. Der Schmuck der Bögen des Schiffes mit ihrem Wechsel von rechteckigen und runden Pfeilern weist in Form der Flechtmotive an den Faltenkapitellen auch irische Elemente auf. Die Zwiebelform der Sockel des nordöstlichen Vierungspfeilers erinnert an den Türdurchgang in Killeshin, bei dessen Bau Dermot MacMurrough wahrscheinlich ebenfalls beteiligt war. Der Kirchenbau muß 1180 beendet gewesen sein. In einer Predigt vor einer Synode in Dublin 1185 beklagte der Abt die böse Lebensweise und das schlechte Vorbild der Mönche aus England und Wales. Wen wundert es dann, daß die irische Gemeinschaft zur Zeit der ‚Verschwörung von Mellifont' 1227 zu leiden hatte, als der Abt abgesetzt und das Kloster unter Aufsicht eines englischen Hauses gestellt wurde? Baltinglass gehörte zu den ersten Zisterzienserabteien Irlands, die durch Heinrich VIII. zur Reformation unterdrückt wurden. Aus dem Hochchor wurde später eine protestantische Kirche, die bis 1883 in Nutzung stand.

JERPOINT ABBEY
Grafschaft Kilkenny

Die Abtei Jerpoint in der Grafschaft Kilkenny wurde als Tochterhaus von Baltinglass erst 1180 von den Zisterziensern übernommen. Vieles deutet darauf hin, daß sie bereits etwa zwanzig Jahre früher durch Donal MacGillapatrick I., König von Ossory, gegründet wurde. Die Ostseite trägt noch Zeichen burgundischer Strenge, die Bogenstellung des Schiffes hingegen weist den gleichen Wechsel von Rechteck- und Rundpfeilern auf wie Baltinglass. Belebendes Element ist der Schmuck der Faltenkapitelle, der ebenfalls an Baltinglass erinnert. Der massige Turm über dem Schnittpunkt der Häuser ist eine würdige Ergänzung aus dem fünfzehnten Jahrhundert. Teile der Gewölbesakristei und des Kapitels sind original.

Bemerkenswert an Jerpoint ist der Kreuzgang. Späteren Datums als die Kirche, ist ihm in der Fülle des Schmuckes kein anderer im Lande gleich. Beim Bau könnten Ablaßgelder eine Rolle gespielt haben, die 1442 für Reparatur von Kreuzgang und Glockenturm gestiftet wurden. Der Schmuck ist unterschiedlich figürlich. Die Figuren tragen zeitgenössische Kleidung. Die Darstellungen beinhalten die hl. Dreieinigkeit, Apostel (Petrus, Jakobus den Älteren, Bartholomäus und den Evangelisten Johannes), die hl. Katharina von Alexandria, die hl. Margarete von Antiochien, Äbte, Kleriker, Ritter und adlige Damen sowie kleinere Figuren und Tiere. Produkte bodenständiger Kunst, mögen die Figuren im Rundgang höchsten Ansprüchen nicht

RECHTS Durch die Bögen des Kreuzganges von Jerpoint fällt der Blick auf den höchsten Turm einer Zisterzienserkirche in Irland über der Vierung der Abteikirche.

UNTEN Die Abtei Jerpoint in der Grafschaft Kilkenny befand sich bereits im Bau, als sie von den Zisterziensern 1180 offiziell übernommen wurde. Die ursprünglichen, dreiteiligen romanischen Ostfenster wurden im vierzehnten Jahrhundert durch das einzelne Maßwerkfenster rechts im Bild ersetzt.

LINKS, GANZ UNTEN LINKS, UNTEN LINKS UND GANZ UNTEN Das Bemerkenswerteste an der Abtei Jerpoint ist die Bogenstellung aus dem fünfzehnten Jahrhundert mit ihrem reichen Figurenschmuck – Heilige, Ritter mit ihren Damen, Kirchenmänner und nicht ganz einfach zu identifizierende Plastiken. Ein bestimmter Humor ist unverkennbar.

UNTEN Die von Rory O'Tunney und seiner Werkstatt für ein Grabmal aus dem sechzehnten Jahrhundert in der Abtei Jerpoint skulptierten ‚Weinenden' zeigen Petrus mit Schlüsseln, Andreas hinter dem Schrägkreuz und Jakobus den Älteren mit Pilgerstab und Schalenhaube.

genügen, bleiben aber dennoch sehenswert. Die kleineren Figuren und Tiere geben der Darstellung einen Hauch von Fröhlichkeit, der in einem Zisterzienserhaus nicht zu erwarten ist – möglicherweise Einfluß der Familien Butler und Walsh, deren Wappen die Ritterschilde tragen.

In Jerpoint befinden sich auch sehenswerte Grabplastiken. Die früheste zeigt Abt O'Dulany, dessen Todesjahr 1202 ist. Betrachtenswert sind ferner zwei Ritter aus dem dreizehnten Jahrhundert, die sogenannten ‚Brüder' (s. S. 136), eingraviert in eine Platte in einer der Kapellen im südlichen Querhaus sowie das Bildnis des irischen Harfenspielers um 1500. Bernard lehnt zwar Plastik und Malerei in seinen Kirchen ab, doch befindet sich im Hochchor von Jerpoint ein mittelalterliches Fresko mit bisher nicht identifizierter Heraldik.

DUNBRODY ABBEY
Grafschaft Wexford

Dunbrody in der Grafschaft Wexford ist ein Tochterhaus der Abtei St. Mary in Dublin. Als Hervé de Monte Marisco, der Onkel Strongbows, das Land an der Küste von Waterford Harbour 1171/72 Buildwas in Shropshire schenkte, gehörte es zu diesem. Nach dem Vorbild von St. Mary schlug sich Dunbrody im Streit um die ‚Verschwörung von Mellifont' 1127 auf die englische Seite des Stephen von Lexington. Der Bau war damals vielleicht noch nicht vollendet, dürfte aber bereits annähernd die imposante Form angenommen haben, in der er sich heute darbietet. Mit Ausnahme des trutzigen Turmes aus dem fünfzehnten Jahrhundert, stammen die meisten Gebäude aus der ersten Hälfte des dreizehnten Jahrhunderts. Klotzig und raumgreifend auf freiem Felde stehend, war es reicher verziert, als der erste Blick verriet. Ein Dreifach-Lanzettfenster mit negativem Maßwerk im Westgiebel ging leider mit der Südarkade des Schiffes 1852 verloren.

Vom Schiff geht der Blick auf eine weitere Gruppe mit drei Lanzettfenstern in der Ostmauer sowie ungewöhnliche Doppelgadenfenster über den Pfeilern, statt – wie so oft in Irland – über den Spitzarkaden.

LINKS UND OBEN Die von englischen Äbten geleitete irische Zisterzienserabtei Dunbrody aus dem dreizehnten Jahrhundert auf einem großen, freien Feld in der Grafschaft Wexford war für die an kleine Kirchen gewöhnte einheimische Bevölkerung ob ihrer Ausmaße ein beeindruckendes Bauwerk. Wie bei den meisten irischen Zisterzienserkirchen befinden sich die Doppelgadenfenster (oben) über den Pfeilern des Schiffes.

OBEN Blick von Westen entlang des Kirchenschiffes der Abtei Dunbrody auf den Vierungsturm und die drei hohen Lanzettfenster in der Ostmauer. Die Südmauer des Kirchenschiffes stürzte 1852 ein.

ST. MARY'S ABBEY
Dublin

Kaum zu glauben, daß vom reichsten und wahrscheinlich schönsten Zisterzienserhaus Irlands lediglich das Kapitel hinter der Meeting House Lane in Dublin geblieben sein soll. Das Dach besteht aus vier Jochen mit niedrigem Rippengewölbe aus der Zeit um 1200, daneben eine Art Kreuzgang oder Durchgang. Weitere erhaltene Teile des einst großen Klosters sind eher unterirdisch zu vermuten. Die Steine der Gebäude dienten bei der Ausdehnung der Stadt nördlich des Flusses Liffey Ende des siebzehnten Jahrhunderts als Baumaterial. Teile der vermuteten Kreuzgangarkaden wurden vor etwa zwanzig Jahren in der Cook Street jenseits des Flusses entdeckt und sind jetzt im Kapitel zu sehen, dazu mehrere Fliesen, gefunden bei Ausgrabungen in den achtziger Jahren des vergangenen Jahrhunderts.

St. Mary wurde ursprünglich 1139 als Haus der Benediktiner von Savigny gegründet. Damit ist es älter als Mellifont, wurde aber 1147 zisterziensisch. Zwei getrennten englischen Zisterzienserklöstern – Combermere und Buildwas – unterstellt und – unüblich für Zisterzienser – in der nördlichen Vorstadt von Dublin gelegen, machte es einen überaus englischen Eindruck. Wären die Gebäude besser erhalten, verrieten zweifellos auch die architektonischen Details den englischen Einfluß. Eine jetzt in der Whitefriar Street südlich des Liffey aufbewahrte gotische Holzstatue der Gottesmutter soll aus St. Mary stammen und dürfte somit ebenfalls englisch sein. Ein so starkes Bollwerk des englischen Establishments hatte natürlich außerordentliche Symbolkraft, als des Königs Vertreter in Irland, Silken Thomas FitzGerald, in eben diesem Kapitel 1534 das Reichsschwert warf und sich zum Feind des Königs erklärte.

Die Tatsache war der Auftakt einer Erhebung, die das Geschlecht der Tudors erst nach vielen blutigen und unruhigen Jahrzehnten niederschlagen konnten.

DUISKE ABBEY
Graiguenamanagh, Grafschaft Kilkenny

Wie St. Mary und Dunbrody, gehörte die Abtei Graiguenamanagh, auch bekannt als Duiske, zur englandfreundlichen Fraktion der Zisterzienser in Irland. Gründer war der Earl von Pembroke, William Marshal, im Jahre 1204. Bevor sich die Mönche für den Ort am Ufer des Flusses Barrow entschieden, hatten sie mehrere Orte erprobt. Mit 65 m Länge bauten sie die größte aller Zisterzienserkirchen in Irland im reinsten englisch-gotischen Stil. Leider stürzte das Gewölbe des Presbyteriums bereits vor Jahrhunderten ein. Die hervorragende Rekonstruktion durch die Gemeinde in den Jahren 1974–80 unter der architektonischen Leitung von Percy LeClerc schuf einen beeindruckenden Kontrast zwischen den bearbeiteten Steinen und den gekalkten Mauern, so daß der Betrachter heute wieder einen realistischen Eindruck von der edlen Einfachheit zisterziensischer Baukunst erhält. Die Restaurierung des ursprünglichen Fußbodens erwies sich als nicht durchführbar. Durch kleine Öffnungen im Boden hat der Betrachter einen Blick auf einige der originalen Bodenfliesen. Die Klausurgebäude verstekken sich hinter und unter viktorianischen Bauten. Sollten sie eines Tages freigelegt werden, dürfte Graiguenamanagh über einen der schönsten und am besten erhaltenen Zisterzienserkomplexe des Landes verfügen und Spiegelbild sein für die unverdorbene Würde der einst so bedeutenden Abtei Irlands.

Von der Abtei St. Mary in Dublin, einst wahrscheinlich Irlands schönstes und reichstes Zisterzienserhaus, steht wenig mehr als das Kapitel mit dem Rippengewölbe aus der Zeit um 1200.

Getünchte Wände und eine fein gearbeitetes Eichendach geben der Pfarrkirche von Graiguenamanagh in der Grafschaft Kilkenny die unverdorbene Würde der einst bedeutenden Abtei Duiske, der größten Zisterzienserkirche Irlands, zurück.

LINKS, UNTEN UND OBEN Auf einer grünen Oase inmitten der kargen Kalksteinhügel von Barren im Norden von Clare ist Corcomroe aus dem frühen dreizehnten Jahrhundert eine der minder bedeutsamen, doch die am schönsten gelegene Zisterzienserabtei. Die aufwendige Bearbeitung der Steine des Chorgewölbes (unten) verhinderte wahrscheinlich die Vollendung des Bauwerkes nach ursprünglichen Plänen. Die Mönche beweisen Mut und ignorierten die Anweisungen des hl. Bernard hinsichtlich der ablenkenden Wirkung figürlichem Schmuckes. Sie brachten im Laubwerk der Säulenkapitelle Köpfe unter (oben).

CORCOMROE ABBEY
Grafschaft Clare

Treffend auch Abtei des Fruchtbaren Felses genannt, erhebt sich Corcomroe wie eine Fata Morgana in der unvergleichlichen Kalksteinlandschaft von Burren im Norden von Clare. Durch einen der O'Brien Könige ausgangs des zwölften Jahrhunderts gegründet, datiert das Gebäude aus den ersten drei Jahrzehnten des folgenden Jahrhunderts. Das Kloster war nie besonders reich. Das verdeutlicht zum einen seine geringe Größe, zum anderen die Tatsache, daß jedes Querhaus nur eine einzige Kapelle besitzt (von denen eine auch noch verschlossen ist). Die Qualität der Ausführung und die ausgezeichnete Plastik in der Osthälfte gleichen diesen Mangel reichlich aus. Im Presbyterium befindet sich Rippengewölbe im Fischgrätmuster. An den sauberen Werksteinen der Lanzettfenster sind Spuren der ursprünglichen Farbe zu erkennen. Die Kapitelle tragen ungewöhnlich frühen, naturalistischen Blumenschmuck, darunter Mohnkapseln und Maiglöckchen, die vielleicht im Klostergarten gezogen wurden. Die Kapitelle der Kapelle am südlichen Querhaus schmücken fünf Menschenköpfe – ganz sicher nicht der Forderung Bernards nach Einfachheit in den Kirchen seines Ordens genügend. Die Gurtsimse beißenden Drachen an den Außenmauern des Presbyteriums scheinen dem romanischen Türdurchgang in der Kathedrale von Killaloe (s. S. 131) unmittelbar entlehnt. Eigenständige Plastik und hoher Stand der Steinbearbeitung der Ostmauer von Corcomroe sind Beweis für die Lebendigkeit und den Einfallsreichtum von Kunst und Handwerk am Ende der Romanik im Westen des Landes, als die Gotik im östlichen Teil des Landes bereits weithin Fuß faßte. Das Schiff von Corcomroe ist vergleichsweise merkmallos und wurde vermutlich nie fertiggestellt.

BOYLE ABBEY
Grafschaft Roscommon

Die Abtei Boyle an der Straße Dublin – Sligo, wurde von den Mönchen von Mellifont bewohnt, die zuvor mehrere andere Orte erprobten, bevor sie sich um 1161 hier niederließen. Als eines der ärmeren Zisterzienserhäuser wurde der Bau erst nach sechzig Jahren beendet; die Weihe fand 1218–20 statt. Kein anderer Kirchenbau des Ordens in Irland zeigt deutlicher als Boyle den Wandel der irisch-zisterziensischen Architektur in der aktivsten Bauphase. Wie üblich, wurde zuerst die Ostseite errichtet. Die drei Lanzettfenster im Ostgiebel wurden jedoch erst im dreizehnten Jahrhundert hinzugefügt, ebenso der Vierungsturm. Das Presbyterium mit Tonnengewölbe sowie die Doppelkapellen im östlichen Querhaus weisen den burgundischen Einfluß früher zisterziensischer Kirchen auf. Obwohl das Kloster in der Aufbauzeit fest zur irischen Seite von Mellifont hielt, ist der Einfluß des westenglischen Stils in den letzten Jahrzehnten des zwölften Jahrhunderts in den Arkaden des Kirchenschiffes spürbar. Die Rundpfeiler auf der Südseite tragen Faltenkapitelle. Die Nordseite bildet mit Spitzbögen und stilisierten Blattwerkkapitellen einen starken Gegensatz. Die Westseite wiederum kann den Einfluß der Kathedrale Christ Church in Dublin um 1215–1220 nicht leugnen. Aus dieser Zeit datiert auch eine Erscheinung in den letzten Feldern der Arkade des Schiffes, die außer Boyle keine Kirche in Westirland aufweist: Mehrere faszinierende Kapitelle und Konsolen mit tief ausgearbeiteten Plastiken – Menschen, Hähne, wilde Tiere und Blattwerk – in der Manier der ‚Schule des Westens' durch den wegen seiner Arbeit an der Augustinerabtei ‚Meister von Ballintober' genannten Bildhauer. Die Klausurgebäude im östlichen Bereich sind nur zum Teil erhalten. Das Torhaus und ein großer Teil der südlichen Bebauung stammen hingegen aus der ersten Hälfte des siebzehnten Jahrhunderts.

OBEN UND LINKS Mit dem Fortschreiten des Baues der Abtei Boyle in der Grafschaft Roscommon (links) werden unterschiedliche Stile erkennbar: Rund- und Spitzbögen, Rund- und Rechteckpfeiler sowie zahlreiche, unterschiedliche Kapitelle, wie diese mit kämpfenden Tieren und Laubwerk mit Hohlblättern.

Die Augustiner und die Schule des Westens

Noch bevor der hl. Malachy die Zisterzienser nach Irland holte, beteiligte er sich an der Einrichtung von Häusern der Augustiner. Diese hatten, bevor sie nach Irland kamen, etwas von der Strenge der Zisterzienser übernommen. Malachy sollten sie bei der Wiederbelebung des Klostertums in Irland, der Wiederherstellung klösterlicher Disziplin und Verbesserung der Seelsorge dienlich sein. Der Besuch im Augustinerhaus im französischen Arrouaise 1140 war Anlaß, daß er sich über viele Jahre nachdrücklich für die Verbreitung der Regeln dieses Ordens nicht nur in neu gegründeten, sondern auch in den älteren Klöstern des Landes einsetzte. Nach Malachys Tod führte der hl. Laurence O'Toole die Arbeit fort. Er führte den Orden an mehreren Plätzen seiner eigenen Diözese Dublin, zum Beispiel in Glendalough, ein, selbst im Kapitel der Kathedrale Christ Church in Dublin.

In Connacht gründete das Königshaus O Conor Häuser für die Augustiner in Cong und Ballintober, wo sich die reifen Arbeiten der – wie Leask sie nannte – ‚Schule des Westens' befinden. Die Schule – offenbar eine Art Wanderbauhütte mit Steinmetzen und Steinbildhauern – war an mehreren Gebäuden westlich des Shannon tätig, zuerst möglicherweise in Killaloe, danach an den Zisterzienserhäusern in Corcomroe, Abbeyknockmoy und Boyle, schließlich – in der Phase größter Reife – an den Augustinerhäusern in Ballintober und Cong. Nach Überzeugung von Leask und Stalley zeichnet die Schule die feine Verfugung von Kalkhaustein, umlaufende Profile (häufig als Spitzprofile) bei Lanzettfenstern, Außenfriese als Verbindung von Dreifach-Lanzetten, stark unterschnittene Zickzackverzierungen sowie reiches Laubwerk, Tier- und Menschenplastik aus, die sich mit dem Namen des ‚Meisters von Ballintober' verbinden. Der möglicherweise aus England gekommene Meister muß in den ersten drei Jahrzehnten des dreizehnten Jahrhunderts mit mehreren anderen Künstlern zusammen gearbeitet haben. Durch Wiederbelebung des Stils der späten Romanik und des Überganges gestaltete er einige der am reichsten geschmückten Gebäude westlich des Shannon. Die Schule dürfte ihre Arbeit noch vor der Invasion der Normannen in Connacht 1235 beendet haben. Als Gründe für das Verschwinden sind eine Hungersnot in Connacht in den Jahren 1227 – 28 und – wie es die *Annals of Connacht* für das Jahr 1228 verzeichnen – die Ausweisung der Geistlichen und ‚Männern von Fertigkeit' (*lucht eladna*) aus Connacht, unter denen auch Männer der ‚Schule des Westens' gewesen sein könnten.

BALLINTOBER ABBEY
Grafschaft Mayo

Die Abtei Ballintober oder Ballintubber wurde durch den König von Connacht Cathal Crovdearg im Jahr 1216 für die Augustiner gegründet. Der Bau dauerte neun Jahre und wurde im Todesjahr des ersten Abtes beendet. Die kreuzförmige Kirche und der Kreuzgang wurden vermutlich nach Plänen der Zisterzienser gebaut. Die ersten Arbeiten (um 1216 – 20) sind

Steinbildhauer der ‚Schule des Westens', die bei den Zisterziensern in Boyle arbeiteten, könnten nach Abschluß der Arbeiten ihre Werkstatt nach Ballintober in der Nachbargrafschaft Mayo verlegt haben. Dort ließen die Augustiner den Hochchorbereich ausgestalten. Für den Grundriß ihrer zwischen 1216 und 1225 gebauten Kirche nahmen sie Anleihe bei den Zisterziensern auf.

an Chor und Vierung nachzuweisen, die einige der größten Leistungen der ‚Schule des Westens' aufweisen. Die drei Lanzettfenster im Ostgiebel sind außen und innen reich mit Zickzackbändern, Tieren und Laubwerk verziert. Die Kapitelle der Säulen des Rippengewölbes im Hochchor zieren kecke Tierfiguren und Blätter, die dem ‚Meister Ballintober' zugeschrieben werden. In einigen Fällen kommt der Stil dem auf der Westseite der Abtei Boyle nahe. Im übrigen stellt sich die Kirche eher karg dar. Weitere Beispiele für die Arbeit der Schule findet der Betrachter in den Türdurchgängen im Ostbereich der Klausurgebäude. Ausgrabungen im Jahre 1963 zeigten, daß viele der verbliebenen Bauten um den Kreuzgang aus dem fünfzehnten Jahrhundert stammen, als der Westgiebel der Kirche einen neuen Türdurchgang erhielt.

In der Nähe der Abtei befindet sich eine dem hl. Patrick geweihte Quelle (das ‚tober' im Namen). Hier versammelten sich traditionell die Pilger vor dem Aufstieg zum Croagh Patrick (s. S. 58). In der Abtei wurden Gottesdienste selbst in den finstersten Tagen religiöser Unterdrückung im achtzehnten Jahrhundert gefeiert. Den frühen Versuch, das Schiff mit einem Dach zu schließen, vereitelte die Hungersnot von 1847. Das Vorhaben gelang erst dank der Bemühungen von Kurat Fr. Thomas Egan sowie unter bautechnischer Anleitung von Percy Le Clerc zum 750. Gründungstag im Jahre 1966. Sie lassen uns die Größe und Erhabenheit einer augustinischen Abtei auf ihrem mittelalterlichen Höhepunkt erneut erahnen. Die in letzter Zeit im umliegenden Gelände aufgestellten Meditationsstationen gehörten natürlich nicht zum ursprünglichen Bild.

CONG ABBEY
Grafschaft Mayo

Eine herausragende Leistung aus der abschließenden Zeit der ‚Schule des Westens' findet sich in der Abtei Cong zwischen den Seen Conn und Corrib. Zuvor stand hier ein Kloster aus dem siebenten Jahrhundert. Unter dem Schutz des Königshauses der O Conor war die Abtei in den dreißiger Jahren des zwölften Jahrhunderts zu Wohlstand gelangt. Dessen letzter Hochkönig, Rory, verbrachte seinen Lebensabend in der Abtei, wo er 1198 starb. Fünf Jahre danach wurden Stadt und Kloster zerstört. Der erhaltene Bestand ist das Ergebnis des Wiederaufbaus während der nächsten fünfundzwanzig Jahre. Der ausgezeichnete Nordtürdurchgang befand sich ursprünglich an einem anderen Ort. Die originalen Türdurchgänge im östlichen

LINKS Spitze Türdurchgänge im Stil der Gotik, deren Schmuck späte Romanik atmet, läßt vermuten, daß die Abtei Cong in Mayo eine der letzten Auftragsarbeiten der Künstler der ‚Schule des Westens' war, ehe die Normannen Connacht 1235 schließlich überrannten.

RECHTS Die Priorei der Augustiner in Adare, Grafschaft Limerick, eine Gründung John Earl von Kildare 1315, wird von der Church of Ireland in untadeligem Zustand gehalten. Gottesdienste werden hier weiterhin gefeiert. Der Blick zum Altar und das Ostfenster vermitteln einen Eindruck vom ursprünglichen Aussehen des Innern eines mittelalterlichen Augustinerklosters in Irland.

Bereich der Kreuzganggebäude mit ihrem reichen Laubwerkschmuck und unterschnittenen Zickzackmustern gehören zu den letzten Arbeiten der Schule des Westens. Vergleichbare Arbeiten um 1230 in Regensburg waren Anlaß zu der Vermutung, einige der Steinbildhauer gingen bis nach Deutschland auf der Suche nach Aufträgen. Der von ihnen vertretene Übergangsstil hätte sich unter den gotischen Gebäuden, die zu jener Zeit in den östlichen Teilen Irlands emporwuchsen, in der Tat eigenartig ausgenommen.

ADARE PRIORY
Grafschaft Limerick

Kein Bauwerk vermittelt einen überzeugenderen Eindruck vom Innern der Kirche einer mittelalterlichen Priorei als die der Augustiner am Fluß Maigue am Rande von Adare in Limerick. Von John fitz Thomas FitzGerald um 1315 gegründet, wurde die Kirche mit Schiff und Hochchor etwa zehn Jahre danach gebaut. Später wurde zwischen beide noch ein Turm sowie ein Seitenschiff im Süden des Hauptschiffes eingefügt. Dessen Ostfenster verdeutlicht die Dicke der Stäbe in Pfostenfenstern der irischen Kirchen aus dem vierzehnten Jahrhundert. Die Priorei wurde 1539–40 offiziell aufgelöst. Die Brüder hingegen blieben noch ganze zwanzig Jahre daselbst. Nach der Übergabe der Kirche an die protestantische Gemeinde von Adare im Jahre 1807 erfolgte die glanzvolle Rekonstruktion. Das alte Klosterrefektorium wurde 1814 überdacht und diente fortan als Schule. Zwölf Jahre später wurde der mittlere Teil des Westflügels der Wohnunterkünfte in eine Gedenkstätte für die Familie Wyndham Quin umgebaut, die als Earls von Dunraven Großes leisteten, um Adare zu einem Vorzeigestück für die Geschichte des Mittelalters in Irland zu machen.

ATHASSEL PRIORY
Grafschaft Tipperary

Athassel bei Golden in der Grafschaft Tipperary war eine der weitläufigsten und beeindruckendsten Gründungen der Augustiner und eins der größten je in Irland gebauten Klöster überhaupt. Die Straße zum Kloster führt über eine Brücke – Erinnerung daran, daß der Fluß Suir umgeleitet wurde, damit Athassel zur Insel wurde. Um das Kloster entstand eine ganze Stadt. Zwei Brandschatzungen – eine durch den Earl von Desmond 1319, die andere

LINKS Das Augustinerkloster in Athassel bei Golden, Grafschaft Tipperary, besteht aus der größten Zahl von Gebäuderuinen aller mittelalterlichen Klöster in Irland.

UNTEN Auf den ersten Blick scheinen Kurtine und Türme in Kells, Grafschaft Kilkenny, wie der Teil einer großen Festungsanlage. Tatsächlich boten sie Mensch und Tier des hier 1192–93 gegründeten Augustinerklosters Schutz.

1330 durch Brian O'Brien – zerstörten sie jedoch bis auf den Grund. Ursache für die Feindseligkeiten der Iren war die Tatsache, daß Athassel sich des Wohlwollens des Normannen de Burgos erfreute, der es um 1200 gründete und für lange Zeit förderte.

Die Augustiner entwickelten keinen eigenen Baustil. Wie Ballintober, lehnt sich auch der Grundriß von Athassel eng an das Vorbild der Zisterzienser an. Die Kirche bestand aus Haupt- und Seitenschiff und einem unerwarteten Turm in der Nordostecke. Nach dem Brand der Kirche 1447 blieb das Schiff ohne Dach. Jedes der beiden Querhäuser besitzt zwei Kapellen, die später verändert wurden. Diese Arbeiten – wie die übrigen Gebäude des Klosters, lassen sich zeitlich schwer einordnen. Der Besucher betritt den Chor durch einen reich verzierten Türdurchgang etwa aus dem Jahre 1260, über dem in der Mauer eine gewölbte (später ausgefüllte) Aussparung auffällt, in der vielleicht ein großes Kruzifix aufgestellt war. Im Chor befindet sich eine (später verkleinerte) Platte aus dem vierzehnten Jahrhundert mit den eingeschnittenen Darstellungen eines Mannes und einer Frau. Zu weiteren wichtigen Arbeiten aus Athassel zählt eine Grabplatte des dreizehnten Jahrhunderts mit Reliefdarstellungen von Rittern. Da der Stein in Dundry bei Bristol gebrochen wurde, könnte er in fertig bearbeiteter Form importiert worden sein. Zu sehen ist er im Saal der Chorvikare auf dem Rock of Cashel.

Die weitläufigen Klausurgebäude südlich der Kirche sind zum Teil jünger als die Kirche. Außerhalb des unmittelbaren Klosterkomplexes befinden sich weitere Mauern und Gebäude (darunter ein Torhaus) auf einer Fläche von ca. 1,6 ha. Das Kloster wurde 1541 aufgelöst, ging sechzehn Jahre später in den Besitz von Earl Thomas von Ormond über, den wir in Carrick-on-Suir (s. S. 227–229) wieder treffen werden.

KELLS PRIORY
Grafschaft Kilkenny

Kells in der Grafschaft Kilkenny steht unverdient im Schatten seines Namensvetters in der Grafschaft Meath, nach dem das berühmte Buch im Trinity College in Dublin benannt ist. Kells in Kilkenny beherbergt eins der überraschendsten Denkmäler des Landes. Dem zufälligen Besucher muß die ausgedehnte Kurtine mit mehreren Turmhäusern als Teil einer weitläufigen Verteidigungsanlage erscheinen. Tatsächlich fanden dahinter die Bewohner der hier 1192–93 gegründeten bedeutenden Augustinerpriorei, samt Tieren, ausreichend Schutz. Die Maueranlage, auf den ersten Blick wie ein Teil einer großen Festung wirkend, diente als äußere Verteidigung für den Kern des Klosters im Norden, am Ufer des King.

Gegründet wurde die Priorei 1192–93 durch den Schwager Strongbows, Geoffrey fitz Robert, der vier Mönche aus Bodmin in Cornwall bewegte, ihr Haus in der Nähe seiner bis zu ihrer Zerstörung in jüngster Zeit durch eine Motte etwa 0,5 km flußauf gekennzeichneten ‚Burg' zu errichten. Die nicht so gut wie die Umschließung im Süden mit ihren Türmen erhaltenen Gebäude des Klosters bestanden aus der Kirche, einem Kreuzgang mit umliegenden Wohnräumen der Mönche sowie einer Reihe von Nebengebäuden, wie Küche, Krankenhaus und Wassermühle. Die Kirche war hallenraumartig lang und schmal, wie die in der Augustinerpriorei Athassel. Nur die Südmauer des Schiffes, die Seitenmauern des Chors sowie nahezu der gesamte Ostbereich der Klausurgebäude gehören zur ersten Bauphase im frühen dreizehnten Jahrhundert. Der leider verstorbene Tom Fanning stieß bei Ausgrabungen zwischen 1972 und 1980 auf Teile der ursprünglichen Kreuzgangarkade, wofür nur wenige Beispiele aus der Mitte des dreizehnten Jahrhunderts existieren. Später wurde die Kirche weitgehend verändert. Sie wurde in beiden Richtungen verlängert, was auf eine beträchtliche Vergrößerung der Zahl der Bewohner innerhalb und außerhalb des Klosters schließen läßt. Ferner kamen Türme an der Nordwest- und der Südostecke der Kirche hinzu. Im Turm an der Südostecke könnten sich die Wohngemächer des Priors befunden haben, der auch die Funktion eines Lord of Parliament innehatte. Irgendwann wahrscheinlich im fünfzehnten Jahrhundert wurde das nördliche Querhaus erneut erweitert. Um den Klosterkomplex errichtete man eine Mauer vom Fluß bis zum schwach befestigten Mühlgraben südlich parallel zum Fluß. Schließlich kam wahrscheinlich im fünfzehnten Jahrhundert noch ein Vierungsturm hinzu. Etwa zeitgleich dürfte der ‚Burgess Court' mit den bemerkenswerten Kurtinen und Türmen südlich des Mühlgrabens entstanden sein. Die Priorei wurde 1539 aufgelöst. Jetzt sollen mehrere Gebäude nach den Ausgrabungen von Tom Fanning wieder aufgebaut werden.

Die Benediktiner und Fore Abbey, Grafschaft Westmeath

Unter den Klosterorden gehören die Benediktiner zu den ältesten. Durch den hl. Benedikt im sechsten Jahrhundert gegründet, wurden die Regeln im Laufe der Zeit recht locker ausgelegt. Zahlreiche bedeutende mittelalterliche Klosterorden, darunter die Mönche von Cluny im zehnten Jahrhundert und – bedeutender für Irland – die Zisterzienser, entstanden aus

dem Wunsch nach Rückkehr zum ursprünglichen Geist der Regel des hl. Benedikt. Da der hl. Malachy sich bei der Durchführung seiner Reform im zwölften Jahrhundert ausschließlich auf Zisterzienser und Augustiner stützte, standen die Benediktiner in deren Schatten. Die von ihnen im elften und zwölften Jahrhundert auf dem europäischen Kontinent gegründeten sogenannten Schottenklöster waren aber der Ausgangspunkt für die Klöster Irlands. Durch sie gelangten die Benediktiner nach Rosscarbery in der Grafschaft Cork und – wichtiger noch – beteiligten sich an der Verwaltung von Cormac's Chapel in Cashel. In Ulster ersetzte John de Courcy in der Kathedrale von Downpatrick die Augustiner durch Benediktiner. Ihr einziges Baudenkmal von Bedeutung blieb jedoch Fore in der Grafschaft Westmeath. Dort hatte der normannische Baron Hugh de Lacy alle Kirchen des früheren Klosters St. Fechin der Benediktinerabtei St. Taurin in Evreux in der Normandie vermacht. Die Mönche betrachteten fortan beide Heilige als gemeinsame Schutzpatrone der neuen Abtei, die im dreizehnten Jahrhundert unten in der Ebene in einiger Entfernung von den anderen Kirchen errichtet wurde. Die Anbindung an Frankreich sollte sich in den Kriegen zwischen England und Frankreich im vierzehnten und fünfzehnten Jahrhundert als Nachteil erweisen, als der König Fore als ausländisches Kloster betrachtete. So erlebte Fore keine Blüte, wurde aber bis zur Übergabe zur Reformation 1539 von den Mönchen nicht aufgegeben. Durch einen seltsamen Zufall hatte Irlands einziges modernes und weitaus erfolgreicheres Benediktinerkloster, die Abtei Glenstal, ein Französisch sprechendes Mutterhaus in Maredsous in Belgien.

Die Kirche in Fore ist ein strenger, rechteckiger Bau aus der Zeit um 1200. Weder an den drei großen Rundbogenfenster im Osten noch irgendwo sonst an den erhaltenen Gebäuden, einschließlich Teilen der Klausur nördlich der Kirche, findet der Betrachter nennenswerten Schmuck.

LINKS Die Abtei Fore in der Grafschaft Westmeath blieb überraschend die einzige bedeutende Gründung der Benediktiner im Irland des späten Mittelalters.

RECHTS Ursprünglich zisterziensisch, ging die Priorei in Portumna, Grafschaft Galway Anfang des fünfzehnten Jahrhunderts an die Dominikaner. Als erstem Haus in Irland wurde hier die strenge Einhaltung der Ordensregeln wieder eingeführt.

DIE DOMINIKANER

Im zwölften Jahrhundert brachten Benediktiner und Zisterzienser ihre Lebensregeln nach Irland, einem Land bis dahin ohne vergleichbare Erfahrung. In den Jahrhunderten darauf folgten Dominikaner und Franziskaner, beide von bekannten italienischen Heiligen gegründet, deren Namen sie tragen. Die Dominikaner kamen 1224 von England, doch Irland wurde erst 1484 selbständige Ordensprovinz. Reginald, ein früher Dominikaner, italienischer Zeitgefährte des hl. Dominik, war von 1247 bis 1256 Erzbischof von Armagh, andere gelangten im darauffolgenden Jahrhundert zu bischöflichen Würden. Die erste Gründung der irischen Dominikaner erfolgte in Dublin, wohin Maurice FitzGerald sie rief. Die ersten Brüder dürften entweder Engländer gewesen sein oder waren anglonormannischer Herkunft. Nach Dublin entstanden rasch weitere Häuser in den anglonormannischen Städten, häufig außerhalb deren Mauern. Viele der ersten Wohltäter waren Anglonormannen, doch auch Iren ermutigten sie zur Gründung von Häusern, darunter die O'Donnells in Derry, die O Conors in Roscommon und Donnchad Cairbreach O'Brien in Limerick. Innerhalb von fünfundzwanzig Jahren nach ihrer Ankunft verfügten die Dominikaner bereits über ein Dutzend Häuser, deren Zahl sich bis 1300 verdoppelte. Eine Bewegung zur Rückkehr strengerer Lebensführung, die sogenannte Reform der Observanz, begann zuerst bei den irischen Dominikanern westlich des Shannon.

Ausgangspunkt war Portumna 1426. Die Reformbewegung gewann nach der Gewährung der Selbständigkeit der Provinz Irland 1484 an Kraft. Zur Zeit der Unterdrückung der Klöster in den vierziger Jahren des sechzehnten Jahrhunderts zählte man in Irland dreiunddreißig Gründungen von Dominikanerhäusern. Sie erlebten eine neue Blüte und einen neuen Aufschwung im siebzehnten Jahrhundert.

Die Dominikaner sind ein Predigerorden. Entsprechend bauten sie seit der Mitte des vierzehnten Jahrhunderts ihre Kirchen als lange, durch einen steinernen Vorhang unterteilte Hallen. Über dem Vorhang erhob sich meist ein Turm, dort stand auch die Kanzel. Die Brüder feierten die Liturgie im Chor, die Gemeinde lauschte der Predigt im Schiff. Von dort waren die Mönche beim Gebet meist nicht zu beobachten. Um mehr Gemeindemitgliedern Platz zu bieten, wurde häufig ein Südschiff oder Querhaus angebaut. Die Konventsgebäude standen zumeist nördlich der Kirche.

KILMALLOCK PRIORY
Grafschaft Limerick

Die am besten erhaltene Dominikanerpriorei des Mittelalters steht in Kilmallock. Jedoch hatte auch sie anfangs ihre Schwierigkeiten. Die Mönche hatten sich auf der der Stadt gegenüberliegenden Seite des Flusses niedergelassen. Das Land hatte ihnen John Bluet, Bürger der Stadt, 1291 überlassen. Dieser Standort fand jedoch nicht die Zustimmung des Bischofs in Limerick, der nur sieben Wochen nach Ankunft der Mönche ein Kommando entsandte, das die soeben begonnenen Gebäude zerstören sollte. Die Mönche beklagten sich umgehend bei König Edward I., mit dessen Zustimmung sie zuerst das Land erworben hatten und der den Besitz auch bestätigte. Innerhalb von etwa zehn Jahren entstand die Priorei in der heutigen Form. Das Dach büßte sie nach der Reformation ein. Weil relativ wenig über die Priorei bekannt ist, ist ein relativ ungestörtes Leben bis zur Schließung 1541 anzunehmen.

Die Kirche in Kilmallock ist eine lange Hallenkirche mit einem halben Dutzend hoher Fenster in der Südmauer des Chores. Diese waren ursprünglich zweigeteilte Maßwerkfenster mit paarweise fließend angeordneten, parallelen Pfosten. Licht flutete in den Chor zudem durch ein herrliches, fünfgeteiltes Fenster in der Ostmauer, dessen Teile ein Bogen von 5,5 m Breite überspannt. Südschiff und Querschiff sind Ergänzungen aus dem vierzehnten Jahrhundert. Das Maßwerkfenster im südlichen Querschiff ist so groß, daß der Einbau im fünfzehnten Jahrhundert die Rekonstruktion beinahe der gesamten Mauer erfordert haben muß. Obwohl Dominikaner schwören, in Armut zu leben, reichte das Geld zur Ausschmückung der Kirche mit mehreren Kopfplastiken. Der schlanke Turm der Kirche wurde vermutlich im fünfzehnten Jahrhundert erhöht. Die Klausurgebäude – im Grundriß anders als die der Zisterzienser – datieren wahrscheinlich aus dem Jahrhundert davor. Dagegen gehören die Maßwerkfenster und die Kopfplastiken in die Zeit der Gründung, um 1300.

LINKS UND UNTEN (Detail) Kilmallock in der Grafschaft Limerick besitzt das besterhaltene mittelalterliche Kloster der Dominikaner. Ein schlanker Turm, Maßwerkfenster und Kopfplastiken datieren aus der Zeit der Gründung um 1300.

Für die Aussage, ob die Karmeliter in Irland eine eigenständige Bauweise entwickelten, sind zu wenige ihrer Kirchen erhalten. Die Kirche in Loughrea, Grafschaft Galway, unterscheidet sich nur wenig von denen anderer Bettelorden. Die Doppellanzettfenster im Hochchor verweisen auf ein Datum kurz nach der Gründung Anfang des vierzehnten Jahrhunderts. Die Maßwerkfenster und der Turm wurden vermutlich im fünfzehnten Jahrhundert ergänzt.

Die Kaemeliter und Loughrea Friary, Grafschaft Galway

Als letzter der vier großen Bettelorden des Mittelalters kamen die Karmeliter nach Irland. Sie nennen sich nach dem Berg Karmel bei Haifa in Israel. Ursprünglich Einsiedler, gründeten die Mitglieder des Ordens Gemeinschaftshäuser, als sie in den dreißiger Jahren des dreizehnten Jahrhunderts nach Europa kamen. Mit den Kreuzfahrern erreichten sie im Jahrzehnt darauf England. Seit 1271 – wenn nicht früher – waren sie auch in Irland, wo sie sich zunächst in Leighlinbridge, Grafschaft Carlow, niederließen. Später zogen sie in ihr Provinzhaus nach Dublin. Zur Zeit der Pest 1350 verfügten die Karmeliter bereits über zwanzig Häuser in Irland. Weitere wurden bis in das fünfzehnte Jahrhundert gegründet. Vom Prior von Kilcormac in der Grafschaft Offaly stammt ein Missale aus dem Jahre 1458, das noch heute in der Bibliothek des Trinity College in Dublin aufbewahrt wird.

Reste von Häusern der Karmeliter befinden sich in Rathmullan, Grafschaft Donegal und Castlelyons, Grafschaft Cork. Das am besten erhaltene ist zweifellos Loughrea in der Grafschaft Galway. Hier gründete Richard de Burgo, zweiter Earl von Ulster, das Haus, in dem das Missale geschrieben wurde, wo auch der Schrein mit dem Schuh der hl. Brigid aufbewahrt wurde, der sich jetzt im National Museum von Dublin befindet. Das moderne Karmeliterkloster daneben wurde im neunzehnten Jahrhundert gegründet.

IRLAND IM SPÄTEN MITTELALTER 1400-1600

POLITISCHE ENTWICKLUNG

Um das Jahr 1400 hatte das englische Herrscherhaus Lancaster unter König Heinrich IV. (1399 – 1413) andere Sorgen, als sich um Irland zu kümmern. Die angloirische Bevölkerung fand Formen des Zusammenlebens mit den einheimischen Iren. Die ursprüngliche angloirische Kolonie war auf einen kleinen Bezirk mit fließender und weitestgehend imaginärer Grenze um Dublin geschrumpft.

Die einheimischen Iren genossen nun zwar mehr Freiheiten, Gebiet gewannen sie nicht hinzu. Die eigentlichen Gewinner, die großen angloirischen Familien, waren inzwischen, wie es hieß, „irischer als die Iren". Eine waren die 1391 nach Kilkenny verzogenen Butlers von Ormond, die anderen, die beiden bedeutenden geraldinischen Häuser – die Earls von Desmond in der Grafschaft Limerick und die Earls von Kildare mit Sitz in Maynooth. Die Butlers vertraten eifrig die Sache des Hauses Lancaster, die Geraldiner unterstützten das Haus York. Im Jahre 1449 bereiteten sie und die einheimische irische Bevölkerung Herzog Richard von York einen herzlichen Empfang, als dieser seine ausgedehnten irischen Besitzungen bereiste und gleichzeitig dem Wunsch der Angloiren nach stärkerer englischer Präsenz nachgab. Die Ormonds unterlagen den Desmonds 1462 in der Schlacht von Pottlerath. Bemerkenswerterweise war ein Grund für die Auseinandersetzung auch eine vom Psalter von Cashel kopierte gälische Handschrift, zweifellos ein gehegter Besitz der Nachkommen von Gearóid Iarla.

König Edward IV. aus dem Hause York setzte kurze Zeit später Earl Thomas von Desmond als Statthalter von Irland ein. Eindringlich vor der Übernahme von gälischem Recht und gälischen Gebräuchen gewarnt, entfremdete er die alten Kolonisten, die ihn 1468 zum allgemeinen Entsetzen enthaupten ließen. Der nun folgende Niedergang des Hauses Desmond und das Verschwinden der Butlers von Ormond ebnete den Weg für die Übernahme der Verwaltung Irlands durch die geraldinischen Earls von Kildare. Garret More, Earl von Kildare, wurde bald nach dem Tode seines Vaters im Jahre 1477 zum Vizekönig ernannt. Durch Verehelichung der Damen seiner Familie mit einigen der führenden Vertreter der Iren – O'Neill in Ulster, Butler, Burke und Mac Carthy – stärkte er seine Macht. Bis zu seinem Tode 1513 war er der ungekrönte König von Irland, stellte Truppen auf und quartierte sie bei seinen Landsleuten ein. Obwohl Gefolgsmann des Hauses York, konnte ihn nicht einmal der mächtige König Heinrich VII. (1485 – 1509) vom Hause Lancaster aus dem Amt vertreiben. Selbst nicht, als gleich zwei Männer Yorks in Irland die Macht für sich beanspruchten, von denen einer, Lambert Simnel, 1487 in Dublin als König Edward VI. gekrönt wurde. Vorübergehend verlor Garret More die Macht, als Sir Edward Poynings ihn als Vizekönig absetzte und in London ins Gefängnis werfen ließ. Poynings gelang es, 1494 ein Gesetz durchzubringen, nach dem das Parlament in Irland nur zusammentreten durfte, wenn das englische Parlament diesem und den zu verabschiedenden Gesetzen zuvor zustimmte. Doch Heinrich VII. konnte Irland ohne Garret More nicht regieren. Deshalb begnadigte er ihn und setzte ihn wieder in das Amt des Vizekönigs ein, das er bis zu seinem Tode 1513 innehatte. More strebte das Königtum für sich nie an. Er diente dem Hause Lancaster treu, obwohl seine Sympathien dem Hause York gehörten. Mit der einheimischen Bevölkerung stand er stets auf gutem

Der Name dieser Burg – Kilcash bzw. Cill Cais – in Südtipperary weckt Erinnerungen und Gefühle der Trauer ob des Endes des gälischen und anglonormannischen Irlands im sechzehnten Jahrhundert. Der Burg und ihrer Herrin Margaret Butler (geb. Burke), die in die Familie Ormond eingeheiratet hatte, gedenkt ein Klagelied aus dem achtzehnten Jahrhundert in irischer Sprache, das sinngemäß so beginnt:

Was geschieht nun wohl mit all dem Holz,
nachdem die letzten Wälder geschlagen sind?
Niemand spricht mehr von Cill Chais oder seinem Hof,
die Glocke dort ertönt nie mehr …

Diese Sir Edward Fitton gewidmete Bronzetafel in der Südmauer des Chorganges der Kathedrale St. Patrick in Dublin gehört zu den am besten erhaltenen aus dem sechzehnten Jahrhundert. Zur Zeit, als Königin Elisabeth I. ihre Autorität in der westlichen Provinz Connacht zu festigen strebte, diente Sir Edward ihr als Lord President von Connacht und Thomond und verwaltete die Kriegskasse. Die Tafel zeigt ihn und seine Frau Anne Warburton. Beide knien auf Betschemeln, neben sich ihre fünfzehn Kinder, die neun Söhne hinter dem Vater, die sechs Töchter hinter der Mutter. Sie sind in Gewänder des elisabethanischen England gehüllt. Das überrascht nicht, da die Tafel vermutlich kurz nach dem Tode von Sir Edward im Jahre 1579 in London gearbeitet wurde.

Fuße. Die allmähliche Verschmelzung der irischen mit der angloirischen Kultur führte zu einer zunehmenden Beliebtheit der Turmhäuser noch zu seinen Lebzeiten, besonders bei den Ormonds in Kilkenny, den Desmonds, MacCarthys und O'Briens in Munster und den Burkes in Connacht. Mit Garret More ging der letzte Vertreter des edlen irischen Herrentums. Nur vier Jahre später bestieg der erste Tudorherrscher den Königsthron von England, welche Irland im Laufe eines Jahrhunderts vollständig unterwerfen sollten.

Der erste Schritt dazu erfolgte, als der Enkel Garret Mores, der als ‚Silken Thomas' bekannte, schillernde Vizekönig in einem Akt der Verachtung in der Abtei St. Mary in Dublin 1534 das Staatsschwert warf und sich damit den König zum Feind machte. Heinrich VIII. beschloß daraufhin, daß die Zeit für eine erneute Unterwerfung der Iren gekommen sei. Im Jahre 1541 ließ er sich zum König von Irland machen. Nachdem er sich bei der irischen Bevölkerung wie bei den ‚alten Engländern' in Irland wegen des Bruches der römischen Kirche und seiner Selbsternennung zum Oberhaupt der neuen Kirche von England gleichermaßen unbeliebt gemacht hatte, setzte er sein Bestreben daran, das Land zu unterwerfen und die Bevölkerung zum neuen Protestantismus zu bekehren. Ihn trieb die Selbsterhaltung. Bis zu seinem Tode sechs Jahre danach hatten sich ihm vierzig Vertreter des hohen gälischen und angloirischen Adels unterworfen. Drei von ihnen – Burke, O'Neill und O'Brien – machte er zu Earls. Von dieser Geste erhoffte er sich die Unterwerfung der restlichen Häuser unter seine Herrschaft. Er erreichte sein Ziel nicht, bereitete aber den Weg für seine Tochter Elisabeth I., die das Werk vollendete und dem gälischen Irland den Todesstoß versetzte. Elisabeth schickte ‚Kolonisten' mit ihren Familien aus England. Sie sollten das Land bestellen und in den Midlands und im Süden neue Siedlungen gründen. Mit ihrer Hilfe errang sie die Kontrolle über weite Teile des Landes. Erheblichen Widerstand leistete Munster, wo England mit fremder Unterstützung aus Spanien 1579–80 bei Smerwick auf der Halbinsel Dingle eine Niederlage bereitet wurde. Nur Ulster blieb, wurde jedoch nach einer erneuten Invasion der Spanier (mit Unterstützung der O'Neills vom Norden) bei Kinsale im Jahre 1601 besiegt. Damit war die Eroberung abgeschlossen.

BURGEN UND TURMHÄUSER

Burgen und besonders Turmhäuser sind die auffälligsten steinernen Zeugen aus dem fünfzehnten und sechzehnten Jahrhundert in Irland. Obwohl einige erst nach 1600 entstanden, gehören sie in eine Zeit, als im übrigen Europa Burgen an Größe und Bedeutung bereits verloren. Vorbei die Zeiten, als die anglonormannischen Eindringlinge Burgen für sich, ihr Gefolge und die zur Verteidigung benötigten Soldaten erbauen mußten. Jetzt war die Zeit der wehrhaften Familienwohnsitze gekommen. Kein kleines stehendes Heer mußte mehr untergebracht werden.

Bereits im dreizehnten Jahrhundert entstanden mehrere kleinere Burgen in Form von großen, kräftigen Türmen als Wohnstätten für Herrschaft und Gefolge. Diese Tradition lebte vermutlich im vierzehnten, gewiß aber im fünfzehnten Jahrhundert fort, als große Türme als Familienwohnsitze entstanden. Die großen Bauwerke errichteten zunehmend die einheimisch irischen und die alten normannischen Familien. Zu letzteren gehörten die Butlers, die im fünfzehnten Jahrhundert die große Burg Cahir in der Grafschaft

LINKS Wegen ausschweifenden Lebenswandels in seiner Burg in Kilclief, Grafschaft Down, des Bischofsamtes 1441 enthoben, verdanken wir Bischof John Cely nicht nur die Kenntnis dieses mittelalterlichen Skandals, sondern auch das früheste zuverlässige Datum der Existenz eines Turmhauses in Irland.

RECHTS Die beiden Rundtürme vorn lassen vermuten, daß die Burg Dunluce an der Küste von Antrim bereits im vierzehnten Jahrhundert erbaut wurde. Geschichtliche Erwähnung findet sie jedoch erst im sechzehnten Jahrhundert, als die meisten übrigen Bauten von der Familie MacQuillan oder der sie allmählich verdrängenden Familie Macdonnel angefügt wurden. Die Burg wurde ständig erweitert, bis sie nach dem Wegbruch ihrer Südseite, der mehrere Mitglieder des Haushaltes mit in die See riß, offenbar verlassen wurde.

Tipperary errichteten, besser gesagt, nahezu vollständig rekonstruierten. Sie bestand aus einem großen Hauptturm, der durch mehrere Gruppen von Mauern in Form innerer und äußerer Höfe verteidigt wurde. Im Pale, dem gegen die einheimischen Iren gehaltenen Bezirk um Dublin errichteten die Plunketts in Dunsoghly, nur 13 km von der Hauptstadt entfernt, eine große Burg mit rechteckigen Ecktürmen. In den gälischen Teilen des Landes äußerte sich die neuerliche gälische Renaissance in der Errichtung hoher Türme, wie der der MacCarthys in Blarney, Grafschaft Cork. In Nordmunster bauten die Macnamaras Mitte des fünfzehnten Jahrhunderts Bunratty in der Grafschaft Clare – eine majestätische Burg, gleichfalls mit Ecktürmen und einem großen Außenbogen in Höhe des dritten Stockwerkes, über dem sich ein Empfangsraum befand. In Dunluce, Grafschaft Antrim, errichteten die MacQuillans eine hervorragende Verteidigungsanlage auf einer kleinen in das Meer hinausragenden Landzunge. Obwohl diese Burgen zu Verteidigungszwecken erbaut wurden, waren sie gleichzeitig auch Statussymbol ihrer Herrschaft.

Große Burgen waren jedoch nicht die Regel. Die meisten ‚Burgen' des fünfzehnten und sechzehnten Jahrhunderts waren von bescheidener Größe. Bei diesen handelte es sich um die Turmhäuser, eine Kombination von Verteidigungsanlage und Statussymbol. Die sie errichteten, standen auf der sozialen Leiter nicht ganz oben. Sie entstanden aus der Situation, in der in Ermangelung jeglicher zentraler Gewalt, die Verteidigung von Leib und Leben, Hab und Gut einem jeden selbst überlassen blieb. Ein spanischer Agent berichtete König Philip II. im Jahre 1579, in Irland bewohne ‚jeder geringe Herr einen steinernen Turm, wo er den gesamten Pöbel der Nachbarschaft in seinen Diensten versammelt; und diese Türme gibt es in ungezählter Menge'.

Die meisten Turmhäuser sind vierstöckige Bauwerke von rechteckiger Grundform, häufig mit einer leichten Dossierung (Schrägung) der Mauern. Über den unteren Stockwerken erhebt sich ein Steingewölbe mit einem festen Steinfußboden für das Stockwerk darüber. Der Turm besaß einen Türdurchgang in die Gewölbe des Erdgeschosses. In der Decke des Ganges befand sich ein ‚Mörderloch', durch das Steine und andere Gegenstände auf unerwünschte Besucher herabregneten. Pechnasen in Dachhöhe über dem Eingang dienten dem gleichen Zweck. Unmittelbar hinter dem Eingang führte eine Steintreppe – häufig eine Wendeltreppe – in die oberen Stockwerke. In einem wohnte die Gefolgschaft, im oberen residierte der Burgherr. Glaubt man Berichten von Besuchern aus dem siebzehnten Jahrhundert, waren die Gemächer eher spärlich möbliert – ein Tisch, Stühle oder Bänke und ein Bett, der Boden mit Binsen ausgelegt. Später wurden die Fensteröffnungen, zumindest im oberen Stockwerk, größer, ebenso die Feuerstätten. Wohlhabende Herren ließen ihre Kamine aufwendig gestalten. Spätere Türme erhielten Steingiebel und ein mit Schiefer gedecktes Holzdach (von denen ein einziges in Dunsoghly erhalten blieb). Unterhalb des Daches befand sich ein Umlauf. Manche Türme waren am Fuß geschrägt, so daß von oben herabgeworfene Gegenstände von den Mauern auf mögliche Angreifer zurückgeschleudert wurden. Die Fenster weiter unten im Turm waren nur noch schmale Schlitze, aus denen das Feuer auf anrennende Feinde eröffnet wurde, deren Pfeile oder Kugeln kein leichtes Ziel fanden. Als im sechzehnten Jahrhundert zunehmend Geschütze eingesetzt wurden, erhielten die Burgen zusätzlichen Schutz vor der Wucht einschlagender Geschosse. Wegen des oft sumpfigen Umlandes wurden Turmhäuser nur selten mit Kanonen angegriffen. Doch wegen des zunehmenden Einsatzes der neuen Schußwaffen wurde das Gelände unmittelbar um die Burg jetzt häufiger mit einer Mauer umgeben. Damit drangen

Wegen ihrer Nähe zur See wurde der Burg Kildavnet auf der Insel Achill in der Grafschaft Mayo schon früh mit dem Namen der legendären Piratenkönigin Gráinne Ní Mháille oder Grace O'Malley, in Verbindung gebracht. Sie soll selbst Königin Elisabeth in London ihre Aufwartung gemacht haben. Wahrscheinlicher ist, daß das einfache Turmhaus von einem Vorfahr eventuell im frühen sechzehnten Jahrhundert errichtet wurde.

die Musketen nicht bis in Turmnähe vor, und die Tiere wurden vor Wilderern und dem Beute reißenden Wolf geschützt.

In Irland gab es nahezu 3000 solcher Turmhäuser, die meisten südlich der Linie von Drogheda nach Westport. In Ulster war ihre Zahl relativ gering. Munster besaß die meisten, Limerick hatte 400, Cork 325, Tipperary 250, Clare 120. Hier, wie anderswo, waren es Wohnstätten des niederen Adels, der begütert genug war, die Bauwerke zu bezahlen und seiner Umgebung einen Beweis für den erworbenen Reichtum zu geben. Mancherorts erhielten der Eingang oder die Fenster des obersten Stockwerkes einige Schmuckelemente, was den Status betonte. Die meisten der sog. Sheela-na-gigs (s. S. 224) sind bei den Turmhäusern in die Mauern eingelassen. Leider war Mitteilungsfreude nicht eine der herausragenden Tugenden der Bewohner, oder die geführten Unterlagen haben nicht überlebt. So ist es oft schwierig, auch nur den Namen der Familie zu erkunden, die einen bestimmten Turm errichten ließ.

Die Herkunft der Turmhäuser ist in jüngster Zeit erneut heftig umstritten Zu klaren Schlußfolgerungen ist man dabei nicht gelangt. Vielleicht sind Turmhäuser die irische Variante der kleineren und älteren normannischen Burg mit einer bezinnten Brustwehr hoch oben, deren Ursprung ebenso im Dunkel bleibt. Die Ähnlichkeit der Wehren mit denen an den Türmen monastischer Häuser bewog Leask zu der Feststellung, dieselben Meister könnten an beiden Hand angelegt haben.

CAHIR CASTLE
Grafschaft Tipperary

Die Burg Cahir auf einer Felseninsel im Fluß Suir ist eine der größten und besterhaltenen Burgen Irlands. Sie besteht aus drei Teilen – einem inneren, mittleren und äußeren Hof, sämtlich von mächtigen Mauern umgeben. Der Eingang befindet sich noch immer im Mittelhof. Durch ein Tor mit Fallgatter betrat man den Innenhof. Hier standen die mächtigsten Verteidigungseinrichtungen – quadratische Türme an den Nordecken, eine Rundbastei erfaßte den Eingang an der Südostecke, der mächtige, dreigeschossige Turm wirkte als Zitadelle auf der Südseite.

Die Fundamente des Innenhofes, das Fallgattertor und vermutlich Teile des Turmes zählen zu den wenigen Resten der ältesten normannischen Burg, deren möglicher Erbauer, William de Braose, von König Johann das vor der Invasion der Normannen in den Händen der O'Briens befindliche Land zugesprochen bekommen hatte. Im folgenden Jahrhundert rächten sich die O'Briens, indem sie das Gelände für sich zurückeroberten und 1332 die Stadt in Brand steckten. Im Jahre 1375 fiel die Burg an die Familie Butler von Ormond, die sie mehrere Jahrhunderte behielt. Sie fügten im fünfzehnten und sechzehnten Jahrhundert neue Gebäude hinzu und bauten vorhandene um, woraus das uns heute vertraute Bild entstand. Im Jahre 1596 wechselte Thomas Butler, Baron von Caher, auf die Seite der Iren und stellte sich damit gegen Königin Elisabeth. Deren Günstling, der Earl von Essex, nahm die Burg 1599 nach drei Tagen ein. Noch heute erinnern Kanonenkugeln in den Außenmauern an die Belagerung. Als nächster lief Cromwell 1650 gegen die Burg an und nahm sie kampflos. Die Verteidiger unter George Mathews, eines Halbbruders des Earl Butler von Ormond, ergaben sich mit fliegenden Fahnen und überließen die Burg der angreifenden Seite der Parlamentarier. Dadurch blieb sie unversehrt der Nachwelt erhalten.

Später gelangte die Burg erneut in den Besitz der Butlers, deren Nachfahren sie – nicht ohne Unterbrechungen – bis 1964 behielten, als sie in die

Cahir Castle auf einer Insel in der Suir, eine der weitläufigsten irischen Burganlagen des späteren Mittelalters, steht auf normannischen Fundamenten. Kanonenkugeln in den Außenmauern zeugen bis heute von der Belagerung im Jahre 1599.

Obhut des Staates überging. Im neunzehnten Jahrhundert wurde die Burg, einschließlich des großen Saales im Innenhof, durch den Earl von Glengall, ebenfalls ein Butler, und dessen aus Tipperary stammenden Architekten William Tinsley wiederhergestellt. Der große Saal war zuvor in den Jahren 1840 bis 1846, als Cahir Cottage entstand, mit großem Aufwand und umfangreichen finanziellen Mitteln rekonstruiert worden. Die zuständigen staatlichen Stellen ließen das Fallgatter wieder funktionstüchtig machen und im Turm neue Fußböden legen, so daß dort jetzt zeitweilig Ausstellungen stattfinden können.

BLARNEY CASTLE
Grafschaft Cork

Blarney ist zweifellos eine der bekanntesten Burgen Irlands. Weniger wegen ihres Erhaltungszustandes, sondern wegen eines Steines in der Brüstung, der, wenn man ihn, in 26 m Höhe auf dem Rücken liegend, auf der Unterseite küßt, die Gabe der Beredsamkeit verleiht. Wie Pater Prout, ein Geistlicher in Cork im neunzehnten Jahrhundert, ausdrückte:

> Dort ist ein Stein, wer ihn geküßt,
> fortan nicht Wortgewandtheit mißt.

Eine Deutung besagt, Cormac mac Dermot MacCarthy, Herr von Muskerry im sechzehnten Jahrhundert, habe es durch gewandte Rede verstanden, stets beide Parteien eines Streites zufriedenzustellen. Königin Elisabeth I. jedoch überzeugte er nicht. Sie bezeichnete seine Worte abfällig als „alles Blarney“ (engl. für ‚Geschwätz‘).

Die Burg besteht aus einem mächtigen, fünfgeschossigen Turm auf felsigem Grund. Von den beiden ‚Höhlen‘ soll eine als Gefängnis gedient haben. Ein Stein der Brüstung soll eine Inschrift getragen haben, derzufolge Cormac, ‚der starke‘ MacCarthy, ein Vorfahre des redegewandten Cormac, die Burg 1446 erbaute. Broghill, Kommandeur der Truppen Cromwells, nahm die Burg 1646. Nach 1662 fiel sie im Zuge der Wiedereinsetzung Karls II. an MacCarthy Lord Muskerry zurück. Dieser war vier Jahre zuvor zum Earl von Clancarty erhoben worden. Mit der Niederlage Jakobs II. im Jahre 1691 verlor die Familie die Burg, die an die Jeffreys veräußert wurde. Diese Familie errichtete Anfang des achtzehnten Jahrhunderts das Haus mit dem eigenartigen Türmchen am Fuße des Felsen. Die oberen Stockwerke des Hauses mußten vor einigen Jahren aus Sicherheitsgründen abgetragen werden. Heute befindet sich die Burg im Besitz von Mr. Charles Colthurst, einem Nachkommen der Jeffreys.

BUNRATTY CASTLE
Grafschaft Clare

Die Burg Bunratty, zwischen Limerick und der heutigen Stadt Shannon, beherrschte einst die mittelalterliche Stadt, von der außer der Pfarrkirche nichts geblieben ist. Sie steht auf der ehemaligen Insel Tradraighe am nördlichen Ufer des Shannon, wo sie die Schiffahrt von und nach Limerick kontrollierte. Diese militärische Aufgabe teilte sie sich vermutlich mit der Burg Carrigogunnell auf der Südseite des Mündungsgebietes. Bunratty war nicht die erste, nicht einmal die zweite, sondern die dritte Burg am Ort. Der Bau wurde um die Mitte des fünfzehnten Jahrhunderts von Síoda MacConmara begonnen und von dessen 1467 verstorbenen Sohn Seán Finn zu Ende geführt. Mit den Worten des Restaurators Le Clerc ist „die Burg das bedeu-

LINKS Der beeindruckende Turm der Burg Blarney mit dem berühmten Stein der Beredsamkeit wurde im Jahre 1446 erbaut. Er ist weitaus besser erhalten als das zierliche Türmchen des einstigen Herrenhauses aus dem achtzehnten Jahrhundert davor.

RECHTS Bunratty Castle in der Grafschaft Clare, die dritte Burg am Fluß, wurde Mitte des fünfzehnten Jahrhunderts von den Macnamaras erbaut. Sie ging in den Besitz der O'Brien Könige, der späteren Earls von Thomond, über.

tendste zivile Bauwerk aus jener Zeit". Irgendwann während der folgenden achtzig Jahre kam die Burg durch Heirat in den Besitz der O'Briens, Könige und später Earls von Thomond. Der vierte Earl machte sie um 1580 zu seinem Hauptsitz. Bei der Restaurierung wurde das Bild der Burg aus jener Zeit erstrebt.

Die vier Hauptgeschosse der Burg sind von unterschiedlicher Höhe. Im Sockelgeschoß befinden sich Verliese und Vorratsräume, die Hauptwache im ersten Geschoß. Beide Stockwerke besaßen Gewölbe. Dienerschaft und Wachsoldaten waren im ersten Geschoß untergebracht. Darüber befindet sich der große Saal mit moderner Holzdecke nach dem Vorbild der Burg Dunsoghly in der Grafschaft Dublin. Hier hielt der Earl Hof und speiste. Gleiches erleben hier täglich Besucher, die sich zum Nachtgelage versammeln und aus ihren Reihen einen ‚Earl' als Mahlherrn bestimmen. In einer Fensteröffnung ist ein Sheela-na-gig in die Mauer eingelassen, in einer anderen finden sich Stuckreste von etwa 1600. Stuck ziert auch die Kapelle im großen Saal. Im obersten Stockwerk befinden sich die privaten Gemächer

RECHTS Das South Solar war für die besonderen Gäste des Hausherrn bestimmt. Es war dazu das Lieblingsgemach von Lady Gort, deren Portrait von der Hand Philip de Laszlos (1933) an einer der Stirnseiten hängt. Ihr Gatte, Lord Gort, vermachte die Burg Bunratty und ihre Einrichtung im Jahre 1956 großzügig der irischen Nation.

UNTEN Hoch oben in einem Eckturm von Bunratty Castle fand der Burgherr in seinem Schlafgemach ungestörte Ruhe.

des Burgherrn, darunter eine Privatkapelle, aus dem späten sechzehnten Jahrhundert.

Der päpstliche Nuntius Kardinal Rinuccini stellte 1646 fest, ‚ohne Zögern kann ich sagen, dies ist der schönste Fleck, den ich je sah. In Italien finden Palast und Grund des Lord Thomond nicht ihresgleichen. Nichts gleicht den Weihern und Parks und ihren dreitausend Stück Hochwild.' Doch Paradiese sind nicht für die Ewigkeit gemacht. Kurze Zeit danach entrissen die Kräfte Cromwells die Burg ihrem Verteidiger, Admiral Penn, dessen Sohn William, Gründer von Pennsylvania, von der Belagerung bereits erfahren haben mochte, bevor sein Vater die Burg den Belagerern übergab und 1646 Segel nach Kinsale setzte. Die O'Briens kehrten nie in

RECHTS Das North Solar unterhalb der Brustwehr von Bunratty war das Privatgemach des Earls von Thomond. Heute steht hier der sogenannte Armadatisch.

LINKS Die untere, öffentliche Kapelle der Burg Bunratty besitzt eine der seltenen irischen Stuckdecken aus der Zeit um 1600 und verschiedene sakrale Möbelstücke.

LINKS Im großen Saal der Burg Bunratty hießen einst die Earls von Thomond ihre Gäste willkommen. Heute finden hier jeden Abend mittelalterliche Gelage für Besucher der Burg statt.

Die Familie O'Loghlen errichtete auch Turmhäuser mit rechteckiger Grundform, wie Gleninagh an der See, wo sie von ihren Wohngemächern im oberen Stockwerk – mit den Worten des Liedes – ‚die Sonne über der Bucht von Galway sinken' sehen konnten.

GLENINAGH CASTLE
Grafschaft Clare

Die Fahrt entlang des nördlichen Randes der Burren an der Südküste der Bucht von Galway wird durch das Turmhaus in Gleninagh unterbrochen. Bis in das späte neunzehnte Jahrhundert bewohnt, befand sich die Burg im Besitz der Familie O'Loghlen, der sogenannten Prinzen der Burren, die sie auch erbaut haben könnten. Dies geschah vermutlich im sechzehnten Jahrhundert. T. J. Westropp nannte sie einen ‚einfachen, grob ausgeführten Bau'. Wie viele Turmhäuser in Clare, wurden die beiden unteren Stockwerke mit Steingewölbedecken versehen. Die Treppe befindet sich jedoch nicht innerhalb des Turmrechtecks, sondern in einem vorstehenden Türmchen. In großer Nähe steht eine einfache mittelalterliche Kirche, die von den Bewohnern der Burg unterhalten worden sein dürfte.

DUNGUAIRE CASTLE
Grafschaft Galway

Die Burg Dunguaire ist so fotogen, daß sie vor dreißig Jahren den Deckel einer Gebäckdose hätte zieren können. Heute findet man ihr Bild in Kalendern und auf Postkarten. In den achtziger Jahren entstanden hier Szenen des Films *North Sea Hijack* mit Roger Moore. Der Turm steht auf einem kleinen Hügel in der Bucht von Galway, den die Wogen des Atlantischen Ozeans umspülen. Die Landverbindung besteht nur über eine schmale Straße, die zu dem breiten Eingang in der hohen, eckigen Mauer führt. Der Turm bildet den größten Teil der Westseite der Mauer. Über dem Erdgeschoß mit Gewölbedecke erheben sich zwei weitere Stockwerke. Das Dach wurde modern rekonstruiert.

Die Burg wurde vermutlich im sechzehnten Jahrhundert durch ein Mitglied der Familie O'Heyne, Lords von Uí Fiachrach Aidhne, erbaut. Die Familie hatte bereits um 1200 eine wunderschöne, kleine Kirche in Kilmacduagh, in derselben Grafschaft, für ein dem heiligen Colman im siebenten Jahrhundert durch Bruder Guaire geweihtes Kloster errichten lassen. Dieser, selbst König von Uí Fiachrach Aidhne, war ob seiner Gastfreundschaft berühmt. Nach ihm ist auch sein Fort, Dún Gaire, benannt. Die traditionelle Gastfreundschaft pflegt auch die jetzige Besitzerin, die Organisation Shannon Heritage. In den Sommermonaten veranstaltet sie hier Bankette mit literarischer Umrahmung. Zwei der Vorbesitzer in diesem Jahrhundert waren sehr unterschiedlichen Charakters: zum einen Edward Martyn von Tullira, Dichter und Förderer der Künste, der in Leben und Werk von Lady Gregory, W. B. Yeats und George Moore eine Rolle spielte, zum anderen die schillernde Lady Christabel Ampthill, die in einem berühmten, vom britischen House of Lords entschiedenen Rechtsfall eine Rolle spielte.

THOOR BALLYLEE
Grafschaft Galway

> Eine alte Brücke und ein noch älterer Turm ...
> eine gewundene Treppe, eine Kammer mit Steingewölbe,
> ein grauer Kamin mit offener Feuerstelle.

Etwa mit diesen Worten beschrieb der große irische Dichter W. B. Yeats das von ihm 1917 erworbene Turmhaus. Hier wollte er seinen Freunden, Lady Gregory und Edward Martyn im nahen Coole und Tullira, dem Kern der ‚Literaturlandschaft' Südgalways, nahe sein. Bereits während seines ersten Besuches in Coole 1896 hatte er das Turmhaus, ein Werk de Burgos aus dem sechzehnten Jahrhundert, entdeckt. Wegen der romantischen Verbindung mit Mary Hynes, ‚der strahlenden Blume von Ballylee ... einer schönen Frau, deren Name noch beim Torffeuer ein Wunder ist', Geliebte des Dichters Anthony Raftery im frühen neunzehnten Jahrhundert, fühlte er sich von dieser Burg angezogen. Zudem faszinierte Yeats die große, alte Dame von Clare, Biddy Early. Über sie und ihre Behauptung, ‚zwischen den beiden Mühlsteinen von Ballylee' gäbe es ein Heilmittel für jedes Leiden, wollte er mehr wissen. Tatsächlich wurden die beiden Steine bei der Ausgrabung der Mühle durch Dominic Delaney 1991–92 gefunden.

RECHTS Von der Mauer sicher behütet, kuschelt Dunguaire auf einem kleinen Vorgebirge an der Atlantikküste der Bucht von Galway.

GANZ RECHTS Das Turmhaus Thoor Ballylee in Südgalway ist eng mit dem Namen von Irlands berühmtem Dichter und Literaturnobelpreisträger W. B. Yeats verbunden.

Yeats beauftragte seinen Architekten, William A. Scott, jenes ‚trunkene Genie', mit der Rekonstruktion der Burg und dem Entwurf von Mobiliar für sie. Die Kunstbeschläge fertigte das lokale Handwerk. Er und seine Familie bewohnten die Burg mit Unterbrechungen von 1919 bis 1926. In bewegter Zeit fand er hier Ruhe und Frieden. Das Gebäude gab der Gedichtsammlung *The Tower* (*Thoor* ist das gälische Wort für ‚Turm') den Titel. Yeats schätzte Thoor Ballylee als ‚angemessenes Monument' und ‚ständiges Symbol meiner Arbeit, wie der Vorüberkommende es leicht wahrnehmen kann'. Er sah jedoch bereits die Zeit nach seinem Weggang voraus, in der die Burg erneut verfallen würde. Dies ließ er auf einem in der Wand eingelassenen Stein mit folgenden Zeilen aufschreiben, deren sinngemäße Übertragung lautet:

Mit Mühlenbalken,
meeresgrünem Schiefer
und Arbeiten der Schmiede Gort
habe ich, der Dichter William Yeats,
mit meiner Frau George
diesen Turm erneuert.
Mögen diese Zeichen überdauern,
noch, wenn alles wieder in Ruinen liegt.

Tatsächlich lag alles in Ruinen, noch bevor Yeats den Stein hatte einsetzen lassen. Mit Hilfe zweier weiterer Schotten, Michael, des Architekten und Pat, des Künstlers, kam der Stein 1948 doch noch an den vorgesehenen Ort. Mit Unterstützung der Familie Yeats (die dafür eine Stiftung gründete), Bord Fáilte und Ireland-West Tourism, ließ Mary Hanley von der Kiltartan Society den Turm restaurieren und 1965 durch Padraic Colum, gleichfalls ein Dichter, zum einhundertsten Geburtstag von Yeats der Öffentlichkeit übergeben.

O'BRIEN'S CASTLE
Inisheer, Grafschaft Galway

Geologisch sind die Aran-Inseln die Fortsetzung des Burren-Karsts in Nordclare. Es überrascht nicht, daß die O'Briens, die mächtigste Dynastie in Clare, die Inseln in den Jahrhunderten nach dem Tode ihres bedeutendsten Sprosses, Brian Boru, im Jahre 1014, erfolgreich übernahmen. Ihre Macht war so groß, daß die Kaufleute von Galway sich bereit fanden, ihnen jährlich zwölf Tonnen Wein dafür zu zahlen, daß sie mit einer kleinen Seestreitmacht die Piraten aus der Bucht von Galway fernhielten. Vielleicht war es die Schuld so vielen Weines, daß sich das Schicksal auf den Inseln gegen die O'Briens wandte. Doch zuvor bauten sie sich noch eine Burg am östlichen Ende von Inis Oirr (oder Inisheer), der kleinsten der drei Inseln und der in größter Nähe zur Küste von Clare. Die Burg ist ein zweistöckiger Turm leicht außerhalb des Zentrums des von einer Mauer umgrenzten, ovalen Hofes. Hier könnten sich Reste früherer Befestigungen befinden, wie der andere Name der Burg, Dún Formna, ‚die Feste auf dem Hügel', vermuten läßt.

JORDAN'S CASTLE
Ardglass, Grafschaft Down

Ardglass in der Grafschaft Down und Dalkey in der Grafschaft Dublin sind Orte, die man als Städte des Mittelalters kennt, deren wohlhabende Bürger zum eigenen Schutz und dem ihres Besitzes Turmhäuser errichteten, von denen eine große Zahl erhalten blieb. Jordan's Castle inmitten von Ardglass beherrscht den Hafen seit dem Bau im fünfzehnten Jahrhundert. Zwischen dem Sockelgeschoß mit Gewölbe und dem rekonstruierten Dach befinden sich drei Stockwerke. Diese wurden nach dem Kauf durch den Belfaster Antiquar F. J. Bigger 1911 als Museum eingerichtet. Nach seinem Tod im Jahre 1926 fiel die Burg an den Staat. Die Besonderheit von Jordan's Castle und anderer Turmhäuser in der Grafschaft Down, wie z. B. Kilclief, ist der Zutritt durch einen Türgang auf der Innenseite eines der vorspringenden Ecktürme. Von hier führt eine Wendeltreppe in die oberen Stockwerke.

LINKS Wie die Spitze einer Kalksteinpyramide erscheint O'Briens Turm auf Inisheer, der kleinsten der drei Araninseln in der Bucht von Galway.

RECHTS Als Turmhaus steht Jordan's Castle inmitten der mittelalterlichen Stadt. Im Hintergrund der Hafen von Ardglass.

DOE CASTLE
Grafschaft Donegal

Der Name Doe (dtsch. Damhirschkuh) hat nichts mit diesem Tier gemein, sondern leitet sich von einem Titel der Ländereien der Familie MacSweeney ab, die – einst Söldner schottischer Herkunft – zu Herren des Bereiches um die Bucht von Sheephaven in Norddonegal avancierten, wo die Burg steht. Auf einer in die Bucht vorgeschobenen Landzunge ist die Burg an drei Seiten von Wasser umgeben. Die vierte Seite bietet durch einen Graben landwärtigen Schutz. Die Burg selbst besteht aus einem vierstöckigen Turm etwas außerhalb der Mitte des sie umgebenden Hofes mit hoher Mauer. Erste Erwähnung findet die Burg 1544, als in der Familie MacSweeney ein blutiger Zwist ausgefochten wurde. Sie muß damals also bereits bestanden haben. Erneut wird sie in den Geschichtsbüchern im Zusammenhang mit dramatischen internationalen Ereignissen um die spanische Armada 1588 genannt, als sich die Schiffe König Philips im tapferen Kampf gegen die Elemente bemühten, ihren Heimathafen zu erreichen. Manche sanken, andere erreichten die Gestade Irlands, darunter einige, deren Mannschaften auf Doe Castle Zuflucht suchten. Als die Iren durch die Landvergabe an englische Kolonisten Anfang des siebzehnten Jahrhunderts ihren Grund und Boden verloren, ging Doe in den Besitz eines Captain Sanford über, der die Burg mit seiner Frau und vier englischen Familien bewohnte, die ihn bei der Bewirtschaftung des zur Burg gehörenden 202 ha großen Areals zur Hand gingen. In den folgenden zweihundert Jahren erlangten die MacSweeneys die Burg mehrmals wieder und verloren sie ebenso oft. Im Jahre 1642 landete an dieser Stelle – aus Spanien kommend – Owen Roe O'Neill mit einhundert kriegserfahrenen Männern, setzte sie nach Charlemont, Grafschaft Antrim, in Marsch und übernahm dort die irische Armee.

Irgendwann ausgangs des achtzehnten Jahrhunderts gelangte die Burg in den Besitz von George Vaughan Hart, dessen Initialen und Wappen über dem Eingang angebracht sind. Seine Nachfahren bewohnten die Burg nahezu ein Jahrhundert, bevor sie sie vor etwa einhundert Jahren verließen. Art und Umfang der von der Familie Hart an der Burg vorgenommenen Reparaturen erschweren eine Unterscheidung zwischen Mittelalter und neuerer Zeit. Außen in die Nordseite der Burg ist eine mit Tieren und einem achtspitzigen Kreuz verzierte Grabplatte eingelassen. Möglicherweise erinnert sie an die Ruhestätte eines Mitglieds der Familie MacSweeney aus dem sechzehnten Jahrhundert. Vom nahen Friedhof wurde sie 1968 zum Schutz in die Burg verbracht.

In der malerisch am Ufer der Bucht von Sheephaven in der Grafschaft Donegal gelegenen Burg Doe fanden Überlebende der spanischen Armada Zuflucht.

DIE KIRCHE

Um 1400 hatten viele Mönche in den gälischen oder unter gälischem Einfluß stehenden Gebieten Irlands die Regeln des Klosterlebens abgestreift und heirateten in aller Öffentlichkeit. Wie bereits im siebenten Jahrhundert, erfuhren die irischen Klöster im fünfzehnten Jahrhundert erneut einen Prozeß der Säkularisierung. Dagegen richteten auch die vom Papst ernannten zahlreichen unfähigen Amtsträger nichts aus, von denen viele eigens nach Rom eilten, um würdigeren Anwärtern zuvorzukommen. Häufig waren Äbte keinem Orden angehörende, weltliche Vertreter, die die Klöster als Pfründe betrachteten.

Die Zisterzienser spielten nicht mehr die führende Rolle, wie in früheren Jahrhunderten. Nur Holy Cross und Kilcooley in der Grafschaft Tipperary gelang im fünfzehnten Jahrhundert die Neubelebung ihrer Häuser. Daneben waren es Brüderorden, besonders die Franziskaner, die in den Jahrhunderten der anglonormannischen Herrschaft eine untergeordnetere Rolle gespielt hatten und jetzt die Fahne der Religion hochhielten. Vor allem sie ermutigten die Menschen zu frommem Leben und traten als Prediger hervor. Einer von ihnen, der 1513 verstorbene Maurice O'Fihely, bekannt als *Flos Mundi* (‚Blume der Welt'), erwarb sich als Gelehrter einen weit über die Grenzen des Landes hinausgehenden Ruf. Die Mönche trugen daneben Übersetzungen zahlreicher Werke der kontinentalen Religionsliteratur zusammen. Dennoch blieb der Vorwurf, diese Werke der Frömmigkeit allein konnten das Versagen des Klerus nicht wettmachen.

Die früheren Gründungen dieser Orden in Irland waren hauptsächlich in den Städten des dreizehnten Jahrhunderts erfolgt. Nachdem die Pest in den Jahren 1348–50 ihre Zahl deutlich verringerte, konzentrierten sie sich auf die ländlichen Gebiete. Häufig zogen sie sich in abgelegene Gegenden zurück. Sie fanden geistige Stärkung bei der verstreut lebenden gälischen Be-

LINKS Mit Ausnahme der Franziskaner waren die Bettelorden eifrige Bauherren im Irland des späten Mittelalters. Zum Beispiel gründeten die Dominikaner mit Unterstützung von Richard de Burgo 1469 dieses malerisch an einem Meeresarm bei Burrishoole in der Grafschaft Mayo gelegene Kloster.

RECHTS Seltenes Beispiel für eine von den Katholiken benutzte mittelalterliche Kirche ist das um 1320 durch Walter de Mulcote gegründete Augustinerkloster Fethard in der Grafschaft Tipperary. Während der Reformation aufgelöst, kehrten die Mönche 1820 zurück und bauten als Zeichen der Neugründung die Kirche wieder auf.

LINKS Die White Church in Adara, Grafschaft Limerick, war die einzige irische Priorei der Trinitarier. Um 1230 erbaut, ist sie dem heiligen Jakobus geweiht. Die Kirche stammt zum größten Teil aus dem fünfzehnten Jahrhundert. In großzügiger Geste überließ 1811 der zweite Earl von Dunraven die damals bereits schon lange Zeit unbenutzte Kirche den katholischen Bewohnern des Dorfes als Pfarrkirche. Sein Nachfolger erweiterte die Kirche und baute sie teilweise um. Sie ist heute eine der wenigen von der katholischen Kirche noch benutzten mittelalterlichen Kirchen in Irland.

GANZ LINKS Die meisten Klöster des dreizehnten Jahrhunderts entstanden in den Städten. Das Franziskanerkloster von Ardfert in der Grafschaft Kerry, das heute inmitten von Feldern liegt, machte dabei keine Ausnahme. Einst stand es am Rande eines größeren, heute nicht mehr existierenden Ortes. Wenige Jahre nach 1250 gegründet und erbaut, bestand das Kloster aus geostetem Arkadenschiff und langem Hochchor sowie in engen Abständen angeordneten Lanzettfenstern. Der Turm – unüblicherweise auf der Westseite – kam im fünfzehnten Jahrhundert hinzu, so auch das südliche Querhaus im rechten Winkel zur Langhalle der Kirche.

völkerung. Dort wurden die Franziskaner im Irland des fünfzehnten Jahrhunderts zu den Kirchenerbauern *par excellence*. Die Hochburg der Franziskaner lag in Munster, die Augustiner und Dominikaner waren am stärksten in Connacht.

Das Bemühen um Rückkehr zu den ursprünglichen, strengen Regeln von Armut, Keuschheit und Gehorsam führte zur Entstehung der Observanten. Die Augustiner folgten der Reform zuerst 1423 in Banada, Grafschaft Sligo, die Franziskaner folgten zehn Jahre später in Quin. Die Franziskaner des „Dritten Ordens" ermutigten die Laien, die oftmals Mitglieder der Gemeinschaft waren, zu Gebet, Werken der Barmherzigkeit und Befolgung der Liturgie. Ohne diesen Erneuerungseifer wäre die Zahl klösterlicher Gemeinschaften noch sehr viel stärker geschrumpft, als sie es ohnehin tat. Die Arbeit der Orden verhinderte, daß das Licht des Glaubens verlosch. In einem amtlichen Bericht von 1515 heißt es:

> Denn da ist weder Erzbischof, noch Bischof, Abt noch Prior, Pastor noch Dechant, noch irgendeine andere Person der Kirche, hoch oder gering, groß oder klein, englisch oder irisch, das Wort Gottes zu predigen, außer den armen Bettelbrüdern. Und wo Gottes Wort aufhört, kann keine Gnade sein. Und ohne die besondere Gnade Gottes, kann dieses Land nie reformiert werden.

In einem weiteren Bericht aus dem Gebiet Ormond zehn Jahre danach wird gewarnt, ‚wenn des Königs Gnade nicht schnelle Abhilfe schafft, wird es nicht mehr Christentum geben als in der Türkei.

In jenem Jahrhundert konnte nicht ein einziger gälischer Bischof auf eine eheliche Herkunft verweisen. Damit war die Kirche wahrhaftig reformbedürftig. Was kam, war die protestantische Reformation der Kirche Englands Heinrichs VIII. nach seinem Bruch mit Rom im Jahre 1534. Nur zwei Jahre danach peitschte der aus England stammende Erzbischof von Dublin, George Browne, ein Gesetz im Parlament durch, das den König zum Oberhaupt der Kirche von Irland erklärte. Ein weiteres Gesetz bedrohte jeden, der den König der Ketzerei bezichtigte, mit dem Tode. Ferner sollte jedermann, der den Anspruch des Papstes auf Führung der Kirche predigte, seines Hab und Gutes verlustig gehen und außerhalb des Gesetzes gestellt werden. Damit wurde die Kirche von Irland zur offiziellen Kirche. Im Pale hielt sich die Begeisterung darüber in Grenzen, außerhalb fehlte sie gänzlich. Die Klöster, welche ihre Anleitung von Rom erhielten, wurden aufgelöst, ihr Besitz innerhalb von fünf Jahren übernommen.

Mit der Auflösung der Klöster erlitt das von diesen getragene Bildungswesen einen herben Rückschlag. Die Gebäude verfielen und stehen heute als dachlose Ruinen in der Landschaft. Andere wurden abgetragen und lieferten Baumaterial für neue Häuser. Die einheimische Bevölkerung erlebte mit Entsetzen, daß einige ihrer meistverehrten Reliquien, darunter der Stab des hl. Patrick, *Bachall Íosa*, und die Wunder wirkende Statue Unserer Lieben Frau von Trim Ende der dreißiger Jahre des sechzehnten Jahrhunderts den Flammen übergeben wurden. Im gälischen Irland wandten sich die Observanten vehement gegen die neuen Lehren der Reformierten Kirche. Die Regierung der katholischen Königin Mary (1553–58) brachte den Katholiken diesseits und jenseits des Pale eine Atempause. Unter ihrer Nachfolgerin, König Elisabeth I. (1558–1603) vollzog sich die Ausbreitung der Reformierten Kirche Hand in Hand mit der militärischen Unterwerfung, die im ersten Jahrzehnt des siebzehnten Jahrhunderts abgeschlossen war. Nahezu alle Kirchengebäude und das Land wurden übernommen. Die meisten Kathedralen und großen Pfarrkirchen blieben in Nutzung der neuen Kirche. Unterstützung erhielt die katholische Kirche hauptsächlich, wenn auch nicht ausschließlich, in den gälischen Regionen des Landes. Die durch die katholische Kirche auch weiterhin zu Rom unterhaltenen Bindungen hätten während des sechzehnten Jahrhunderts Elementen der Renaissance den Weg nach Irland ebnen können. Da die gälischsprachige Bevölkerung aber hauptsächlich in den ländlichen Gebieten lebte, war dieser Einfluß nur in den höchsten Kreisen der Gesellschaft zu spüren.

HOLY CROSS ABBEY
Grafschaft Tipperary

Die Abtei Holy Cross nahe dem Fluß Suir ist eins der wenigen positiven Beispiele für die Wiederbelebung der Zisterzienserkirchen durch den Orden im fünfzehnten Jahrhundert. Die mit hoher Meisterschaft ausgeführten Steinmetzarbeiten heben diese Kirche aus der Zeit zwischen der Pest (1348–50) und der Auflösung der Klöster (1536–40) besonders hervor.

Ihren Namen erhielt die Abtei nach einer vermutlich durch den König von Thomond, Dónal Mór O'Brien, gestifteten Reliquie des Kreuzes Christi.

LINKS Die Abtei Holy Cross, benannt nach einem noch heute dort aufbewahrten Splitter des Kreuzes des Herrn, wurde zuerst Ende des zwölften Jahrhunderts erbaut. Spenden von Pilgern, die in großer Zahl kamen, das Heiligtum zu verehren, ermöglichten einen nahezu vollständigen Neubau im fünfzehnten Jahrhundert.

OBEN Rosette als Reliefarbeit

RECHTS Den hohen Stand steinbildhauerischer Arbeit in der Abtei Holy Cross verdeutlicht diese mit den Wappen Englands, der Ormonds und Fitzgeralds verzierte Steinsitzreihe im Chor.

Dieser erteilte der Abtei 1185/86 die Gründungsurkunde. Die Reliquie wird heute noch in der Kirche verehrt. Aus der Gründungszeit im ausgehenden elften oder frühen zwölften Jahrhundert sind nur die Nordarkade des Schiffes, Teile des südlichen Seitenschiffes und des Türdurchgangs der Mönche zum Kreuzgang erhalten. Die übrigen Teile datieren aus dem fünfzehnten Jahrhundert. Die Abtei wurde durch den Zustrom der Pilger wohlhabend.

LINKS Eins der wenigen spätmittelalterlichen Fresken befindet sich im nördlichen Querhaus der Abtei Holy Cross. Dargestellt wird eine Jagdszene, deren Deutung unbekannt ist.

RECHTS Diese einzigartige offene Arkade trennt die beiden Seitenkapellen im südlichen Querhaus der Abtei Holy Cross. Wahrscheinlich wurde hier die Reliquie vom heiligen Kreuz für die Gläubigen zur Verehrung ausgesetzt.

Mehr noch ermöglichte die Protektion durch verschiedene Mitglieder der Familie Butler, besonders des White Earl James, zwischen 1405 und 1452 Vertreter des englischen Königs in Irland, den modernen Wiederaufbau der Kirche in den Jahren der Gönnerschaft des Earls.

Die Klosteranlage ist typisch zisterziensisch. Die Kirche mit quadratischem Altarraum auf der Ostseite, zwei Kapellen in jedem Querhaus, ein niedriger Turm an der Vierung sowie ein Kreuzgang in Pultform um die üblichen Konventgebäude im Süden. Im Altarraum befindet sich Liernegewölbe, ebenso wie im Turmgewölbe über der Vierung und im nördlichen Querhaus. Außer diesem Gewölbe und dem Maßwerkfenster auf der Ostseite befindet sich im Altarraum an der Südwand noch eine steinerne Dreiersitzreihe mit den Wappen der englischen Könige und der Earls von Ormond in den Spandrillen. Die beiden Kapellen im südlichen Querhaus trennt ein einzigartiges Bauwerk aus drei Bögen mit kanelierten Säulen auf jeder Seite. Die Säulen steigen aus einer niedrigen, verzierten Mauer auf. Den Zwischenraum füllt Miniaturgewölbe. Hier wurde vermutlich die Reliquie des Kreuzes Christi aufbewahrt. Im nördlichen Querhaus befindet sich eins der wenigen erhaltenen, gotischen Fresken Irlands. Es stellt eine Jagdszene dar. Weit oben am nordwestlichen Vierungspfeiler ist eine Eule dargestellt. Der Vogel hält des Nachts die Augen offen – vielleicht mahnender Hinweis an die Mönche, beim frommen Gesang in nächtlicher Dunkelheit ein Gleiches zu tun. Außer dieser Skulptur nimmt das Auge des aufmerksamen Betrachters im Kircheninnern weitere interessante Arbeiten wahr. Der Arkadengang mit aufwendig gestalteten Nasenbögen dürfte aus den Jahren um 1450 stammen. Erbaut haben könnte ihn Abt Dionysius O'Congail, dessen Name unter einem Kruzifix auf einem Wappenschild in einer Ecke des Kreuzganges zu lesen ist. In den achtziger Jahren dieses Jahrhunderts, als der westliche Bereich für die moderne Nutzung umgerüstet wurde, erfolgt auch eine teilweise Rekonstruktion des Kreuzganges.

Die Abtei entging 1540 der Auflösung, indem sie sich in eine weltliche Schule umwandelte. Diese Entwicklung fand ein Ende, als die ehemalige

Abtei dem Earl Thomas Butler von Ormond zugesprochen wurde. Geziemend, so scheint es, denn durch die Großzügigkeit seiner Vorfahren war das Kloster zu Größe gelangt. Nach Jahrhunderten des Niedergangs wurden die Gebäude der Abtei 1880 vom Staat übernommen. Nach einer Sonderentscheidung des Parlamentes im Jahre 1969 wurden sie den Kirchenbehörden zur Nutzung als katholische Pfarrkirche zurückgegeben. Der Erzbischof von Cashel und Emely, Dr. Morris, sammelte Geld für den Wiederaufbau der Kirche. Den Dachbau übernahmen ortsansässige Handwerker unter Anleitung von Percy le Clerc. Die feierliche Weihe fand 1975 statt. Die Kirche war in alter Schönheit wiederhergestellt. Die überladene Möblierung seither schmälert den Gesamteindruck des Bauwerkes.

DIE FRANZISKANER

Neben den Dominikanern waren die Franziskaner der bedeutendste neue Bettelorden in Irland im dreizehnten Jahrhundert. Der Gründer, der hl. Franz von Assisi, der die Wundmale Christi empfing, starb im Jahre 1226. Etwa um diese Zeit kamen die Mönche seines Ordens nach Irland. Von England kommend, erreichten sie Youghal. Es waren zweifellos Engländer. Es ist auch wenig überraschend, daß ihre anderen frühen Gründungen in Irland in den anglonormannischen Städten Dublin, Kildare, Downpatrick, Kilkenny, Waterford und Cork erfolgten. Urbanen Bereichen wurde von den Bettelorden im Europa des dreizehnten Jahrhunderts überall deutlich der Vorzug gegeben. Bei den englisch- oder französischsprachigen Mönchen spielte die Sprache offenbar eine gewisse Rolle bei der Wahl der Orte, was für andere, die sich in die gälischsprachigen Teile des Landes bis Ennis vorwagten, kein Hindernis war. Mit der Zeit führte dies zur Bildung von Gruppen englisch- und gälischsprachiger Mönche. Die Teilung erreichte auf dem Provinzkapitel in Cork 1291 einen Höhepunkt, als es bei der Diskussion einer päpstlichen Bulle, deren Inhalt ‚verheerend für die Brüder ist und sanfte und mildherzige Menschen zu Kämpfern macht', zu tätlichen Auseinandersetzungen kam, bei denen sechzehn Mönche getötet wurden. Dies beschwor 1312 eine weitere Bulle des Papstes herauf, nach der es den irischen Franziskanern verboten war, das Oberhaupt ihrer Provinz selbst zu bestimmen. Tatsächlich blieben sie dann bis 1469 auch loyale Untertanen des englischen Königs.

Die Provinz Irland hatte ihre Selbständigkeit bereits 1230 erhalten. Das damit verbundene hohe Maß an Freiheit verstärkte sich mit der Ankunft der Bruce Brüder aus Schottland in der zweiten Dekade des dreizehnten Jahrhunderts, als eine Anzahl irischer Mönche sich mit ihren schottischen Brüdern in der gemeinsamen Feindschaft gegenüber England solidarisierte. Die Krise wurde 1324 durch ein Kapitel in Dublin zuungunsten der Iren entschärft. Die Brüder der in Verdacht geratenen Häuser wurden auf andere, weniger aufsässige Häuser verteilt. Das beeindruckende Bild, das Bruder John Clyn aus Kilkenny in seinen Aufzeichnungen entwirft, bis der Tod durch die Pest ihm die Feder aus der Hand nimmt, läßt ahnen, welch hohen Tribut die Seuche unter den Kongregationen gefordert haben muß. Andererseits ging mit ihr auch ein Großteil des Mißtrauens der ‚zwei Nationen' unter den Brüdern. Die im folgenden Jahrhundert gemeinsam unternommenen Anstrengungen müssen sie nicht nur mit der episkopalen Hierarchie in Konflikt gebracht haben, sondern auch mit der gesamten örtlichen Priesterschaft, der sie das Auskommen stibitzten. Dennoch müssen der Kampf zwischen der gälischen und der anglonormannischen Kultur sowie die Pest weitgehende Konsequenzen für die Strenge gehabt haben, mit der die Ordensregeln befolgt wurden.

Das Kloster Moyne in der Grafschaft Mayo gehört zu den Hochleistungen franziskanischer Baukunst des fünfzehnten Jahrhunderts in Irland: Lange Hallenkirche mit Maßwerkfenstern, Türdurchgang an der Westseite und ein später errichteter, schlanker, hoher Turm, der die Kirche und benachbarte Wohngebäude beherrscht.

In den ersten Jahrzehnten des fünfzehnten Jahrhunderts schlug die neue Bewegung der Observanten, die für die Wiederherstellung der ursprünglichen Regeln im Sinne ihres Ordensgründers eintraten, mit der Gründung von Quin 1433 erste Wurzeln in Irland. Innerhalb von vierzig Jahren erhielten die Observanten die Erlaubnis, ihren eigenen Provinzvikar zu wählen, dem alle Häuser der Observanten unterstanden. Natürlich führte das zu weiteren Auseinandersetzungen zwischen den Konventualen und den reformierten Observanten, deren Macht und Popularität stetig im Steigen begriffen war. Angesichts solcher Freiheit und Unabhängigkeit von England erhöhte sich die Zahl der Observanten sprunghaft, besonders unter der gälischsprachigen Bevölkerung im westlichen Landesteil. Mit dem zunehmenden Weichen der Macht Englands in östlicher Richtung folgten Observanten aller Orden auf dem Fuße.

Die Predigertätigkeit der Mönche wurde durch die Auflösung der Klöster 1536–40 durch Heinrich VIII. ernsthaft behindert, da auch ihre Einrichtungen nicht verschont blieben. Da die Franziskaner jedoch enge Bindungen zu ihren Haupthäusern unterhielten, kehrten sie bis in das siebzehnte Jahrhundert immer wieder zurück, auch wenn man sie aus den Klöstern vertrieb. Die Schwierigkeiten jener Jahre erwiesen sich als eine Herausforderung für die irischen Franziskaner. In der ersten Hälfte des siebzehnten Jahrhunderts brachten sie einige bedeutende Gelehrte hervor, ohne deren Tätigkeit unser Wissen um die Geschichte des Landes sehr viel lückenhafter wäre – Männer wie John Colgan, Luke Wadding und die Brüder, die man allgemein die

Vier Meister nennt, Autoren jener großartigen Annalen des alten Irland (1632–36), die ihre Namen tragen.

Die in den ländlichen Gebieten lebende, gälischsprachige Bevölkerung wurde durch die Pest von 1348–50 weniger dezimiert und erholte sich schneller als die anglonormannischen Kolonien in den Städten. Die Gedichte eines Gearóid Iarla, die Übersetzungen kontinentaler religiöser und philosophischer Traktate in das frühe Neuirisch sowie die Errichtung großer Burgen, wie Blarney und Bunratty, durch einheimische Familien, waren sämtlich Ausdruck eines neu erwachten gälischen Bewußtseins seit Ausgang des vierzehnten Jahrhunderts. Diese Entwicklung wurde im folgenden Jahrhundert durch einen Aufschwung innovativer Klosterbaukunst zu einem Höhepunkt geführt. Früher Ausdruck des neuen Stils der Franziskaner ist Askeaton in der Grafschaft Limerick (um 1420), nicht überraschend im Land des Nachfolgers von Gerald, dem Dichter (Geraóid Iarla). Quin folgt 1433 als erstes Haus der Observanten. Ihr Einfluß beschleunigte zweifellos den Bau zahlreicher weiterer Klöster in der zweiten Hälfte des Jahrhunderts, von denen Muckross, Adare und Ross Errilly auf den folgenden Seiten vorgestellt werden.

Ennis ist eins der wenigen gut erhaltenen Baudenkmäler der frühen Franziskaner in Irland. Doch müssen insbesondere die Häuser des Ordens aus dem fünfzehnten Jahrhundert als Beitrag der Franziskaner zur Baukunst in Irland gewürdigt werden. Mit Ausnahme von Klöstern, wie Holy Cross, im fünfzehnten Jahrhundert, erwiesen sich die Franziskaner als würdige Nachfolger der Zisterzienser auf dem Gebiet hervorragender Kirchenbaukunst der Spätgotik in Irland. Einige Klöster der anderen Bettelorden dürfen dabei jedoch nicht ungenannt bleiben. Auf der Grundlage der Normbildung der franziskanischen Gründungen, konstatiert Professor E. C. Rae, daß ‚die gesamte Einrichtung (aus Kirche und Klostergebäuden) in der Perfektionierung des fünfzehnten Jahrhunderts sich mit dem Übergangsstil westlicher Arbeiten die Ehre teilt, wahrscheinlich Irlands bedeutendster Beitrag zur Geschichte der europäischen Kirchenbaukunst der Gotik zu sein'.

Ungeachtet der typisch irischen Anlage dieser franziskanischen Gebäude, verkörpern sie doch Elemente des zeitgenössischen Baustils nicht mehr vorhandener englischer Häuser. Da die Reisetätigkeit von und nach dem kontinentalen Europa reger gewesen sein dürfte, als allgemein angenommen wird, sind in der Architektur der Klöster Einflüsse aus Italien, Frankreich und Deutschland unverkennbar. Wie die Dominikaner, waren die Franziskaner predigende Bettelmönche. Die langen Hallenkirchen verdeutlichen die Bedeutung der Predigt für die Gemeinde. Der Prediger verkündete die Botschaft von der Kanzel neben den Türmen, die Schiff und Altarraum trennten, von wo aus er die im Kirchenschiff versammelte Gemeinde überblickte. Die Mönche feierten ihre eigene Liturgie zumeist außerhalb des Gesichtsfeldes der Gläubigen. Diese sehr typischen Türme waren allgemein von schlanker Gestalt, häufig wenig breiter als die halbe Breite der Kirche, über deren Dach sie sich erhoben. Die breiteren Sockel blieben unsichtbar. Das Streben in die Höhe wurde gewöhnlich durch mehrere horizontale Bandgesimse gemildert, getreppte Zinnenkränze gaben dem Turm einen interessanten oberen Abschluß. Der Stil wurde von anderen Orden kopiert, so von den Dominikanern in Kilmallock (s. S. 178), selbst bei der Kathedrale von Clonfert (s. S. 131). Doch auch die Franziskaner verwendeten die großen, breiten Türme der Zisterzienser, wie in Muckross. Bei den Klöstern aus früheren Jahrhunderten sind die heutigen Türme zu späterer Zeit entstanden, meist im fünfzehnten oder sechzehnten Jahrhundert.

Ferner ist für Franziskanerklöster der Kreuzgang, zumeist nördlich der Kirche, kennzeichnend. Während bei den meisten alten Klöstern die Kreuzgangarkaden in Pultform angeordnet sind, erheben sich bei den Franziskanerklöstern des fünfzehnten Jahrhunderts über dem ebenerdigen Kreuzgang Wohngebäude, wodurch die Räume im ersten Obergeschoß breiter wurden. Manche der doppelschäftigen Pfeiler tragen biblische Verzierungen, zumeist im Zusammenhang mit dem Ordensgründer, dem hl. Franziskus. Die gut erhaltenen Fenster der Kirchen und die zugehörigen Querhäuser und Kapellen weisen verschiedene Maßwerkgestaltungen auf und tragen zur Ästhetik des Anblicks bei. Die meisten Klöster stehen in offener Landschaft und fügten sich harmonisch in den ländlichen Charakter des gälischen Irlands jener Zeit ein.

ENNIS FRIARY
Grafschaft Clare

Das Kloster Ennis in der Nähe des Flusses Fergus, unweit des nicht mehr vorhandenen Palastes der Könige von Thomond in Clonroad wurde angeblich von dem 1242 verstorbenen Donnchad Cairbreach O'Brien gegründet. Wahrscheinlicher ist, daß die ältesten, erhaltenen Gebäude mehr zum Ende des Jahrhunderts hin durch Torlough O'Brien errichtet wurden, der, bevor er 1306 starb, das Kloster ‚mit Mönchen und ... süßen Glocken, Kruzifixen und einer guten Bibliothek, Stickereien, Schleiern und Kutten gefüllt' hatte. Er füllte auch das Ostfenster mit buntem Glas ‚mit Blau gemalt'. Bestehend aus drei Mittellanzetten, von je einem weiteren, durch einen Mauerpfeiler getrennten Fenster flankiert, ist das Ostfenster – heute leider ohne Glas – der Blickfang des Chores. Dieser Teil der Kirche wurde zuerst fertiggestellt, wahrscheinlich durch Torlough. Der ungewöhnliche Gewölberaum mit unbekannter Funktion nördlich des Chores wurde kurze Zeit danach durch den blinden Maccon Macnamara errichtet. Das gesamte Schiff aber datiert aus späterer Zeit im fünfzehnten Jahrhundert, als vermutlich Turm und südliches Querhaus ebenfalls entstanden. Der Kreuzgang könnte etwas älter sein. Ennis ist, unter anderem, für seine Grabplastiken bekannt (s. S. 220).

Hohe Lanzettfenster im Chor kennzeichnen den Bau aus dem dreizehnten Jahrhundert im Kloster Ennis. Ein frühes Bauwerk der Franziskaner in Irland. Das Querhaus zur Linken, ebenso der Turm, wurden im fünfzehnten Jahrhundert angefügt. Die Spitztürmchen sind Ergänzungen aus dem neunzehnten Jahrhundert.

QUIN FRIARY
Grafschaft Clare

Es ist bezeichnend, daß das Franziskanerkloster Quin im Jahre 1433 auf den Fundamenten einer um 1280 von einem Normannen de Clare gebauten Burg errichtet wurde. Wie Phönix steigt sie symbolisch aus der Asche des normannischen Irland und kündet die Wiedererweckung der irischen Kirchenbaukunst nach den verheerenden Folgen der Pest nahezu einhundert Jahre zuvor. Bemerkenswert ist ferner, daß diese Erneuerung nicht in den alten normannischen Städten, sondern in den ländlichen Gebieten des westlichen Teils von Irland einsetzte, wo die Franziskaner freundliche Aufnahme fanden. Für die Observanten durch Maccon Macnamara errichtet, ist über das Schicksal des Klosters bis zur Aufhebung während der Reformation wenig bekannt. Mehrmals im siebzehnten Jahrhundert kehrten die Mönche in die Gebäude des Klosters zurück. Einige verloren durch die Hand der Männer Cromwells das Leben.

Der fein gearbeitete westliche Türdurchgang zur Kirche befindet sich direkt neben einem der runden Ecktürme der normannischen Burg. Die nahezu quadratische Grundform des Klosters entspricht der der Burg. Das Kloster ruht weitgehend auf deren Fundament. Da Material und Ausführung von hoher Qualität sind, blieben die Gebäude des Klosters erhalten. Die Kirche hat die von den Franziskanern bekannte Form der Langhalle. In dem nach Süden öffnenden Querhaus befinden sich noch heute die mittelalterlichen Steinaltäre; Schiff und Chor stammen aus der gleichen Epoche. Besonders gut erhalten ist der Kreuzgang mit reich verzierten Pfeilern. Darüber ein Obergeschoß mit einem Raum, der vom Kapitel benutzt worden sein könnte. Der schlanke Turm aus dem fünfzehnten Jahrhundert, der nahezu in der Mitte der Kirche steht, kann bis zur Spitze bestiegen werden. Von dort läßt sich genau verfolgen, wie das Kloster auf den Fundamenten der Burg de Clares aufbaut.

RECHTS Kreuzgänge zählen zu den besonderen Merkmalen irischer Franziskanerklöster aus dem Spätmittelalter. Wie hier in Quin, wurden raumgewinnende Wohnbereiche darüber errichtet. Strebpfeiler verleihen zusätzliche Stabilität.

UNTEN Das Franziskanerkloster Quin in der Grafschaft Clare war das erste speziell von den Observanten erbaute Haus in Irland. Sie strebten nach der Wiederherstellung der ursprünglichen Regeln des Ordens im Sinne des hl. Franziskus. Im Jahre 1433 auf den Fundamenten einer alten normannischen Burg errichtet, symbolisiert es die Wiedergeburt des gälischen Irlands nach der Pest der Jahre 1348–50.

MUCKROSS FRIARY

Killarney, Grafschaft Kerry

Muckross, in idyllischer Lage nahe den Seen von Killarney im Nationalpark Bourn-Vincent, gehört zu den bekanntesten Franziskanerklöstern. Aus der Ferne könnte es wegen seines Turmes für ein Zisterzienserkloster gehalten werden, doch es wurde um 1440 von Donal MacCarthy für die Franziskaner gegründet. Noch in seinem Todesjahr 1468 führte er hier Restaurierungsarbeiten durch. In einer Bulle des Papstes aus demselben Jahr wurde der Fertigstellung zugestimmt, die wahrscheinlich nicht lange auf sich warten ließ. Abgesehen von dem fehlenden Dach, befindet sich das Kloster in bemerkenswert gutem baulichen Zustand. Der Turm hat über dem Bogen ein Gewölbe, das den Durchgang zwischen Schiff und Chor verengt. In beiden Abteilungen befinden sich zahlreiche Grabstätten aus jüngerer Zeit. Vom Schiff geht ein südliches Querhaus ab, das – wie Schiff und Chor – durch Fenster unterschiedlicher Form belebt wird. Besonders schön ist der Kreuzgang mit seinen Pfeilern und den überbauten Räumen. Im Innenraum steht eine romantische, alte Eibe. Nach der Unterdrückung um 1540 kehrten die Franziskanermönche in das Kloster zurück. Zwei von ihnen wurden hier 1586 grausam gefoltert und gesteinigt. Die Gebäude wurden 1602 rekonstruiert, danach aber erneut, anscheinend letztmalig, für immer verlassen.

OBEN Im Unterschied zu den meisten anderen Franziskanerklöstern aus dem fünfzehnten Jahrhundert in Irland, besitzt das Kloster Muckross in der Nähe der Seen von Killarney einen an die Zisterzienser erinnernden, kräftigen Turm.

RECHTS Die Golfspieler in Adare, neben deren Platz dieses Franziskanerkloster aus dem fünfzehnten Jahrhundert steht, mögen die Eleganz bewundern, die selbst noch von den Ruinen ausgeht.

RECHTS UND UNTEN Die zahlreichen Giebel von Ross Errilly in der Grafschaft Galway sind wie die Zacken einer Krone. Das weitläufige Kloster wurde ganz im Baustil der Franziskaner des fünfzehnten Jahrhunderts gebaut. Ross ist nicht nur idyllisch, die Bauten sind von hoher Qualität. Das wird besonders am Kreuzgang mit seinen ausgezeichnet erhaltenen Arkaden aus dem späten fünfzehnten Jahrhundert deutlich.

ADARE FRIARY
Grafschaft Limerick

Im letzten Jahrhundert machten die Earls von Dunraven Adare zu einem der schönsten Dörfer Irlands. Alt und Neu bilden ein harmonisches Ganzes. Der Ort besitzt mehrere der schönsten profanen und sakralen Bauwerke des Mittelalters. Zwei Klöster wurden rekonstruiert und sind heute Pfarrkirchen. Ein drittes – dachlos, sehr romantisch, aber weniger zu gebrauchen – steht in einem Parkgelände in der Nähe eines Golfplatzes. Dem hl. Erzengel Michael geweiht, gehörte das Kloster seit seinem Bau 1464 den Observanten. Mit Earl Thomas Fitzgerald von Kildare und seiner Gemahlin Johanna, einer Tochter des Earls von Desmond, fand es Gönner in den höchsten Kreisen der Gesellschaft. Sie stifteten dem Kloster die Kirche, einen Flügel des Kreuzganges und das Glas für die Fenster. Diese Großzügigkeit muß Nachahmer gefunden haben. Die Namen der Stifter und ihre Stiftungen sind in Listen eingetragen. Darunter waren Margaret Fitzgibbon, die Gemahlin des Dichters Cú-Uladh O'Daly, die eine große Kapelle bauen ließ, Johannas Bruder, der eine kleine Kapelle stiftete, sowie Marianus O'Hickey, der für das Refektorium und das hölzerne Chorgestühl spendete und sich nach seinem Beitritt zur Gemeinschaft auch selbst daran erfreute. Dank so reicher Zuwendungen konnte das Kloster innerhalb von ein oder zwei Jahrzehnten im wesentlichen fertiggestellt werden – die Kirche mit großen, südlichen Querhäusern sowie drei kleinen Kapellen und der Kreuzgang mit leicht wechselnder Gestaltung der Einzelheiten auf den verschiedenen Seiten, je nach Laune des Stifters. Im Jahr 1539/40 wurde das Kloster aufgehoben.

ROSS ERRILLY FRIARY
Grafschaft Galway

Das Kloster Ross Errilly oder Ross, wie es meist genannt wird, ist das größte und besterhaltene Franziskanerhaus in Irland. Einige Quellen nennen 1351 als Jahr der Entstehung, andere gehen von einer Gründung für die Observanten irgendwann vor 1470 aus. Im siebzehnten Jahrhundert kam der bekannte Historiker Sir James Ware wahrscheinlich der Wahrheit am nächsten. Er sagte, das Kloster sei eine Gründung der ansonsten unbekannten Familie Gannard aus dem Jahre 1498. Idyllisch am Black River gelegen, der die Grenze zwischen Galway und Mayo bildet, vermittelt es den Eindruck einer gelungenen Ganzheit, was den Schluß nahelegt, die meisten Gebäude könnten zu gleicher Zeit errichtet worden sein. Die Kirche hat – das ist ungewöhnlich – ein doppeltes Querhaus. Die Kapellen daran sind späteren Datums. Der Turm halbwegs in Kirchenlänge besitzt einen ungewöhnlich niedrigen Bogen. Ein zweiter Bogen über dem ersten öffnet sich zum Kirchenschiff hin. Hier könnte einst ein Kruzifix aufgestellt gewesen sein. Die Wohngebäude sind außergewöhnlich weitläufig, denn nördlich des Kreuzganges befindet sich ein weiterer, nur unwesentlich kleinerer, quadratischer Hof. An dessen nordwestlicher Ecke befindet sich eine Küche mit einem eingebauten Wasser- oder Fischtank. Neben dem Chor, doch ohne Zugang von diesem, steht ein dreistöckiger Turm. Allgemein dort als ‚Burke's Castle' bekannt, dürfte er später hinzugekommen sein. Die Größe der Wohngebäude läßt auf eine zahlreiche franziskanische Gemeinschaft hier um 1500 schließen. Die Nutzung der einzelnen Räume läßt sich jedoch nicht mehr feststellen. Nach Aufhebung des Klosters 1540 wurden die Mönche insgesamt sieben Mal des Ortes verwiesen, kehrten aber stets zurück – nur einmal nicht, 1753 – und danach nie mehr.

CREEVELEA FRIARY
Grafschaft Leitrim

Am Rande des Dorfes Dromahaire gelegen, war Creevelea eins der letzten Franziskanerhäuser in Irland vor der Reformation. Wohltäter des Klosters war Eoghan, ein ortsansässiger O'Rourke, und seine Gemahlin Margaret, Tochter des Conor O'Brien. Beide wurden später hier auch beigesetzt. Für die franziskanischen Observanten 1508 erbaut und drei Jahre später geweiht, wurde das Kloster 1536 ein Raub der Flammen. Obwohl vermutlich um 1540 aufgehoben, gelang es den Mönchen, noch bis 1598 zu bleiben. Danach kehrten sie mindestens noch dreimal zurück, mußten den Ort aber immer wieder verlassen.

Die Gebäude entsprechen dem üblichen franziskanischen Grundriß. Die Kirche mit Schiff und Chor, dazu ein Querhaus, der Kreuzganghofrasen nördlich der Kirche. Kleine figürliche Darstellungen des hl. Franziskus an einem der Pfeiler nahe der Mitte auf der Nordseite heben das Kloster hervor.

Eine Darstellung zeigt den Ordensgründer mit Kordel und Wundmalen, eine andere Arbeit zeigt ihn als Prediger auf der Kanzel, daneben ein Baum mit Vögeln, deren Sprache er ja verstanden haben soll.

SLANE FRIARY
Grafschaft Meath

Der Hügel Slane war angeblich der Ort, an dem der hl. Patrick im Jahre 433 entgegen der Weisung des Königs von Tara, Loegaire, das Osterfeuer entzündete. Damit brachte er symbolisch das Licht des Christentums gegen die dunklen Mächte des Heidentums nach Irland. Wie immer die Ereignisse tatsächlich waren, wichtig ist, daß auf diese Weise der Ort einen bestimmten Stellenwert in der Geschichte des Landes erhielt. Von diesem Hügel wandert der Blick hinüber nach Tara, dem Sitz der Hochkönige von Irland, und streift über die bezaubernde Landschaft nördlich und südlich des Flusses Boyne am Fuße des Hügels. Mit Ausnahme von zwei Steinen eines frühchristlichen Reliquienschreines im Kirchhof, sind die ältesten erhaltenen Reste auf dem Hügel die einer normannischen Motte aus der Zeit kurz vor 1200. Sehr viel markanter – vom Boden wie aus der Luft – sind hingegen Turm und Kirche des Klosters des Dritten Ordens der Franziskaner. Die Einrichtung geht auf die Familie Fleming, Lords von Slane zurück. Christopher Fleming, der das Kloster 1512 ins Leben rief, richtete im selben Jahr ein College für vier Geistliche, vier Kleriker und vier Choristen ein. Die Gebäude stehen heute nördlich der Kirche und tragen die geviertelten Wappen von Frankreich und England.

OBEN Creevelea in der Grafschaft Leitrim würdigt den Ordensgründer mit zwei Darstellungen des hl. Franziskus im Kreuzgang. Deutlich dargestellt ist die Stigmatisierung seiner Seite.

RECHTS Als unregelmäßiger Ring umschließt eine Mauer das Franziskanerkloster und den Turm an der Westseite des Hügels Slane. Das ebenfalls 1512 gegründete College hingegen steht frei im Gelände nördlich des Klosters.

MURRISK FRIARY
Grafschaft Mayo

Die Gründung des Klosters Murrisk im Jahre 1456 war offensichtlich notwendig, da ‚die Einwohner jener Teile bislang noch nicht im Glauben unterwiesen' waren. Das hätte dem armen St. Patrick natürlich mißfallen, der für die Christianisierung Irlands tausend Jahre zuvor sein Bestes getan hatte. Der Überlieferung zufolge fastete der hl. Patrick auf dem Berg Cruachan Aigle oder Croagh Patrick unmittelbar neben Murrisk vierzig Tage und Nächte, um das Auge des Allmächtigen auf Irland zu lenken. Im späten Mittelalter kamen die ersten Pilger, um von der ‚Abtei' Murrisk aus, wo ein Zahn des Heiligen und seine „schwarze Glocke" aufbewahrt wurden,

Seit seiner Gründung vor mehr als fünfhundert Jahren ist das Kloster Murrisk in der Bucht von Clew, Grafschaft Mayo, Ausgangspunkt für Pilgerreisen nach Croagh Patrick, in dessen Windschatten es liegt.

den Hügel zu besteigen. Ermutigt durch die O'Malleys, gründeten die Augustiner-Eremiten Murrisk von Banada in der Nachbargrafschaft Sligo aus. Nur der Einzug der strengen Regeln der Observanten in Einrichtungen wie Murrisk sicherte das Überleben des Ordens in Irland.

Das verbliebene Kloster ist L-förmig angeordnet, besteht aus der Kirche und, im rechten Winkel zu ihr, einem zweistöckigen Klausurgebäude, darin ein Raum für das Kapitel und eine Sakristei im Erdgeschoß. Beide könnten als eine Seite eines viereckigen Kreuzganges gedacht gewesen sein. Doch gibt es kein Anzeichen für die Bebauung der verbleibenden Seiten. Vielleicht war das Geld ausgegangen. Die Kirche ist lang und schmal, ursprünglich mit einem Turm über der Westseite. Dieser fiel bereits vor Jahrhunderten, geblieben sind Spuren eines Gewölbes. Ungewöhnlich an diesem Kloster ist die Zinnenbrüstung auf der Westseite der Südmauer.

Das Kloster dürfte im Zuge der allgemeinen Schließungen 1540 aufgehoben worden sein, die Mönche aber blieben bis zu ihrer Vertreibung 1578. Im Jahre 1603 kehrten sie zurück. Stiftungen von Kelchen 1635, 1648 und 1724 belegen die weitere Existenz des Klosters. Der letzte Abt ist 1795–99 verzeichnet. Einer aus der Gemeinschaft, der über die Weisung des Priors, daß er sein geliebtes Murrisk um 1740 zu verlassen habe, sehr betrübt war, schrieb als Protest und Lob ein gälisches Gedicht. Dieses wurde später vertont und wurde als ‚The Abbey of Murrisk' ein bekanntes Volkslied. Ein Teil aus der Feder des bekannten Sammlers von Volksliedgut, Edward Bunting, lautet:

Céud slán don teach úd ann a mbin uair
Ar mo thráthuibh mhór fhada láimh leis a ccruaich
Bheadh na ceólta bin ó fhlaithios gabháil chuguin a mias
Agas na sléibhte cur meala ó dheas's ó thuaigh.

In sinngemäßer Übertragung:
Tausendmal Adieu der Abtei, wo sie die
langen Morgenliturgien und Horen bei dem Cruach lesen,
wo süßeste Musik vom Himmel her ertönt,
die Berge Honig von Süd und Nord spenden.

HANDWERK

In der Baukunst brachte der Übergang von der Romanik zur Gotik unter dem starken Einfluß Westenglands zahlreiche neue Ideen nach Irland. Zur Herausbildung eines eigenständigen irischen Klosterbaustils kam es jedoch erst im fünfzehnten Jahrhundert im Zusammenhang mit der gälischen Renaissance. Vergleichbares spielte sich im späten Mittelalter auch im Bereich des irischen Handwerks ab. Eine generelle Aussage ist wegen der geringen Zahl der erhaltenen Objekte jedoch schwerlich möglich.

Gefärbtes Glas, zum Beispiel, ist nur in winzigen Scherben erhalten. Ebenso gibt es nur eine geringe Zahl von Fresken oder Strichzeichnungen – in Cormac's Chapel, Abbeyknockmoy, Clare Island, Holy Cross und Jerpoint (ausgenommen, der erste Ort, sämtlich zisterziensisch). Doch auch diese sind bei weitem unvollständig und haben ihre ursprüngliche Frische verloren. Die Synode von Cashel hatte 1453 festgelegt, jede Pfarrkirche solle drei Statuen besitzen – ein Kruzifix, eine Marienfigur und einen lokalen Heiligen, dem die Kirche geweiht war. Doch wie viele davon sind geblieben? Wenig mehr als eine Handvoll! Die großen Holzstatuen von Fethard (jetzt im National Museum) vermitteln einen Eindruck von diesen Statuengruppen in den Kirchen. Diese Arbeiten belegen eine hohe Meisterschaft. Die Miserikordien in der Kathedrale von Limerick sind Beispiele ausgezeichneter Holzarbeit aus jener Zeit. Dabei erkennt man mit Wehmut, welche Schätze figürlicher Kunst in den Jahren der Reformation zerstört worden sein müssen.

Im gälischen Irland ist im Nachgang zur normannischen Invasion ein Rückgang in Qualität und Quantität nicht zu übersehen. Für Krieg wurde mehr Geld als für Kunst ausgegeben. Das Handwerk in Irland erholte sich erst nach dem Abklingen der Pest. Früheste Arbeiten werden in Metall gefertigt. Sie verzieren Reliquienschreine vergangener Jahrhunderte. Eine neue, höhere Qualität wird in Bischofsstab und Mitra von O'Dea 1418 sowie im Kreuz von Ballymacasey 1479 sichtbar. Diese Gegenstände stehen in einer gesamteuropäischen Tradition und beweisen, daß Irland sich internationalen Normen anpaßte, statt einer eigenen nationalen Identität nachzugehen.

Der Stadtbrief von Wexford um 1381 zeigt, daß die anglonormannische Bevölkerung den Stand der Handschriftenmalerei in England nachzuahmen versuchte.

Auch die Iren bemühten sich um die Wiederbelebung des Geistes früher Handschriften, ohne jedoch deren hohen künstlerischen Stand erneut zu erreichen.

Im Unterschied zur Vergänglichkeit von Holz und Freskenmalerei, selbst zu Metall, das eingeschmolzen und Papier, das verbrannt werden kann, ist Stein der einzige Werkstoff, der dauerhaft ein annäherndes Bild wenigstens eines Zweiges mittelalterlich-irischer Handwerkskunst zu vermitteln vermag. Das Ende der ‚Schule des Westens' um 1230 sowie die Auswirkungen der normannischen Invasion bedeuteten eine lange Unterbrechung in der Ausübung gälischer Steinmetzkunst. Im östlichen Landesteil lebte die von den frühen normannischen Invasoren mitgebrachte Tradition der Steinbearbeitung fort, wurde gelegentlich gar durch den Import fertiger Skulpturen aus England bereichert. Die Pest versetzte ihr jedoch den Todesstoß, von dem sie sich nie erholte.

Erste, schüchterne Versuche einer Wiederbelebung finden sich in Darstellungen des hl. Franziskus in den Klostergängen einiger Klöster des Ordens im westlichen Irland vermutlich bereits im ersten Drittel des fünfzehnten Jahrhunderts. Kurz vor der Mitte jenes Jahrhunderts errichteten einige Adelsfamilien in Pale ihren Verstorbenen freistehende tischförmige Grabstätten, sogenannte *Mensagräber*. Im dritten Viertel des Jahrhunderts verlagerte sich der Schwerpunkt in die Midlands von Irland, wo Türdurchgänge mit Darstellungen von Heiligen und Fabeltieren verziert wurden, wie in Clonmacnoise. Leistungsfähige Skulpturschulen bildeten sich auch im gälischsprachigen Westen des Landes. Dafür stehen die Grabplastiken von Ennis und Strade. Im späten fünfzehnten und frühen sechzehnten Jahrhunderts entstanden im Südosten Irlands bemerkenswerte Gräber mit Plastiken, die von ‚Weinenden' getragen wurden, häufig in der Gestalt von Aposteln und anderen Heiligen. Das vermutlich älteste ist das Grab von James Rice aus dem Jahre 1482 in der Kathedrale von Waterford. Es stellt den verwesenden Leichnam des Verblichenen dar. Zu Beginn des sechzehnten Jahrhunderts entstanden zwei Meisterwerkstätten in Kilkenny, eine gehörte der Familie O'Tunney, die andere war eine anonyme ‚Schule', die im Auftrag der Earls Butler von Ormond arbeitete. Beide Werkstätten konzentrierten sich auf Plastiken von Rittern und deren Damen, getragen von gediegen gestalteten, wenn auch leicht gedrungenen ‚Weinenden'. Arbeiten aus beiden Werkstätten sind in der Kathedrale St. Canice in Kilkenny zu bewundern, strahlten jedoch auch auf die benachbarte Grafschaft Tipperary aus.

Die lebendige Tradition der künstlerischen Bearbeitung von Stein in der Grafschaft Meath ist auch durch eine Reihe von Taufbecken aus dem späten fünfzehnten und frühen sechzehnten Jahrhundert belegt. Beispiele dafür sind der (jetzt leider getünchte) Taufstein in der Kirche Curraha und

LINKS Diese Plastik des stigmatisierten hl. Franziskus in Ennis erinnert an den Beitrag der Franziskanerklöster zur Wiederbelebung der Steinbildhauerkunst im fünfzehnten Jahrhundert im Westen von Irland. Der Hochchor dahinter geht auf die Gründungszeit des Klosters Mitte des dreizehnten Jahrhunderts zurück.

UNTEN Zu den späteren Veränderungen in der Kathedrale von Clonmacnoise zählt dieser gotische Türdurchgang mit wunderschönen Steinplastiken in der Nordmauer um 1459. Im Laubwerk um den Durchgang lauert mancherlei wildes Getier – ein herausragender Beleg für die hohe Kunst irischer Steinbildhauer im späten Mittelalter. Über dem Bogen befinden sich Plastiken der Heiligen Franziskus, Patrick und Dominik.

Auch dicke Tünche kann die Qualität der Steinmetzarbeit dieses Taufsteins aus dem fünfzehnten Jahrhundert in der Pfarrkirche von Curraha, Grafschaft Meath, nicht überdecken. Er wurde um 1904 aus Crickstown in derselben Grafschaft an seinen heutigen Standort verbracht. Neben den Aposteln trägt er Darstellungen der Verkündigung Mariens und der Kreuzigung.

das etwas naivere Gegenstück in Clonard. Der Höhepunkt mittelalterlicher Plastik wird mit dem Bildnis Bischof Walter Wellesleys in der Kathedrale Kildare 1539 erreicht. Bereits mit Elementen der Renaissance, ist diese Arbeit ohne Vorbild und Parallele in Irland. Es drängt sich der Verdacht auf, der Meister könnte aus fremdem Land stammen. Die säkularen und religiösen Kriegswirren im späten sechzehnten Jahrhundert bewirken einen allmählichen Verfall der Qualität. Lediglich die Kreuzigung von Johnstown zeigt, daß persönlicher Stil noch Überraschendes hervorzubringen in der Lage war.

MITRA UND KRUMMSTAB O'DEA
Limerick

Im fünfzehnten Jahrhundert war Limerick eine Stadt mit langer Tradition der Bearbeitung von Stein, Holz und Metall sowie der Herstellung von Schmuck. Zweifellos verfügten auch andere Städte über fähige Künstler, doch Limerick hatte das Glück, daß hier die Arbeiten die Reformation überdauerten, während sie andernorts zumeist ein Raub der Flammen religiösen Eifers wurden. Neben den Holzmiserikordien, sind Bischofsstab und Mitra einzigartige Stücke – wie John Hunt feststellt, die einzigen in ursprünglicher Obhut (des Bischofs von Limerick) verbliebenen Kunstschätze aus dem mittelalterlichen Irland und ‚die wertvollsten und bedeutendsten Objekte irischer Metallbearbeitung aus dem späten Mittelalter'. Beide wurden durch Prälat Cornelius O'Dea 1418 in Auftrag gegeben. Er entstammte einer Familie in der Grafschaft Clare und wurde 1400 Bischof von Limerick (obwohl er zuvor offensichtlich eine Ehe eingegangen war und Kinder gezeugt hatte). Im Jahre 1425 legte er das Bischofsamt nieder und zog sich in die heimatliche Heide nach Dysert O'Dea zurück. Beigesetzt wurde er offenbar aber in der Kathedrale St. Mary in Limerick, denn Thomas Dineley berichtet, dort 1681 seinen Grabstein gesehen zu haben.

Die Mitra besteht aus vergoldeten Silberplatten auf Leder gearbeitet und ist mit Perlen und Edelsteinen verziert. Eine Inschrift bestätigt sie als Arbeit von Thomas O Carryd, einem ansonsten unbekannten Künstler. Eine weitere berichtet, die Mitra sei für Cornelius O'Dea bestimmt. Am unteren Rand der Borte sind Figuren in zwei Nischen dargestellt. Eine stellt einen Bischof dar, vermutlich Cornelius, der der Jungfrau mit dem Kinde in der anderen Nische ein Geschenk darbringt. Der Stab mit einer Gesamtlänge von 2 Metern besteht aus zwei Teilen, dem Schaft und dem verzierten Knauf. Eine Inschrift unten am Knauf bestätigt, daß ‚Conor O'Dea, Bischof von Limerick, mich im Jahr unseres Herren 1418, dem achtzehnten Jahr seiner Priesterweihe, machen ließ'. Darüber erkennen wir einen Turm mit zwei übereinander angeordneten Reihen von Figuren. Die in der unteren Reihe stellen die Dreieinigkeit, die Gottesmutter mit dem Kinde, die Heiligen Petrus und Paulus, den hl. Munchin (Schutzheiliger der Diözese) und St. Patrick dar. Sie sind größer, stehen in Nischen mit Baldachinen, die Kriechblumen und Fialen verzieren. Die kleineren Figuren in der oberen Reihe zeigen den

Krummstab und Mitra des Bischofs Cornelius O'Dea sind herausragende Arbeiten. in Irland und England existiert keine weitere Bischofsmitra aus jener Zeit. Es grenzt an ein Wunder, daß sie seit ihrer Entstehung 1418 so vollständig erhalten blieb.

Evangelisten Johannes, die heilige Margarete von Antiochien, die hl. Katharina von Alexandria, die hl. Barbara, hl. Brigid von Kildare und hl. Bridget von Schweden. Über allem steht eine reizende Darstellung der Verkündigung.

MISERIKORDIEN IN DER KATHEDRALE ST. MARY

Limerick

Die Kathedrale St. Mary in Limerick, von Dónal Mór O'Brien im späten zwölften Jahrhundert gegründet, weist noch Elemente ihrer Anfangszeit auf. In den Jahrhunderten erfolgten umfangreiche bauliche Änderungen. Auch die Holzmiserikordien in Chor und Schiff – die einzig erhaltenen in Irland – gehören dazu. In früherer Zeit mußten die Geistlichen während der Liturgie jeweils lange Zeit stehen. Das bereitete natürlich besonders den älteren unter ihnen Unannehmlichkeiten. Das Chorgestühl mit seinen Klappsitzen brachte da Erleichterung. Die Miserikordien – der Name ist abgeleitet aus dem lateinischen Wort für Gnade – waren also mehr als ein Geschenk Gottes. Die hochgeklappten Sitze waren häufig mit Schnitzereien versehen, die den Betrachter vor Rätsel stellten, ihn erleuchteten oder aber auch ablenkten. Die Darstellungen waren häufig allegorischer Natur, es waren Symbole, zu deren Deutung es der Betrachtung bedurfte.

Zwischen belaubten Zweigen, die bei den Miserikordien in Limerick von beiden Seiten herabfallen, verstecken sich zahlreiche Figuren des mittelalterlichen Bestiariums – Phantasiedarstellungen von Gut und Böse, darunter eine Schlange mit einem Kopf an jedem Ende, die sich gleichermaßen vorwärts und rückwärts bewegt, und eine Mantikora mit dem Kopf eines Menschen, dem Körper eines Löwen, den Schwingen eines Adlers und dem Schwanz eines Skorpions. Der ebenfalls vertretene Greif wurde wegen seines löwenartigen Körpers gelegentlich als Darstellung Christi als König der Erde, der Adlerkopf als Herr des Himmels, gedeutet. Ein weiterer Löwe besiegt gerade einen geflügelten Drachen – der Sieg des Guten über das Böse. Ein Adler steht allein; andere ‚normale' Tiere ergänzen die Darstellungen. Der Schwan steht stellvertretend für die Märtyrer, denn es heißt, er singe beim letzten Atemzug. Die dem Bären zukommende Bedeutung ist weniger klar. Ein Engel half, die Gedanken gen Himmel zu richten. Zwei Menschen mit Kopfbedeckungen, wie sie im späten fünfzehnten Jahrhundert getragen worden sein dürften, in das die Miserikordien wahrscheinlich gehören. Besonders gelungen sind der Engel, der Schwan und der Greif. Edwin C. Rae stellte fest, daß das Laubwerk wohl typisch englisch Züge aufweise, ‚die feinen linearen Muster auf den Flächen sowie die beinahe metallenen Effekte voll den irischen Idealen entsprechen'.

GRABPLASTIKEN IM KLOSTER ENNIS

Grafschaft Clare

Das von der Familie Creagh um 1843 an der Nordmauer des Hochchores im Kloster Ennis errichtete Grabmal zeigt Szenen aus der Leidensgeschichte und Einzelfiguren aus dem fünfzehnten Jahrhundert, die einst Teil der Grabstätte von More Ní Bhriain, Gemahlin von Terence MacMahon, gewesen sein mögen. Die Einzelheiten der biblischen Darstellungen verraten sie als Nachahmung der Alabastertische von Nottingham der Zeit zwischen 1420 und 1460. Häufig wurden diese zu Gruppen zusammengestellt und bildeten Altaraufsätze, die verbreitet nach Europa exportiert wurden, darunter nach Frankreich, in den östlichen Ostseeraum, selbst nach Island. Sie gelangten auch nach Irland, wo eine Handvoll erhalten blieb, leider nicht die Vorlagen der Darstellungen in Ennis.

Die Figuren auf der Vorderseite des Grabes bilden zwei Reihen. In der oberen sind Jesus und die zwölf Apostel dargestellt. Die untere besteht aus drei getrennten Tafeln. Auf der linken ist die Geißelung Jesu dargestellt, in der Mitte Kreuzigung, rechts die Grablegung, Josef steht neben dem Haupt des Herrn, Nikodemus zu seinen Füßen, Maria Magdalena, mit dem Salbentopf, kniet. Um die Ecke auf der westlichen Seite steht ein Erzbischof, es folgt die Darstellung des Verrats des Judas und die Auferstehung Christi. Die Ostseite zeigt die Auferstehung und eine weibliche Figur, vielleicht More Ní Bhriain.

In der protestantischen Kathedrale St. Mary in Limerick befinden sich die einzigen Holzmiserikordien Irlands aus mittelalterlicher Zeit, eine Glanzleistung der Holzschnitzerei.

RECHTS UND UNTEN RECHTS
Diese Nachbildungen von den Alabastertischen in Nottingham aus der Zeit um 1460 zeigen den Verrat des Judas und die Auferstehung Christi. Sie befinden sich auf einem Grab aus dem Jahre 1843 in der Nordmauer des Klosters Ennis. Genau an dieser Stelle befand sich im Mittelalter das Ostergrab in den Kirchen. In Holz oder Stein gearbeitet, enthielt es Darstellungen des Todes, der Grablegung und Auferstehung Christi. Daß die Plastiken in Ennis diese Szenen ebenfalls zeigen, könnte den Schluß nahelegen, sie stammten von einem aufwendig gestalteten Ostergrab, wenn sie nicht, wie allgemein angenommen, Teil des Grabes einer Dame namens More Ní Bhriain sind, die möglicherweise rechts auf der Auferstehungstafel zu sehen ist.

Phantasie bei Darstellung und Themenwahl kennzeichnen die Plastiken aus dem fünfzehnten Jahrhundert im Kloster Strade in der Grafschaft Mayo. Die Figurengruppen haben in Irland nicht ihresgleichen.

PLASTIKEN IM KLOSTER STRADE
Grafschaft Mayo

Das Kloster in Strade wurde ursprünglich von einem Mitglied der Sippe der MacJordans im frühen dreizehnten Jahrhundert für die Franziskaner gegründet und 1252 von den Dominikanern übernommen. Der Hochchor der Kirche datiert aus der Gründungszeit, weist aber Plastiken aus dem fünfzehnten Jahrhundert auf. Diese gehören zu den ungewöhnlichsten und lebendigsten der Spätgotik in Westirland. Im Unterschied zu den aristokratischen, freistehenden Grabmalen im Osten Irlands, wurden im Westen des Landes die Gräber in die Kirchenmauern eingelassen. So entstand eine künstlerisch zu gestaltende Fläche mit einem aufwendigen Baldachin darüber. Das Denkmal in Strade gehört zur genannten Art. Leider fehlt jeder Hinweis auf seine Herkunft. Im Mittelpunkt steht die kluge Auswahl der Figuren auf der Vorderseite des Grabes. Sie sind über zwei getrennte Steine verteilt. Auf dem linken stehen vier Figuren jeweils in einer Nische. Drei stellen Caspar, Melchior und Balthasar, die Weisen aus dem Morgenlande, mit ihren Gaben – Gold, Weihrauch und Myrrhe – dar. Die vierte Nische enthält eine Christusfigur, die die Hände mit den Wundmalen erhoben hält. Der Oberkörper ist entblößt, so daß die Wunde in seiner Seite sichtbar wird.

Auf dem rechten Stein sind die Figuren hingegen nicht in Nischen untergebracht, sondern bilden eine fortlaufende Tafel. Die Figur links, die eine Kapuze abzulegen scheint, kniet vor einem Erzbischof. Daneben stehen Petrus mit den Schlüsseln und Paulus mit einem Schwert. Die Darstellung insgesamt soll einer Deutung zufolge die vom Stifter unternommenen Pilgerreisen darstellen: die Weisen, deren Schrein in Köln steht, der Erzbischof könnte der in Canterbury ermordete Thomas Becket sein, Petrus und Paulus stünden für Rom.

GRÄBER IN DER KATHEDRALE ST. CANICE
Kilkenny

Seit ihrer Erbauung im dreizehnten Jahrhundert war die Kathedrale St. Canice (s. S. 156) Begräbnisstätte für zahlreiche prominente Persönlichkeiten, darunter Bischof de Ledrede (s. S. 150). Hier findet sich die beste und repräsentativste Sammlung irischer Grabdenkmalskunst aus dem fünfzehnten und sechzehnten Jahrhundert, denn die Stadt besaß in dieser Zeit zwei der produktivsten Steinmetzwerkstätten. Eine steht im Zusammenhang mit

Die Bildnisse des schlanken achten Earls von Ormond (gest. 1539) in voller Rüstung und seiner etwas fülligeren Gemahlin Margaret (gest. 1542) in langer Robe sind Arbeiten unbekannter Künstler in Kilkenny im sechzehnten Jahrhundert. Beide ruhen im südlichen Querhaus der Kathedrale St. Canice in Kilkenny.

der Familie O'Tunney, deren Mitglieder gelegentlich ihre Werke signierten. Die zweite bleibt anonym, stand vermutlich im Dienst des Earls von Ormond. Die von ihr geschaffenen Denkmäler sind von etwas anderer Art – ein Kastengrab mit aufliegendem Bildnis, getragen von ‚Weinenden' (zumeist Apostelfiguren), Darstellungen der Kreuzigung und Wappenbildern.

Nachdem die Earls Butler von Ormond die Burg Kilkenny (s. S. 144) 1391/92 erworben hatten, benutzten sie die Kathedrale praktisch als Familiengruft. Ihre Bildnisse im südlichen Querhaus gehören zu den bemerkenswertesten Plastiken. Piers Butler, der achte Earl, ruht neben seiner in langer Robe dargestellten Gemahlin Margaret. Beide stehen in ihren besten Jahren. Dies, nicht aber die Inschrift, deutet darauf hin, daß die Arbeit lange vor dem Tod des Earls 1539 angefertigt wurde. Das nächste Bildnis, eine männliche Einzelperson, gilt gemeinhin als das seines Nachfolgers, des neunten Earls James. Beiden ist mehr gemeinsam, als daß sie Produkt der Arbeit der Werkstatt Ormond sind. Gleiches gilt nämlich nicht für die Weinenden und die übrigen die Bildnisse tragenden skulptierten Steine. Die Männer Cromwells müssen unter den Denkmälern in der Kathedrale gewütet haben. Wir sehen heute das Ergebnis von Versuchen, die Gräber wieder in einen möglichst ordentlichen Zustand zu bringen und dabei einzusetzen, was der Zerstörungswut der Ikonoklasten entging. Das erklärt, weshalb die naiv-schöne Kreuzigung an der die Südseite tragenden Darstellung nicht aus der Werkstatt Ormond stammt, sondern von einem der O'Tunneys geschaffen wurde. Die ‚Weinenden' – Apostelfiguren – an der Seite des Bildnisses hingegen, sind eine Arbeit der Werkstatt Ormond, die auch die Gestalt des vermuteten Earls Butler in Rüstung darüber schuf.

PLASTIKEN IN DER ABTEI KILCOOLEY
Grafschaft Tipperary

Kilcooley in der Grafschaft Tipperary bei Urlingford wurde durch Dónal Mór O'Brien, König von Thomond, 1184 als Tochterhaus von Jerpoint gegründet. Wie die Abtei Holy Cross in derselben Grafschaft, war sie eine der wenigen Zisterzienserkirchen, die im fünfzehnten Jahrhundert weitgehend umgebaut wurden. Die Familie Butler dürfte beträchtliche Summen zum Bau beigetragen haben. Einer der ihren wurde vermutlich im Hochchor beigesetzt, wo sein Grabbildnis heute eine Nische auf der Evangelienseite besetzt, obwohl dies nicht der ursprüngliche Standort war. Es handelt sich um Pierce fitz Oge Butler, der um 1526 starb. Das Bildnis zeigt die komplexe Zusammensetzung seines Plattenpanzers mit angelegtem Schulterflug. Leider ist das Antlitz stark beschädigt. Die Inschrift bestätigt das Bildnis als Arbeit von Rory O'Tunney, ein Mitglied jener Künstlerfamilie, die die meisten Grabbildnisse in und um Kilkenny im sechzehnten Jahrhundert fertigte. Gleichzeitig ist es sein frühestes, signiertes Werk. Die das Bildnis tragenden Darstellungen, obwohl unsigniert, stammen aus derselben Werkstatt. Dies wird an der für die O'Tunneys typischen kappenartigen Haartracht der Apostelfiguren, den ausgearbeiteten Bärten und der Bekleidung deutlich, die in Falten bis auf den Boden fällt. Zudem sind die Spandrillen mit dem ebenso typischen, kräftigen Laubwerk ausgefüllt.

Die ‚Weinenden' sind auf zwei getrennte Steine verteilt. Einer, mit sieben Apostelfiguren, könnte einst die Langseite des Grabes gebildet, der zweite

LINKS Die Apostelfiguren am Grabmal des Pierce fitz Oge Butler (gest. um 1526) in der Zisterzienserabtei Kilcooley, Grafschaft Tipperary, belegen die produktive Tätigkeit der Werkstatt O'Tunney aus Kilkenny auch außerhalb der Heimatgrafschaft.

RECHTS Die verlockende Meerjungfrau mit Kamm und Spiegel und der mit ihr liebäugelnde, wohlgenährte Fisch neben der Tür zur Sakristei in der Zisterzienserabtei Kilcooley mochten als warnender Hinweis an die Mönche gedeutet werden, sich der Sünden des Fleisches zu enthalten.

am schmalen Fußende des Grabes gestanden haben, das dann hätte frei stehen müssen. In der Reihenfolge von links nach rechts sind folgende Figuren dargestellt:

1. Petrus mit zwei Schlüsseln
2. Andreas mit dem Schrägkreuz
3. Jakobus der Ältere mit Tasche und Muschel
4. Johannes der Täufer, glattrasiert, mit Kelch und Taube
5. Thomas, einen Speer haltend
6. Jakobus der Jüngere mit Säge
7. Philip, ein Tuch mit fünf Broten tragend
8. Bartholomäus mit Buch und Fleischschaber
9. Simon mit einer Streitaxt
10. Thaddäus, eine Waffe mit sichelartiger Schneide haltend – üblicherweise ein Attribut des hl. Matthäus, den diese Figur darstellen müßte.

In Kilcooley befindet sich eine weitere, noch bemerkenswertere Gruppe von Skulpturen, die – nach den Kreuzgängen von Jerpoint (s. S. 164 – 67) – als die anspruchsvollste steinbildhauerische Leistung der Zisterzienser Irlands im Mittelalters gelten muß. Es handelt sich um mehrere, scheinbar zusammenhanglos und willkürlich angeordnete Kalksteinbildtafeln um die Tür aus dem südlichen Querhaus in die Sakristei. Neben dem Wappen derer von Ormond finden sich eine Kreuzigungsgruppe, ein Bischof oder Abt unter einem Engel sowie ein sich die Brust aufreißender Pelikan (Symbol der Fürsorge der Kirche für ihre Schäflein), der hl. Christopherus, das Christuskind tragend sowie – völlig unerwartet – eine Meerjungfrau.

ABBILD DES BISCHOFS WELLESLEY
Kathedrale Kildare

Das wahrscheinlich gelungenste, aus dem sechzehnten Jahrhundert datierende Abbild in Irland ist das des Bischofs von Kildare, Walter Wellesley, aus dem Jahre 1529 bis zu seinem Tode zehn Jahre danach. Das Land hatte seine Familie bereits seit dem dreizehnten Jahrhundert in ihrem Besitz. Als Förderer der englischen Bevölkerung war er in den ersten Jahren des sechzehnten Jahrhunderts nach Oxford gegangen und hatte dort kanonisches Recht studiert. Später wurde er ‚kommandatorischer Prior' des Augustinerhauses von Greatconnell bei Newbridge. Dieses Amt versah er zusätzlich zu seinen Pflichten als Bischof. In Greatconnell wurde er auch beigesetzt, doch 1971 wurde sein Bildnis aus Sicherheitsgründen in die Kathedrale St. Brigid nach Kildare gebracht und dort im südlichen Querhaus aufgestellt. Das Bildnis

Das aus der Priorei Greatconnell nach Kildare verbrachte Abbild des ehrwürdigen und sanften Bischofs Walter Wellesley (gest. 1539), gilt als die herausragendste Steinplastik Irlands im Spätmittelalter.

stammt von der Hand eines großen Künstlers. Als Prälat erscheint er in vollen Pontifikalien – edelsteinbesetzte Mitra, Stab, Achseltuch und Meßgewand. Gerade letztere ist bis ins Detail gezeichnet, um die Beschaffenheit des zeitgenössischen italienischen Samtes deutlich zu machen. Das Auge des Betrachters haftet am jugendlich-ernsten Gesichtsausdruck des Bischofs. Spuren der Wirrnisse der Reformation in seinen Jahren als Bischof sind nicht zu erkennen. Die höchst lebendige Figur steht unter einem von zwei Schutzengeln getragenen Baldachin. Obwohl einige der ‚Grabträger' mit ihren Putten zu den frühesten Anzeichen von Renaissanceschmuck in Irland zählen, ist das als Hochrelief gearbeitete Abbild noch in der Tradition der Gotik verankert. Hier ist ein Werk bester europäischer Tradition, ohnegleichen in Irland – was die

Frage nach der Herkunft des Künstlers aufwirft. Darauf gibt es bislang keine befriedigende Antwort.

DAS KRUZIFIX IN JOHNSTOWN
Grafschaft Kilkenny

Eingelassen in eine Nische der Mauer auf der linken Seite des Teiles der Straße Dublin – Cork, die zur katholischen Kirche von Johnstown in der Grafschaft Kilkenny führt, ist eine Steinfigur des gekreuzigten Christus. Ursprünglich kam sie von Fertagh, unweit des jetzigen Standortes, wo sie möglicherweise zur Grabstätte eines Mitgliedes der Familie FitzPatrick um das späte sechzehnte Jahrhundert gehörte. Nach Johnstown gelangte sie irgendwann nach 1800, zusammen mit Resten des alten Klosters dort. Es ist eine ungewöhnlich ergreifende Darstellung der Kreuzigung aus dem späten Mittelalter in Irland. Jesus hängt am Kreuz, bekleidet mit einem Lendentuch, dessen fließende Falten in einem großen Knoten auf seiner linken Seite gerafft sind. Die intensive Dramatik des Gesichtsausdrucks wird noch durch den entstellenden Spalt unterstrichen, in den eine (inzwischen nicht mehr vorhandene) Nase eingesetzt war, nachdem die ursprüngliche zerstört wurde. Die stilisierten Arme und Hände bestehen aus geriefTen Flächen, die gewinkelten Beine und Füße unter dem Lendentuch betonen die Asymmetrie des unteren Teiles der Figur.

SHEELA-NA-GIG IN DER KIRCHE VON KILLINABOY
Grafschaft Clare

Neben dem doppelarmigen Kreuz im Westgiebel (s. S. 62) besitzt die Kirche von Killinaboy eine weitere interessante Steinplastik über dem südlichen Türdurchgang – die Figur einer Sheela-na-gig. Die Herkunft des Namens ist ungewiß. Eine Deutung besagt, der erste Teil sei ein Name, die beiden anderen Wörter Ableitungen aus dem Gälischen *na gcíoch*, ‚der Brüste'. Die zumeist grotesken Figuren stellen unbekleidete Weiblichkeit mit entblößten Brüsten vor. Gelegentlich fehlt durch weites Spreizen der Beine nicht ein deutlicher Hinweis auf die ebenfalls entblößten Genitalien. Diese Darstellungen treten in Irland erstmals in einer romanischen Kirche aus dem zwölften Jahrhundert auf. Danach setzen sie sich bis in das sechzehnte Jahrhundert, oder sogar später, fort. Mehr als die Hälfte findet sich in den Außenmauern von Burgen. Eine zierte selbst die Unterseite des jetzt in der Kathedrale Kildare befindlichen Bildnisses von Bischof Walter Wellesley aus der Zeit um 1539. Bis auf wenige Ausnahmen, sind sie von erbärmlicher Qualität und kaum von der Hand der Künstler, die die Skulpturen an den Grabdenkmälern schufen. Ihre Position hoch oben in den Mauern von Turmhäusern und über den Türen von Kirchen, ganz zu schweigen von der Grabstätte eines Bischofs, läßt vermuten, daß diese Figuren, über die sich die historischen Aufzeichnungen ausschweigen, eher eine apotropäische Funktion erfüllten, das heißt, Unheil abwenden sollten.

LINKS Die wohl ergreifendste Darstellung der Kreuzigung mit stilisiertem, schmerzentstelltem Antlitz aus dem späten Mittelalter in Irland befindet sich in Johnstown, Grafschaft Kilkenny.

RECHTS Sheela-na-gigs – jene rätselhaften Darstellungen unbekleideter Frauen mit offen gezeigter Scham finden sich gelegentlich selbst an Kirchen, wie diese in Killinaboy, Grafschaft Clare. Häufiger kommen sie an Burgmauern vor, wo sie vermutlich die Bewohner vor Unheil bewahren sollten.

DAS SIEBZEHNTE JAHRHUNDERT

POLITISCHE ENTWICKLUNG

Im siebzehnten Jahrhundert legte Irland die Scheuklappen des Mittelalters ab und stellte sich der Aufklärung und Moderne der Zeit. Doch brachte jenes Jahrhundert am Anfang, in seiner Mitte und an seinem Ende Trauer und Leid über das Land. Gleich im Jahre 1601 durchlitt die Bevölkerung auf dem Höhepunkt des Feldzuges Königin Elisabeths zur Unterwerfung Irlands die Niederlage einer gemeinsamen Streitmacht von Iren und Spaniern bei Kinsale. Der irische Adel erkannte, daß das Spiel verloren war. Der Kampf gegen einen übermächtigen Gegner zahlte sich nicht aus. So strich die gälische Aristokratie im Norden – die O'Neills und O'Donnells – 1607 die Flagge und segelte den Lough Swilly hinab ins spanische

Bildnisse des Earl Roger Boyle von Cork und seiner Gemahlin Katherine sind die bekanntesten von vier Generationen der Familie, für die er um 1631 eine Gedenkstätte in der Kathedrale St. Patrick in Dublin errichten ließ. Der Earl Thomas Wentworth von Strafford, Lord Deputy König Karls I. in Irland, protestierte dagegen, daß die Gedenkstätte in unmittelbarer Nähe des Hochaltares liegen sollte. So war Boyle gezwungen, einen weniger herausragenden Platz zu wählen. Boyle bekam später Genugtuung, indem er Wentworth öffentlich anklagen ließ und schließlich zehn Jahre später seine Hinrichtung erwirkte. Möglicherweise brachte Boyle diese Haltung das Lob ausgerechnet des Königsmörder Oliver Cromwell ein, der sagte, wenn es in jeder irischen Provinz einen Earl von Cork gäbe, könnten sich die Iren nicht erheben. Eine interessante Feststellung über die Haltung eines Mannes, der zu Beginn als Abenteurer 17 000 ha Land für den Preis von 1500 Pfund Sterling von Sir Walter Raleigh erwarb und dem schließlich alles Land zwischen Waterford und dem Shannon gehörte. Vielleicht aus Groll ließ der Earl in der Kirche St. Mary in Youghal, wo er starb und 1643 beigesetzt wurde, eine ähnliche Stätte errichten, die Zenotaph für ihn, nicht aber seine in St. Patrick beigesetzte Gemahlin wurde.

Exil. Zurück blieb ein ohnmächtiges Volk bar jeder geistigen und politischen Führung. Die von Elisabeth verfolgte Siedlungspolitik in den Midlands und im Süden wurde von ihrem Nachfolger Jakob I. (1603–1625), einem Stuart, im Norden fortgesetzt. Dort wurde das Land der unterlegenen Iren beschlagnahmt und Kolonisten aus England und Schottland überlassen, die neue Siedlungen in Ulster errichteten. In jener Zeit wurde der Stadt der Klostergründung des hl. Columba in Derry erstmals der Namensteil London vorangesetzt. Die neuen Siedler verschanzten sich in vielen Teilen Nordirlands in einer neuen Art von Kolonistenburg.

Mit der Plantation of Ulster fiel das letzte Bollwerk des gälischen Irlands. Die Brehon Laws, irisches Recht seit dem siebenten Jahrhundert, wurden 1606 abgeschafft. Im zweiten Viertel des Jahrhunderts geriet König Karl I. (1625–49) zunehmend unter den Druck des Parlamentes, das größere Unabhängigkeit forderte. Diese Auseinandersetzungen blieben nicht ohne Folgen für Irland, wo sich die Altkatholiken 1642 in der Konföderation von Kilkenny zum Kampf gegen die Rundköpfe der Parlamentspartei zusammenschlossen. Der Lord Protector Oliver Cromwell selbst mußte nach Irland reisen, um die katholische Bevölkerung im Namen der Religion zu beruhigen. Gemetzel und Zerstörung, die Cromwell und seine Generäle innerhalb weniger Jahre zwischen 1649 und 1652 über das Land brachten, hinterließen untilgbare Spuren im Gedächtnis des Landes. Irland wird nie begreifen, wie England einen Mann wie Cromwell ehren konnte, indem es seine Statue vor der Mutter aller Parlamente in Westminster aufstellten.

Doch selbst die Engländer hatten genug vom Commonwealth. Nach Cromwells Tod wurde die Monarchie restauriert, als Karl II. 1660 den Thron seines enthaupteten Vaters bestieg. Nach den Schreckensjahren eines Cromwell erlebte das Land nun eine Zeit des Friedens. Zumindest auf kulturellem Gebiet leistete Dublin den ersten, doch bei weitem nicht letzten Beitrag zur Weltliteratur in englischer Sprache. Die Kolonisten übten zwischenzeitlich in Ulster die Macht aus. Gegen Ende der Regentschaft Karls II. (1660–85) keimte neue Hoffnung bei den Katholiken, die auf größere Freiheiten bei der Religionsausübung setzten, falls der den Katholiken freundlich gesonnene Herzog von York Nachfolger auf dem Thron würde. Diese Hoffnung fand Ausdruck in der Wiedererrichtung früherer Hochkreuze, wie in Dysert O'Dea und das Marktkreuz von Kells in den achtziger Jahren des siebzehnten Jahrhunderts. Doch die Dinge wendeten sich gegen die Iren, als der neue König, Jakob II., von seinem treu-protestantischen Schwiegersohn Wilhelm von Oranien mit der Invasion Englands bedroht wurde und beide Monarchen ihren Zwist auf irischem Boden ausfochten. Nachdem die Stadt Londonderry 1689 erfolgreich einer Belagerung der Jakobiner standhielt, unterlagen die jakobinischen Kräfte Wilhelm 1690–91 mehrmals hintereinander an der Boyne, Aughrim und Limerick. Mit den Schmährufen der Iren im Ohr, sie in größter Not im Stich gelassen zu haben, entfloh Jakob auf den Kontinent. Den Kämpfern auf seiner Seite blieb keine Wahl, als sich dem Diktat Wilhelms zu beugen, nach Frankreich zu gehen und dort in den militärischen Dienst des Königs von Frankreich und des Kaisers von Österreich einzutreten.

Mit dem Vertrag von Limerick erreichte Irland seinen Tiefstpunkt. Das folgende Jahrhundert brachte schlimme Zeiten für die gälischsprechende Bevölkerung. Dichter richteten den Mut der zahlenmäßig wachsenden katholischen Bevölkerung in einer Zeit religiöser und kultureller Unterdrückung auf. Die Menschen vegetierten in Lehmhütten, bestritten mit Mühe ihren Lebensunterhalt. Kartoffeln waren das Hauptnahrungsmittel. Anders war die Lage der neuen Herren des Landes. Ihr zunehmender Wohlstand eröffnete dem Lande im achtzehnten Jahrhundert eine neue, von klassischen Prinzipien beeinflußte Kultur, die Handwerk und Kunst des Landes zu einem neuen Höhepunkt führte. Diese Zeit ist Gegenstand des Buches *Great Irish Houses and Castles* von Jacqueline O'Brien.

DIE TUDOR-, STUART- UND KOLONISTENARCHITEKTUR

Die traditionelle Turmhausarchitektur überlebte bis in das siebzehnte Jahrhundert. Doch ein neuer Wind wehte in elisabethanischer Zeit, als hie und da der schlanke Stil der Tudorarchitektur in Irland auftauchte. Vorreiter dieses Baustils war der Landsitz des Earl von Osmond in Carrick-on-Suir im Südosten des Landes. Doch auch Stadthäuser von Kaufherren, darunter das Rothe House in Kilkenny, finden sich unter den Vertretern dieser Richtung. Einerseits ist man bestrebt, die Zwänge des Sich-Verteidigen-Müssens endlich abzustreifen, andererseits nötigen die elisabethanischen Kriege die Engländer zur Errichtung von Schutzeinrichtungen, wie dem Duncannon Fort.

Der allmähliche Wechsel des Primats von Verteidigung zum Stil der elisabethanischen Zeit wird an Bauwerken, wie Rathfarnham Castle um 1583 sowie Kanturk Castle zwei Jahrzehnte danach deutlich. Das ebnet den Weg für den Bau befestigter Häuser im jakobinischen Stil im darauffolgenden Jahrhundert. Wohl legt man jetzt mehr Wert auf Komfort und Bequemlichkeit, doch wird die Notwendigkeit einer etwaigen militärischen Verteidigung des Anwesens, wie bei Coppinger's Court oder Portumna Castle, nicht vernachlässigt.

Dieser Baustil blieb nicht auf den englischen Teil der Bevölkerung beschränkt. Die Führer der gälischen Gesellschaft kopierten ihn, was Kanturk belegt. Ein überzeugendes Beispiel ist Leamanegh Castle aus dem Jahre 1643.

LINKS Jakobinische Gehänge und weitere Ornamente zieren das Kamingesims, welches Sir Basil Brooke in der Halle des ersten Obergeschosses der älteren O'Donnell Burg in der Stadt Donegal hinzufügen ließ, um Besucher mit dem neu erworbenen Reichtum zu beeindrucken.

RECHTS Überraschend für einen frühen jakobinischen Landsitz, verbindet Kanturk Castle, erbaut von Dermot MacDonagh, einem Mann aus Munster, Elemente des irischen Turmhauses mit Architektur der Renaissance. Die Burg wurde nie fertiggestellt, weil neiderfüllte Nachbarn einen Baustopp erwirkten.

Hier wird ein dreigeschossiges Landhaus an ein vorhandenes Turmhaus angebaut. Ein paralleles Beispiel, doch mit anderen Figuren, ist Donegal Castle, wo ein Kolonist aus Ulster ein stattliches Jakobiner-Landhaus an einen Turm der O'Donnell fügte. Die neuen Siedler fühlten sich von der gälischen Bevölkerung bedroht, der sie das Land entwendet hatten. Deshalb verschanzten sie sich hinter Stadtmauern, wie in Derry und bauten außerdem Schutzeinrichtungen um den eigenen Besitz, wie in Park's Castle oder Monea, wo der Baustil englische oder schottische Herkunft nicht verbirgt.

Das restliche siebzehnte Jahrhundert war zu bewegt, um weitere Entwicklungen der Wohnhausarchitektur zuzulassen. Durch intensive Nachforschungen gelang es Dudley Waterman und Maurice Craig, die Existenz einer beträchtlichen Zahl von Häusern aus diesem Zeitabschnitt in Irland nachzuweisen. Das ausgehende Jahrhundert kennzeichneten insbesondere zwei herausragende Leistungen von Sir William Robinson. Zum einen der Bau von Charles Fort, Kinsale, das – abgesehen von den Verteidigungsbauten gegen Napoleon – der letzte, große Festungsbau in Irland sein sollte. Zum anderen das Royal Hospital in Kilmainham, erstes einer ganzen Reihe von öffentlichen Gebäuden, die ihren Höhepunkt in den architektonischen Kleinodien des achtzehnten Jahrhunderts in der Hauptstadt fanden. Diese jedoch sind meisterhaft in dem Ergänzungsband über Dublin von Jacqueline O'Brien und Desmond Guinness beschreiben.

CARRICK-ON-SUIR CASTLE
Grafschaft Tipperary

Das erste und schönste Herrenhaus im Tudorstil in Irland wurde von ‚Black Tom', dem zehnten Earl von Ormond, in Carrick-on-Suir um 1565/75 errichtet. Die beiden Türme der Burg aus dem fünfzehnten Jahrhundert bilden eine Seite des Hofes. Die übrigen drei Seiten bebaute der Schwarze Tom, wobei die Fassade des Tudorbaues nach Norden weist. Der Besucher betritt das Innere des Hauses durch den vorgezogenen Haupteingang in der dreigiebligen Fassade. Diese hat beiderseits drei Fenstergruppen, zweiteilig im Erdgeschoß, dreiteilig im Stockwerk darüber. Kaum irgendwo eine Spur von Verteidigungseinrichtungen. Im Hausgang befinden sich zwei Wandgemälde. Eins zeigt den Schwarzen Tom, das andere Königin Elisabeth I. Diese war nicht nur seine Königin, sondern auch seine Cousine, denn ein Vorfahre war als Earl von Ormond der Großvater von Anne Boleyn, der Mutter Elisabeths. Diese wurde nach unbestätigter Überlieferung im älteren Teil der Burg geboren. Der Schwarze Tom wuchs gemeinsam mit Prinz Edward am Hofe Heinrichs VIII. auf, wo er wohl vollauf Gelegenheit nahm, sich mit der neuesten Entwicklung auf dem Gebiet der Architektur in England vertraut zu machen, bevor er seine eigene irische Antwort in Carrick-on-Suir erbaute.

Der Schwarze Tom soll ein Verhältnis mit der ‚guten Königin Bess' gehabt haben, die ihn ihren ‚schwarzen Mann' nannte, um damit ihre übrigen Verehrer zu ärgern. Seine Zuneigung zu ihr äußert sich auch in der 19,2 m langen Empore, die das gesamte Obergeschoß auf der Nordseite einnimmt. Hier schmückt ihre Büste einen teilweise rekonstruierten Stuckfries, der von allegorischen Darstellungen der Gerechtigkeit und Gleichheit wird. Daneben finden sich ihre Initialen ‚ER' sowie die des Erbauers ‚TO' (Thomas von Ormond). Reich verzierte Rippen unterteilen die Stuckdecke in Felder, die Wappen und Mottos der Familie Ormond schmücken. Ferner imponiert in der Halle ein großer Kalksteinkamin mit reichlich verziertem Sims und Wappenschild sowie der Inschrift, die Thomas Butler, Earl von Ormond, als Erbauer 1565, im siebenten Jahr der Regentschaft Elisabeths, ausweist. Obwohl diese Jahreszahl auf die Erbauung der Burg hinweisen könnte, geht Maurice

LINKS Carrick-on-Suir war das erste in Irland im Tudorstil errichtete Landhaus um 1565 oder kurze Zeit danach.

RECHTS UND UNTEN Das erste Obergeschoß der Burg Carrick beherbergt diese Empore mit bemerkenswertem Kaminsims von 1565 sowie einem Stuckfries mit der Büste Elisabeths I., der Cousine des Erbauers der Burg, des ‚Schwarzen Tom', zehnter Earl von Ormond, dem ein Verhältnis mit der jungfräulichen Königin nachgesagt wird.

Craig davon aus, daß der Earl die Idee für die Errichtung des Hauses erst nach einem zweiten Besuch Englands 1572 gehabt haben könnte. Percy Le Clerc schlug 1573 als Jahr für den Stuckschmuck vor, der vielleicht in der vergeblichen Hoffnung angebracht wurde, Elisabeth werde der Burg eines Tages einen Besuch abstatten. Der gesamte Komplex aus Türmen und Tudorhäusern wurde mit öffentlichen Geldern zwischen 1948 und 1960 saniert, gerade rechtzeitig, um dem vollständigen und unverdienten Verfall zu wehren.

Die Verkleidung aus dunkler Eiche, Wandbehänge und Möbel sind aus Halle und Haus längst verschwunden. Zeilen eines zu Ehren des Schwarzen Tom von dessen Hausdichter Eoghan Mac Craith geschriebenen gälischen Gedichtes lassen den ursprünglichen Anblick lebendig werden. Sinngemäß heißt es dort:

Ein Hof ohne Fackeln, doch hell,
Hof des Lichtes der Wachsstöcke.
Ein Haus der Fülle, Stuck von Künstlerhand,
mit sonnendurchfluteten Giebeln und spitzenbedeckten Wänden.
Ein Haus der Gastlichkeit, sauber mit Fliesen ausgelegt,
reichlich versehen mit Lanzen … wo reich verzierte Hörner und Kelche sich finden …
Ein herrliches Zuhause, gepriesen, vollendet erbaut,
schön, ländlich geplant, weiß getüncht.

ROTHE HOUSE
Kilkenny

In Kilkenny mit seinen schmalen Gassen, mittelalterlicher Burg und Kirchen – und dem Rothe House – lebt die Atmosphäre der mittelalterlichen Stadt wie in keinem anderen Ort des Landes. Rothe House ist das einzige erhaltene Kaufherrenhaus der Stadt. Nach dem Erbauer und ersten Besitzer John Rothe Fitz Piers benannt, trägt das Haus an der Vorderseite nach Parliament Street die Initialen ‚IR', das Wappen des Bauherrn und das Baujahr 1594. Eigentlich handelt es sich um ein Doppelhaus mit Geschäften unter einer zweibögigen Arkade auf jeder Seite und dem Eingang als Zugang zum Hof auf der Rückseite. Über dem Eingang befindet sich in Dachhöhe ein Spitzgiebel, dazwischen ein Erkerfenster. In einer Hälfte befindet sich, dem ursprünglichen Zweck entsprechend, ein Ladengeschäft, auf der anderen Seite ist die historische und Kostümsammlung der Kilkenny Archaeological Society untergebracht. Auch nach Fertigstellung des Hauses stellte sich bei der Familie Rothe ein Kind nach dem anderen ein. Um alle unterzubringen, war erst ein, später ein zweiter Anbau vonnöten, in denen wohl auch das eine oder andere Zimmer für die Kinderfrauen vorgesehen war. Im neunzehnten Jahrhundert diente das Haus als Schule, die auch von den Romancier-Brüdern Banim besucht wurde. Seit nunmehr fünfundzwanzig Jahren bemüht sich die Kilkenny Archaeological Society mit Unterstützung von Percy Le Clerc erfolgreich um die Restaurierung der Vorderseite des Hauses, um ihm einen gebührenden Platz im Leben des heutigen Kilkenny zu geben.

DUNCANNON FORT
Grafschaft Wexford

Im Mittelalter zählte Waterford zu den bedeutendsten Häfen Irlands. Die Lage am Suir oberhalb der Vereinigung mit dem Fluß Barrow bot sicheren Ankerplatz. Am Ostufer des Hafens von Waterford bis hinunter nach Hook Head gab es mit Ballyhack und Duncannon zwei befestigte Punkte. Duncannon lag auf einem Vorgebirge, das 12 m steil in die See abfiel. Die zur Zeit Elisabeth I. dort errichteten Verteidigungsanlagen waren sicher nicht die ersten, doch bildeten sie den Kern der heutigen Befestigungen. Im wesentlichen bestanden diese einer um das Vorgebirge errichteten hohen Mauer und einem mächtigen Wall auf der schwächeren landwärtigen Seite, winkelig im Grundriß zur Erhöhung der Schutzwirkung. Die Feste hatte ihre Hauptzeit im siebzehnten Jahrhundert, als die katholischen Konföderierten das königliche Fort 1645 nach zweimonatiger Belagerung nahmen und es fünf Jahre danach erfolgreich gegen die Kräfte Cromwells hielten. Kurze Zeit später gaben sie es jedoch auf, als die Nachricht von der Einnahme Waterfords eintraf. König Jakob schiffte sich 1691 auf dem Weg nach Kinsale und ins französische Exil hier ein. Kurze Zeit danach nahm John Churchill, erster Herzog von Marlborough, das Fort für König Wilhelm ein, der von Duncannon aus nach England segelte, um sich in Frieden der Krone zu erfreuen. Trotz vielfacher Reparaturen in den folgenden eineinhalb Jahrhunderten war das Fort zu keiner Zeit erneut in Kampfhandlungen verwickelt.

LINKS Erbaut 1594 in Parliament Street, brachte das Rothe House, eines der wenigen aus jener Zeit erhaltenen Kaufherrenhäuser, einen Hauch Renaissance nach Kilkenny.

RECHTS Von See her erscheint Duncannon Fort in der Grafschaft Wexford seit elisabethanischer Zeit bis in unser Jahrhundert als mächtiges Bollwerk zum Schutz des Zuganges zum Hafen von Waterford.

RATHFARNHAM CASTLE
Grafschaft Dublin

Auf den Besucher von Burg Rathfarnham machen Eingang, Fenster und Seitenfront des Gebäudes den Eindruck eines georgianischen Hauses aus dem späteren achtzehnten Jahrhundert. Bei genauerem Hinsehen verraten die kräftigen Ecktürme und die Bandgesimse im gebrochenen Rhythmus der Fenster jedoch das größere Alter von beinahe zweihundert Jahren mehr.

Die Burg, um 1583 erbaut als Wohnstätte und Verteidigung von Adam Loftus, zu unterschiedlichen Zeiten Erzbischof von Dublin und Armagh, Lordkanzler und erster Provost des Trinity College in Dublin. Rathfarnham besteht aus einem rechteckigen Zentralbau mit Ecktürmen wie Speerspitzen, deren spitz vorspringende Ecken Feuerwaffen hinreichendes Schußfeld boten. Der Stil der Burg wurde mehrfach kopiert, weitestgehend getreu bei Raphoe Castle in Donegal (gleichfalls ein Bischof als Bauherr), entfernter bei Kanturk, Portumna oder Burntcourt.

Die mächtige Mauer in Ost-Westrichtung durch den Hauptblock in Nähe der Geländemitte könnte eine ursprüngliche Trennung sein. Doch nahezu das gesamte Innere sowie die Zarge der Vordertür und die Befensterung sind das Ergebnis sorgfältiger Änderungen aus dem achtzehnten Jahrhundert. Die Bibliothek im Erdgeschoß ziert feiner Rokokostuck, den Erzbischof Hoadley um 1740 als Mieter des Speaker Conolly von Castletown hinzufügen ließ, der Rathfarnham von den Loftuses erwarb, es jedoch nie selbst bewohnte. Später wurde es von der ursprünglichen Familie, inzwischen Lords Ely, zurückgekauft, die Sir William Chambers und James ‚Athenian' Stuart mit der großzügigen Ausgestaltung der Räume und Decken im ersten Obergeschoß, darunter dem Einbau der Erkerfenster auf der Südseite, beauftragten. Die Gesellschaft Jesu sanierte das Gebäude 1913 und benutzte es bis 1985. Heute ist es ein Nationaldenkmal und wird mit staatlichen Geldern sorgfältig restauriert.

OBEN Rathfarnham Castle, heute im Vorstadtgebiet von Dublin, lag außerhalb auf dem Lande, als Adam Loftus sie 1583 erbaute. Das georgianische Interieur der Burg wurde kürzlich restauriert.

PORTUMNA CASTLE
Grafschaft Galway

Portumna Castle ist halb Burg, halb Wohnhaus – sozusagen Übergang vom Turmhaus des Mittelalters zum palladianischen Herrenhaus. Die übereinandergestapelten Räume des Turmhauses breiten sich hier in der Horizontalen aus, Raumgrößen werden variiert, durch größere Fenster gelangt mehr Licht in die Räume. Die Rechtecktürme an den Ecken sind ein Zugeständnis an das vergangene Mittelalter, die großzügige Offenheit des Gebäudes dennoch mit einem Auge auf die Erfordernisse der Verteidigung gerichtet. Das Haus besitzt nur zwei Eingänge, die Vordertür im Erdgeschoß und eine Küchentür auf Kellerniveau. Neben beiden befinden sind Schießscharten zur Abwehr unwillkommener Besucher.

Der symmetrische Grundriß und die Details des jakobinischen Türdurchganges – Ideen, die vielleicht irgendwo in England aufgenommen wurden, wo der Bauherr lebte und starb, ohne je ein Auge auf seine letzte bauliche Leistung geworfen zu haben – geben der Burg auch einen Hauch von Klassik.

LINKS Der runde Hausgang und der Eingang auf der Südseite der um 1620 erbauten Burg Portumna wurden im späten achtzehnten Jahrhundert angefügt, um den Zugang zum Wasser des nahen Lough Derg zu erleichtern.

RECHTS UND RECHTS UNTEN In Leamanegh, Grafschaft Clare, bauten Conor O'Brien und seine Frau Máire 1643 ein Herrenhaus an das vorhandene, schmale Turmhaus aus dem fünfzehnten Jahrhundert. Davor plazierten sie einen monumentalen Torbogen, den Nachkommen 1907 als Gartenschmuck nach Dromoland Castle verlegten.

RECHTS Sir Walter Coppingers Geschäfte in Cork in den zwanziger Jahren des siebzehnten Jahrhunderts müssen gut gegangen sein, daß er für seine Familie ein solches Haus 50 km westlich der Stadt errichten konnte.

Bauherr war Richard de Burgo, vierter Earl von Clanricarde und von 1604 bis 1616 Lord President von Connacht. Er entschied sich, den Bau der Burg aus der Ferne seines ständigen Wohnsitzes in England zu leiten. Wahrscheinlich konnte er ihn noch vor seinem Tode 1635 abschließen. Die Torwege der beiden regelmäßigen Gartenanlagen führten zum jakobinischen Haupteingang. Die Rückfront der Burg, wohl karger verziert, gewährte von der langen Galerie im ersten Obergeschoß einen herrlichen Blick über die Rasenflächen bis zum Lough Derg am Shannon. Das großzügige Interieur des Hauses zerstörte ein Brand 1826 vollständig. Seither steht die Ruine, wie der Betrachter sie heute wahrnimmt und die in den letzten Jahrzehnten vom Office of Public Works mit großer Sorgfalt konserviert wurde.

COPPINGER'S COURT
Grafschaft Cork

Coppinger's Court ist ein großartiges Bauwerk – halb Haus, halb Feste – in Ballyvireen bei Rosscarbery im Westen von Cork. Der Erbauer, Sir Walter Coppinger, war einer der ‚altenglischen' Katholiken und Kaufherr in Cork. Die Geschäfte gingen wohl blendend, so daß er für seine Familie 50 km von der Stadt dieses große Anwesen errichten konnte. Mit vier Etagen über dem Sockelgeschoß ist die Burg von rechteckiger Form mit beiderseits der Nordmauer vorspringenden, quadratischen Türmen, wodurch der Haupteingang dazwischen hinreichenden Schutz erhielt. Das Treppenhaus befand sich in einem von der Mitte der Südmauer versetzten Turm. In Höhe der Brustwehr sind an mehreren Stellen um das Gebäude Pechnasen angeordnet, die eher dekorativen denn militärischen Zwecken dienten. Mark Samuel ist überzeugt, dies seien Wasserspeier. Markante Elemente des Gebäudes sind ferner die zahlreichen zwei-, vier- und sechsteiligen Fenster sowie ein hoher, achteckiger Schornstein. Man sagt, das Haus besäße für jeden Tag des Jahres ein Fenster, für jede Woche einen Schornstein und für jeden Monat eine Tür. Die Burg wurde um 1620–30 erbaut, 1641 geschleift und teilweise durch Feuer zerstört. Doch die Familie Coppinger bewohnte sie bis ca. 1698, wonach sie allmählich verfiel.

LEAMANEGH CASTLE
Grafschaft Clare

Die gemischte Burg Leamanegh verdeutlicht den symbolischen Unterschied zwischen der Engstirnigkeit des Mittelalters und der Offenheit der Zeit der Aufklärung. Die Ostseite nimmt ein hohes, schlankes Turmhaus mit schmalen Bogenscharten ein, welches Westropp um 1480 datiert. Der übrige Bau ist ein eher stattliches Herrenhaus aus der Zeit um 1640. Die breiten Pfostenfenster – im Erdgeschoß größer als im oberen Stockwerk – lassen mehr Licht in das Gebäude. Verteidigungszwecken dienen sie kaum. Typisch für Westirland ist das Erkertürmchen im zweiten Stock an der Südwestecke. Das Haus betrat man durch einen Eingang mit Rundbogen in der Mitte der Südmauer. Davor befand sich ein imposanter Torbogen, den Lord Inchiquin 1907 jedoch auf seine Burg in Dromoland 32 km entfernt bringen ließ, wo er fortan als Gartenschmuck diente. Über dem Türdurchgang in Dromoland befinden sich zwei Wappen, das eine von Sir Donat O'Brien um 1690, das andere – ältere – das seines Vaters mit der Inschrift ‚Erbaut von Conor O'Brien und Mary Ní Mahon, Gemahlin des besagten Conor, im Jahre des Herrn 1643' darunter. Conor war Nachfahr des Erbauers der

Burg, Brian Boru, seine Frau die berühmte Máire Rua (Rote Maria), um deren Person sich zahlreiche Sagen ranken – sämtlich unbegründet, wie Máire Mc Neill in ihrem Buch *Máire Rua, Lady of Leamaneh* klarmacht. Östlich der Burg, heute größtenteils jenseits der Straße, legte das Paar ein großes Gartengelände (der ‚Tierpark') an, zog eine Mauer darum und setzte ein Rundtürmchen an eine Ecke. Ein Fischteich in der Mitte ist inzwischen eingetrocknet. Nach einem Scharmützel mit General Ludlow von der Seite der Parlamentarier fand Conor 1651 den Tod. Máire ehelichte später Kornett Cooper, einen Cromwellianer, um den Besitz für ihren jüngsten Sohn zu retten. Die O'Briens bewohnten die Burg bis Ende des siebzehnten Jahrhunderts, als sie nach Dromoland zogen, wo das Gebäude aus dem Jahre 1826 heute ein Luxushotel beherbergt.

STADTMAUERN UND ST. COLUMB'S CATHEDRAL
Derry

Als Jakob I. Derry 1613 an die Bürger von London vergab und die alte Stadt mit königlicher Zustimmung fortan Londonderry hieß, setzte er vermutlich die erste wirkliche Stadtplanung in Irland in Gang. In den folgenden fünfzehn Jahren wurde eine neue Stadt ‚auf der grünen Wiese' gebaut, deren Anlage nach dem Gittersystem erfolgte, dem man den Namen des alten griechischen Planers Hippodamus von Milet gab, das in der Renaissance wiederbelebt und idealisiert wurde und bei den meisten Städten im heutigen Nordamerika eine Rolle spielte. Die neuen Kolonisten – Erbauer der Stadt – bedurften des Schutzes und beauftragten einen der ihren, Sir Edward Doddington, mit dem Bau einer Umwallung von 3,7 m Mächtig-

OBEN Die Kathedrale St. Columb in Derry schmiegt sich schutzsuchend an die mächtige Stadtmauer (vorn) aus dem frühen siebzehnten Jahrhundert.

OBEN Eins der zahlreichen Tore in der Stadtmauer von Derry ist Ferryquay Gate, das von der kleinen Gruppe der Apprentice Boys am 7. Dezember 1688 geschlossen wurde und so den Truppen Jakobs II. den Zutritt zur Stadt verwehrten. Diese belagerten darauf die Stadt für 105 Tage ohne Erfolg.

LINKS UND RECHTS Die protestantische Kathedrale St. Columb in Derry wurde zwischen 1628 und 1633 von der Corporation of London als Nachempfindung einer mittelalterlichen Pfarrkirche auf dem höchstgelegenen Punkt der Stadt errichtet.

keit und einer Gesamtlänge von 1554 m um die Stadt. Nach fünf Jahren war der Bau der letzten Stadtmaueranlage in Irland, wenn nicht in Europa, beendet. Der Graben außerhalb der Mauer wurde innerhalb von einhundert Jahren verfüllt, doch Brian Lacy fand bei Ausgrabungen in der Stadt in den siebziger Jahre unseres Jahrhunderts zahlreiche Scherben aus dem siebzehnten Jahrhundert. Interessanterweise kommen parallele Funde aus den frühen Kolonialstädten Nordamerikas. Im Laufe der Jahrhunderte wurden die Mauern verändert, hielten aber der berühmten Belagerung stand, als die König Wilhelm ergebenen ‚Apprentice Boys' die Stadttore vor den heranrückenden Truppen König Jakobs schlossen und mit den übrigen Bürgern der 105 Tage dauernden Belagerung des Jahres 1688–89 standhielten. Seither sind die Mauer und ihre Kanonen, besonders die ‚Roaring Meg', Symbole der Treue der Unionisten zur englischen Krone.

Unmittelbar hinter der Mauer steht die protestantische Kathedrale St. Columb, des Heiligen, der vor mehr als eintausend Jahren in Derry ein Kloster gründete. Die Kirche steht auf dem höchsten Punkt der Stadt, wo die Stadt London sie zwischen 1628 und 1633 für die Kolonisten bauen ließ, die in den zwei Jahrzehnten davor entsandt worden waren. Im gotischen Stil einer englischen, mittelalterlichen Pfarrkirche gebaut, hat das Gebäude Haupt- und Seitenschiffe und einen westlichen Turm, den ein exzentrischer Reisebischof, der Earl von Bristol, 1778 um 7 m erhöhen ließ. Mit den Jahren kamen bedeutende Anbauten hinzu, darunter 1910 das Kapitel, in dem Erinnerungsstücke an die Belagerung von 1689 aufbewahrt sind.

PARKE'S CASTLE
Grafschaft Leitrim

Am Lough Gill, dessen Wellen an die Ufer der Grafschaften Sligo und Leitrim schlagen, liegt idyllisch Yeats Seeinsel Inisfree, der Ort, an dem ‚der Friede tief sitzt'. Vierhundert Jahre früher, als die Iren mit den elisabethanischen Kräften im Kampf lagen, mag Friede allenfalls ein Wunsch gewesen sein. Die O'Rourke Herren von Breifne hatten auf einer Landzunge auf der Ostseite des Sees ein Turmhaus errichtete, wo vermutlich Captain Francisco Cuellar, einziger Überlebender der spanischen Armada, der einen ausführlichen Bericht über seine Erlebnisse hinterließ, Beistand erfuhr. Seinen Berichten zufolge lag Sir Brian O'Rourke unentwegt im Krieg ‚mit den Ketzern', die letztendlich den Sieg davontrugen, Brian nach London verbrachten und ihn dort 1591 hängten. Vom Turmhaus verblieben nur die von Claire Foley bei Ausgrabungen in den siebziger Jahren unseres Jahrhunderts entdeckten Fundamente. Seither ist klar, daß der Turm außerhalb der Mitte eines von hoher Mauer umgebenen fünfseitigen Hofes beim See stand, der Zutritt aber durch ein noch erhaltenes Torhaus auf der Ostseite erfolgte.

Die Folgen der Ulster Plantation erreichten selbst Lough Gill, wo vermutlich Captain Robert Parke in den Besitz von ‚Newtowne' – wie die Burg fortan hieß – kam. Ebenfalls vermutlich in den zwanziger Jahren des siebzehnten Jahrhunderts zerstörte Parke das Turmhaus O'Rourkes und errichtete innerhalb des Hofes ein neues, befestigtes Haus, welches dem Kolonisten-

Captain Robert Parke baute sich um 1620 ein neues, befestigtes Haus am Ufer des Lough Gill, eine der wenigen nennenswerten ‚Kolonistenburgen' in der Republik.

stil der damaligen Zeit eher entsprach. Dieses Herrenhaus beinhaltete das alte Torhaus. Der Aufgang zum Obergeschoß führte über eine hölzerne Treppe.

Das Office of Public Works hat unlängst das Innere des Hauses mit hohem Aufwand restauriert. Ferner wurde eine alte Schmiede nachgebaut, und innerhalb des Hofes befinden sich nun Einrichtungen für Touristen. In den vierziger und fünfziger Jahren des siebzehnten Jahrhunderts gingen die Parkes zeitweilig des Hauses verlustig, zuerst an die Iren, dann an die Parlamentarier Cromwells. Nach der Restauration Karls II. kehrte es in den Familienbesitz zurück und gehörte durch Heirat unter anderem auch der Familie Gore-Booth aus Lissadell.

ENNISKILLEN CASTLE
Grafschaft Fermanagh

Das Enniskillen von heute entstand im wesentlichen im frühen siebzehnten Jahrhundert, als Captain William Cole eine ‚starke, feste Mauer‘ und ein Haus für sich selbst errichtete. Die strategische Stellung am oberen Ende des Lower Lough Erne hatten bereits die Maguires von Fermanagh ausgebaut, die Anfang des fünfzehnten Jahrhunderts hier eine Burg errichteten. Ihre heutige Form erhielt die Burg aber vermutlich erst, als die Maguires dem jakobinischen Kolonisten Cole weichen mußten. Im Gebäude in der Mitte befinden sich heute das Fermanagh County Museum sowie das Regimentsmuseum der Royal Inniskilling Fusiliers. Cole dürfte es auf den Resten des alten Turmhauses der Maguires errichtet haben. Das Dach wurde vor etwa zweihundert Jahren gekürzt.

Bekannt ist die Burg besonders durch das Water Gate unten am Fluß Erne. Teile der Bausubstanz dürften das Werk von Connacht Óg Maguire aus dem späten sechzehnten Jahrhundert sein. Die runden Ecktürmchen vom ersten Geschoß aufwärts verweisen deutlich auf den Einfluß Coles, auf den auch mit hoher Sicherheit die speziell schottischen Merkmale zurückgehen, wie sie in etwas späteren Kolonistenburgen in Ulster, wie zum Beispiel Ballygalley (s. S. 238–39) zu finden sind.

MONEA CASTLE
Grafschaft Fermanagh

Die Burg Monea, einige Kilometer nordwestlich von Enniskillen, ist die größte und besterhaltene jener Burgen, die Kolonisten, denen nach dem Zusammenbruch des gälischen Ulster in den ersten Jahren des siebzehnten Jahrhunderts Land übergeben wurde, in der Grafschaft Armanagh errichteten. Zwei mächtige Rundbasteien an der Westseite des dreigeschossigen Rechteckturmes geben ihr ein unverwechselbares Aussehen. Die Basteien schützten den einzigen Türzugang im nördlicheren der beiden Türme. Auf jedem Turm sitzt oben ein ‚Kappenhaus‘ diagonal zum Hauptgebäude. Sie verleihen dem Bau ein sehr schottisches Aussehen und sind Hinweis auf die Herkunft des Erbauers. Als Captain Nicholas Pynnar 1619 im Auftrag der damaligen Regierung eine Inspektionsreise unternahm, berichtete er

Das Wahrzeichen von Enniskillen ist das Water Gate aus dem siebzehnten Jahrhundert. Vermutlich errichtet von Captain William Cole als Teil einer Burg kontrollierte es den Verkehr zwischen dem oberen und unteren Lough Erne in der Grafschaft Fermanagh.

LINKS Der Gedanke an Burgen in Schottland, Geburtsland von Malcom Hamilton, stand Pate für den ungewöhnlichen Abschluß der beiden Rundbasteien an der Westseite der kurz vor 1619 gebauten Burg in Monea, Grafschaft Fermanagh.

RECHTS Die von einem schottischen Kolonisten 1625 erbaute Burg Ballygalley beherbergt heute ein Hotel an der Küstenstraße von Antrim.

über Monea, daß Malcolm Hamilton ein ‚feste Burg aus Kalk und Stein' errichtet habe und empfahl, daß ein Hof hinzugefügt werden solle – was drei Jahre später geschah. Die Burg nimmt eine Ecke des Hofes ein, dessen Mauern noch bis zu 3,7 m Höhe erhalten sind. An der Nordflanke stehen Türmchen, von denen eines wahrscheinlich rekonstruiert wurde. Ungewöhnlich ist der Abschluß der beiden Rundbasteien an der Westseite der Burg, Vorbilder in Schottland mögen die Ursache dafür sein. Während des Aufstandes von 1641 bewohnte die Familie der Maguires für kurze Zeit die Burg, dann fiel sie an die Hamiltons zurück, die sie 1688 erfolgreich verteidigten.

BALLYGALLEY CASTLE
Grafschaft Antrim

Die Kolonisten in Ulster errichteten ihre Häuser in unterschiedlichen Baustilen, je nach ihrem Herkunftsland. Besonders deutlich wird das in der Grafschaft Antrim, wo englische Siedler die Hofmauer mit den Ecktürmen in Dalway's Bawn bei Carrickfergus bauten. Die weitaus besser erhaltene Burg Ballygalley macht aus ihrer schottischen Herkunft keinen Hehl. Erbaut wurde Ballygalley – heute ein bekanntes Hotel – von James Shaw aus Greenock in Westschottland. Der noch originale Türdurchgang trägt Datum und Inschrift:

1625
GODIS . PROVIDENS . IS . MY
INHERITANS

Der Türdurchgang führte in einen seitengleich angelegten Turm mit einem oder zwei Räumen in den drei Stockwerken über dem Sockelgeschoß. Die Wendeltreppe in einer Ecke des Turmes verband die Stockwerke miteinander. Die Gaubenfenster mit geschmücktem Ziergiebel und die Ecktürmchen im dritten Stockwerk, die man mit dem Stil der ‚Schottenbarone' des letzten Jahrhunderts verbindet, verraten die schottische Herkunft. Ursprünglich stand die Burg inmitten eines ungefähr quadratischen Hofes mit Blick auf das Meer. Gut erhalten ist aber nur der Teil der Mauer an der Carrickcastle Road, wo sie im rechten Winkel zum Meer führt. Ferner ist landseitig ein Rundtürmchen erhalten.

Die Burg war somit eine Kombination von Wohnsitz und Feste. Als solche bewährte sie sich bei einer kurzen Belagerung 1641. Schlechter fuhr sie 1680, als die ‚Tories von Londonderry' sie für kurze Zeit besetzten. Ansonsten überstand Ballygally Castle die Wilhelminischen Kriege unbeschadet.

Zwei Gebäude kamen Mitte des achtzehnten Jahrhunderts dazu. Sie wurden von den nach Ballygalley gezogenen beiden Schwestern der damaligen Mrs. Shaw samt Familie und Gefolge bewohnt. Eine der beiden Schwestern soll im Schloß umgehen und an verschiedene Türen klopfen, so berichtet eine alte Sage. Nachdem die Shaws den Besitz zu Beginn des neunzehnten Jahrhunderts verloren, bewohnten verschiedene Besitzer die Burg, die schließlich in ein Hotel umfunktioniert wurde. Soweit bekannt, ist sie heute das einzige noch benutzte und der Öffentlichkeit zugängige Kolonistenhaus.

CHARLES FORT
Kinsale, Grafschaft Cork

Charles Fort ist das beeindruckendste der im Laufe des siebzehnten Jahrhunderts in Irland errichteten sternförmigen Forts. Benannt nach Karl II. (1660–85), wurde es in dessen Regierungszeit erbaut. Am Ostufer des Hafens von Kinsale nimmt es auf Ringcurran Point eine strategische Stellung ein. Im Hafen fanden britische Kriegsschiffe Schutz vor feindlichen Seemächten. Mit dem Bau der gewaltigen Anlage bewiesen die Engländer ihre Entschlossenheit, die Lehren aus den Niederlagen im selben Jahrhundert zu ziehen, als spanische Kräfte an der Stelle des heutigen Charles Fort die englischen Flotte am Eingang zum Hafen von Kinsdale während der Belagerung von der Stadt 1601 an der Weiterfahrt hinderten. Nachdem sie die Iren zu Lande besiegt und ihre Kanonen die Spanier aus Ringcurran vertrieben hatten, begannen die Engländer, beide Seiten der Hafenzufahrt zu befestigen. Am westlichen Ufer errichteten sie 1602–1604 ein sternförmiges Fort – James Fort. Erst nachdem der königstreue Prinz Rupert das Fort 1649 als Ausgangspunkt für einen Angriff auf Schiffe Cromwells nutzte und die holländische Flotte England 1667 mit einer verheerenden Invasion an der Themse drohte, erkannten die Engländer die leichte Verwundbarkeit der Südküste Irlands von dieser Seite und beschlossen eine Verstärkung der Verteidigungsanlagen von Ringcurran am Ostufer.

Zuerst baute der für die Verteidigung von Munster zuständige erste Earl von Orrery, Roger Boyle, Erdwallanlagen. Er hatte Pläne für die Errichtung eines Sternforts auf dem Hügel landein hinter dem jetzigen Fort. Nach Änderung dieser Pläne begann der Bau des Forts in unmittelbarer Ufernähe. Damit verkürzte sich die Entfernung im Fall des Beschusses feindlicher Schiffe. Im Jahre 1678 liefen die Bauarbeiten unter Leitung von Sir William Robinson, ‚Ingenieur und Generalinspektor aller Befestigungen, Gebäude usw. in Irland' auf Hochtouren. Im ersten Abschnitt konzentrierten sich die Arbeiten auf die seewärtigen Anlagen. Die winklige Anordnung der Mauern mit spitzen Basteien öffnete das Schußfeld in mehrere Richtungen. Diese ständig verbesserte Strategie erreichte ihren Höhepunkt unter Vauban, dem großen Militärtechniker Louis XIV. Den topographischen Gegebenheiten folgend, wurden die Baupläne mehrfach geändert. Angreifer von See konnten schließlich von zwei übereinander angeordneten Geschützreihen abgewehrt werden. Auf der Landseite boten ausgedehnte Mauern Schutz. Das Tor wurde von weiteren drei Basteien verteidigt.

Als der Militärtechniker Thomas Philipps auf einer Inspektionsreise der Häfen und Verteidigungseinrichtungen des Landes im Auftrage des Königs dem Fort 1685 einen Besuch abstattete, waren die Arbeiten abgeschlossen. Ihn beeindruckte zwar der hohe Stand der Ausführung, doch wies er auch auf die Schwäche hin, daß das Fort vom landwärts ansteigenden Gelände aus einsehbar war. Seine Befürchtungen waren nur zu begründet, denn fünf

Die mächtigen Verteidigungsanlagen von Charles Fort in Kinsale verhinderten nicht seine Einnahme 1690 nach Beschuß vom höher gelegenen Land dahinter. Dennoch ist das Fort die größte militärische Bauanlage aus dem siebzehnten Jahrhundert in Irland.

Jahre später griffen wilhelminische Kräfte an und belagerten es nur ein einziges Mal. Kanonenbeschuß vom kleinen Hügel hinter dem Fort zwang die Garnison Jakobs II. zur Kapitulation und Aufgabe des Forts. Damit rächte sich, daß Orrery's ursprüngliche Absicht nicht befolgt wurde, der die Befestigungsanlagen auf eben diesem Hügel errichten wollte, um gegen Angriffe aus allen Himmelsrichtungen sicher zu sein.

Im folgenden Jahrhundert wurden innerhalb der Forts Kasernen gebaut. Doch da war Kinsales Stern bereits am Sinken. Die Möglichkeit eines Seeangriffs über den Atlantik während des amerikanischen Unabhängigkeitskrieges sowie die Furcht vor einer Invasion vom europäischen Kontinent während der französischen Revolution bewog die damalige Regierung, den Hafen von Cork als Zentrum zur Verteidigung der Südküste auszubauen. Damit verlor Charles Fort seine strategische Bedeutung, blieb aber im gesamten neunzehnten Jahrhundert Depot der englischen Milizkräfte. Erst 1921, nach Errichtung des Freistaates Irland, holte die britische Garnison die Flagge ein. Als die Irregulären Charles Fort übernahmen, zerstörten sie die Kasernen und andere Gebäude. Nachdem das Fort 1973 zum Nationaldenkmal erklärt wurde, begannen erste Konservierungsarbeiten zur Erhaltung der eindrucksvollen Anlagen.

KILLYLEAGH CASTLE
Grafschaft Down

Die Burg Killyleagh unmittelbar neben dem Dorf gleichen Namens in der Grafschaft Down könnte direkt aus dem Märchenbuch genommen sein. Vielleicht liegt es daran, daß die Fassade des Gebäudes nicht aus der unruhigen Zeit stammt, in der das Haus gebaut wurde, sondern aus der Romantik des hochviktorianischen Zeitabschnittes. Das gesamte Äußere der Arbeit des Architekten Sir Charles Lanyon, der den Türmen ‚Kerzenlöscher' aufsetzte, erinnert an die mittelalterlichen Miniaturen des Herzogs von Berry, die die frankophile Leidenschaft eines Archibald Rowan Hamilton befriedigen sollten.

Lanyon gelang es, den unterschiedlichen Teilen der früheren Burg aus zwei Bauphasen während des siebzehnten Jahrhunderts eine einheitliche Verpackung zu geben. Den älteren, linken Teil, den ein Zeitgenosse als ‚eine sehr feste Burg, ohnegleichen im Norden' beschrieb, errichtete James Hamilton, Lord Clandeboye, kurz nach 1610 im schottischen Stil. Als 1666 nach der Belagerung durch Cromwell elf Jahre zuvor, erneut an der Burg gearbeitet wurde, fügte Henry, zweiter Earl von Clanbrassil, einen nahezu spiegelbildlichen Bau auf der rechten Seite hinzu. Vermutlich gehen die den langen Hof begrenzenden Mauern, die das Auge – und die beiden Zufahrtswege –

Burg Killyleagh in der Grafschaft Down entstand in zwei Bauabschnitten im siebzehnten Jahrhundert. Das Aussehen eines Märchenschlosses erhielt sie in den fünfziger Jahren des neunzehnten Jahrhunderts.

zum Eingang in das Gebäude führen, ebenfalls auf ihn zurück. Kurz nach Beendigung der Rekonstruktionsarbeiten in den sechziger Jahren des neunzehnten Jahrhunderts wurde ein über zweihundert Jahre dauernder Familienzwist durch Heirat gütlich beigelegt. Fortan mußte die eine Seite der anderen im jährlichen Wechsel ein Paar silberne Sporen und eine goldene Rose von gleichem Wert schenken. Diese Verpflichtung hielt bis zum Beginn des ersten Weltkrieges.

BEAULIEU
Grafschaft Louth

Beaulieu nahe der Mündung des Boyne wurde in den sechziger Jahren des siebzehnten Jahrhunderts von Sir Henry Tichborne erbaut, der die drei Kilometer entfernte Stadt Drogheda im Jahre 1642 erfolgreich verteidigte. Das Haus wird noch heute von seinen Nachfahren bewohnt: Mrs. Nesbit Waddington erbte es in neunter Generation. Heute paßt es sich perfekt in die ländliche Umgebung ein, doch zur Zeit der Restauration, in der sich das Land von den Wirren der Jahre Cromwells erholte, mußte es eine ausgesprochene Neuerung sein. Es nimmt nicht wunder, daß ein Haus, das ein glühender Anhänger König Karls II. baute, wie ein nach Irland versetztes englisches Zuhause aussieht. Tatsächlich gibt es zahlreiche Beaulieus im ländlichen England, jedoch zumeist von Königsmördern denn von Königstreuen erbaut. Es hat das gleiche Walmdach, den tiefen Dachfuß, die Gaubenfenster, die schweren Ornamentprofile um Tür und Fenster, die typische Kombination von roten Ziegeln und Putz. Der bemerkenswerteste Raum drinnen ist die Diele – zweistöckig wie der zugehörige Kamin und mit herrlichen Holzschnitzereien in den Türbogenfeldern.

Mit den Worten von Mark Girouard ist Beaulieu ‚ausgenommen Burgen und halbbefestigte Gebäude, eines der ältesten, erhaltenen irischen Landhäuser'. Als solches steht es für einen Neubeginn in der irischen Baukunst – das große, verteidigungslose, klassische Haus. Gerade diesem war eine bedeutende Entwicklung beschieden, die eindrucksvoll in den Komplementärbänden *Great Irish Houses and Castles* und *Dublin: A Grand Tour* geschildert ist. Obwohl der vorliegende Band der letzte einer Trilogie ist, gilt er dem frühesten Zeitabschnitt, den Beaulieu würdig abschließt – eine architektonische Wasserscheide zwischen bewegtem Mittelalter und der klassischen Anmut des herannahenden georgianischen Zeitabschnittes.

Erbaut in den sechziger Jahren des siebzehnten Jahrhunderts ist Beaulieu House in der Grafschaft Louth das interessanteste der wenigen irischen Häuser jener Zeit und ein früher Vorläufer der bedeutenden irischen Landhäuser der folgenden Jahrhunderte.

AUSGEWÄHLTE BIBLIOGRAPHIE

Die Bibliographie ist nicht erschöpfend. Sie enthält grundlegende Werke sowie jüngere Publikationen zur weiteren Beschäftigung mit den in diesem Buch behandelten Standorten. Nach allgemeinen Werken und Führern entspricht die Abfolge weitestgehend der Anordnung im Buch selbst. Die Publikationen zu den einzelnen Bereichen sind chronologisch nach ihrem Erscheinungsdatum geordnet.

VERWENDETE ABKÜRZUNGEN

DOENI: Department of the Environment, Northern Ireland

Gs: Grafschaft

HMSO: Her Majesty's Stationery Office

JRSAI: Journal of the Royal Society of Antiquaries of Ireland (sowie bei verschiedenen Titeln die Vorläufereinrichtungen)

o. J.: ohne Veröffentlichungsjahr

o. O.: ohne Verlagsort

OPW: Office of Public Works

PRIA: Proceedings of the Royal Irish Academy

UJA: Ulster Journal of Archaeology

ALLGEMEIN

Ó Ríordáin, Seán P., *Antiquities of the Irish Countryside* (Cork 1942; 5. Aufl. London 1979).

Moody, T.W. und F.X. Martin (eds), *The Course of Irish History* (Cork 1967, letzte Aufl. 1994).

Evans, E. Estyn, *The Personality of Ireland* (Cambridge 1973; erweitert und überarb. Belfast 1981).

De Breffny, Brian (ed.) *The Irish World: The History and Cultural Achievements of the Irish People* (London 1977, Nachdruck 1986).

Harbison, Peter, Homan Potterton und Jeanne Sheehy, *Irish Art and Architecture* (London 1978; Nachdruck 1993).

Craig, Maurice, *The Architecture of Ireland from the Earliest Times to 1880* (London/Dublin 1982).

Moody, T.W., F.X. Martin und F.J. Byrne, *A New History of Ireland*, Vol. VIII, *A Chronology of Irish History to 1976*, A Companion to Irish History, Part I (Oxford 1982).

De Paor, Liam, *The Peoples of Ireland: From Prehistory to Modern Times* (London/Notre Dame 1986).

Mitchell, Frank, *The Shell Guide to Reading the Irish Landscape* (Dublin 1987).

Foster, R.F. (ed.), *The Oxford History of Ireland* (Oxford/New York 1989).

Mallory, J.P. und T.E. McNeill, *The Archaeology of Ulster from Colonization to Plantation* (Belfast 1991).

Ryan, Michael (ed.), *The Illustrated Archaeology of Ireland* (Dublin 1991, Paperbackausg. unter dem Titel *Irish Archaeology Illustrated* 1994).

O'Brien, Jacqueline und Desmond Guinness, *Great Irish Houses and Castles* (London 1992).

O'Brien, Jacqueline mit Desmond Guinness, *Dublin: A Grand Tour* (London 1994).

FÜHRER

Killanin, Lord und Michael V. Duignan, *The Shell Guide to Ireland* (London 1962, 3. Aufl. überarb. von Peter Harbison, 1989).

Evans, E. Estyn, *Prehistoric and Early Christian Ireland: A Guide* (London 1966).

Weir, Anthony, *Early Ireland: A Field Guide* (Belfast 1980).

Harbison, Peter, *Guide to National and Historic Monuments of Ireland* (Dublin 1992).

DAS VORGESCHICHTLICHE IRLAND

Herity, Michael und George Eogan, *Ireland in Prehistory* (London 1977, Nachdruck 1989).

Harbison, Peter, *Pre-Christian Ireland* (London 1988).

O'Kelly, Michael J., *Early Ireland: An Introduction to Irish Prehistory* (Cambridge 1989).

Twohig, Elizabeth Shee, *Irish Megalithic Tombs*, Shire Archaeology Series (Princes Risborough 1990).

Brindley, Anna, *Irish Prehistory: An Introduction* (Dublin 1994).

Cooney, Gabriel und Eoin Grogan, *Irish Prehistory: A Social Perspective* (Dublin 1994).

Eogan, George, *The Accomplished Art: Gold and Gold-working in Britain and Ireland during the Bronze Age (c. 2300-650 BC)* (Oxford 1994).

Raftery, Barry, *Pagan Celtic Ireland: The Enigma of the Irish Iron Age* (London 1994).

Die Steinzeit

STANDORTE

Newgrange and Knowth, Gs. Meath

O'Kelly, Michael J., *Newgrange: Archaeology, Art and Legend* (London 1982).

Sweetman, P. David, 'A Late Neolithic/Early Bronze Age Pit Circle at Newgrange, Co. Meath', *PRIA* 85 C, 1985, 195-221.

Eogan, George, *Knowth and the Passage Tombs of Ireland* (London 1986).

Eogan, George, 'Prehistoric and Early Historic Culture Change at Brugh na Bóinne', *PRIA* 91 C, 1991, 105-132.

Creevykeel, Gs. Sligo

Hencken, H. O'Neill, 'A long cairn at Creevykeel, Co. Sligo', *JRSAI* 59, 1939, 53-98.

Ó Nualláin, Seán, *Survey of the Megalithic Tombs of Ireland*, Bd. V, *County Sligo* (Dublin 1989), 9-10.

Dolmengräber und Steingräber

Ó Nualláin, Seán, 'The Megalithic Tombs of Ireland: Neolithic Tombs and their Art', *Expedition* (Philadelphia) 21(3), Spring 1979, 6-14

O'Kelly, Michael J., 'The Megalithic Tombs of Ireland'; in: Renfrew, Colin (ed.), *The Megalithic Monuments of Western Europe* (London 1983), 113-126.

Ó Nualláin, Seán, 'Irish Portal Tombs: Topography, Siting and Distribution', *JRSAI* 113, 1983, 75-105.

Lynch, Ann, 'Poulnabrone – A Stone in Time', *Archaeology Ireland* 2(3) 1988, 105-107.

Twohig, Elizabeth Shee, *Irish Megalithic Tombs*, Shire Archaeology Series (Princes Risborough 1990), 27-36 und 53-59.

Die Bronzezeit

STANDORTE

Steinringe

Fahy, E.M., 'A Recumbent-Stone Circle at Drombeg, Co. Cork', *Journal of the Cork Historical and Archaeological Society* 64, 1959, 1-27.

Burl, Aubrey, *The Stone Circles of the British Isles* (New Haven und London 1976), bes. 213-253.

Ó Nualláin, Seán, 'A Survey of the Stone Circles in Cork and Kerry', *PRIA* 84 C, 1984, 24-25.

Ó Nualláin, Seán, *Stone Circles in Ireland* (Dublin 1995).

Aufrechtstehende Steine

Leask, H.G., 'The Long Stone, Punchestown, Co. Kildare', *JRSAI* 67, 1937, 250-252.

Ó Ríordáin, S.P., *Antiquities of the Irish Countryside*, 3. Aufl. (London 1953), 81-83.

Evans, E. Estyn, *Prehistoric and Early Christian Ireland: A Guide* (London 1966), 20-21.

Weir, Anthony, *Early Ireland: A Field Guide* (Belfast 1980), 27-28.

Céide Fields, Gs. Mayo

Caulfield, Seamus, *Céide Fields* (o.O., o.J.).

Dún Aengus und Dún Conor, Gs. Galway

Cotter, Claire, '1. Western Stone Fort Project, Interim Report'; in: *Discovery Programme Reports 1, Project Results 1992* (Dublin 1993), 1-19.

Cotter, Claire. 'Atlantic Fortifications – the Dúns of the Aran Islands', *Archaeology Ireland* 8(1), 1994, 24-28.

Waddell, John, 'The Archaeology of Aran'; in: Waddell, J., J.W. O'Connell und A. Korff (eds.) *The Book of Aran* (Kinvara 1994), 84-90.

Cotter, Claire, '1. Western Stone Fort Project, Interim Report'; *in: Discovery Programme Reports 2, Project Results 1993* (Dublin 1995), 1-11.

Dunbeg, Gs. Kerry

Barry, T.B., 'Archaeological Excavations at Dunbeg Promontory Fort, County Kerry, 1977', *PRIA* 81 C, 1981, 295-329.

Doon Fort, Gs. Donegal

Rowan, Alistair, *The Buildings of Ireland – North West Ulster* (Harmondsworth 1979), 457.

Lacy, Brian *u. a.*, *Archaeological Survey of County Donegal* (Lifford 1983), 136-137.

Grianán von Aileach, Gs. Donegal

Petrie, George (unter Mithilfe von John O'Donovan), 'Section 2. – Antiquities. – Pagan. Grianán of Aileach'; in: Colby, Thomas (Superintendent), *Ordnance Survey of the County of Londonderry*, Volume the First (Dublin 1837), 217-234.

Rowan, Alistair, *The Buildings of Ireland – North West Ulster* (Harmondsworth 1979), 312-313.

Lacy, Brian *et al.*, *Archaeological Survey of County Donegal* (Lifford 1983) 111-112.

Lacy, Brian, 'The Grianán of Aileach', *Donegal Annual* 36, 1984, 5-24.

Rynne, Etienne, 'Grianán Oiligh (The Grianán of Aileach), Co. Donegal', *Donegal Annual* 41, 1989, 54-56.

Staigue Fort, Gs. Kerry

'Proceedings', *JRSAI* 27, 1897, 316-318.

O Loingsigh, Pádraig, *Cathair na Stéige, Staigue Fort* (o.O., 1989).

Die Ankunft der Kelten

STANDORTE

Der Stein von Turoe, Gs. Galway

Duignan, Michael, 'The Turoe Stone: Its Place in Insular La Tène Art'; in: Duval, Paul-Marie und Christopher Hawkes (eds.), *Celtic Art in Ancient Europe: Five Proto-historic Centuries* (London 1976), 201-217.

Waddell, John, 'From Kermaria to Turoe?'; in: Scott, B.G. (ed.), *Studies on Early Ireland, Essays in Honour of M.V. Duignan* (1982), 21-28.

Raftery, Barry, *La Tène in Ireland: Problems of Origin and Chronology* (Marburg 1984) 291-293.

Kelly, Eamonn P., *Early Celtic Art in Ireland* (Dublin 1993).

Navan Fort, Gs. Armagh

Mallory, J.P. und T.E. McNeill, *The Archaeology of Ulster from Colonization to Plantation* (Belfast 1991), 115-179.

Lynn, C.J., 'Hostels, Heroes and Tales: Further Thoughts of the Navan Mound', *Emania, Bulletin of the Navan Research Group* 12, 1994, 5-20 (mit aktuellster Bibliographie).

Mallory, J.P. und Gerard Stockman (eds), *Ulidia* (Belfast, 1994,).

Dún Ailinne, Gs. Kildare

Wailes, B. *u. a.*, verschiedene Artikel in *Emania, Bulletin of the Navan Research Group* 7, 1990, 10-36.

Der Hügel Tara, Gs. Meath

Petrie, George, 'On the History and Antiquities of Tara Hill', *Transactions of the Royal Irish Academy* 18, 1839, 25-232.

Macalister, R.A.S., 'Temair Breg: A Study of the Remains and Traditions of Tara', *PRIA* 34 C, 1919, 231-404.

Macalister, R.A.S., *Tara: A Pagan Sanctuary of Ancient Ireland* (London 1931).

Ó Ríordáin, Seán P., *Tara, The Monuments on the Hill*, 3. Aufl. (Dundalk 1960).

Swan, D.L., 'The Hill of Tara, County Meath: The Evidence of Aerial Photography', *JRSAI* 108, 1978, 51-66.

Newman, Conor, Edel Bhreathnach *et al.*, 'Tara Project'; in: *Discovery Programme Reports 1, Project Results 1992* (Dublin 1993), 69-103.

Newman, Conor und Edel Bhreathnach, '4. Tara Project'; in: *Discovery Programme Reports 2, Project Results 1993* (Dublin 1995) 62-76.

Bhreathnach, Edel, *Tara: A Select Bibliography*, Discovery Programme Reports 3 (Dublin 1995).

DAS FRÜHE MITTELALTER

Geschichtlicher Hintergrund bis 1169

(einschl. Arbeiten im Zusammenhang mit dem folgenden Kapitel)

Kenney, James F., *The Sources for the Early History of Ireland. I. Ecclesiastical. An Introduction and Guide* (New York 1929, 2. Aufl., überarb. von Ludwig Bieler, 1966).

Dillon, Myles (ed.), *Early Irish Society* (Dublin 1954).

Bieler, Ludwig, *Ireland, Harbinger of the Middle Ages* (London 1963).

McNally, Robert (ed.), *Old Ireland* (Dublin 1965).

Hughes, Kathleen, *The Church in Early Irish Society* (London 1966).

Gwynn, Aubrey, *The Twelfth-Century Reform*, A History of Irish Catholicism Bd. II (1) (Dublin und Sydney 1968).

Byrne, Francis John, *The Rise of the Uí Néill and the High-Kingship of Ireland*, O'Donnell-Vorlesung (Dublin 1970).

MacGearailt, Gearóid (Pseudonym von Donncha Ó Corráin), *Celts and Normans* (Dublin 1969).

Ryan, John, *The Monastic Institute*, A History of Irish Catholicism Bd. I (2) (Dublin 1972).

Corish, Patrick J., *The Christian Mission*, A History of Irish Catholicism Bd. I (3) (Dublin 1972).

Mac Niocaill, Gearóid, *Ireland before the Vikings*, Gill History of Ireland I (Dublin 1972).

Ó Corráin, Donncha, *Ireland before the Normans*, Gill History of Ireland 2 (Dublin 1972).

Byrne, Francis John, *Irish Kings and High-Kings* (London 1973, Nachdruck 1987).

Lexikon des Mittelalters (München/Zürich 1977 – fortlaufend).

Löwe, Heinz (Hrsg.), *Die Iren und Europa im früheren Mittelalter*, 2 Bd. (Stuttgart 1982).

Ní Chatháin, Próinséas und Michael Richter (Hrsg.) *Irland und Europa: Die Kirche im Frühmittelalter/Ireland and Europe: The Early Church* (Stuttgart 1984).

Sharpe, Richard, 'Some Problems Concerning the Organization of the Church in Early Medieval Ireland', *Peritia, Journal of the Medieval Academy of Ireland* 3, 1984, 230-270.

Hughes, Kathleen, *Church and Society in Ireland, A.D. 400-1200* (ed. David Dumville), Variorum Reprint (London 1987).

Kelly, Fergus, *A Guide to Early Irish Law* (Dublin 1988).

Erichsen, Johannes (Hrsg.), *Kilian, Mönch aus Irland, aller Franken Patron*, Veröffentlichungen zur Bayerischen Geschichte und Kultur 19/89 (München 1989).

Mackey, James P. (ed.) *An Introduction to Celtic Christianity* (Edinburgh 1989).

Bitel, Lisa M., *Isle of the Saints: Monastic Settlement and Christian Community in Early Ireland* (Ithaca und London 1990; Nachdruck Cork 1993).

Gwynn, Aubrey, *The Irish Church in the Eleventh and Twelfth Centuries* (ed. Gerard O'Brien) (Blackrock 1992).

Mytum, Harold, *The Origins of Early Christian Ireland* (London/New York 1992).

De Paor, Liam, *St. Patrick's World: The Christian Culture of Ireland's Apostolic Age* (Blackrock/Notre Dame 1993).

Dumville, David *u. a.*, *Saint Patrick A.D. 493-1993* (Woodbridge/Rochester N.Y. 1993).

O Cróinín, Daibhí, *Early Medieval Ireland 400-1200*, Longman's History of Ireland Bd. 1 (London 1995).

METALLARBEITEN

Henry, Françoise, *Irish Art*, 3 Bd. (London 1965-70).

Ryan, Michael (ed.), *Treasures of Ireland: Irish Art 3000 B.C.-1500 A.D.* (Dublin 1983).

Ryan, Michael (ed.), *Ireland and Insular Art A.D. 500-1200* (Dublin 1987).

Youngs, Susan (ed.), *'The Work of Angels': Masterpieces of Celtic Metalwork, 6th-9th Centuries AD* (London 1989).

Ryan, Michael, *Metal Craftsmanship in Early Ireland* (Dublin 1993).

Spearman, R. Michael und John Higgitt (eds), *The Age of Migrating Ideas: Early Medieval Art in Northern Britain and Ireland* (Edinburgh/Stroud 1993).

Bourke, Cormac (ed.), *From the Isles of the North: Early Medieval Art in Ireland and Britain* (Belfast 1995).

STANDORTE

Ein rekonstruierter Crannog, Craggaunowen, Gs. Clare

Healy, Elizabeth, *Craggaunowen and the Hunt Museum* (o.O., o.J.).

Ogham

Macalister, R.A.S., *Corpus Inscriptionum Insularum Celticarum*, Bd. 1 (Dublin 1945).

MacManus, Damian, *A Guide to Ogam*, Maynooth Monographien (Maynooth 1991).

Handschriften in St. Gallen und anderen Orten

Duft, Johannes und Peter Meyer, *The Irish Miniatures in the Cathedral Library of St Gall* (Bern 1954).

Alexander, J.J.G., *Insular Manuscripts 6th to the 9th century* (London 1978).

Roth, Uta, 'Studien zur Ornamentik frühchristlicher Handschriften des insularen Bereichs: Von den Anfängen bis zum Book of Durrow', *Bericht der Römisch-Germanischen Kommission* 60, 1979, 5-225.

The Book of Kells, MS 58, Trinity College Library Dublin: Facsimile with Commentary, Hrsg. Peter Fox (Luzern 1990).

Nees, Lawrence, 'The Irish Manuscripts at St Gall und their Continental Affiliations'; in: King, J.C. (ed.), *Sangallensia in Washington, The Arts and Letters in Medieval and Baroque St Gall Viewed from the Late Twentieth Century* (New York 1993), 95-132.

Meehan, Bernard, *The Book of Kells* (London 1994, Nachdruck 1996).

Ochsenbein, Peter, Karl Schmuki und Anton von Euw, *Irische Buchkunst: die irischen Handschriften der Stiftsbibliothek St Gallen und das Faksimile des Book of Kells* (2. Aufl., St. Gallen 1994).

O'Mahony, Felicity (ed.), *The Book of Kells* (Dublin/Aldershot 1994).

Meehan, Bernard, *The Book of Durrow* (Dublin und Boulder 1996).

Croagh Patrick, Gs. Mayo

Ó Lochlainn, Colm, *Cruach Phdraic: Ireland's Holy Mountain* (Dublin 1961).

MacNeill, Máire, *The Festival of Lughnasa* (Oxford 1962), 71-84.

Hughes, Harry, *Croagh Patrick: An Ancient Mountain Pilgrimage* (Westport 1991).

Walsh, Gerry, 'Preliminary Report on the Archaeological Excavations on the Summit of Croagh Patrick, 1994', *Cathair na Mart* 14, 1994, 1-10.

Baukunst bis 1200 (einschl. Arbeiten im Zusammenhang mit dem folgenden Kapitel)

Olden, T., 'On an early Irish Tract in the Leabhar Breac Describing the Mode of Consecrating a Church', *Transactions of the St. Paul's Ecclesiological Society* 4, 1900, 98-104 und 177-180.

Champneys, Arthur, *Irish Ecclesiastical Architecture* (London/Dublin 1910; Nachdruck Shannon 1970, mit einer Einleitung von Liam de Paor).

Leask, Harold G., *Irish Churches and Monastic Buildings*, Bd. I, *The First Phases and the Romanesque* (Dundalk 1955).

Henry, Françoise, *Irish Art*, 3 Bd. (London 1965-1970).

De Paor, Liam, 'Cormac's Chapel: the Beginnings of Irish Romanesque'; in: Rynne, Etienne (ed.), *North Munster Studies, Essays in Commemoration of Monsignor Michael Moloney* (Limerick 1967), 133-145.

Gwynn, Aubrey und R. Neville Hadcock, *Medieval Religious Houses Ireland, with an Appendix to Early Sites* (London 1970; Nachdruck Blackrock 1988).

Laing, Lloyd, *Late Celtic Britain and Ireland, c.400 – 1200 AD* (London 1975).

De Breffny, Brian, *The Churches and Abbeys of Ireland* (London 1976).

Hughes, Kathleen und Ann Hamlin, *The Modern Traveller to the Early Irish Church* (London 1977; Nachdruck New York 1981 unter dem Titel *Celtic Monasticism*).

Radford, C.A. Ralegh, 'The Earliest Irish Churches', *UJA* 40, 1977, 1-11.

Harbison, Peter, 'Early Irish Churches'; in: Löwe, Heinz (Hrsg.), *Die Iren und Europa im früheren Mittelalter*, Bd. 2 (Stuttgart 1982), 618-629.

Hamlin, Ann, 'The study of Early Irish churches'; in: Ní Chatháin, Próinséas und Michael Richter (eds), *Irland und Europa: Die Kirche im Frühmittelalter/Ireland and Europe: The Early Church* (Stuttgart 1984) 117-26.

Doherty, Charles, 'The Monastic Town in Early Medieval Ireland'; in: Clarke, H.B. und Anngret Simms (eds) *The Comparative History of Urban Origins in Non-Roman Europe*, BAR International Series 255(i) (Oxford 1985), 45-75.

Hamlin, Ann, 'The Archaeology of the Irish Church in the Eighth Century', *Peritia, Journal of the Medieval Academy of Ireland* 4, 1985, 279-299.

Henry, Françoise, *Studies in Early Christian and Medieval Art*, Bd. III, *Sculpture and Architecture* (London 1985).

Hare, Michael, 'The Study of Early Church Architecture in Ireland: an Anglo-Saxon Viewpoint', mit einem Anhang von Ann Hamlin zu dokument. Nachweis für Rundtürme; in: Butler, L.A.S. and R.K. Morris (eds), *The Anglo-Saxon Church: Papers on History, Architecture, and Archaeology in Honour of Dr. H.M. Taylor*, Forschungsbericht des Council for British Archaeology 60 (London 1986), 131-145.

Richter, Michael, *Medieval Ireland: the Enduring Tradition* (London/Dublin 1988).

Edwards, Nancy, *The Archaeology of Early Medieval Ireland* (London 1990).

Harbison, Peter, *Pilgrimage in Ireland: The Monuments and the People* (London/Syracuse 1991).

Karkov, Catherine, 'The Decoration of Early Wooden Architecture in Ireland and Northumbria'; in: Karkov, Catherine and Robert Farrell (eds), *Studies in Insular Art and Archaeology*, American Early Medieval Studies 1 (Oxford, Ohio 1991), 27-40.

Berger, Rainer, 'Radiocarbon Dating of Early Medieval Irish Monuments', *PRIA* 95 C, 1995, 159-174.

Herity, Michael, *Studies in the Layout, Buildings and Art in Stone of Early Irish Monasteries* (London 1995).

Manning, Conleth, *Early Irish Monasteries* (Dublin 1995).

STANDORTE

Clonmacnoise, Gs. Offaly

Petrie, George, *Christian Inscriptions in the Irish Language* (Hrsg. Margaret Stokes), Bd. I (Dublin 1872).

Westropp, Thomas Johnson, 'A Description of the ancient buildings and crosses at Clonmacnois, King's County', *JRSAI* 37, 1907, 277-306.

Macalister, R.A. Stewart, *The Memorial Slabs of Clonmacnois, King's County: with an Appendix on the Materials for a History of the Monastery* (Dublin 1909).

Macalister, R.A.S., *Corpus Inscriptionum Insularum Celticarum*, Bd. II (Dublin 1949), 43-71.

Ryan, John, *Clonmacnois: A Historical Summary* (Dublin 1973).

Corkery, John, *Cluan Chiaráin, The City of Ciaran* (o.O., o.J. aber um 1979).

Doherty, Charles, 'The Monastic Town in Early Medieval Ireland'; in: Clarke, H.B. und Anngret Simms (eds.) *The Comparative History of Urban Origins in Non-Roman Europe*, BAR International Series 255, Teil I (Oxford 1985) 63-67.

Ó Murchadha, Domhnall und Giollamuire Ó Murchú, 'Fragmentary Inscriptions from the West Cross at Durrow, the South Cross at Clonmacnois, and the Cross of Kinnitty', *JRSAI* 118, 1988, 53-66.

Manning, Conleth, *Clonmacnoise* (OPW, Dublin 1994).

Manning, Conleth, 'Clonmacnoise Cathedral – The Oldest Church in Ireland', *Archaeology Ireland* 9 (4) 1995, 30-33.

Ó Floinn, Raghnall, 'Clonmacnoise: Art and Patronage in the Early Medieval Period'; in: Bourke, Cormac (Hrsg.), *From the Isles of the North, Early Medieval Art in Ireland and Britain* (Belfast 1995) 251-260.

Glendalough, Gs. Wicklow

Leask, H.G., *Glendalough, Co. Wicklow: Official Historical & Descriptive Guide* (Dublin, o.J. aber um 1950).

Leask, Harold G., *Irish Churches and Monastic Buildings*, Bd. I (Dundalk 1955).

Barrow, Lennox, *Glendalough and St. Kevin* (Dundalk 1972).

Mac Shamhráin, A.S., 'Prosopographica Glindelachensis: The Monastic Church of Glendalough and its Community Sixth to Thirteenth Centuries', *JRSAI* 119, 1989, 79-97.

Mac Shamhráin, A.S., 'The Uí Muiredaig and the Abbacy of Glendalough in the Eleventh to Thirteenth Centuries', *Cambridge Medieval Celtic Studies* 25, 1993, 55-75.

Manning, Con, 'The Nave of Glendalough Cathedral', *IAPA Newsletter (Bulletin of the Irish Association of Professional Archaeologists)* 22, 1996, 6.

Kells, Gs. Meath

Simms, Anngret und Katharine Simms, *Kells*, Irish Historic Towns Atlas – 4 (Dublin 1990).

Berger, Rainer, '^{14}C Dating Mortar in Ireland', *Radiocarbon* 34(3), 1992, 880-889.

Casey, Christine und Alistair Rowan, *The Buildings of Ireland – North Leinster* (Harmondsworth 1993) 328-329.

Skellig Michael, Gs. Kerry

De Paor, Liam, 'A Survey of Sceilg Mhichíl', *JRSAI* 85, 1955, 174-187.

Lavelle, Des, *Skellig: Island Outpost of Europe* (Dublin 1976).

Horn, Walter, Jenny White Marshall und Grellan Rourke, *The Forgotten Hermitage of Skellig Michael* (Berkeley 1990).

Inishmurray, Gs. Sligo

Wakeman, W.F., *A Survey of the Antiquarian Remains on the Island of Inismurray* (Dublin 1893).

Heraughty, Patrick, *Inishmurray, Ancient Monastic Island* (Dublin 1982).

Meehan, Denis Molaise, *Molaise of Inishmurray* (Tralee 1989).

Tuamgraney, Gs. Clare

Gleeson, Dermot F. und Aubrey Gwynn, *A History of the Diocese of Killaloe*, Bd. I (Dublin 1962), 29-32.

Owen, Edwin, *The Church and Parish of Tuamgraney* (o.O., 1964).

Labbamolaga, Gs. Cork

Cochrane, Robert, 'St. Molaga's Church, Townland of Labbamolaga Middle, County Cork', *Journal of the Cork Historical and Archaeological Society* 18, 1912, 4-6.

Oratorium Gallarus, Gs. Kerry

Harbison, Peter, 'How Old is Gallarus Oratory? A Reappraisal of its Role in Early Irish Architecture', *Medieval Archaeology* 14, 1970, 34-59.

Cuppage, Judith *u. a.*, *Archaeological Survey of the Dingle Peninsula* (Ballyferriter 1986) 286-289.

Hochkreuze, Gedenksteine und rätselhafte Plastiken

Harbison, Peter, *The High Crosses of Ireland: An Iconographical and Photographic Survey*, 3 Bd. (Bonn 1992) – mit ausführl. Bibliographie (Bd. 1, 396-421), zu der folgende Ergänzungen gemacht werden können:

De Paor, Liam, 'The High Crosses of Tech Theille (Tihilly), Kinnitty, and Related Sculpture'; in: Rynne, Etienne (Hrsg.), *Figures from the Past: Studies on Figurative Art in Christian Ireland* (Dun Laoghaire 1987), 131-158.

Ó Murchadha, Domhnall and Giollamuire Ó Murchú, 'Fragmentary Inscriptions from the West Cross at Durrow, the South Cross at Clonmacnois, and the Cross of Kinnitty', *JRSAI* 118, 1988, 53-66.

Harbison, Peter, *Irish High Crosses with the Figure Sculptures Explained* (Drogheda 1994).

Harbison, Peter, 'The Extent of Royal Patronage on Irish High Crosses', *Studia Celtica Japonica* 6, 1994, 77-105.

Bourke, Cormac (Hrsg.), *From the Isles of the North: Early Medieval Art in Ireland and Britain* (Belfast 1995), 157-211 (versch. Autoren).

Banagher, Gs. Offaly

Hicks, Carola, 'A Clonmacnois Workshop in Stone', *JRSAI* 110, 1980, 5-35.

Fahan Mura, Gs. Donegal

Macalister, R.A.S., 'The Inscriptions on the Slab at Fahan Mura, Co. Donegal', *JRSAI* 59, 1929, 89-98.

Rowan, Alistair, *The Buildings of Ireland – North West Ulster* (Harmondsworth 1979), 289.

Harbison, Peter, ' A Group of Early Christian Carved Stone Monuments in County Donegal'; in: Higgitt, John (Hrsg.), *Early Medieval Sculpture in Britain and Ireland*, BAR British Series 152 (Oxford 1986), 49-85.

Herity, Michael, 'Early Christian Decorated Slabs; in: Donegal: *An Turas* and the Tomb of the Founder Saint'; in: Nolan, William, Liam Ronayne and Mairead Dunlevy (eds), *Donegal: History & Society* (Dublin 1995), 25-50.

Wood, Helen Lanigan und Eithne Verling, 'Stone Sculpture in Donegal'; in: Nolan, William, Liam Ronayne and Mairead Dunlevy (eds), *Donegal: History & Society* (Dublin 1995), 51-83.

Clonmacnoise, Gs. Offaly

Westropp, Thomas Johnson, 'A Description of the Ancient Buildings and Crosses at Clonmacnois, King's County', *JRSAI* 37, 1907, 277-306.

Siehe auch 'Clonmacnoise' oben S. 245.

Durrow, Gs. Offaly

Siehe auch 'Castledermot' unten.

Kells, Gs. Meath

Roe, Helen M., *The High Crosses of Kells* (o.O., 1959).

Casey, Christine und Alistair Rowan, *The Buildings of Ireland – North Leinster* (Harmondsworth 1993), 329-333.

Stalley, Roger, 'Scribe and Mason: the Book of Kells and the Irish High Crosses'; in: O'Mahony, Felicity (Hrsg.) *The Book of Kells, Proceedings of a Conference at Trinity College, Dublin, 6-9 September 1992* (Dublin/Aldershot 1994), 257-265.

Monasterboice, Gs. Louth

Roe, Helen M., *Monasterboice and its Monuments* (o.O., 1981).

Casey, Christine und Alistair Rowan, *The Buildings of Ireland – North Leinster* (Harmondsworth 1993), 399-405.

Moone, Gs. Kildare

Stokes, Margaret, 'Notes on the High Crosses of Moone, Drumcliff, Termonfechin, and Killamery' (Hrsg. T.J. Westropp), *Transactions of the Royal Irish Academy* 31, 1901, 541-578.

Castledermot, Gs. Kildare und Durrow, Gs. Offaly

Stokes, Margaret, *The High Crosses of Castledermot and Durrow* (Dublin 1898).

Herity, Michael, 'The Context and Date of the High Crosses at Dísert Diarmada (Castledermot), Co. Kildare'; in: Rynne, Etienne (Hrsg.), *Figures from the Past: Studies on Figurative Art in Christian Ireland in Honour of Helen M. Roe* (Dun Laoghaire 1987), 111-130.

Ahenny, Gs. Tipperary

Roe, H.M., *The High Crosses of Western Ossory* (Kilkenny 1958).

Harbison, Peter, 'A High Cross Base from the Rock of Cashel and a Historical Reconsideration of the "Ahenny Group" of Crosses', *PRIA* 93 C, 1993, 1-20.

Reask, Gs. Kerry

Fanning, T., 'Excavation of an Early Christian Cemetery and Settlement at Reask, County Kerry', *PRIA* 81 C, 1981, 67-172.

Kilnasaggart, Gs. Armagh

Reeves, W., 'Kilnasaggart', *UJA* 1, 1853, 221-5.

Reade, George H., 'The Pillar-Stone of Kilnasaggart', *JRSAI* 4, 1856-1857, 315-318.

Hamlin, Ann, *Historic Monuments of Northern Ireland*, 6. Aufl. (Belfast 1983) 82-83.

Tullylease, Gs. Cork

Leask, H.G., 'Tullylease, Co. Cork: Its Church and Monuments', *Journal of the Cork Historical and Archaeological Society* 43, 1938, 101-108 (siehe auch J. Ryan S. 109-112).

Henderson, Isabel und Elisabeth Okasha, 'The Early Christian Inscribed and Carved Stones of Tullylease, Co. Cork', *Cambridge Medieval Celtic Studies* 24, 1992, 1-36.

Insel Boa, Gs. Fermanagh

Rowan, Alistair, *The Buildings of Ireland – North West Ulster* (Harmondsworth 1979) 147-148.

Hickey, Helen, *Images of Stone: Figure Sculpture of the Lough Erne Basin* (o.O., 1985), 7-8 und 14-15.

Ryan, Michael (Hrsg.), *Irish Archaeology Illustrated* (Dublin 1991), 118-119 und 213.

Insel White, Gs. Fermanagh

Lowry-Corry, Dorothy, 'A Newly-Discovered Statue at the Church on White Island, County Fermanagh', *UJA* 22, 1959, 59-64.

Rowan, Alistair, *The Buildings of Ireland – North West Ulster* (Harmondsworth 1979), 506-508.

Hamlin, Ann, *White Island and Inishmacsaint*, Guide Card – DOENI (Belfast 1984).

Hickey, Helen, *Images of Stone: Figure Sculpture of the Lough Erne Basin* (o.O., 1985), 36-42.

Killadeas, Gs. Fermanagh

Rowan, Alistair, *The Buildings of Ireland – North West Ulster* (Harmondsworth 1979), 328-329.

Hickey, Helen, *Images of Stone: Figure Sculpture of the Lough Erne Basin* (o.O., 1985), 42-44.

Rundtürme

Barrow, George Lennox, *The Round Towers of Ireland: A Study and Gazetteer* (Dublin 1979) – mit ausführlicher Bibliographie, die durch folgende Titel ergänzt werden kann:

Rynne, Etienne, 'The Round Towers of Ireland – A Review Article', *North Munster Antiquarian Journal* 22, 1980, 27-32.

Siehe auch Hare (1986) unter 'Baukunst bis 1200' S. 245.

STANDORTE

Kilmacduagh, Gs. Galway

Fahey, J., 'Kilmacduagh and its Ecclesiastical Monuments', *JRSAI* 34, 1904, 220-232.

Lusk, Gs. Dublin

McMahon, Mary, *Medieval Church Sites of North Dublin: A Heritage Trail* (Dublin 1991), 7-11.

Devenish, Gs. Fermanagh

McKenna, J.E., *Devenish, Lough Erne: Its History, Antiquities and Traditions* (2. Aufl., Dublin 1931).

Radford, C.A. Ralegh, 'Devenish', *UJA* 33, 1970, 55-62.

Hamlin, Ann, *Devenish, Co. Fermanagh*, Guide Card – DOENI (Belfast 1979).

Rowan, Alistair, *The Buildings of Ireland – North West Ulster* (Harmondsworth 1979) 232-235.

Hamlin, Ann, 'Devenish'; in: Hamlin A. und C. Lynn (eds.), *Pieces of the Past* (Belfast 1988), 52-54.

Insel Scattery, Gs. Clare

Westropp, Thomas J., 'Proceedings', *JRSAI* 27, 1897, 276-286.

Gleeson, Dermot F., 'The Collegiate Church of Iniscathaigh', *North Munster Antiquarian Journal* 2(1), 1940, 14-30.

Gleeson, Dermot F. und Aubrey Gwynn, *A History of the Diocese of Killaloe*, Bd. I (Dublin 1962), 15-23 und 303-307.

Kildare

Paterson, John, *Kildare: the Cathedral Church of St. Brigid* (Kildare 1982).

Andrews, J.H., *Kildare*, Irish Historic Towns Atlas-1 (Dublin 1986).

Timahoe, Gs. Laois

Crawford, Henry S., 'The Round Tower and Castle of Timahoe', *JRSAI* 54, 1924, 31-45.

DAS ELFTE UND ZWÖLFTE JAHRHUNDERT

Romanische Kirchen und Schmuck

STANDORTE

Rock of Cashel, Gs. Tipperary

Hill, Arthur, *Ancient Irish Architecture: A Monograph of Cormac's Chapel, Cashel, Co. Tipperary* (Cork 1874).

White, John Davis, *Cashel of the Kings* (Cashel 1876).

Leask, H.G., *St. Patrick's Rock, Cashel, Co. Tipperary* (Dublin um 1940).

De Paor, Liam, 'Cormac's Chapel: The Beginnings of Irish Romanesque'; in: Rynne, Etienne (Hrsg.), *North Munster Studies: Essays in Commemoration of Monsignor Michael Moloney* (Limerick 1967), 133-145.

Stalley, Roger, 'Three Irish Buildings with West Country Origins'; in: Coldstream, N. und P. Draper (eds), *Medieval Art and Architecture at Wells and Glastonbury* (London 1981), 62-71.

Kirche Kilmalkedar, Gs. Kerry

Hill, Arthur, *Ancient Irish Architecture: Kilmalkedar, Co. Kerry* (Cork 1870).

Cuppage, Judith *u. a.*, *Archaeological Survey of the Dingle Peninsula* (Ballyferriter 1986), 308-323.

Kirche Aghadoe, Gs. Kerry

Dunraven, Edwin, Third Earl of, *Notes on Irish Architecture*, Bd. II (London 1877), 32 und 115.

Allen, J. Romilly, 'Notes on the Antiquities in Co. Kerry Visited by the Royal Society of Antiquaries of Ireland and the Cambrian Archaeological Association, August, 1891', *JRSAI* 22, 1892, 163-166.

'Proceedings', *JRSAI* 36, 1906, 336-367.

Rynne, Etienne, 'Evidence for a Tympanum at Aghadoe, Co. Kerry', *North Munster Antiquarian Journal* 29, 1987, 3-6.

Kirche St. Cronan's, Roscrea, Gs. Tipperary

Gleeson, Dermot F. und Aubrey Gwynn, *A History of the Diocese of Killaloe*, Bd. I (Dublin 1962), 60-64.

Cunningham, George, *Roscrea and District* (Roscrea 1976), 13-18.

Craig, Maurice, *The Architecture of Ireland from the Earliest Times to 1880* (London 1982), 44-45.

Dysert O'Dea, Gs. Clare

Harbison, Peter, 'Two Romanesque Carvings from Rath Blathmaic and Dysert O'Dea, Co. Clare', *North Munster Antiquarian Journal* 29, 1987, 10-11.

Ó Murchadha, Seán, 'Diseart Tola and its Environs', *The Other Clare* 16, 1992, 53-57 und 17, 1993, 36-42.

Nuns' Church, Clonmacnoise, Gs. Offaly

Westropp, Thomas Johnson, 'A Description of the Ancient Buildings and Crosses at Clonmacnois, King's County', *JRSAI* 37, 1907, 300-306.

Kirche St. Doulagh's, Balgriffin, Gs. Dublin

Harbison, Peter, 'St Doulagh's Church', *Studies*, Spring 1982, 27-42.

Anon., *A Guide to St Doulagh's Church* (o. O., o. J.).

Die Oberschwelle von Maghera, Gs. Derry

Rowan, Alistair, *The Buildings of Ireland – North West Ulster* (Harmondsworth 1979), 409-410.

McNab, Susanne, 'The Romanesque Figure Sculpture at Maghera, Co. Derry, and Raphoe, Co. Donegal'; in: Fenlon, Jane, Nicola Figgis and Catherine Marshall (eds) *New Perspectives: Studies in Art History in Honour of Anne Crookshank* (Blackrock 1987), 19-33.

Harbison, Peter, 'The Biblical Iconography of Irish Romanesque Architectural Sculpture'; in: Bourke, C. (Hrsg.), *From the Isles of the North: Medieval Art in Ireland and Britain* (Belfast 1995) 271-280.

Killeshin, Gs. Laois

Crawford, Henry S. und H.G. Leask, 'Killeshin Church and its Romanesque Ornament', *JRSAI* 55, 1925, 83-94.

Bhreathnach, Edel, 'Killeshin: an Irish Monastery Surveyed', *Cambrian Medieval Celtic Studies* 27, 1994, 33-48.

Stalley, Roger, 'Hiberno-Romanesque and the Sculpture of Killeshin'; in: Lane, P.G. (Hrsg.), *Laois: History and Society* (angekündigt).

Kathedrale Ardmore, Gs. Waterford

Smith, J.T., 'Ardmore Cathedral', *JRSAI* 102, 1972, 1-13.

McNab, S.L., 'The Romanesque Sculptures from Ardmore Cathedral, Co. Waterford', *JRSAI* 117, 1987, 50-68.

O'Keeffe, Tadhg, 'Romanesque Architecture and Sculpture at Ardmore'; in: Nolan, W. und T.P. Power (eds.), *Waterford: History & Society* (Dublin 1992), 73-104.

Harbison, Peter, 'Architectural Sculpture from the Twelfth Century at Ardmore', *Irish Arts Review Yearbook* 11, 1995, 96-102.

Monaincha, Gs. Tipperary

NcNeill, C. und Harold G. Leask, 'Monaincha, Co. Tipperary: Historical and Archaeological Notes', *JRSAI* 60, 1920, 19-35.

Gleeson, Dermot F. und Aubrey Gwynn, *A History of the Diocese of Killaloe*, Bd. I (Dublin 1962), 52-60, 213-214 und 468-472.

Cunningham, George, *Roscrea and District* (Roscrea 1976), 19-30.

Stout, Geraldine, *Archaeological Survey of the Barony of Ikerrin* (Roscrea 1984), 92-96.

Toureen Peakaun, Gs. Tipperary

Waddell, John und Patrick Holland, 'The Peakaun Site: Duignan's 1944 Investigations', *Tipperary Historical Journal* 1990, 165-186.

Kathedrale Tuam, Gs. Galway

Clapham, Alfred, 'Some minor Irish cathedrals', *Archaeological Journal* 106, 1952, Supplement 20.

Stalley, Roger, 'The Romanesque Sculpture of Tuam'; in: Borg, Alan and Andrew Martindale, *The Vanishing Past, Studies of Medieval Art, Liturgy and Metrology presented to Christopher Hohler*, BAR International Series 111 (Oxford 1981), 179-195.

Kathedrale Clonfert, Gs. Galway

Crawford, Henry S. 'The Romanesque Doorway at Clonfert', *JRSAI* 42, 1912, 1-7.

O'Keeffe, Tadhg, 'The Romanesque Portal at Clonfert Cathedral and its iconography'; in: Bourke, Cormac (Hrsg.), *From the Isles of the North: Early Medieval Art in Ireland and Britain* (Belfast 1995), 261-269.

Türdurchgang in der Kathedrale Killaloe, Gs. Clare

Westropp, Thomas Johnson, 'Killaloe: Its Ancient Palaces and Cathedral', *JRSAI* 22, 1892, 398-410, und 23, 1893, 187-201.

Gleeson, Dermot F. und Aubrey Gwynn, *A History of the Diocese of Killaloe*, Bd. I (Dublin 1962).

Garton, T., 'A Romanesque Doorway at Killaloe', *Journal of the British Archaeological Association* 134, 1981, 31-57.

DIE ANGLONORMANNEN, 1169-1400

Politische Entwicklung (einschl. Arbeiten im Zusammenhang mit dem folgenden Kapitel)

Orpen, G.H., *Ireland under the Normans, 1169-1343*, 4 Bd. (Oxford 1911-1920).

Curtis, Edmund, *A History of Medieval Ireland from 1110 to 1513* (London 1923).

Gwynn, Aubrey, 'Irish Society in the Fifteenth Century', *Iris Hibernia* (Fribourg) 3(5), 1957, 33-42.

Otway-Ruthven, A.J., *A History of Medieval Ireland*, mit einer Einführung von Kathleen Hughes (London/New York 1968).

Asplin, P.W.A., *Medieval Ireland c.1170-1495: A Bibliography of Secondary Works* (Dublin 1971).

Dolley, Michael, *Anglo-Norman Ireland, c.1100-1318*, Gill History of Ireland 3 (Dublin 1972).

Lydon, James, *Ireland in the Later Middle Ages*, Gill History of Ireland 6 (Dublin 1972).

Lydon, J.F., *The Lordship of Ireland in the Middle Ages* (Dublin und London 1972).

Nicholls, Kenneth, *Gaelic and Gaelicised Ireland in the Middle Ages*, Gill History of Ireland 4 (Dublin 1972).

Martin, F.X., *No Hero in the House: Diarmait Mac Murchada and the Coming of the Normans to Ireland*. O'Donnell-Vorlesung 1975 (Dublin 1977).

McNeill, T.E., *Anglo-Norman Ulster: The History and Archaeology of an Irish Barony, 1177-1400* (Edinburgh 1980).

Cosgrove, Art, *Late Medieval Ireland, 1370-1541*, Helicon History of Ireland (Dublin 1981).

Frame, Robin, *Colonial Ireland, 1169-1369*, Helicon History of Ireland (Dublin 1981).

Frame, Robin, *English Lordship in Ireland 1318-1361* (Oxford 1982).

Lydon, James (Hrsg.), *The English in Medieval Ireland* (Dublin 1984).

Cosgrove, Art (Hrsg.), *A New History of Ireland: Bd. II, Medieval Ireland 1169-1534* (Oxford 1987).

Simms, Katharine, *From Kings to Warlords: The Changing Political Structure of Gaelic Ireland in the Later Middle Ages* (Woodbridge and Wolfeboro, New Hampshire 1987).

Flanagan, Marie Therese, *Irish Society, Anglo-Norman Settlers, Angevin Kingship* (Oxford 1989).

STANDORT

Der Cantwell Ritter in Kilfane, Gs. Kilkenny

Hunt, John, *Irish Medieval Figure Sculpture, 1200-1600* (Dublin/London 1974), 181-183.

Stalley, Roger, 'A Misunderstood Gothic Masterpiece: the Cantwell Effigy at Kilfane, Co. Kilkenny'; in: Rynne, Etienne (Hrsg.), *Figures from the Past: Studies on Figurative Art in Christian Ireland* (Dun Laoghaire 1987) 209-222.

Mittelalterliche Baukunst und Plastik

Leask, Harold G., *Irish Churches and Monastic Buildings: II, Gothic Architecture to A.D. 1400*, and *III, Medieval Gothic: The Last Phases* (Dundalk 1960, zahlreiche Nachdrucke – ein grundlegendes Werk)

Gwynn, Aubrey und R. Neville Hadcock, *Medieval Religious Houses Ireland* (London 1970).

Stalley, R.A., *Architecture and Sculpture in Ireland, 1150-1350* (Dublin 1971).

Hunt, John, *Irish Medieval Figure Sculpture, 1200-1600* (Dublin und London 1974).

Barry, T.B., *The Archaeology of Medieval Ireland* (London und New York 1987).

Rae, Edwin C., 'Architecture and Sculpture, 1169-1603'; in: Cosgrove, Art (Hrsg.), *A New History of Ireland, II: Medieval Ireland 1169-1534* (Oxford 1987) 737-739.

Thomas, Avril, *The Walled Towns of Ireland*, 2 Bd. (Blackrock 1992).

Bradley, John, *Walled Towns in Ireland* (Dublin 1995).

Normannische Motten und Burgen

Leask, Harold G., 'Irish Castles: 1180 to 1310', *The Archaeological Journal* 93, 1937, 143-199.

Leask, Harold G., *Irish Castles and Castellated Houses* (Dundalk 1941, zahlreiche Nachdrucke – *das* wichtige Werk)

Hammond, Muriel, *Castles of Britain. III, Wales and Northern Ireland* (London 1964) 47-55.

Scott, Dermot, *Caisleáin Eireannacha* (Dublin 1968).

Guinness, Desmond und William Ryan, *Irish Houses and Castles* (London 1971).

Leask, Harold G., 'Castles and their Place in Irish History', *The Irish Sword* 10 (No. 41) 1973, 235-243.

Glasscock, Robin, 'Mottes in Ireland', *Château-Gaillard* (Caen) 7, 1975, 95-110.

Breffny, Brian de, *Castles of Ireland* (London 1977).

Forde-Johnston, James, *Castles and Fortifications of Britain and Ireland* (London 1977).

Barry, Terence B., 'Anglo-Norman Ringwork Castles: Some Evidence'; in: Reeves-Smyth, Terence and Fred Hamond (eds.), *Landscape Archaeology in Ireland*, BAR British Series 116, 1983, 295-312.

Johnson, D. Newman, *Irish Castles*, The Irish Environmental Library Series 49 (o. O., o. J.).

Johnson, David Newman, *The Irish Castle*, The Irish Heritage Series (Dublin 1985).

Graham, Brian, 'Medieval Timber and Earthwork Fortifications in Western Ireland', *Medieval Archaeology* 33, 1988, 110-129.

McNeill, T.E., 'The Great Towers of Early Irish Castles'; in: Chibnall, Marjorie (Hrsg.), *Anglo-Norman Studies* 12, Proceedings of the British Battle Conference (Woodbridge and Rochester N.Y. 1989 [1990]), 99-117.

McNeill, Thomas, 'Hibernia Pacata et Castellata', *Château-Gaillard* (Caen) 14, 1990, 261-275.

O'Keeffe, Tadhg, 'The Archaeology of Norman Castles in Ireland', *Archaeology Ireland* 4(3), Autumn 1990, 15-17 und 4(4), Winter 1990, 20-22.

Graham, Brian, 'Twelfth and Thirteenth Century Earthwork Castles in Ireland: An Assessment', *Fortress* 9, 1991, 24-34.

O'Brien, Jacqueline and Desmond Guinness, *Great Irish Houses and Castles* (London 1992).

Salter, Mike, *Castles and Stronghouses of Ireland* (Malvern 1993).

Kerrigan, Paul, *Castles & Fortifications in Ireland 1485-1945* (Cork 1995).

STANDORTE

Burg Carrickfergus, Gs. Antrim

McNeill, T.E., *Carrickfergus Castle, Co. Antrim* (Belfast 1981).

Robinson, Philip, *Carrickfergus*, Irish Historic Towns Atlas – 2 (Dublin 1986).

Hamlin, Ann, *Carrickfergus Castle, Co. Antrim*, Guide Card – DOENI (Belfast 1989).

Thomas, Avril, *The Walled Towns of Ireland*, Bd. 2 (Blackrock 1992), 37-43.

Burg Trim, Gs. Meath

Leask, H.G., 'The Castle of Trim, Co. Meath', *The Irish Sword* 5 (No. 19), 1961, 94-97.

Sweetman, P. David, 'Archaeological excavations at Trim Castle, Co. Meath, 1971-74', *PRIA* 78 C, 1978, 127-198.

McNeill, T.E., 'Trim Castle, Co. Meath: the First Three Generations', *Archaeological Journal* 147, 1990, 308-336.

Stalley, Roger, 'The Anglo-Norman Keep at Trim: its Architectural Implications', *Archaeology Ireland* 6(4) 1992, 16-19.

Casey, Christine und Alistair Rowan, *The Buildings of Ireland – North Leinster* (Harmondsworth 1993), 508-514.

Burg Dublin

Leask, H.G., *Dublin Castle: A Short Descriptive and Historical Guide for the Use of Visitors* (Dublin, o. J. aber um 1944).

Cornforth, John, 'Dublin Castle', *Country Life* 148 (Nr. 3823), 30. Juli 1970, 284-287; (Nr. 3824) 6. August 1970, 342-345; (Nr. 3826) 20. August 1970, 458-461.

Maguire, J.B., *Dublin Castle: Historical Background and Guide* (Dublin, o. J.).

Maguire, J.B., 'Seventeenth Century Plans of Dublin Castle', *JRSAI* 104, 1974, 5-14.

Loeber, Rolf, 'The Rebuilding of Dublin Castle: Thirty Critical Years, 1661-1690', *Studies* 69, Spring 1980, 45-69.

Maguire, J.B., 'Dublin Castle: Three Centuries of Development', *JRSAI* 115, 1985, 13-39.

Youngs, Susan M., John Clark und Terry Barry, 'Medieval Britain and Ireland in 1986', *Medieval Archaeology* 31, 1987, 177-178.

Lynch, Ann und Conleth Manning, 'Dublin Castle – The Archaeological Project', *Archaeology Ireland* 4(2), 1990, 65-68.

Thomas, Avril, *The Walled Towns of Ireland*, Bd. 2 (Blackrock 1992), 79-93.

Burg King John, Limerick

Leask, H.G., 'The Ancient Walls of Limerick', *North Munster Antiquarian Journal* 2(3), 1941, 95-108.

Sweetman, P. David, 'Archaeological Excavations at King John's Castle, Limerick', *PRIA* 80 C, 1980, 207-229.

Spellissy, Sean und John O'Brien, *Limerick, The Rich Land* (Limerick 1989), 17-18.

Harbison, Sheelagh, 'The Castle of Limerick', *The Irish Sword* 18 (No. 72), 1991, 199-204.

Hill, Judith, *The Building of Limerick* (Cork 1991).

Wiggins, Kenneth, 'Strange Changes at King John's Castle', *Archaeology Ireland* 5(3), 1991, 13-15.

Thomas, Avril, *The Walled Towns of Ireland*, Bd. 2 (Blackrock 1992) 142-153.

Wiggins, Kenneth, 'King John's Castle . . . Revisited', *Archaeology Ireland* 7(3), 1993, 26-28.

Cunningham, George, *King John's Castle, Limerick, Ireland – A Superb Attraction Not to Be Missed* (Shannon, o.J.).

Burg Dunamase, Gs. Laois

Leask, Harold G., *Irish Castles and Castellated Houses* (Dundalk 1964), 64-5.

McNeill, T.E., 'The Outer Gate House at Dunamase Castle, Co. Laois', *Medieval Archaeology* 37, 1993, 236-239.

Hodkinson, Brian, 'The Rock of Dunamase', *Archaeology Ireland* 9(2), 1995, 18-21.

Burg Kilkenny

Lanigan, Katherine M., *Kilkenny Castle* (o.O., o.J. aber 1966).

Lanigan, Katherine M., 'The Castle is Open Again', *Old Kilkenny Review*, New Ser., 1(4), 1977, 248-253.

Sweetman, P. David, 'Some Late Seventeenth- to Late Eighteenth-Century Finds from Kilkenny Castle', *PRIA* 81 C, 1981, 249-266.

Bradley, John, 'The Early Development of the Medieval Town of Kilkenny'; in: Nolan, William and Kevin Whelan (eds.), *Kilkenny: History and Society, Interdisciplinary Essays on the History of an Irish County* (Dublin 1990), 63-73.

Anon., *Kilkenny Castle*, OPW (Dublin, o.J. aber 1991).

Burg Adare, Gs. Limerick

Dunraven, Caroline, Countess of, *Memorials of Adare Manor* (Oxford 1865).

O'Callaghan, Kate (Hrsg.), *Adare* (Limerick 1976).

Sweetman, P. David, 'Archaeological Excavations at Adare Castle, Co. Limerick', *Journal of the Cork Historical and Archaeological Society* 85 (Nr. 241 & 242), 1980, 1-6.

Barry, T.B., *The Archaeology of Medieval Ireland* (London 1987), 49.

Spellissy, Sean und John O'Brien, *Limerick, The Rich Land* (Limerick 1989), 93-94.

Burg Athenry, Gs. Galway

Knox, H.T. und ein Mitarb., 'Notes on the Burgus of Athenry, its First Defences and its Town Walls', *Journal of the Galway Archaeological and Historical Society* 11, 1920-1921, 1-26 (s. a. C. McNeill S. 132-141).

Papazian, Cliona, 'Excavations at Athenry Castle', *Journal of the Galway Archaeological and Historical Society* 43, 1991, 1-45.

Reginald's Tower, Waterford

Downey, Edmund, *A Brief History of Reginald's Tower* (Waterford, o.J.).

Mackey, Pat, *Reginald's Tower and the Story of Waterford* (Waterford 1980).

Carroll, J.S., 'Reginald's Tower', *Decies* 26, 1984, 22-27.

Thomas, Avril, *The Walled Towns of Ireland*, Bd. 2 (Blackrock, Co. Dublin 1992), 200-210.

St. Laurence Tor, Drogheda, Gs. Louth

Bradley, John, 'The topography and layout of medieval Drogheda', *Co. Louth Archaeological and Historical Journal* 19(2), 1978, 118.

Buckley, Victor M. und P. David Sweetman, *Archaeological Survey of Co. Louth* (Dublin 1991), 356-359.

Thomas, Avril, *The Walled Towns of Ireland*, Bd. 2 (Blackrock 1992), 72-79.

Casey, Christine und Alistair Rowan, *The Buildings of Ireland – North Leinster* (Harmondsworth 1993), 236-237.

Burg Roscrea, Gs. Tipperary

Cooke, Thomas, *The Early History of the Town of Birr or Parsonstown* (Dublin 1875; Nachdruck Tullamore 1990).

Gleeson, Dermot F., *Roscrea* (Dublin 1947).

Cunningham, George, *Roscrea and District* (Roscrea 1976), 39-45.

Stout, Geraldine, 'Trial Excavations at Roscrea Castle, Co. Tipperary', *Éile, Journal of the Roscrea Heritage Society* 2, 1983-4, 29-42.

Stout, Geraldine, *Archaeological Survey of the Barony of Ikerrin* (Roscrea 1984), 116-121.

Cunningham, George, *The Anglo-Norman Advance into the South-west Midlands of Ireland 1185-1221* (Roscrea 1987), 124-125.

Die Stadtmauer von Youghal, Gs. Cork

Buckley, M.J.C., 'The Town Walls of Youghal', *Journal of the Cork Historical and Archaeological Society*, 2nd ser. 6, 1900, 156-161.

C. (J)., 'The Walls of Youghal in the 17th Century', *Journal of the Cork Historical and Archaeological Society*, 2nd ser. 12, 1906, 103-104.

Barry, John, 'The Military History of Youghal', *The Irish Sword* 4 (No. 15), 1959, 114-119.

Fethard, Gs. Tipperary

Thomas, Avril, *The Walled Towns of Ireland*, Bd. 2 (Blackrock 1992), 102-103.

Bradley, John, *Walled Towns in Ireland* (Dublin 1995), 31-33.

Die Normannischen Kirchen und die neuen Mönchsorden (einschl. Arbeiten im Zusammenhang mit den folgenden Kapiteln)

Corish, P.J., 'The Church in Ireland in the Fifteenth Century, V., Summing up', *Irish Catholic Historical Committee Proceedings* 1956, 14-16.

Martin, F.X., 'The Irish Friars and the Observant Movement in the Fifteenth Century', *Irish Catholic Historical Committee Proceedings* 1960, 10-24.

Hand, Geoffrey, *The Church in the English Lordship 1216-1307*, A History of Irish Catholicism II (3) (Dublin und Sydney 1968).

Gwynn, Aubrey, *Anglo-Irish Church Life: Fourteenth and Fifteenth Centuries*, A History of Irish Catholicism II (4) (Dublin und Sydney 1968).

Mooney, Canice, *The Church in Gaelic Ireland: Thirteenth to Fifteenth Centuries*, A History of Irish Catholicism II (5) (Dublin und Sydney 1969).

Mooney, Canice, *The First Impact of the Reformation*, A History of Irish Catholicism III (2) (Dublin und Melbourne 1967).

Watt, J.A., *The Church and the Two Nations in Medieval Ireland*, Cambridge Studies in Medieval Life and Thought, Third Series (Cambridge 1970).

Watt, John, *The Church in Medieval Ireland*, Gill History of Ireland 5 (Dublin 1972).

Gotische Kathedralen und Pfarrkirchen

Fallow, T.M., *The Cathedral Churches of Ireland* (London 1894).

Day, J. Godfrey F. und Henry E. Patton, *The Cathedrals of the Church of Ireland* (London 1932).

Clapham, Alfred, 'Some Minor Irish Cathedrals', *The Archaeological Journal* 106, Ergänzung, Memorialband für Sir Alfred Clapham, 1952, 16-39.

Jackson, Robert Wyse, *Cathedrals of the Church of Ireland* (Dublin 1971).

Stalley, Roger, 'Irish Gothic and English Fashion'; in: Lydon, James (Hrsg.), *The English in Medieval Ireland* (Dublin 1984), 65-86.

Galloway, Peter, *The Cathedrals of Ireland* (Belfast 1992).

STANDORTE

Kathedrale Christ Church, Dublin

Street, George Edmund, *The Cathedral of the Holy Trinity Commonly Called Christ Church Cathedral, Dublin: An Account of the Restoration of the Fabric, with an Historical Sketch of the Cathedral by Edward Seymour* (London 1882).

Leask, Harold G., 'The Architecture of Christ Church Cathedral', *Christ Church Cathedral Yearbook* 1956, 17-21.

Stalley, Roger, *Christ Church, Dublin: The Late Romanesque Building Campaign*, Gatherum Series 2 (Ballycotton 1973).

Stokes, A.E., *Christ Church Cathedral, Dublin*, The Irish Heritage Series 12 (Dublin 1978).

Stalley, Roger, 'The Medieval Sculpture of Christ Church Cathedral, Dublin', *Archaeologia* 106, 1979, 107-122.

Stalley, Roger, 'Three Irish Buildings with West Country Origins'; in: Coldstream, N. und P. Draper (eds.), *Medieval Art and Architecture at Wells and Glastonbury* (London 1981), 71-75.

Eames, Elizabeth S. und Thomas Fanning, *Irish Medieval Tiles* (Dublin 1988), 62.

Clarke, Howard (Hrsg.), *Medieval Dublin*, 2 Bd. (Dublin 1990).

Kathedrale St. Patrick, Dublin

Mason, W.M., *The History and Antiquities of the Collegiate and Cathedral Church of St Patrick near Dublin, from its Foundation in 1190, to the Year 1819* (Dublin 1820).

Jackson, Victor, *St Patrick's Cathedral, Dublin*, Irish Heritage Series 9 (Dublin 1976).

Bethell, Denis, 'Dublin's Two Cathedrals'; in: Clarke, H. (Hrsg.), *Focus on Dublin: Dublin Arts Festival* 1978, Ergänzung (Dublin 1978), 27-34.

Rae, Edwin C., 'The Medieval Fabric of the Cathedral Church of St Patrick in Dublin', *JRSAI* 109, 1979, 29-73.

O'Neill, Michael, *'Marks of Unheeded Dilapidations': The Nineteenth and Early Twentieth Century Restorations*, St Patrick's Cathedral 800 Series (Dublin 1991).

O'Neill, Michael, 'The Architecture of St Patrick's Cathedral, Dublin', *Irish Arts Review Yearbook* 11, 1995, 140-141.

Kathedrale St. Canice, Kilkenny

Graves, J. und J.G.A. Prim, *The History, Architecture and Antiquities of the Cathedral Church of St Canice, Kilkenny* (Dublin 1857).

Stalley, R.A., *Architecture and Sculpture in Ireland 1150-1350* (Dublin 1971), 71-80.

Barry, Siuban, John Bradley und Adrian Empey; in: Empey, A. (Hrsg.), *A Worthy Foundation. The Cathedral Church of St Canice, Kilkenny, 1285-1985* (Mountrath 1985).

Tietzsch-Tyler, Daniel, *Building Stones of St Canice's Cathedral, Kilkenny* (Dublin, o.J. aber 1995).

Kathedrale St. Brigid, Kildare

Comerford, M., *Collections relating to the Dioceses of Kildare and Leighlin* II (Dublin 1855), 1-21.

Cowell, George Young, 'St Brigid and the Cathedral Church of Kildare', *Journal of the County Kildare Archaeological Society* II(4), 1897, 235-252.

Craig, H.N., *Some Notes on the Cathedral of St. Brigid* (Naas 1946).

Buchanan, A.D., *St Brigid's Cathedral* (Newbridge 1972).

Barrow, George Lennox, *The Round Towers of Ireland* (Dublin 1979), 118-123.

Paterson, John, *Kildare: The Cathedral Church of St. Brigid* 1982.

Andrews, J.H., *Kildare: Irish Historic Towns Atlas No. 1* (Dublin 1986).

Costello, Con, *Looking Back: Aspects of History, County Kildare* (Naas 1988), 31-32.

King, Heather A., 'The Medieval and Seventeenth-Century Carved Stone Collection in Kildare', *Journal of the County Kildare Archaeological Society* 17, 1987/91, 59-95 – mit ausführlichen Literaturhinweisen.

St. Nicholas of Myra Collegiate Church, Galway

Fahey, J.,'The Collegiate Church of St Nicholas, Galway', *Irish Ecclesiastical Record*, 3rd ser., 16, 1895, 700-710.

Berry, J. Fleetwood, *The Story of St Nicholas' Collegiate Church, Galway* (Galway 1912).

Leask, Harold G., 'The Collegiate Church of St Nicholas, Galway', *Journal of the Galway Archaeological and Historical Society* 17, 1936, 1-23.

Anon., *The Collegiate Church of St Nicholas, Galway* (Galway 1961).

Kirche St. Mary, Youghal, Gs. Cork

Hayman, Samuel, *The Guide to Saint Mary's Collegiate Church, Youghal* (Cork 1869).

Hayman, Canon, *Memorials of Youghal, Ecclesiastical and Civil* (Youghal 1879, Nachdruck 1971).

Hallessy, J.V., *A History of Youghal and a Guide to its Most Interesting Ancient Foundations* (Cork um 1949).

Anon., *St Mary's Collegiate Church*, Youghal (um 1968).

Thomas, Avril, *The Walled Towns of Ireland*, Bd. 2 (Blackrock 1992), 215-220.

Kathedrale St. Mary, Limerick

Meredyth, Francis, *A Descriptive and Historic*

Guide Through St Mary's Cathedral, Limerick (Limerick 1887).

Westropp, Thomas J., 'St Mary's Cathedral, Limerick: its Plan and Growth', *JRSAI* 28, 1898, 35-48 und 112-125.

Dowd, James, *History of St Mary's Cathedral, Limerick* (Limerick 1899).

Westropp, Thomas Johnson, 'A Survey of the Ancient Churches in the County of Limerick', *PRIA* 25, 1904, 356-357 – mit früheren Literaturangaben.

Westropp, T.J., R.A.S. Macalister und G.U. Macnamara, *The Antiquities of Limerick and its Neighbourhood*, Royal Society of Antiquaries of Ireland, Antiquarian Handbook Series VII (Dublin 1916), 10-20.

Day, J. Godfrey F. und Henry E. Patton, *The Cathedrals of the Church of Ireland* (London 1932), 153-159.

Hewson, R.F., 'St Mary's Cathedral, Limerick, its Development and Growth', *North Munster Antiquarian Jn.* 4, 1944-1945, 55-67.

Clapham, Sir Alfred, 'Some Minor Irish Cathedrals', *Archaeological Jn.* 106, Ergänzung 1952, 28-30.

Talbot, M.J., *A Pictorial Tour of Limerick Cathedral* (Limerick um 1966).

Hill, Judith, *The Building of Limerick* (Cork 1991), 13-20.

Galloway, Peter, *The Cathedrals of Ireland* (Belfast 1992), 157-161.

Die Zisterzienser

Stalley, Roger, *The Cistercian Monasteries of Ireland: An Account of the History, Art and Architecture of the White Monks in Ireland from 1142 to 1540* (London und New Haven, 1987) – wichtiges Nachschlagewerk mit ausführlicher Bibliographie.

STANDORTE

Abtei Mellifont, Gs. Louth

Casey, Christine and Alistair Rowan, *The Buildings of Ireland – North Leinster* (Harmondsworth 1993), 387-393.

Abtei Baltinglass, Gs. Wicklow

Carville, Geraldine, *Baltinglass: Abbey of the Three Rivers* (Moone 1984).

Abtei Jerpoint, Gs. Kilkenny

Leask, H.G., *Jerpoint Abbey, Co. Kilkenny* (Dublin, o.J.).

Rae, Edwin C., 'The Sculpture of the Cloister of Jerpoint Abbey', *JRSAI* 96, 1966, 59-91.

Hunt, John, *Irish Medieval Figure Sculpture, 1200-1600* (Dublin/London 1974), 172-180.

Abtei Dunbrody, Gs. Wexford

Doyle, Ian, 'The Foundation of the Cistercian Abbey of Dunbrody, Co. Wexford and its Historical Context', *Journal of the Old Wexford Society* 14, 1992-1993, 81-91.

Culleton, Brendan (zusammengest.), *Treasures of the Landscape: County Wexford's Rural Heritage* (Wexford 1994), 88-89.

Pierce, John W., *Dunbrody Abbey, Co. Wexford: Monastery and Monument* (Arthurstown 1994).

Abtei St. Mary, Dublin

Luddy, Ailbe J., *St. Mary's Abbey, Dublin* (Dublin 1935).

Ó hÉilidhe, 'The cloister arcade from Cook Street, Dublin'; in: Bradley, J. (Hrsg.), *Settlement and Society in Medieval Ireland: Studies presented to F.X. Martin, O.S.A.* (Kilkenny 1988), 379-395.

Abtei Duiske, Graiguenamanagh, Gs. Kilkenny

Hughes, Edward W., 'Duiske Abbey, Graignamanagh – Abbey Triumphant', *Old Kilkenny Review*, New Ser. 1(4) 1977, 254-260.

Bradley, J. und C. Manning, 'Excavations at Duiske Abbey, Graiguenamanagh, Co. Kilkenny', *PRIA* 81 C, 1981, 397-426.

Swayne, Seán, *Duiske Abbey, Graignamanagh* (1988).

Abtei Corcomroe, Gs. Clare

Nelson, E. Charles und Roger A. Stalley, 'Medieval Naturalism and the Botanical Carvings at Corcomroe Abbey (County Clare)', *Gesta* 28/2, 1989, 165-174.

Abtei Boyle, Gs. Roscommon

Hills, Gordon M., *Boyle Abbey and the Architecture of the Cistercian Abbeys of Ireland* (o.O., o.J.).

Sharkey, P.A., *The Heart of Ireland* (Boyle um 1927), 104-127.

Wheeler, H.A., *Boyle Abbey, Boyle, Co. Roscommon: A Short Descriptive and Historical Account* (National Parks and Monuments Service, o.J.).

Stalley, Roger, 'Saint Bernard, His Views on Architecture and the Irish Dimension', *Arte Medievale* II Serie, VIII (1), tomo 2, 1994, 13-19.

Die Augustiner und die Schule des Westens

Dunning, P.J., 'The Arroasian Order in Medieval Ireland', *Irish Historical Studies* 4, 1944/45 (1948), 297-315.

Martin, F.X., 'The Augustinian Friaries in Pre-Reformation Ireland 1282-1500', *Augustiniana* (Louvain) 6, 1956, 346-384.

Leask, Harold G., *Irish Churches and Monastic Buildings*, Bd. II-III (Dundalk 1966).

Gwynn, Aubrey und R. Neville Hadcock, *Medieval Religious Houses Ireland* (London 1970), 146-200 und 293-305.

Harbison, Peter, 'Twelfth and Thirteenth Century Irish Stonemasons in Regensburg (Bavaria) and the End of the "School of the West" in Connacht', *Studies* 64 (No. 256), Winter 1975, 333-346.

Stalley, Roger, *The Cistercian Monasteries of Ireland* (London und New Haven 1987), 91-92 und 107-109.

STANDORTE

Abtei Ballintober, Gs. Mayo

Egan, Thomas A., *The Story of Ballintubber*, 3. Aufl. (Ballintubber 1967).

Lewis, C. Day, *The Abbey that Refused to Die* (Ballintubber 1967).

Stalley, Roger, *Architecture and Sculpture in Ireland 1150-1350* (Dublin 1971), 110-117.

Stalley, Roger, *The Cistercian Monasteries of Ireland* (London und New Haven 1987), 184-187.

Abtei Cong, Gs. Mayo

Leask, H.G., 'The Augustinian Abbey of St. Mary the Virgin, Cong, Co. Mayo', *Journal of the Galway Archaeological and Historical Society* 19, 1941, 107-117.

Harbison, Peter, 'Twelfth and Thirteenth Century Irish Stonemasons in Regensburg (Bavaria) and the End of the "School of the West" in Connacht", *Studies*, Winter 1975, 333-346.

Priorei und Abtei Adare, Gs. Limerick

Dunraven, Caroline, Countess of, *Memorials of Adare Manor* (Oxford 1865).

Hewson, George J., 'Adare and Some of its Ancient Buildings', *Limerick Field Club Journal* I(2), 1897-1900, 19-37.

Foran, E.A., 'Historical Notes on Augustinian Abbey of Adare', *Irish Ecclesiastical Record*, 5th ser., 3, 1914, 584-593.

Westropp, T.J., R.A.S. Macalister und G.U. Macnamara, *The Antiquities of Limerick and its Neighbourhood*, Royal Society of Antiquaries of Ireland, Antiquarian Handbook Series VII (Dublin 1916), 62-83.

Wyse Jackson, R., *Adare Church* (um 1970).

O'Callaghan, Kate (Hrsg.), *Adare, A Short Guide to the Village* (Limerick 1976) – mit weiteren Literaturhinweisen.

Priorei Athassel, Gs. Tipperary

Anon., 'The Abbey of Athassel', *Clonmel Historical and Archaeological Society* 1(4) 1955-1956, 61-63.

Stalley, Roger, *Architecture and Sculpture in Ireland 1150-1350* (Dublin 1971), 125-130.

Craig, Maurice, *The Architecture of Ireland: From the Earliest Times to 1880* (London 1982), 28-30.

Brennan, Peggy, 'Incised Effigial Slab at Athassel Priory', *Tipperary Historical Journal* 1990, 193-195.

Priorei Kells, Gs. Kilkenny

Lahert, Richard, *The History and Antiquities of the Parish of Dunnamaggan in the Diocese of Ossory, Including a Full History of the Great Monastic Foundation of Kells in Ossory* (Tralee 1956).

Stalley, Roger, 'Monastery on the Defensive, Kells Priory, Co. Kilkenny', *Country Life* 157 (No. 4064), 22. Mai 1975, 1344-1346.

Empey, C.A., 'A Case Study of the Primary Phase of Anglo-Norman Settlement: the Lordship of Kells', *Old Kilkenny Review* New Series 3, 1984, 32-40.

Empey, C.A., 'The Sacred and the Secular: the Augustinian Priory of Kells in Ossory, 1193-1541', *Irish Historical Studies* 24 (No. 94), November 1984, 131-151.

Harbison, Peter, 'The Other Kells – County Kilkenny', *Ireland of the Welcomes* 42(3), Mai/Juni 1993, 26-29.

Tietzsch-Tyler, Daniel, *The Augustinian Priory of Kells, Co. Kilkenny* (Kells 1993).

Die Benediktiner und die Abtei Fore, Gs. Westmeath

Leask, H.G., *Fore* (Dublin, o.J. aber um 1938).

De Varebeke, Hubert J., 'The Benedictines in medieval Ireland', *JRSAI* 80, 1950, 92-96.

Casey, Christine und Alistair Rowan, *The Buildings of Ireland – North Leinster* (Harmondsworth 1993), 293-299.

Die Dominikaner

Mould, Daphne D.C. Pochin, *The Irish Dominicans: The Friars Preachers in the History of Catholic Ireland* (Dublin 1957).

Leask, Harold G., *Irish Churches and Monastic Buildings*, Bd. II-III (Dundalk 1966).

Gwynn, Aubrey und R. Neville Hadcock, *Medieval Religious Houses Ireland* (London 1970), 218-234.

STANDORT

Priorei Kilmallock, Gs. Limerick

Hogan, Arlene, *Kilmallock Priory* (Kilmallock 1991).

Die Karmeliter und Kloster Loughrea, Gs. Galway

O'Dwyer, Peter, 'The Carmelite Order in Pre-Reformation Ireland', *Irish Ecclesiastical Record* 110, 1968, 350-363.

Monahan, Phelim, *The Old Abbey, Loughrea 1300-1650* (um 1982).

IRLAND IM SPÄTEN MITTELALTER 1400-1600

Burgen und Turmhäuser

Leask, Harold G., *Irish Castles and Castellated Houses* (Dundalk 1941).

Leask, H.G., 'The Irish Tower-House Castle', *Belfast Natural History and Philosophical Society, Proceedings and Reports*, 2nd ser. 3, 1945-1950, 28-34.

Ó Danachair, Caoimhín, 'Irish Tower Houses and their Regional Distribution', *Béaloideas, The Journal of the Folklore Society of Ireland* 45-47, 1977-1979, 158-163.

O'Callaghan, John, 'Fortified Houses of the Sixteenth Century in South Wexford', *Journal of the Old Wexford Society* 8, 1980-1981, 1-51.

Cairns, C.T., *Irish Tower Houses: A Co. Tipperary Case Study*. Irish Settlement Series 2 (o.O., 1987).

McCarthy, Judith, 'The Importance of the Tower House in the Late Medieval Society of Breifne', *Breifne* 8, 1989-1990, 118-135.

Jordan, A.J., 'Date, Chronology and Evolution of the County Wexford Tower House', *Journal of the Old Wexford Society* 13, 1990-1991, 30-81.

Cairns, Conrad, 'The Irish Tower House – a military view', *Fortress* 11, 1991, 3-13.

McNeill, T.E., 'The Origins of Tower Houses', *Archaeology Ireland* 6(1) Spring 1992, 13-14.

Barry, Terry, 'The Archaeology of the Tower House in the Late Medieval Ireland'; in: Anderson, Hans and Jes Wienberg (eds), *The Study of Medieval Archaeology, European Symposium for Teachers of Medieval Archaeology, Lund 11-15 June 1990*, Lund Studies in Medieval Archaeology 13 (Stockholm 1993), 211-217.

Kerrigan, Paul, *Castles & Fortifications in Ireland 1485-1945* (Cork 1995).

Reeves-Smyth, Terence, *Irish Castles* (Belfast 1995).

Sweetman, David, *Irish Castles and Fortified Houses* (Dublin 1995).

Donelly, Colm J., 'Frowning Ruins: The Tower Houses of Medieval Ireland', *History Ireland* 4(1), 1996, 11-16.

Siehe auch Literatur unter 'Normannische Motten und Burgen', S. 247.

STANDORTE

Burg Cahir, Gs. Tipperary

Lanigan, Katherine M., 'Cahir Castle', *Journal of the Butler Society* 4, 1972, 237-244.

Johnson, D. Newman, 'A Contemporary Plan of the Siege of Caher Castle, 1599, and Some Additional Remarks', *The Irish Sword* 12 (No. 47), 1975, 109-115.

Wheeler, H.A., *Cahir Castle*, National Parks and Monuments Service Guide (o.O., o.J. aber um 1994).

Burg Blarney, Gs. Cork

Healy, James N., *The Castles of County Cork* (Cork/Dublin 1988), 21-25.

Burg Bunratty, Gs. Clare

Macnamara, George U. und Thomas Johnson Westropp, 'Bunratty, Co. Clare', *Journal of the North Munster Antiquarian Society* 3(4), 1915, 220-337.

Powell, J.R., 'Penn's Expedition to Bonratty in 1646', *The Mariner's Mirror* 40(1), 1954, 4-20.

Hunt, John, 'Bunratty Castle', *North Munster Antiquarian Journal* 8(3) 1960, 103-108.

Hunt, John and Christopher Lynch, *Bunratty Castle, Co. Clare* (o. O., o. J.).

Hunt, John, 'Heritage in Stone – 7. Bunratty Castle', *North Munster Antiquarian Journal* 20, 1978, 75-78.

Le Clerc, Percy, 'The Restoration of Bunratty Castle'; in: *Studi Castellani in onore di Piero Gazzola*, Bd. 1 (Rom 1979), 89-96.

Lynch, Christopher, *Bunratty*, The Irish Heritage Series 41, (Dublin 1996,84).

Bradley, John, 'The Medieval Borough of Bunratty', *North Munster Antiquarian Journal* 30, 1988, 19-25.

Healy, Elizabeth, *Bunratty Castle and Folk Park* (Bunratty 1991).

Bradley, John und Heather King, 'Trial Excavations at Bunratty, Co. Clare', *North Munster Antiquarian Journal* 33, 1991, 16-21.

Share, Bernard, *Bunratty: Rebirth of a Castle* (Dingle 1995).

Burg Carrigogunnell, Gs. Limerick

Westropp, Thomas J., 'Carrigogunnell Castle and the O'Briens of Pubblebrian in the County of Limerick', *JRSAI* 37, 1907, 374-392 und 38, 1908, 141-159.

Spellissy, Sean and John O'Brien, *Limerick: The Rich Land* (Limerick 1989), 146-147.

Bankettsaal Askeaton, Gs. Limerick

Westropp, Thomas J., 'Notes on Askeaton, County Limerick. Part IV. – The Church and the Castle', *JRSAI* 34, 1904, 111-132.

Spellissy, Sean und John O'Brien, *Limerick: The Rich Land* (Limerick 1989), 104-105.

Burg Malahide, Gs. Dublin

Hussey, Christopher, 'Malahide Castle, Co. Dublin', *Country Life*, 18. April 1947, 710-713 und 25. April 1947, 760-763.

Guinness, Desmond und William Ryan, *Irish Houses and Castles* (London 1971) 144-149.

Wynne, Michael, *Malahide Castle*, The Irish Heritage Series 22, (Dublin 1978).

Flanagan, Noel, *Malahide, Past and Present* (Dublin 1984).

O'Brien, Jacqueline und Desmond Guinness, *Great Irish Houses and Castles* (London 1992), 32-35.

Burg Enniscorthy, Gs. Wexford

Hore, Philip Herbert, *History of the Town and County of Wexford*, Bd. VI – Ferns usw. (London 1911), 336ff.

Collier, Patrick, *The Castle Museum, Enniscorthy* (Enniscorthy um 1968).

Burg Rathmacknee, Gs. Wexford

Leask, H.G., 'Rathmacknee Castle, Co. Wexford', *JRSAI* 83, 1953, 37-45.

Martin, F.X., *The Rosseters of Rathmacknee Castle, Co. Wexford, 1169-1881* (Dublin 1985).

Jeffreys, W.H., *The Castles of Co. Wexford (Notes compiled from various sources)* (Wexford 1979), 32-34.

Culleton, Brendan (zusammengest.) *Treasures of the Landscape: County Wexford's Rural Heritage* (Wexford 1994), 78.

Burg Ross, Killarney, Gs. Kerry

Prendergast, John P., 'The Surrender of Ross Castle, Killarney, 22nd June, 1652', *JRSAI* 3, 1854-1855, 24-34 (und 146-151).

Burg Newtown, Gs. Clare

White, Sean J., 'Raise High the Roofbeam: Newtown Castle Restored', *Ireland of the Welcomes* 44(3), Mai-Juni 1995, 32-37.

Anon., *Newtown Castle* (Broschur, o. O., o. J.).

Burg Gleninagh, Gs. Clare

Westropp, T.J., 'Notes on the Lesser Castles or "Peel Towers" of the County Clare', *PRIA* 21, 1899, 348-365.

'Proceedings', *JRSAI* 30, 1900, 424-425.

Burg Dunguaire, Gs. Galway

Kelly, R.J., 'Dungory Castle, Kinvara', *JRSAI* 44, 1914, 114-131.

Girouard, Mark, 'Model House in an Ancient Tower: Dunguaire Castle, Co. Galway', *Country Life* 133 (no. 3447) 28. März 1963, 664-665.

Thoor Ballylee, Gs. Galway

Hanley, Mary und Liam Miller, *Thoor Ballylee, Home of William Butler Yeats*, 2. Aufl. (überarb. 1977, Nachdruck Mountrath 1984).

Duffy, Paul und Damian Delaney; in: *Archaeology Ireland* 6(3), 1992, 26-27.

Burg O'Brien, Inisheer, Gs. Galway

Waddell, John, 'The Archaeology of Aran'; in: Waddell, J., J.W. O'Connell und A. Korff (eds), *The Book of Aran* (Kinvara 1994), 133-135.

Burg Jordan, Ardglass, Gs. Down

Lockwood, F.W., 'Anglo-Norman Castles of County Down', JRSAI 23, 1893, 168-178.

Anon., *A Guide To Jordan's Castle and F.J. Bigger Collection of Antiquities, Ardglass, Co. Down*, HMSO (Belfast 1929).

Anon., *An Archaeological Survey of County Down*, HMSO (Belfast 1966), 223-225.

Dixon, Hugh, *Jordan's Castle, Ardglass, County Down*, Guide Card – DOENI (Belfast 1977).

Burg Doe, Gs. Donegal

Priest, Guy, 'Ghosts of a Forgotten Castle', *Country Life* 107 (No. 2780), 28. April 1950, 1200-1201.

McDonagh, J.C.T., 'The Story of Doe Castle', *Donegal Annual* 2(2), 1952, 381-405.

Ward, Kevin, *Doe Castle, Creeslough, Co. Donegal: A Visitor's Guide* (o. O., o. J.).

Rowan, Alistair, *The Buildings of Ireland – North West Ulster* (Harmondsworth 1979), 220-221.

Lacy, Brian *u. a.*, *Archaeological Survey of County Donegal* (Lifford 1983), 356-359.

Silke, John J., 'Doe in the Plantation', *Donegal Annual* 44, 1992, 92-105.

Die Kirche

STANDORT

Abtei Holy Cross, Gs. Tipperary

Hayes, W.J., *Holy Cross Abbey* (Dublin 1971).

Morris, Thomas, *Holy Cross Abbey, Co. Tipperary*, The Irish Heritage Series 55, (Dublin 1986).

Stalley, Roger, *The Cistercian Monasteries of Ireland* (London und New Haven 1987).

Die Franziskaner

Mooney, Canice, 'Franciscan Architecture in Pre-Reformation Ireland', *JRSAI* 85, 1955, 133-173; 86, 1956, 125-169; 87, 1957, 1-38 und 103-124.

Leask, Harold G., *Irish Churches and Monastic Buildings*, Bd. II-III (Dundalk 1966).

Gwynn, Aubrey und R. Neville Hadcock, *Medieval Religious Houses Ireland* (London 1970) 235-281.

Conlan, Patrick, *Franciscan Ireland* (Dublin und Cork 1978).

Cotter, Francis J., *The Friars Minor in Ireland From their Arrival to 1400* (New York 1994).

Kloster Ennis, Gs. Clare

Westropp, Thomas Johnson, 'Ennis Abbey and the O'Brien Tombs', *JRSAI* 25, 1895, 135-134 und 231.

Paul Mary, Father O.F.M., *The Old Friaries of Ennis and Quin* (Wexford 1959).

Gleeson, Dermot F. und Aubrey Gwynn, *A History of the Diocese of Killaloe*, Bd. I (Dublin 1962), 272-3.

Hunt, John, *Irish Medieval Figure Sculpture, 1200-1600* (Dublin/London 1974), 120-27.

Harbison, Peter, 'Some further sculpture in Ennis Friary', *North Munster Antiquarian Journal* 19, 1977, 39-42.

Conlan, Patrick, *Franciscan Ireland* (Dublin/Cork 1978), 88.

Hunt, John, 'Heritage in Stone – 1. Ennis Friary', *North Munster Antiquarian Journal* 20, 1978, 63-65.

Conlan, Patrick, *The Franciscans in Ennis* (o. O., 1984).

O'Farrell, Fergus, ' "Our Lord's Pity" in Ennis Friary', *North Munster Antiquarian Journal* 22, 1980, 33-37.

Bradley, John, 'The Early Development of the Town of Ennis'; in: Power, Joseph (Hrsg.), *An Ennis Miscellany* (Ennis 1990), 20-23.

Kloster Quin, Gs. Clare

Westropp, T.J., 'Quin', *JRSAI* 30, 1900, 427-439.

Paul Mary, Father, O.F.M., *The Old Friaries of Ennis and Quin* (Wexford 1959).

Gleeson, Dermot F. und Aubrey Gwynn, *A History of the Diocese of Killaloe*, Bd. I (Dublin 1962), 487-492.

Finney, Bill, *Quin Abbey* (Henniker, New Hampshire 1991).

Kloster Muckross, Killarney, Gs. Kerry

Leask, H.G., *The Friary of Muckross, Commonly Called 'Muckross Abbey'* (Dublin 1942).

Stalley, Roger, 'Gaelic Friars and Gothic Design'; in: Fernie, E. and P. Crossley (eds.), *Medieval Architecture and its Intellectual Context* (London 1990), 191-202.

Kloster Adare, Gs. Limerick

Siehe oben unter 'Priorei und Abtei' Adare (S. 249).

Kloster Ross Errilly, Gs. Galway

'Proceedings', *JRSAI* 31, 1901, 334-340.

Kloster Creevelea, Gs. Leitrim

Anon., *Creevelea Abbey, Co. Leitrim*. OPW Guide (o. O., o. J., aber um 1940).

Kloster Slane, Gs. Meath

Westropp, T.J. ' "Slane in Bregia," County Meath: its Friary and Hermitage', *JRSAI* 31, 1901, 405-430.

Trench C.E.F., *Slane* (Slane 1976).

Casey, Christine und Alistair Rowan, *The Buildings of Ireland – North Leinster* (Harmondsworth 1993), 471-473.

Kloster Murrisk, Gs. Mayo

Leask, Harold G., 'Murrisk Abbey, Co. Mayo', *JRSAI* 73, 1943, 137-141.

Ó Moráin, Pádraig, *500 years in the History of Murrisk Abbey* (o. O. 1957).

Handwerk

MacLeod, Catriona, 'Medieval Wooden Figure Sculptures in Ireland', *JRSAI* 75, 1945, 167-182 und 195-203; 76, 1946, 89-100 und 155-170; 47, 1947, 53-62 und 121-133 (die beiden letzten unter anderem Titel).

Hunt, John, *The Limerick Mitre and Crozier* (Dublin, o. J., aber um 1952).

Hunt, John, *Irish Medieval Figure Sculpture, 1200-1600* (Dublin und London 1974).

Stalley, Roger A., 'Irish Art in the Romanesque and Gothic Periods'; in: Cone, Polly (Hrsg.), *Treasures of Early Irish Art 1500 B.C. to 1500 A.D.* (New York 1977), 187-196.

Ó Floinn, Raghnall, 'The Norman Conquest and the Later Middle Ages 1169 A.D.–*c.*1500 A.D.'; in: Ryan, Michael (Hrsg.), *Treasures of Ireland: Irish Art 3000 B.C.–1500 A.D.* (Dublin 1983), 70-72.

Rae, Edwin C., 'Architecture and Sculpture, 1169-1603'; in: Cosgrove, Art (Hrsg.), *A New History of Ireland, Vol. II, Medieval Ireland 1169-1534* (Oxford 1987), 737-780.

Ó Floinn, Raghnall, *Irish Shrines and Reliquaries of the Middle Ages* (Dublin 1994).

Ó Floinn, Raghnall, 'Irish Goldsmiths' Work of the Later Middle Ages', *The Irish Arts Review Yearbook* 12, 1996, 35-44.

STANDORTE

Mitra und Krummstab O'Dea, Limerick

Hunt, John, *The Limerick Mitre and Crozier* (Dublin, o. J., aber um 1952).

Miserikordien in der Kathedrale St. Mary's, Limerick

Dowd, J., *History of St. Mary's Cathedral, Limerick* (Limerick 1899).

Haydn, J.A., *Misericords in St. Mary's Cathedral, Limerick* [überarb. von M.J. Talbot] (Limerick 1969).

Hunt, John, 'The Limerick Cathedral Misericords', *Ireland of the Welcomes* 20 (3), September-Oktober 1971, 12-15.

Grabplastiken im Kloster Ennis, Gs. Clare

Siehe auch unter 'Kloster Ennis'.

Plastiken im Kloster Strade, Gs. Mayo

Hunt, John, *Irish Medieval Figure Sculpture, 1200-1600*, (Dublin/London 1974), 201-202.

Gräber in der Kathedrale St. Canice, Kilkenny

Hunt, John, *Irish Medieval Figure Sculpture, 1200-1600* Bd. 1 (Dublin/London 1974), 183-194.

Plastiken in der Abtei Kilcooley, Gs. Tipperary

Hunt, John, *Irish Medieval Figure Sculpture, 1200-1600* (Dublin/London 1974), 228-229.

Higgins, Jim, *Irish Mermaids* (Galway 1995), 57-68.

Abbild des Bischofs Wellesley, Kathedrale Kildare

Valkenburg, Augustine, 'Walter Wellesley, Bishop of Kildare, 147?-1539', *Journal of the Co. Kildare Archaeological Society* 14(5), 1970, 518-543.

Rae, Edwin, 'The Tomb of Bishop Wellesley at Great Connell Priory, County Kildare', *Journal of the Co. Kildare Archaeological Society* 14(5), 1970, 544-563.

Hunt, John, *Irish Medieval Figure Sculpture, 1200-1600* (Dublin/London 1974), 161-163.

Hunt, John, 'Bishop Wellesley's Tomb Carvings', *Journal of the Co. Kildare Archaeological Society* 15(5), 1975-76, 490-492.

Das Kruzifix in Johnstown, Gs. Kilkenny

Hunt, John, *Irish Medieval Figure Sculpture, 1200-1600* (Dublin/London 1974), 180.

Hughes, Una, 'Johnstown', *Old Kilkenny Review*, New Ser., 4(2), 1990, 700.

Sheela-na-gigs

Andersen, Jørgen, *The Witch on the Wall* (London 1977).

Weir, Anthony und James Jerman, *Images of Lust: Sexual Carvings on Medieval Churches* (London 1986).

Cherry, Stella, *A Guide to Sheela-na-gigs* (Nationalmuseum von Irland, Dublin 1992).

DAS SIEBZEHNTE JAHRHUNDERT

Politische Entwicklung

Edwards, R. Dudley, *Church and State in Tudor Ireland* (Dublin 1935).

Mooney, Canice, 'The Irish Church in the Sixteenth Century', *Irish Catholic Historical Committee Proceedings* 1962, 2-13.

Hayes-McCoy, G.A., 'Gaelic Society in Ireland in the Late Sixteenth Century', *Historical Studies* IV (London 1963), 45-61.

Quinn, D.B., *The Elizabethans and the Irish* (Ithaca 1966).

Jones, Frederick M., *The Counter-Reformation*, A History of Irish Catholicism III(3) (Dublin und Melbourne 1967).

Millett, Benignus, *Survival and Reorganization 1650-1695*, A History of Irish Catholicism III(7) (Dublin and Sydney 1968).

MacCurtain, Margaret, *Tudor and Stuart Ireland*, Gill History of Ireland 7 (Dublin 1972).

Canny, Nicholas, *The Elizabethan Conquest of Ireland: A Pattern Established 1565-76* (Hassocks 1976).

Moody, T.W., F.X. Martin and F.J. Byrne (eds.), *A New History of Ireland*, Bd. III, *Early Modern Ireland 1534-1691* (Oxford 1976, Nachdruck 1978).

Edwards, R. Dudley, *Ireland in the Age of the Tudors* (London/New York 1977).

Nicholls, K.W., *Land, Law, and Society in Sixteenth-Century Ireland*, O'Donnell-Vorlesung (Dublin 1978).

Ellis, Stephen G., *Tudor Ireland: Crown Community and the Conflict of Cultures* (London 1985).

Brady, Ciaran, *The Chief Governors: The Rise and Fall of Reform Government in Tudor Ireland 1536-1588* (Cambridge 1994).

Fitzpatrick, Brendan, *Seventeenth-Century Ireland: The War of Religions*, New Gill History of Ireland (Dublin 1994).

Lennon, Colm, *Sixteenth-Century Ireland: The Incomplete Conquest*, New Gill History of Ireland (Dublin 1994).

Die Tudor-, Stuart- und Kolonisten-architektur

Jope, E.M., 'Scottish Influence in the North of Ireland: Castles with Scottish Features, 1580-1640', *UJA* 14, 1951, 31-47.

Leask, H.G., 'Early Seventeenth-Century Houses in Ireland'; in: Jope, E.M. (Hrsg.), *Studies in Building History: Essays in Recognition of the Work of B.H. St. J. O'Neil* (London 1961), 243-250.

Waterman, D.M., 'Some Irish Seventeenth-Century Houses and their Architectural Ancestry'; in: Jope, E.M. (Hrsg.), *ebenda* 251-274.

Leask, Harold G., *Irish Castles and Castellated Houses* (Dundalk 1964).

Crookshank, Anne, *Irish Sculpture from 1600* (Dublin 1984).

Potterton, Homan, 'The Seventeenth Century'; in: Harbison, Peter, Homan Potterton und Jeanne Sheehy, *Irish Art and Architecture* (London 1978, Nachdruck 1993), 119-130.

STANDORTE

Carrick-on-Suir Castle, Gs. Tipperary

Waterman, D.M., 'Some Irish Seventeenth-Century Houses and their Architectural Ancestry'; in: Jope, E.M. (Hrsg.) *Studies in Building History: Essays in Recognition of the Work of B.H. St. J. O'Neil* (London 1961), 252-253.

Anon., 'Carrick-on-Suir Castle, Co. Tipperary', *Oibre, Bulletin of the Commissioners of Public Works* 1, 1964, 28 und 8, 1970, 15.

Maher, James (Hrsg.), *Ormonde Castle, Carrick-on-Suir. An Anthology* (Clonmel 1970).

Power, P.C., *Carrick-on-Suir and its People* (Dun Laoghaire 1976).

Empey, C.A., 'The Manor of Carrick-on-Suir in the Middle Ages', *Journal of the Butler Society* 2(2), 1982, 206-214.

Bradley, John, 'The Medieval Towns of Tipperary'; in: Nolan, William (Hrsg.), *Tipperary: History & Society* (Dublin 1985), 40-42.

Anon., *Ormonde Castle, Carrick-on-Suir: Visitor's Guide* (National Parks and Monuments Service, Dublin, o.J.).

Rothe House, Kilkenny

Lanigan, Katherine M., *Rothe House, Kilkenny* (Kilkenny 1966).

Anon., 'Rothe House, Kilkenny', *Oibre, Bulletin of the Commissioners of Public Works* 3, 1966, 13-14.

Duncannon Fort, Gs. Wexford

Hore, Philip Herbert, *History of the Town and County of Wexford*, Bd. 4 (London 1904), 3-256.

Sinnott, Peadar J., 'Duncannon', *Journal of the Old Wexford Society* 3, 1970-71, 62-80.

Jeffrey, W.H., *The Castles of Co. Wexford (Notes compiled from various sources)* (Wexford 1979), 142-147.

Kerrigan, Paul M., 'The Fortifications of Waterford, Passage and Duncannon 1495 to 1690', *Decies* 29, 1985, 13-23.

O'Shea, David, 'Duncannon Fort', *An Cosantóir* 46(9), September 1986, 29.

Burg Rathfarnham, Gs. Dublin

Scantlebury, C., 'Rathfarnham Castle', *Dublin Historical Record* 12, 1951, 20-30.

McParland, Edward, 'Rathfarnham Castle, Co. Dublin', *Country Life* 172 (No. 4438), 9. September 1982, 734-737.

MacMahon, T., 'Rathfarnham Castle', *Dublin Historical Record* 41(1), 1987, 21-30.

Madden, Gráinne, 'Rathfarnham Castle', *Irish Arts Review* 4(1) 1987, 22-26.

Burg Portumna, Gs. Galway

Craig, Maurice, 'Portumna Castle, County Galway'; in: Colvin, Howard and John Harris (eds.), *The Country Seat: Studies in the History of the 'British' Country House presented to Sir John Summerson* (London 1970), 36-41.

Craig, Maurice, *Portumna Castle*, Gatherum Series 7 (Ballycotton 1976).

MacMahon, Michael, *Portumna Castle and its Lords* (1983).

Wheeler, Henry, *Portumna Castle and Priory, Portumna, Co. Galway*, National Parks and Monuments Service (Dublin um 1985).

Johnson, David Newman, 'Portumna Castle – a Little-Known Early Survey and Some Observations'; in: Bradley, John (Hrsg.), *Settlement and Society in Medieval Ireland: Studies Presented to F.X.Martin, O.S.A.* (Kilkenny 1988), 477-503.

Coppinger's Court, Gs. Cork

Samuel, Mark, 'Coppinger's Court: a Document in Stone', *Journal of the Cork Historical and Archaeological Society* 89, 1984, 59-76.

Healy, James N., *The Castles of County Cork* (Cork/Dublin 1988), 244-245.

Burg Leamanegh, Gs. Clare

MacNeill, Máire, *Máire Rua, Lady of Leamaneh* (Whitegate 1990).

O'Connell, Jeff/Paul Gosling, 'Leamaneh, an O'Brien Castle and Manor House'; in: O'Connell, J.W. und A. Korff (eds.), *The Book of the Burren* (Kinvara 1991), 135-140.

Stadtmauern und Kathedrale St. Columb, Derry

Colby, Colonel (Hrsg.), *Ordnance Survey of the County of Londonderry: Vol. I, Memoir of the City and North Western Liberties of Londonderry, Parish of Templemore* (Dublin 1837).

Anon., *St Columb's Cathedral, Londonderry: Historical Guide* (Londonderry 1933).

Milligan, C.D., *The Walls of Derry* (Belfast 1948 und 1950).

Ferguson, W.S., A.J. Rowan und J.J. Tracey, *Ulster Architectural Heritage Society List of Historic Buildings, Groups of Buildings, Areas of Architectural Importance in and near the City of Derry* (Belfast 1970).

Anon., *Londonderry: Guide to the City Walls*, HMSO (Belfast 1970).

Rowan, Alistair, *The Buildings of Ireland – North West Ulster* (Harmondsworth 1979), 373-383.

Hippsley, Paul, *Derry's Walls* (Derry 1988).

Thomas, Avril, *The Walled Towns of Ireland*, Bd. 2 (Dublin 1992), 154-162.

Burg Parke, Gs. Leitrim

Anon., *Parke's Castle, Co. Leitrim: Visitor's Guide* (Dublin 1990).

Burg Enniskillen, Gs. Fermanagh

Lawlor, H.C., 'The Castle of Enniskillen', *The Irish Naturalists' Journal* I(7) 1926, 142-144.

Jope, E.M., 'Scottish Influences in the North of Ireland: Castles with Scottish Features, 1580-1640', *UJA* 14, 1951, 41.

Jope, E.M., 'Enniskillen Water-gate: a Further Note', *UJA* 16, 1953, 68.

Rogers, Mary, *Prospects of Erne* (Belfast 1967), 111-115.

Dixon, Hugh and John Johnston, *Enniskillen Castle, County Fermanagh* (Belfast 1980).

Rowan, Alistair, *The Buildings of Ireland – North West Ulster* (Harmondsworth 1979), 279-280.

Wood, Helen Lanigan, *Enniskillen: Historic Images of an Island Town* (Belfast 1990).

Burg Monea, Gs. Fermanagh

Jope, E.M. 'Scottish Influence in the North of Ireland: Castles with Scottish Features, 1580-1640', *UJA* 14, 1951, 31-47.

Dixon, Hugh, *Monea Castle and Derrygonnelly Church, County Fermanagh*, Guide Card – DOENI (Belfast 1977).

Rowan, Alistair, *The Buildings of Ireland – North West Ulster* (Harmondsworth 1979),421-422.

Burg Ballygalley, Gs. Antrim

Classon, Peter, 'Ballygalley Castle', *UJA* 2nd Ser., 7, 1901, 65-77.

Charles Fort, Kinsale, Gs. Cork

Kerrigan, Paul M., 'Charles Fort, Kinsale', *The Irish Sword* 13 (No. 53), 1978-1979, 323-328.

Anon., 'Charles Fort – History', *Oibre: Bulletin of the Commissioners of Public Works* 14, 1980, 23-24.

Healy, James N., *The Castles of County Cork* (Cork/Dublin 1988), 240-241.

Anon., *Charles Fort, Kinsale – Visitors' Guide*, OPW (Dublin, o.J., aber 1994).

Burg Killyleagh, Gs. Down

S.M.S., 'Killyleagh Castle, County of Down', *The Dublin Penny Journal* II, 28. Dezember 1833, 201.

Anon., *An Archaeological Survey of County Down* (Belfast 1966) 236-238.

Rowan, Alistair, 'Killyleagh Castle, Co. Down', *Country Life*, 19. März 1970, 690-693, 26. März u. 2. u. 9. April 1970, 774-777.

Williams, Jeremy, *A Companion Guide to Architecture in Ireland 1837-1921* (Blackrock/Portland, Or. 1994), 107-108.

Beaulieu, Gs. Louth

Girouard, Mark, 'Beaulieu, County Louth, Eire', *Country Life*, 15. Januar 1959, 106-109 u. 22. Januar 1959, 156-159.

INDEX

Halbfette Einträge weisen auf besonders ausführliche Darlegungen im Text, Angaben in *Kursivschrift* verweisen auf Abbildungen.
Die Anordnung der Stichwörter folgt der jeweiligen englischen Bezeichnung des Standortes. Daher sind Begriffe, wie ‚Burg' als Bestandteil eines Eigennamens in der Regel unter dem Buchstaben des betreffenden Eigennamens mit dem Zusatz ‚Castle' zu finden. Gleiches gilt für ‚Abtei' unter ‚Abbey', ‚Kloster' unter ‚Monastry' oder ‚Friary', ‚Priorei' unter ‚Priory', ‚Kathedrale' unter ‚Cathedral', ‚Kirche' unter ‚Church', ‚hl.' unter ‚St.'.

Abbeyknockmoy, Zisterzienserabtei, Gs. Galway, 171, 217
Abt 48–52, 70, 72, 75, 81–82, 84–85, 92, 135, 150, 160–61, 163–64, 171, 206, 223
Adam und Eva 79–81, 84, 87, 89, 90, 92, 126; *80–81*
Adamnan, Abt von Iona 46, 48, 51, 63
Adare, Burg und Kirchen, Gs. Limerick, 137, 144–45, 173, 195, 207, 211, 214–15; *144–45, 173, 206, 214*
Affreca, Gemahlin von John de Courcy 160
Afrika 38
Agamemnon 122
Aghadoe Church, Gs: Kerry 119; *119*
Agricola 45
Ägypten 18, 48, 52, 90
Ahenny, Hochkreuze, Gs. Tipperary 92; *93*
Aileach, Königssitz 35
Ailill aue Dunchatho, König von Connacht 63
Alpen 10, 49, 56
Alphabet 45, 55, 119
Altar 60, 65, 75
Altes Testament 79, 80, 85, 87, 89, 126
Altsteinzeit 10
Amerika, Nord- 234, 236
Amerika, Unabhängigkeitskrieg 242
Ampthill, Lady Christabel 200
Anbetung der Weisen 80, 88
Annaghdown, Gs. Galway 130
Annalen, irische 40, 51, 78–79, 94, 100–101; von Connacht 171; des Mönches Clyn 210; von Inisfallen 119; der Vier Meister 35, 85, 96, 210; von Tigernach 65, 94
Anta(e) 62–63, 67, 118, 120, 130
Apokryphen 79, 87, 89
Apostel 49, 85, 90, 92,164, 166, 218, 220, 222
Apprentice Boys von Derry 234, 236
Aran, Inseln, Gs. Galway 24, 30, 47, 62,75, 203
Architrav 75–76, 106
Ardagh, Kelch von 52–53, 129; *53*
Ardfert, Gs. Kerry 47, 118, 151, 156, 207; *206*
Ardglass, Gs. Down, Jordan's Castle 203; *203*
Ardmore Cathedral, Stein und Rundturm Ogham, Gs. Waterford 46, 55, 106–107, 126; *55, 107, 126–127*
Armada, spanische 192, 204, 236
Armagh, Erzdiözese/Stadt/Grafschaft 36, 38–39, 46, 49, 51, 60–61, 63, 66, 79, 94, 105, 111, 115, 149–150, 177, 231
Arrouaise, Frankreich 64, 111, 150, 171
Asien 10
Askeaton, Bankettsaal, Gs. Limerick 194–195; *195*
Athassel, Augustinerpriorei, Gs. Tipperary 173–175; *174*
Athenry Castle, Gs. Galway 132, 146; *146*
Athlone, Gs. Westmeath 63, 65; Burg 139; Kreuzigungsdarstellung 65
Atlantischer Ozean 28, 30, 42, 55, 58, 72, 200
Auferstehung 84–85, 89, 220
Aufhebung der Klöster 208, 210, 217
Aufrechtstehende Steine 28
Augustiner 64, 70, 104, 111, 128, 149, 150–152, 154, 171–176, 207, 217, 223
Ausgrabungen, archäologische 22, 25, 28, 40
Auteni (Ptolemäus) 36
Auxerre, Frankreich 46

Bachall Íosa 208
Ballaghmoon, Schlacht von 43
Ballintober, Augustinerkloster, Gs. Mayo, 131, 151, 171–172, 174; *171*
Ballintober Castle, Gs. Roscommon 139
‚Ballintober Meister' 170–171
Ballycastle, Gs. Mayo 28
Ballyferriter Heritage Centre, Gs. Kerry 94
Ballygalley Castle, Gs. Antrim 237–239; *239*
Ballyhack, Gs. Wexford 230
Ballykinvarga, Steinfestung, Gs. Clare 24, 30; *24*
Ballyloughan Castle, Gs. Carlow 139
Ballymacasey, Kreuz, Gs. Kerry 217
Ballymacdermot, Hofgrab, Gs. Armagh 14; *14*
Ballymascanlon, Hotel, Gs. Louth 22
Ballyvireen, Gs. Cork 233
Baltinglass, Zisterzienserabtei, Gs. Wicklow 112, 124, 161, 163; *163*
Banada, Gs. Sligo 207, 217
Banagher, Säule, Gs. Offaly 79, 82; *82*
Bangor, Gs. Down 48–49, 51, 60, 160
Banim Brüder 230
Barnewall, Simon 145
Barnewall, Sir Christopher 102
Barry, Terry, Dr., Geschichtsgeograph 32
Bauern/Ackerbau 11, 14, 24
Baustil, Übergangsperiode 203, 211
Beagán/Beccanus von Toureen 128
Beaker, Volk/Töpferei 19, 26
Bealin, Kreuz, Gs. Westmeath 79, 82
Bearnán Cuilean (St. Guileans Glocke) 112
Beaulieu, Gs. Louth 243; *243*
Bective, Zisterziensterabtei, Gs. Meath 161
Behy, Hofgrab, Gs. Mayo 28
Belfast, Gs. Antrim 22, 49, 140; Ulster Museum and Art Gallery 22
Belmullet, Gs. Mayo 28
Benediktinerorden 110, 115, 151, 160, 168, 175–176
Benson, Dr., Erzbischof von Canterbury 157
Berechtuine 96
Berg Athos, Griechenland 72
Berger, Rainer, Professor 61
Bernard, Dr., Bischof von Derry 35
Bibel/biblisch 50–51, 78–79, 84–89, 92, 220
Bibliothek 49–52, 56, 180, 211, 231
Bienenkorbhütten 72, 75–76
Bigger, F. J., Antiquar 203
Bildnis 133, 135, 167, 218, 222, 223–225; *133–136, 150, 221–222*
Birr, Gs. Offaly 63
Bischöfe/Bistum 46, 50–55, 65, 81, 92, 99, 102, 110–111, 120, 130, 149, 150, 207, 223
Bischofsstab *s. Krummstab*
Blarney Castle, Gs. Cork 185, 189, 211; *188*
Bluet, John 178
Boa, Insel, Steinplastiken, Gs. Fermanagh 96; *97*
Bóann, Flußgottheit 15
Bobbio, Italien 49, 56
Bodley, Josias 142
Bodmin, Cornwall 175
Boleyn, Anne 227
Bologna, Italien 151
Book of Armagh 51; Ballymote 135; Durrow 50–51, 85; Exodus 87; Genesis 85; Horen 198; Kells, 50–51, 58, 60, 71, 85, 105; Lecan 35, 135; Leinster 40, 70, 112; Lindisfarne 50–51, 96; der Rinderraub (*Lebor na hUidre*) 65
Bord Fáilte 200
Bories, Provence 77
Boswells *Life of Samuel Johnson* 196
Bourn-Vincent, Nationalpark, Killarney 214
Bowen, E. G., 42
Boyle, Familie 148, 225, 240; *225*
Boyle, Zisterzienserabtei, Gs. Roscommon 131, 160–161, 170–172; *170*
Boyne Fluß/Tal 11, 13–15, 36, 140–141, 216, 226
Bradley, John, Archäologe, 52, 147
Brega, Gs. Meath 40
Brian Boru, Hochkönig 43, 75, 104, 108, 203, 234
Brigantes, Stamm in Wexford 36
British Association for the Advancement of Science 30
Brochs, schottische 35
Bronzetafel des Sir Edward Fitton 181; *181*
Bronzezeit 19, 22–36, 37, 39–41
Brooke, Sir Basil 227
Browne, Earls von Kenmare 197
Browne, George, Erzbischof von Dublin 208
Browneshill, Dolmen, Gs. Carlow 22; *22*
Bruce, Edward und Robert 133, 135, 139
Buch, *s. Book*
Buildwas, Zisterzienserabtei, Shropshire 168
Bundeslade 40
Bunratty Castle, Gs. Clare 185, 189–194, 195, 211; *189–193*
Bunting, Edward 217
Burg (s. a. Turmhaus) 65, 106, 109, 133, 135, 137–147, 182–201, 224, 227–229, 231–234, 236–239, 242, 243
Burgund/burgundisch 159, 163, 164
Burke – siehe De Burgo
Burntcourt Castle, Gs. Tipperary 231
Burren, Region, Gs. Clare 20, 24, 44, 62, 102, 169, 198, 203
Burrishoole, Dominikanerkloster, Gs. Mayo 207; *206–207*
Busennadel 39, 42, 52, 98; *42, 52*
Busennadel von ‚Londesborough' 52
Butler, Familie (s. auch Ormond) 135, 137, 139, 144, 147, 167, 180, 185–187, 209, 218, 222; *134–135, 221–222*
byzantinisch 62

Cahercommaun, Steinfestung, Gs. Clare 24; *25*
Cahermacnaughten, Steinfestung, Gs. Clare 44; *44*
Cahir Castle, Gs. Tipperary 185–189; *186–187*
Caiseal 75
Caldragh, Gs. Fermanagh 96
Campanile 100
Candida Casa (Whithorn), Schottland 46
Canterbury 108, 110, 111, 117, 221
Cantwell, Familie 136; *136*
Carlingford Castle, Gs. Louth 139; *139*
Carlow Castle 139
Carndonagh, Stein, Gs. Donegal 49; *49*
Carrickfergus Castle, Gs. Antrim 132, 137, 140; *140*
Carrick-on-Suir Castle, Gs. Tipperary 174, 226–229; *228–229*
Carrigogunnel Castle, Gs. Limerick 189, 194; *194*
Carrowkeel, Ganggräber, Gs. Sligo 14
Carrowmore, Hünengräber, Gs. Sligo 11, 13
Cashel, Gs. Tipperary (s. auch Cormac's Chapel) 42–43, 45–46, 55, 80–81, 108–112, 114–118, 120, 149, 152, 174, 217; *46–47, 109, 115*
Castle Archdale, Gs. Fermanagh, 98–99
Castlebernard, Hochkreuz, Gs. Offaly 43, 84, 86; *43, 91*
Castledermot, Hochkreuze, Gs. Kildare 52, 80–81, 90; *79, 81*
Castlelyons, Karmeliterpriorei, Gs. Cork 179
Castlestrange, Stein, Gs. Roscommon 36; *36*
Castletown House, Gs. Kildare 231
Cathach, Handschrift 50, 51; *50*
Cathair (Caher), Steinbefestigung 44
Cathal Crovdearg, König von Connacht 171
Caulfield, Seamus, Professor 28
Céide Fields, Gs. Mayo 22, 28; *28–29*
Céli Dé (Culdees) 52, 55, 90, 104, 128
Cellach, Bischof von Armagh 111
Cely, John, Bischof 182
Cenél Conaill (Gs. Donegal) 48
Chambers, Sir William, Architekt, 231
Charlemagne 80
Charlemont, Gs. Antrim 204
Charles Fort, Kinsale, Gs. Cork 227, 240–242; *240–241*
Chevaux-de-frise 24, 30
Christ Church Cathedral, Dublin 43, 110, 151–152, 154, 156–157, 159, 170, 171; *152–153*
Christentum 39–40, 43, 46, 50, 60, 72, 78,114, 207, 216
Christus/Jesus 37, 39, 40, 46, 56, 58, 78–79, 81, 84–85, 88–90, 92, 96, 124, 210, 220, 221, 223
Chronicon Scotorum 65, 75
Church Island, Insel, Lough Currane, Gs. Kerry 53–55; *54–55*
Churchill, John, Herzog von Marlborough 230
Clann Cholmáin 43, 63, 79, 112
Clare, Insel, Gs. Mayo 217
Clark, Sir Kenneth 72
Clew, Bucht, Gs. Mayo 58
Clonard, Gs. Meath 47–48; Taufbecken 219
Clondalkin, Rundturm, Gs. Dublin 100
Clones, Hochkreuz, Gs. Monaghan 80; *80*
Clonfert Cathedral, Gs. Galway 47, 130–131, 151, 160, 211; *130–131*
Clonmacnoise Kloster, Gs. Offaly 47, 48, 51, 60–66, 70–71, 75, 79–80, 82, 88, 95–96, 100, 109, 111, 135, 150, 159, 218; *63–64, 95;* Kathedrale 62, 64–65, 67, 82, 84, 108, 218; *218,* Steintafeln 95–96; *95;* Schriftkreuz, 64, 78, 84–86, 92; *83–84;* Nordkreuz 79; *79;* **Nun's Church** 64, 122, 124; *122;* Rundturm 64; Südkreuz 64, 84, 85; St. Finghin's Church 64, 65; *64; Teampall Chiaráin* (St. Ciaran's Church) 61–62, 64, 65; Tempel Conor 64, Tempel Hurpan 84; Tempel Rí 65
Clonroad, Ennis, Gs. Clare 211
Clontarf, Schlacht von 43, 108
Cluny, Frankreich 110, 114, 175
Clyn, Mönch von Kilkenny 135, 210
Cogitosus, Hagiograph 51, 60, 105, 157
Cole, William, Captain 237
Colgan, John 210
Colman, Abt von Clonmacnoise 85
Colum, Padraic, Dichter 201
Combermere Zisterzienserabtei, Cheshire 168
Comyn, John, Erzbischof von Dublin 149, 152, 154
Conant, K. J., Architekturhistoriker 62
Condon, Familie 132
Cong, Gs. Mayo, Augustinerabtei und Kreuz 112, 171–173; *172–173*
Conlaed, Bischof von Kildare 60
Connacht, Provinz 11, 35, 36, 38, 62–64, 80, 81, 108, 110, 112–114, 132, 133, 135, 146, 149, 171, 181, 207
Connor, Diözese 149
Conolly, Speaker 231
Coole, Gort, Gs. Golway 200
Cooley, Thomas, Architekt 71
Cooper, Kornett 234
Coppinger's Court, Gs. Cork 226, 232; *232*

Corcomroe, Zisterzienserabtei, Gs. Clare 131, 160, 169, 171; *169*
Corlea, holzbefestigte Wege, Gs. Longford 23
Cormac mac Cuilleanáin, Königbischof von Cashel 43, 55
Cormac's Chapel, Cashel, Gs. Tipperary 70, 111, 112, 114–118, 120, 122, 131, 151, 161, 176, 217; *116–117*
Cormac's House, Tara, Gs. Meath 40
Cotter, Claire, Archäologe 24, 30
Craggaunowen, Gs. Clare 44; *45*
Craig, Maurice, Architekturhistoriker 62, 122, 129, 195, 227
Crannog 44, 52, 53, 135
Creagh, Familie 220
Creevelea, Franziskanerkloster, Gs. Leitrim 216; *216*
Creevykeel, Hofgrab, Gs. Sligo 19; *19*
Crickstown, Gs. Meath 218
Croagh Patrick, Gs. Mayo 58, 77, 172, 217; *58–59*
Cromwell/Anhänger Cromwells 141, 143–147, 186, 192, 194–197, 212, 222, 225, 226, 230, 234, 237, 242, 243
Cruachain, Gs. Roscommon 36–37
Cruithní 36
Cú Chulainn 37
Cuellar, Francisco, Captain 236
Culdee 52, 55, 90, 104, 128
Curragh, Gs. Kildare 106
Currah, Taufbecken, Gs. Meath 218, 219; *218*

Dagobert, König von Austrasien 51
Dairtech 60
Dál Cais, Stamm, Gs. Clare 43, 108, 124
Dalkey, Gs. Dublin 203
Dál Riata (Gs. Antrim) 36, 45, 51
Dalway's Barn, Gs. Antrim 238
Damliac 62
Daniel 79, 89–90, 92
David, König 79, 85, 90, 98, 126
De Bermingham, Meiler 146;
De Bermingham, Richard 146
De Bicknor, Alexander, Erzbischof von Dublin 150
De Braose, William 143, 186
De Burgo/De Burgh/Burke, Familie 132, 133, 142, 174, 179, 180, 195, 200, 207, 215, 233
Deckstein 19, 20, 22, 26
De Clare 148, 195, 212
De Courcy, John 132, 137, 140, 149, 160, 176
Déise, Stamm, Gs. Waterford 45
De Lacy, Hugh, Lord von Meath 132, 137, 139, 140, 141, 176
De Lacy, Walter 147
Delaney, Dominic, Archäologe 200
De Laszlo, Philip, Maler 190
De Ledrede, Richard, Bischof von Ossory 150, 221; *150*
De Loundres, Henry, Erzbischof von Dublin 154
De Marisco, Geoffrey 137, 142, 145
De Marisco, Hervé 167
De Mulcote, Walter 207
De Paor, Liam, Archäologe und Historiker 43, 60, 117, 163
De Rous, Hugh, Bischof von Ossory 156
Derry, Stadt (Londonderry) 47, 226, 234; *234*; **St. Columb's Cathedral und Stadtmauern** 234–236; *234–235*
Derrynaflan, Kelch, Gs. Tipperary 52, 53
Dervorgilla 64, 110, 122
Desmond, Earls von (s. auch FitzGerald, Familie und Gearóid Iarla) 158, 174, 180, 181, 195, 215
De Ufford, Robert 139
Deutschland 110, 128, 151, 173, 211
Devenish Monastery, Gs. Fermanagh 47, 99; *104*
Diarmaid mac Mael na mBó, König von Leinster 108
Diarmait von Castledermot 90
Diarmuid und Gráinne 41
Dineley, Thomas 219
Dingle, Halbinsel, Gs. Kerry 24, 32, 60, 75, 94, 118, 181
Dinnshenchas (Place-lore) 40
Discovery-Programm 30, 41
Dísert Diarmata (Castledermot) 52
Doddington, Sir Edward 234
Doe Castle, Gs. Donegal 204; *204–205*
Dolmengräber 13, 14, 20–22; *14, 20–22*
Dominikanermönche 133, 151, 177–178, 207, 210–211, 221
Donaghmore, Rundturm, Gs. Meath 100; *100*
Donau, Fluß 10
Donegal Castle, Gs. Donegal 227; *226*
Donegore, Gs. Antrim 24
Donore, Türgriff, Gs. Meath 60
Doon Fort/Lough, Gs. Donegal 32–34; *32–33*
Dorsey, Wallanlage, Gs. Armagh 38
Down, Bistum 111
Downpatrick, Gs. Down, 81, 132, 176, 210
Dowth, Ganggrab, Gs. Meath 11, 15
Dreieinigkeit, hl. 219
Drogheda, Gs. Louth 186; **St. Laurence Tor** 147; *147*
Dromahaire, Gs. Leitrim 216
Dromanagh Fort, Gs. Dublin 45
Drombeg, Steinkreis, Gs. Cork, 22, 26; *27*
Dromoland Castle, Gs. Clare 232; *233*
Drumbane, Körnung 80
Dublin (s. auch unter Christ Church Cathedral und St. Patrick's Cathedral) 22–23, 30, 43, 70, 100, 108, 110–112, 132–133, 139, 147, 149, 158, 163, 171, 177, 179, 185, 195, 208, 210, 231; **Burg** 137, 142–144; *142*; National Museum of Ireland 22–23, 52, 65, 75, 82, 92, 112, 179, 217; Royal Irish Academy, 50, 52; **St. Mary, Zisterzienserabtei** 151, 161, 167, 168, 181; *168*; Trinity College 51, 60, 71, 85, 150, 175, 231
Duignan, Michael, Professor 37
Duiske/Graiguenamanagh, Zisterzienserabtei, Gs. Kilkenny 161, 168; *168*
Duleek, Gs. Meath 62
Dún Aengus, Aran, Gs. Galway 24–25, 30; *30*
Dún Ailinne, Königssitz, Gs. Kildare, 37–40, 60, 105; *38–39*
Dunamase Castle, Gs. Laois 139, 142–143; *143*
Dunbeg Fort, Gs. Kerry 24, 32; *32*
Dunbrody, Zisterzienserabtei, Gs. Wexford 150, 167, 168; *167*
Duncannon Fort, Gs. Wexford 226, 230; *230–231*
Dún Conor, Aran, Gs. Galway 24, 30; *31*
Dundrum Castle, Gs. Down 132, 139; *132*
Dundry, Stein (Bristol) 152, 174
Dún Dúchathair (Schwarzes Fort), Aran, Gs. Galway 24; *24–25*
Dún Formna, Aran, Gs. Galway 203
Dunguaire Castle, Gs. Galway 200; *200–201*
Dunluce Castle, Gs. Antrim 182, 185; *182–183*
Dunraven, Earls von 145, 173, 207, 215
Dunsany, Randall, Lord 141
Dunsoghly Castle, Gs. Dublin 185, 190
Durrow, Gs. Offaly (s. a. Book) 47, 63, 79, 89; Hochkreuz 85–86; *85*
Dysert O'Dea, Kreuz und romanischer Türdurchgang, Gs. Clare, 81, 92, 120, 219, 226; *92, 121*

Early, Biddy 200
Edward I., König von England 150, 178
Edward IV., König von England 180
Edward VI., König von England 180
Egan, Thomas 172
Einsiedler/Einsiedelei 66, 69, 72, 79, 90, 92, 128
Eiscir Riada, alte Straße 62
Eisenzeit 24, 26, 30, 35–37, 39–40, 44, 71
Elisabeth I., Königin von England/elisabethanisch 65, 102, 181, 185–186, 189, 208, 225–227, 229, 230, 236
Email 52, 79, 113
Emain Macha (Navan Fort), Gs. Armagh 36–38
England 51, 78, 110–111, 114, 117, 135–137, 139, 150, 152, 161, 163, 170, 177, 179–181, 208, 210, 216–218, 226–227, 231, 233
England, angelsächsisches 51, 96, 102
England/englisch 10, 36, 43, 45–47, 50, 52, 78, 133, 136, 171
Ennis, Franziskanerkloster, Gs. Clare 210–211, 218, 220; *211, 218, 220*
Enniscorthy Castle, Gs. Wexford 196, 197; *196*
Enniskillen Castle, Gs. Fermanagh 237; *237*
Eogan, George, Professor 13, 18
Eóganachta, Stamm, Munster 42, 45, 114, 119
Erainn, Stamm 36, 42
Erenagh, Gs. Down 151
Erzengel Michael 72, 215
Eu, Normandie 70
Eugene, Bischof von Ardmore 126
Europa/europäisch 14, 16, 18, 20, 26, 30, 36, 44, 51–53, 55, 80–81, 86, 88, 94, 108, 111, 113, 124, 137, 142, 179, 182, 210, 220, 224, 236
Evangeliar 58
Evans, Estyn, Geograph 14, 28, 35
Everard, Familie 149
Evreux, Frankreich 176
Exodus 79

Fahan Mura, Steinplatte, Gs. Donegal 79, 82; *82*
Fahy, Edward, Dr., Archäologe 26
Fallow, T. M. 157
Fanning, Tom, Archäologe 94, 175
Fegefeuer (s. St. Patrick's Purgatory)
Ferguson, Sir Samuel 20
Ferns Castle, Gs. Wexford 139
Fertagh, Gs. Kilkenny 224
Fethard, Stadtmauern und Augustinerpriorei, Gs. Tipperary 148–149, 207, 217; *148, 207*
Fingal, Norddublin 102
Finglas, Gs. Dublin 52
Fir Bolg 30
Fitton, Sir Edward, Bronzetafel 181; *181*
FitzGerald, Familie (s. auch Desmond und Kildare, Earls von, und Silken Thomas) 132, 195, 208, 215
FitzGerald, John fitz Thomas 173
FitzGerald, Maurice 177
Fitzgibbon, Margaret 215
Fitz Henry, Meiler 142–143
Fitz John, William, Erzbischof von Cashel 150
FitzPatrick, Familie 224
Fitz Ralph, Richard, Erzbischof 150
Fitz Robert, Geoffrey 175
Fitz Thomas, Richard, Earl von Kildare 145
Flann Sinna, Hochkönig 43, 64, 79, 85
Flechtwerk, verschlungene Motive 82, 86, 92, 96, 113, 120, 124, 130
Fleming, Familie, Lords von Slane 216
Fliesen 152, 168
‚Fluchsteine' 75
Foley, Claire, Archäologe 236
Fore Benediktinerabtei, Gr. Westmeath 151, 175–176; *176–177*
Forradh (Königshaus/Königssitz), Tara, Gs. Meath 40
Fothad, Abt von Fahan Mura 82
Franken, die 110
Frankreich 10, 43, 46, 49, 109, 114, 120, 132–133, 211, 216, 220, 226, 230
Franziskanermönche 133, 151, 177, 195, 206–207, 210, 212, 214–216, 218, 221
Franziskus von Assisi 210–212, 216, 218; *216, 218*
Fresken 60, 80, 114, 116–117, 167, 209, 217–218; *116, 209*
Friesien 30
Fuller, J. F., Architekt 157, 159

Gabhra, Schlacht von 20
gälisches Irland 10, 135, 150, 180–181, 185, 206, 208, 210, 212, 217–218, 226, 237
Gallarus, Oratorium, Gs. Kerry 58, 60–61, 72, 76–77; *76–77*
Gallien 36, 47, 62
Galway, Bucht/Stadt/Grafschaft (s. auch St. Nicholas of Myra Collegiate Church) 14, 30, 47, 102, 109, 132, 198–200, 215
Ganggrab 11–19, 26, 37, 40
Gannard, Familie 215
Garton, Tessa 131
Gearóid Iarla, Earl von Desmond 135–136, 180, 211
Genealogien 51
Georg III., König von England 195
Georg V., König von England 142
Gericht, Jüngstes 79, 82, 85, 88
Germanus von Auxerre 46
Gesellschaft Jesu 231
Gesetze, irische (Brehon) 50, 52, 136, 180, 226
Gewölbe 64, 70–71, 114, 117, 122, 141, 154, 161, 163, 168–170, 185, 190, 195–196, 203, 209, 211
Gilbert, Bischof von Limerick 111
Gildas 47
Giraldus Cambrensis 105, 128, 135
Girouard, Mark 243
Glankeen, Gs. Tipperary 112
Glanworth Castle, Gs. Cork 132, *132*
Glas 40, 53, 65, 211, 217
Glencolmcille, Gs. Donegal 49; *48–49*
Glendalough Monastery, Gs. Wicklow 48, 60, 66–71, 100, 111, 151, 159; *66–71* Kathedrale 67; Kreuze 69, 81, 92; *92*; Priesterhaus 69, 70; *69*; Reefert Church 67, 69; *68*; Rundturm 100; *101*; ‚St. Kevins Bett/Zelle' 66; St. Kevin's Church 66, 69–71, 122; *66*; St. Mary's Church 70; St. Saviour's Priory 70; sieben Kirchen 66; Temple na Skellig 67; Trinity Church 70; *70*
Glengall, Earl von 189
Gleninagh Castle, Gs. Clare 199; *199*
Gleninsheen, Goldschmuck, Gs. Clare 23; *23*
Glenmáma, Schlacht von 43
Glenstal, Gs. Limerick 176
Glen von Aherlow, Gs. Tipperary 128
Gletscher 10
Glocke 65, 69, 82, 92, 98–100, 112, 180, 217
Gloucester, Humphrey, Herzog von 141
Golden, Gs. Tipperary 173
Goldschmuck 19, 22, 23, 53; *23*
Gore-Booth, Familie 237
Gort, Lord und Lady, 190, 194; *191*
Gortin Ulster History Park, Gs. Tyrone 44
Gotik/gotisch 64, 114–115, 122, 131, 152, 156–157, 159, 161, 168–169, 173, 211, 217–218, 224
Gowran, Bildnisse, Gs. Kilkenny 135; *134–135*
‚Gowran Meister' 156
Grabkammer/Begräbnisstätte 11, 14, 16, 19, 20
Graiguenamanagh/Duiske, Zisterzienserabtei, Gs. Kilkenny 161, 168; *168*
Granit 79, 80, 90
Graves, James 122
Greatconnell Priory, Gs. Kildare 223
Greencastle, Gs. Donegal 133; *133*
Greene, Michael und Mary Hawkes 198

Gregory, Lady Augusta 200
Grey, Lord 194
Grey, Zisterzienserabtei, Gs. Down 160; *160*
Grianán von Aileach, Steinfort, Gs. Donegal 25, 34–35, 108; *34*
Griechen 36, 82, 96, 140
Guaire, König 102, 200
Guinness, Desmond 227
Guiness, Familie

Hal, Prinz (späterer König Heinrich V.) 141
Hall, S. C., Herr und Frau 149
Hamilton, Archibald Rowan 242
Hamilton, James 242
Hamilton, Malcolm 238
Hamlin, Ann, Dr. 95
Handschriften 49–52, 55–58, 80, 105, 111–113, 180, 217–218; *50, 52, 56–57*
Handwerk/Kunsthandwerk 55, 65, 217–224
Hanley, Mary 200
Harbison, Sheelagh, Historikerin 142
Hart, George Vaughan 204
Häuser 18, 40, 43, 49, 61
Heinrich I., König von England 108
Heinrich II., König von England 110, 132, 146, 195
Heinrich IV., König von England 180
Heinrich VII., König von England 180
Heinrich VIII., König von England und Irland 147, 181, 208, 210
Hencken, Hugh O'N. 20
Heraklit 78
Heraughty, Paddy, Dr. 75
Hewson, Kommandeur Cromwells 143
Hibernia, alter Name für Irland 36
Higgitt, John, Epigraph 80
Hildebrandinische Reform 110
Hippodamus von Milet 234
Hisperica Famina 60, 62, 69
Hoadley, John, Erzbischof von Dublin und Armagh 231
Hochkönigtum von Irland 37, 40–43, 108, 216
Hochkreuz(e) 43, 60, 62, 69, 78–93, 96, 100, 112, 114, 120, 128–129, 226; *78–93*
Hofgrab/Court-cairn 14, 19–20, 26, 28; *19*
Holy Cross, Zisterzienserabtei, Gs. Tipperary 151,161, 206, 208–211, 217, 222; *208–209*
Holz 18–19, 44, 60, 78, 80, 100–101, 114–115, 180, 190, 196, 217–220, 237, 243
Holzkirche 49, 60, 62, 80
Holzstatue 75, 208
Hook Head, Gs. Wexford 230
Hore, Zisterzienserabtei, Cashel, Gs. Tipperary 150; *151*
Howth Castle, Dolmen, Gs. Dublin 20; *20*
‚Hügel der Geiseln', Tara, Gs. Meath 11
Hünengräber 11–22, 25–26
Hungersnot 172
Hunt, John, Philanthrop 44, 137, 194, 219
Hurley, Maurice, Archäologe 146
Hynes, Mary 200

Iberische Halbinsel 30
Ierne, alter Name für Irland 36
Illaunloughan, Insel, Gs. Kerry 60, 77
Imbolc, heidnisches Fest 105
Inch, Zisterzienserabtei, Gs. Down 161
Inchiquin, Lord, 233
Iniscealtra, Gs. Clare 53, 60; *61*
Inishmurray Monastery, Gs. Sligo 42, 55, 71, 75; *74*; Nun's Church 75; St. Molaise's House 61, 75; St. Molaise's Church (Männerkirche) 75
Inishowen, Halbinsel, Gs. Donegal 35, 133
Inis Phádraig, Skerries, Gs. Dublin 111
Inschriften, 81–82, 84, 86, 88, 95, 124–125, 128, 219, 222
Insel Achill, Gs. Mayo 185
Interpretationszentrum 28, 38, 40, 62–64, 75, 79, 82, 84, 92, 96, 142
Iona, Hebridenkloster 40, 48–49, 51, 71
Irisch (Sprache) 45, 51, 55–56, 58, 135
Isaak, Opfer des 89–90
Isamnion (Navan Fort?) 36
Island 10, 220
Isle of Man 100, 160
Italien/italienisch 49, 56, 77, 192, 224
Iveragh, Halbinsel, Gs. Kerry 35, 72, 77
Iverny (Ptolemäus) 36

Jackson, Kenneth, Philologe 37
Jakob I. König von England (und Schottland) 226
Jakob II. König von England (und Schottland) 142, 226, 230, 234, 236, 242
Jakobiner, Stil/Zeitabschnitt 226–227, 231–239
James Fort, Kinsale 240
Jerpoint, Zisterzienserabtei, Gs. Kilkenny, 136–137, 164–167, 217, 222–223; *136, 164–166*
Jerusalem 60, 85, 87
Johann, König von England 139–143, 186, 195
Johannes, Evangelist 52, 56, 164, 220; *52*
Johannes der Täufer 85
Johannes Scottus 55
Johnstown, Kreuzigung, Gs. Kilkenny, 219, 224; *224*
Jordan's Castle, Ardglass, Gs. Down, 203; *203*
Joyce, Familie 158
Juden, britische 40
Jungfrau Maria 90, 102, 168, 217, 219

Kalkstein 81, 120, 130, 137, 223
Kanonen 185
Kanturk Castle, Gs. Cork, 226–227, 231; *227*
Karl I., König von England 225, 226
Karl II. König von England 147, 197, 237, 240, 243
Karmeliterklöster 151, 179
Karolinger, Kirchen 101; Kaiser 55; Fresken 80
Keilgrab 22, 25–26; *11, 26*
Kelch 52, 65, 217
Kells, Augustinerpriorei, Gs. Kilkenny 174–175; *174–175*
Kells Monastery, Gs. Meath (s. auch Book) 51, 71, 86, 88–89; Kreuze 79, 81, 86–88, 226; *81, 86–87*; Rundturm 87; St. Columb's House 61, 71, *71*; Synode von 120, 129, 163
Kelten/keltisch 36–40, 42, 58, 78, 80–81, 96, 106, 108, 131; ‚keltische' Kreuze 78
Keltoi 36
Kermario, Bretagne 22
Kilcash Castle, Gs. Tipperary 180; *180*
Kilclief Castle, Gs. Down 182, 203; *182*
Kilcooley, Zisterzienserabtei, Gs. Tipperary 206, 222–223; *222–223*
Kilcormac, Missale, Gs. Offaly 179
Kilcullen, Gs. Kildare 37, 39
Kildare, FitzGerald, Earls von 117, 173, 180, 215
Kildare, Gs. Kildare (s. auch St. Brigid's Cathedral) 48, 50–51, 60, 66, 105–106, 210; ‚Spritzenhaus' 106; Rundturm 100, 105–106; *105*
Kildavnet Castle, Gs. Mayo, 184; *184–185*
Kilfane, Bildnis, Gs. Kilkenny, 136; *136*
Kilfenora Cathedral, Gs. Clare 24, 114; *114*
Kilkenny (and South-East of Ireland) Archaelogical Society 122, 230
Kilkenny, Stadt und Grafschaft (s. auch Rothe House und St. Canice's Cathedral) 56, 137, 210, 218, 222; **Burg**, 139, 144, 180, 222; *144*; Konföderation von 226; Rothe House 226, 230; *230*; Rundturm 100; Statuten 136
Killadeas, Stein, Gs. Fermanagh 99; *99*
Killaloe Cathedral, Gs. Clare 131, 152, 169, 171; *131*
Killarney, Gs. Kerry 119, 197, 214
Killeedy, Gs. Limerick 48
Killeshin Church, Gs. Laois 106, 124–126, 163; *125*
Killevy, Gs. Armagh 49; *49*
Killinaboy Church und Sheela-na-gig, Gs. Clare 62, 224; *62, 224*
Killyleagh Castle, Gs. Down 242–243; *242*
Kilmacduagh, Rundturm, Bischofshaus und Kirche, Gs. Galway, 102–103, 200; *102*
Kilmainham Royal Hospital, Dublin 227
Kilmalkedar Church, Sonnennuhr, Gs. Kerry 118–119; *118–119*
Kilmallock Dominikanerpriorei, Gs. Limerick 178, 211; *178*
Kilnasaggart, Säule, Gs. Armagh, 79, 94–95; *95*
Kiltartan Society 201
Kincora, Palast, Gs. Clare 35
King John's Castle, Gs. Limerick, 139, 142–144; *143*
Kinsale, Gs. Cork (s. auch Charles Fort und James Fort) 181, 194, 225, 230, 242
Kinsella, Thomas, Dichter 180
Kirche, katholische 70
Kirche von Irland 75, 154, 173, 208
Kirchenreform (s. auch Hildebrandinische Reform und Observanten) 110–111, 114–115, 159, 176, 207
Klöster/Klosterleben 46, 48, 50–52, 55–56, 60, 70–72, 75, 79, 86, 100, 102, 104–105, 110–114, 122, 133, 150–152,154, 159–161, 169, 171–172, 174, 177, 208, 210–211
Knockcurraghbola, Keilgrab, Gs. Tipperary, 22, 26; *26*
Knockgraffon, Motte, Gs. Tipperary 137; *137*
Knocknarea, Gs. Sligo, 11, 13; *11–13*
Knowth, Ganggrab, Gs. Meath 11, 13, 15, 18; *13*
Kolleg, säkular 65
Köln 221
‚Kolonistenburgen' 236–239; *236–239*
Komputistik 51
Königin Maeves Grab, Gs. Sligo 11
Königsstätten 37
Kosmos 88
Kragstein 16, 76, 149; *149*
Kremierung 14, 18–19, 28, 40
Kreuz von Kong 112
Kreuz von Lorraine 62
Kreuzbrüder (*Fratres Cruciferi*) 151
Kreuzigung 56, 58, 78, 80, 84–85, 88, 90, 124, 218–220, 222–224; *224*
Kreuzigungsplatte 65; *65*
Krummstab/Bischofsstab 52, 65, 82, 92, 98–100, 112, 217, 219, 223; *219*
Kultstätte 39
Kupferzeit 26

Labbamolaga Church, Gs. Cork 76; *76*
Laigin, Stamm, Leinster 37, 40, 42, 45
Lambay, Insel, Gs. Dublin 45
Landwirtschaft 11
Lane, Edmund, Bischof 157
Lane, John 180
Lanfranc, Erzbischof von Canterbury 110
Lanyon, Sir Charles, Architekt 242–243
Latein 45, 50–51, 55, 58, 94–96, 180, 220
Latènekunst 36–37
Lavabo von Mellifont, Gs. Louth 163
Leabhar Breac, Handschrift 60, 62, 69
Leamanegh Castle, Gs. Clare 226, 232–234; *233*
Leask, H. G., Architekturhistoriker 60, 171, 186
Lebor na hUidre (s. auch Book) 65, 111
Le Clerc, Percy, Architekt 168, 172, 190, 210, 229–230
Legananny, Dolmengrab, Gs. Down 14–15; *14*
Leighlinbridge, Gs. Carlow 179
Leinster, Provinz 35–37, 39–40, 42–43, 45, 63, 80–81, 90, 105, 108, 110, 122, 124–125, 143, 146, 163
Lemanaghan, Gs. Offaly 112
Liber Angeli 60
Limerick, Stadt/Grafschaft (s. auch King John's Castle und St. Mary's Cathedral) 35, 43, 52, 63, 111, 132–133, 158, 177–178, 186, 189, 194–195, 217, 226, 229
Lindisfarne (s. auch Book) 49
Lios (Ringfort) 44
Lismore, Gs. Waterford 111
Lissadell, Gr. Sligo 237
Literatur, irische 50–51, 55, 62, 65, 78, 200, 206, 226
Loegaire, König 40, 216
Loftus, Adam 231
London 40, 181, 234, 236; British Museum /Library 51–52, 112
Londonderry, Grafschaft (s. auch Derry) 34–35, 239
Lough Arrow, Gs. Sligo 14
Lough Crew Hills, Gs. Meath 14
Lough Derg (s. auch St. Patrick's Purgatory), Gs. Clare 75
Lough Erne, Gs. Fermanagh, 96, 99, 104, 237
Lough Gill, Gs. Sligo/Leitrim 236
Lough Gur, Gs. Limerick 11; *11*
Lough Leane, Killarney, Gs. Kerry 197
Loughrea, Gs. Galway 37, 179; *179*
Lough Ree 43
Loughshinny, Gs. Dublin 45
Lucca, Italien, Volto Santo in 92
Ludlow, Kommandeur Cromwells 197, 234
Lug, keltische Gottheit 40, 58
Lusk, Rundturm, Gs. Dublin 102–103, *103*
Lynch, Ann, Archäologe 142

Mac Airt, Cormac, König von Tara 40
Mac Carthy, Cormac ‚der Starke' 189
Mac Carthy, Cormac, König von Munster 109, 111–112, 115
Mac Carthy, Cormac mac Dermot, Lord von Muskerry 189
Mac Carthy, Donal 214
Mac Carthy, Familie 180–181, 185, 189
Mac Cerbaill, Diarmait 40, 85
Mac Craith, Eoghan, Dichter 229
Mac Crimthainn, Feidlimid, König von Munster 63
MacDonagh, Dermod 227
Mac Donnell, Familie 182
MacGillapatrick, Donal, König von Ossory 164
Macha, Kriegsgöttin 38
MacLochlainn, Muircheartach, von Aileach 109
Mac Loughlin, Donnell 35
MacMahon, Terence 220
Mac Murrough, Dermot/Diarmuid, König von Leinster 110–112, 122, 124–125, 143, 146, 163
Macnamara, Familie 142, 185
Macnamara, G. U. 120
Macnamara, Maccon 211–212
Macnamara, Síoda und Seán Finn 189
MacNeill, Máire 53, 58, 234
MacNessa, Conor, König 37–38
MacNichaill, Heneas 72
MacQuillan, Familie 182, 185
MacSweeney, Familie 204
Maelmura, Abt von Fahan Mura 82
Maelsechlainn I., Hochkönig von Irland 43, 64, 79, 84, 86
Maelsechlainn II., Hochkönig von Irland 43, 108
Maghera, Oberschwelle, Gs. Derry 124; *124*

Maguire, Familie, Gs. Fermanagh, 237–238
Malahide Castle, Gs. Dublin 194–196; *195*
Manning, Conleth, Archäologe, 64, 142
Maredsous, Belgien 176
Maria Magdalena 220
Marianus Scottus 55, 110
Marshal, William, Earl von Pembroke 137, 143–144, 168
Marshall, Jenny White, Archäologe 60
Martin, F. X., Historiker 108
Martyn, Edward 200
Martyrology of Oengus 60, 66
Mary, Königin von England 208
Mathews, George 186
Maynooth, Gs. Kildare 180
Medb, Königin 11, 36, 40
Meerjungfrau in Kilcooley 222; *223*
Mellifont, Zisterzienserabtei, Gs. Louth 111–112, 150–151, 160–163, 168, 170; *161*
Mesolithikum (mittlere Steinzeit) 10–11
Metallarbeiten (s. auch Goldschmuck) 19, 26, 52–53, 55, 65, 78, 86, 112–113, 217–218, 219; *23, 42, 53, 219*
Meteora, Griechenland 72
Minarette 100
Minot, Thomas, Erzbischof von Dublin 154
Miserikordien in der Kathedrale Limerick 160, 217, 219–220; *220*
Mitra des Bischofs Cornelius O'Dea 217, 219–220; *219*
Monaincha Church, Gs. Tipperary 53, 128; *128*
Monasterboice, Hochkreuze, Gs. Louth 60, 78–79, 88–89; *78, 88–89*
Mönche (*Manaig*) 46, 49, 51, 60, 71, 85, 100, 115, 119, 160, 163, 169, 206
Monea Castle, Gs. Fermanagh 227, 237–238; *238*
Moone, Hochkreuz, Gs. Kildare 80–81, 89–90, 92; *80, 89–90*
Moore, George 200
Moore, Roger 200
Moore, Thomas 40, 66
Moreton, William, von Chester 157
Morris, Thomas, Dr., Erzbischof von Cashel 210
Mörtel 61, 71, 75
Moses 58
Motte 133, 137, 147, 175, 216; *137*
Mount Brandon, Gs. Kerry 77, 118
Moylurg Crannog, Gs. Antrim 53; *53*
Moynagh Lough Crannog, Gs. Meath, 52
Moyne, Franziskanerkloster, Gs. Mayo, 210; *210*
Muckross, Franziskanerabtei, Killarney, Gs. Kerry 211, 214; *214*
Muirchú, Hagiograph 46, 51
Muiredach von Monasterboice 88
Mullaghmore, Gs. Sligo 75
Munster, Provinz, 36, 42–43, 63, 80–82, 102, 104, 108–109, 111–112, 114–115, 118–119, 124, 148, 181, 183, 186, 207, 226
Mura, Abt von Fahan Mura 82
Murrisk, Augustinerkloster, Gs. Mayo 217; *217*
Muskerry, Lord 197
Mykene, Schatzkammer des Atreus, Griechenland 18

Naran-Portnoo, Gs. Donegal 32
National Heritage Park, Gs. Wexford 44
Navan Fort, Gs. Armagh 36–39, 40, 42, 60
Navigatio Brendani 118
Nenagh Castle, Gs. Tipperary 139; *138*
Neolithikum (Neusteinzeit) 11–23, 25, 37
Neues Testament 79–80, 84, 87–88
New Ross, St. Mary's Church, Gs. Wexford, 133, 152; *133*
Newcastle West, Gs. Limerick 195
Newgrange, ‚Dachkasten', Gs. Meath 15, 18
Newgrange, Ganggrab, Gs. Meath 11, 15–19, 149; *15–19*
Newman, Conor 41
Newman, John Henry, Kardinal 50
Newtown Castle, Gs. Clare 198; *198*
Ní Bhriain, More 200
Nimmo, Alexander, Ingenieur 35
Nonnen 46, 48, 64, 151
Normannen/Anglonormannen 65, 70–71, 81, 109–110, 112–114, 116–117, 122, 132–180, 182, 186, 194, 196, 198, 206, 211–212, 216–218
Norwegen 10, 42, 52, 55, 80, 86, 108
Nottingham, Alabastertische 220

Oberschwelle 77, 102, 124; *124*
‚O' Boyle's Fort', Gs. Donegal 32
O'Brien, Brian 174
O'Brien, Conor und Máire (Rua) 232–233
O'Brien, Conor und Margaret 216
O'Brien, Dónal Mór, König von Thomond 159, 208–209, 222
O'Brien, Donnchad Cairbreach 177, 211
O'Brien, Familie (s. auch Brian Boru) 43, 108, 142, 169, 181, 186, 190, 194, 198, 203
O'Brien, Jacqueline 226–227, 243
O'Brien, Muircheartach (Murtagh), König von Munster 35, 108–111, 114
O'Brien, Turlough, König von Munster 108, 110, 211
O'Brien's Castle, Aran, Gs. Galway 203; *202*
Observanten 177, 207–208, 211–212, 215–217
O'Carryd, Thomas, Kunsthandwerker 219
Ó Cerbaill, Donnchad, König von Airgialla 111, 161
O'Congail, Abt Dionysius 209
O'Connell, Daniel 40
O'Connor, Frank 65
O Conor, Felim, König von Connacht 146
O Conor, Könige von Connacht 81, 109, 112, 129, 135, 139, 177
O Conor, Rory, Hochkönig 109–110, 112, 132, 141, 172
O Conor, Turlough, Hochkönig 109, 112
Ó Corráin, Donnchadh 135
Ó Cuanain, Isaac (Roscrea) 120
O'Curry, Eugene 30
O'Daly, Cú-Uladh, Dichter 215
O'Dea, Cornelius, Mitra und Krummstab, 217, 219; *219*
O'Dea, Michael 92, 120
Odo, Dean von Clonmacnoise 64
O'Donnell, Familie 50, 177, 225, 227
O'Donnell, Red Hugh 142, 146
O'Donovan, John 30, 39, 70
Odrán háu Eolais 95, 96; *95*
O'Dulany, Abt von Jerpoint 167
Óenach Tailten 112
Office/Commissioners of Public Works 16, 65, 80, 141, 147, 197, 210, 233, 237, 242
O'Fihely, Maurice (‚*Flos Mundi*') 206
Ogham, Schrift/Stein 45, 55–56, 58, 65, 119; *55*
Ó Gilláin, Enóg, Dichter 65
Ó hEailidhe, Pádraig 37
O'Heyne, Familie 200
O'Hickey, Marianus 215
O'Hiraghty, David, Erzbischof 150
O'Kelly, House von 135
O'Kelly, M. J., Professor 16, 18
O'Loghlen, Familie 198–199
O'Malley, Familie 217
O'Malley, Grace 185
O'Neill, s. Uí Néill
Oratorium/Andachtsstätte 60–61, 72, 75, 76–77
Ó Ríordáin, Seán, Professor 40
Ormond (s. auch Butler), Earl von 181, 186, 208–209, 218, 221–223, 226–227, 229; *221*
Ormond, Territorium 207
Ormond, Thomas (‚Schwarzer Tom'), Earls von 174, 227, 229
O'Rourke, Familie 216, 236
O'Rourke, Tighernan, König von Breifne 110, 122
Oseberg, Schiff, Norwegen 86
Ostern, Feier 50; Datum 49, Feuer 40, 216; Tisch 51; Grab 220
Österreich, Kaiser von 226
Ota, Gemahlin von Turgesius 64
O'Tunney, Steinbildhauerfamilie 166, 218, 222; *166*
Oxford 133, 151, 223; Bodleian Library 112

P-Keltisch 36
Padua, Italien 151
Päpste Benedikt XII. und Bonifatius IX. 150; Celestinus 46; Clemens VII. 110; Gregor VII. 110; Johannes Paul II. 65; Urban II. 110; Urban VI. 150
Pale (Grenze) 180, 185, 208, 218
palladianisches Herrenhaus 231
Palladius, Missionar 46, 51
Pallium 111
Paparo, Kardinal, päpstlicher Legat 111, 120, 163
Papazian, Cliona, Archäologe 146
Parke's Castle, Gs. Leitrim, 227, 236–237; *236*
Parnell, Sir John 143
Paruchia 51
Passion 84–86, 124, 220
Paulus 85, 88, 219, 221
Paulus und Antonius, Eremiten, 52, 79, 90
Peacock, Joseph, Maler 70
Penn, Familie /Pennsylvania 192
Peppard, William 141
Peregrinatio (s. auch Pilgerreise) 49
Petrie, George 30, 35, 100
Petrus 85, 89, 166, 219, 221, 223
Philip II. König von Spanien 185, 204
Philipps, Thomas 240
Phönizisches Amphitheater 35; ‚Spritzentürme' 100
Pikten (Schottland) 36, 82
Pilgerreise 52, 55, 58, 61–62, 65, 69, 72, 75, 81, 92, 94, 98–100, 110, 112–114, 122, 128, 151, 209, 217, 221
Pipers Stones, Gs. Wicklow 26; *26*
Platea in frühen Klöstern 49
Plunkett, Familie 185
Portal/Portikus 60, 67, 117, 130
Portmagee, Gs. Kerry 72
Portsmouth, Earl von 196
Portumna Castle, Gs. Galway 226, 231–233; *232*; Dominikanerkloster 177; *177*
Posidonius, griechischer Ethnograph 37
Poulnabrone, Dolmen, Gs. Clare 20; *20–21*
Poynings, Sir Edward (und sein Gesetz) 180
Prendergast, Philip 196
Price, Dr., Erzbischof von Cashel 117
Priscians Grammatik 58
Proleek, Dolmen, Gs. Louth 22; *22*
Prosper von Aquitanien, Geschichtsschreiber 46
Provence, Frankreich 77
Psalmen 50
Ptolemäus, griechischer Geograph 35, 36, 42
Punchestown, aufrechtstehender Stein, Gs. Kildare 22, 28; *28*
Pynnar, Nicholas 238
Pyramiden 18–19

Q-Keltisch 36
Quin, Franziskanerkloster, Gs. Clare 207, 210, 212; *212–213*
Quin, Thady 145

Radiocarbonmethode (s. auch Mörtel) 19–20, 61, 77
Rae, Edwin C., Professor 154, 211, 220
Raftery, Anthony, Dichter 200
Raleigh, Sir Walter 148, 225
Ralph von Bristol, Bischof von Kildare 157
Ranson, Joseph 196
Raphoe, Gs. Donegal 124, 231
Rath, Gs. Clare 120
Rath/Ringfort 44
Rath Breasail, Synode von 111, 114, 158
Rathcroghan (Cruachain), Gs. Roscommon 60
Rath der Synoden, Tara, Gs. Meath 40
Rathfarnham Castle, Gs. Dublin 226, 231; *231*
Rathmacknee Castle, Gs. Wexford 196–197; *196*
Rathmullan, Karmeliterpriorei, Gs. Donegal 179
Rath na Ríogh, Tara, Gs. Meath 40
Rath of Feerwore, Gs. Galway 37
Reask, Stein, Gs. Kerry 94; *94*
Reformation 111, 150, 154, 158–159, 163, 176, 178, 195, 207–208, 212, 216–217, 219, 224
Regensburg, Bayern 173
Regia (Aileach?) 35
Reginald, Dominikaner, Erzbischof 177
Reliquien/Reliquiar (s. auch Schrein) 52, 55, 61, 63, 66, 71, 86, 92, 99, 102, 112–113, 130, 208, 217
Renaissance 208, 219, 224, 227, 230, 234
Reynolds, Kommandeur Cromwells 143
Rheinland 10, 37
Rice, James, Grabstätte in Waterford 218
Richard II., König von England 136, 142, 146
Richard, Herzog von York 180
‚Ring von Kerry' 35
Rinuccini, Kardinal, päpstlicher Legat 192
Ritter vom Roten Zweig 38
Robinson, Mary, Präsident 198
Robinson, Sir William 227, 240
Robogdii (Ptolemäus) 36
Roche, Familie 132, 196
Rochester, England 139
Roe, Henry, Destillateur 152
Rolleston, T. W. 65
Romani/Römer/Rom 19, 36, 39–40, 45–46, 50, 52, 66, 70, 79–80, 96, 101, 110–111, 114, 150, 181, 206, 208, 221
Romanische Kirchen und Schmuck 64, 67, 69–70, 75, 90, 92, 98, 104–106, 112–131, 152, 156, 159–160, 163–164, 169, 171, 173, 217, 224
Roscommon Castle, Gs. Roscommon 139
Roscrea, Gs. Tipperary 128; **Burg** 139, 147; *147*, Damer House (Roscrea Heritage Centre) 147; **St. Cronan's Church** 120; *120*
Rosscarbery, Gs. Cork, 176, 233
Ross Castle, Killarney, Gs. Kerry 197; *197*
Ross Errilly, Franziskanerkloster, Gs. Galway 211 215; *215*
Rosseter, Familie 196
Rothe Fitz Piers, John 230
Rothe House, Kilkenny 226, 230; *230*
Rourke, Grellan 197
Rundhügel 41
Rundtürme 60, 64, 65–66, 71, 75, 87–88, 100–107, 114–115, 119–120, 126, 152, 156–157; *65, 100–107*

Saint's Road, Halbinsel Dingle 77, 118
Sakrament 46, 50, 79, 87
Salisbury Cathedral, England 154
Samuel, Mark 233

Sandstein 80–81, 117, 120, 128, 163
Sanford, Captain 204
Santiago de Compostela, Spanien 114, 120
Sarum, Ritus von 154
Savigny, Orden 151, 160
Scattery Island (Inis Cathaigh), Rundturm, Gs. Clare 104–105; *105*
Schomberg, Herzog von 140
Schottenklöster 110, 151, 176
Schottland 36, 45, 47, 49, 51, 78–79, 100, 135, 226–228
Schrein (Reliquiar) 55, 61–62, 65, 69, 82, 98, 100, 112–113, 179, 216–217
‚Schule des Westens' 102, 114, 131, 170–173
Schwarzer Tod/Pest 135, 141, 179, 206, 210–212, 217–218
Schwarzes Fort (Dún Dúchathair), Aran, Gs. Galway 24; *24–25*
Schweiz 52, 56–57, 102
Scot, Michael, Erzbischof von Cashel 149
Scott, Michael, Architekt 201
Scott, Pat, Künstler 201
Scott, Sir Walter, Schriftsteller 70
Scott, William A., Architekt 200
Scotti, Scottia 36, 45, 56
Scriptorium 49, 51, 55, 65
Shannon Heritage/Free Airport Development Company 194, 200
Shannon, Fluß 36, 42–43, 62–63, 65, 104–105, 109, 114, 139, 142–143, 171, 177, 194, 233
Shaw, James, von Greenock 238
Sheela-na-gig 186, 190, 224; *224*
Shrewsbury, Earl von 108
Silber 42, 53, 65, 219
Silken Thomas FitzGerald 141, 168, 181
Simnel, Lambert, Thronanwärter 180
Sitric, König von Dublin 110, 152
Skandinavien 43, 55, 131
Skellig Michael, Gs. Kerry, 32, 35, 42, 55, 61, 72, 75–77; *72–73*
Skulptur/Plastik 84–85, 94, 114, 126, 157, 171, 211, 218, 220, 225
Slane, Gs. Meath 102; **Franziskanerkloster** 216; *216*; Rundturm 102
Sliabh na Caillighe (Hexenhügel), Gs. Meath 14
Smerwick, Hafen, Gs. Kerry 118, 181
‚Soiscel Molaise' 110; *110*
Sonne 14–16, 18, 26, 34, 88
Sonnenuhr, Kilmalkedar, Gs. Kerry 119; *119*
Sonnenwende 15, 26
Spanien 10, 181, 204, 225
Spenser, Edmund, Dichter 196
Spiralen 16, 18, 90, 92
St. Andreaskreuz 70, 166
St. Anselm, Erzbischof von Canterbury 110
St. Barbara 220
St. Bernard von Clairvaux 60, 111, 160–161, 167, 169
St. Brendan der Steuermann 47–48, 75, 77, 118, 131
St. Bridget von Schweden 220
St. Brigid/Brigit von Kildare 48, 51, 60, 105, 179, 220
St. Brigid's Cathedral, Gs. Kildare 105, 157, 219, 223–224; *157, 223*
St. Buite von Monasterboice 88
St. Cainnech von Aghaboe 157
St. Canice's Cathedral, Gs. Kilkenny 144, 150–152, 156–157, 218, 221–222; *156, 221*
St. Christopherus 223
St. Ciarán von Clonmacnoise 47–48, 60, 62–63, 70, 85
St. Colman von Kilmacduagh 102, 200
St. Columba (Colm Cille) 40, 47–51, 63, 71, 75, 82, 85–86, 88, 89, 226
St. Columbanus 49–50, 56
St. Comgall von Bangor 48
St. Comgán von Killeshin 124
St. Cronán's Church, Roscrea 120; *120*
St. Cuileans Glocke (*Bearnán Cuileain*) 112; *112*
St. David von Wales 47, 76
St. Declan von Ardmore 46, 106, 126
St. Diarmait von Killeshin 124
St. Dominik 177, 218
St. Doulagh's Church, Balgriffin, Gs. Dublin 122, *123*
St. Enda von Aran 47
St. Fechin von Fore 176
St. Finian 72, 119
St. Finnbarr von Cork 102
St. Finnian von Clonard 47
St. Gallen, Schweiz 49, 52–53, 56–58, 102; *56–57*
St. Ita von Killeedy, Gs. Limerick 48
St. Katharina von Alexandria 164, 220
St. Kevin von Glendalough 48, 60, 66, 92, 100
St. Lachtins Arm, Schrein 112
St. Laurence O'Toole 70, 111, 149, 171
St. Mac Cuilinn (Lochan) von Lusk 102
St. Macdaras Inselkirche, Gs. Galway 62
St. Maedoc von Ferns 60
St. Malachy von Armagh 60, 111, 114, 150–151, 160–161, 171, 176
St. Manchans Schrein, Boher, Gs. Offaly 112–113; *113*
St. Maolcethair von Kilmalkedar 118
St. Margarete von Antiochien 164, 220
St. Mary's Cathedral, Gs. Limerick (s. auch Miserikordien) 159–160, 219–220; *159, 220*
St. Mochua mac Lonan von Timahoe 106
St. Molaga von Labbamolaga 76
St. Molaise von Devenish 47, 99, 104
St. Molaise von Inishmurray 75
St. Moninne von Killevy 48–49
St. Munchin von Limerick 219
St. Nicholas of Myra Collegiate Church, Gs. Galway 152, 158; *158*
St. Ninian von Candida Casa (Whithorn) 46
St. Patrick 10, 35, 37, 40, 46, 50–51, 58, 60, 62, 112, 172, 208, 216–219; *46, 218*
St. Patrick's Cathedral, Gs. Dublin 46, 151, 154, 156, 181, 225; *46, 154–155, 181, 225*
St. Patrick's Purgatory, Lough Derg, Gs. Donegal 113, 151
St. Ruadhán von Lorrha 40
St. Senan von Scattery Island 104
St. Taurin, Abtei, Frankreich 176
St. Tola von Dysert O'Dea 92
Stadtmauern 133, 146–149, 152, 177, 227, 234–236; *148*
Staigue Fort, Gs. Kerry 25, 35; *35*
Stalley, Roger 87, 117, 136–137, 152, 156
Stein des Schicksals (*Lia Fáil*), Tara, Gs. Meath 40
Steindach 71, 117–119, 122, 126
Steinforts 24–25, 30–35; *24–25, 31–35*
Steinkreise 13, 19, 22, 26–27; *26–27*
Steinmauern 28, 30
Steintafeln mit Kreuzornamentik 75, 94, 119, 128; *95–96*
Steinzeit (s. auch Neolithikum, Mesolithikum) 10–22, 25, 39, 41
Stella 154
Stephen von Lexington 161, 167
Sternförmige Forts 240
Stokes, Margaret 30
Stowe, Missal Handschrift 52; *52*
Strade, Plastiken, Gs. Mayo 218, 221; *221*
Street, George Edmund, Architekt 152, 157
Strongbow 143, 146, 167, 175
Stuart, Imogen, Steinbildhauer 78
Stuart, James ‚Athener', Architekt 231
Stuart, Zeitabschnitt 225–243
Stuck 190, 229, 231
Studdert, Familie 194
Swan, Leo, Archäologe 41
Sweetman, David, Archäologe 19, 141–142
Swift, Jonathan, Dean von St. Patrick 154

Tacitus, römischer Historiker 45
Táin Bó Cuailnge (Raub der Rinder) 11, 36–38, 112
Talbot, Familie 195
Tallaght, Gs. Dublin 52
Tara, Hügel, Gs. Meath 11, 37, 40–41, 42, 60, 65, 216; *41*
Taufe 87, 111; Taufbecken 218; *218*
Tel, Säule 60, 69
Tempel Salomons 65, 117, 126
Templerorden, Hospitaliter 151
Termonfeckin, Gs. Louth 149–150; *149*
Ternóc von Kilnasaggart 94
Terryglass, Gs. Tipperary 52
Textil 18, 78
Thomas, Avril 148
Thoor Ballylee (Turmhaus), Gs. Galway 200–201; *201*
Thurot, französischer Schiffskommandant 140
Tichborne, Sir Henry 243
Timahoe, Rundturm, Gs. Laois 106–107; *106*
Tinsley, William, Architekt 189
Tintern, Zisterzienserabtei, Gs. Wexford 150
Tirconnell (Donegal), Königreich 42
Tirechán, Hagiograph 51, 60
Toledo, Konzil von 82
Tomdeeley, Gs. Limerick 195
Töpferei 14, 25, 40
Toureen Peakaun Church, Gs. Tipperary 128–129; *128*
Tradraighe, Insel, Gs. Clare 189
Trim Castle, Gs. Meath 137, 140–141; *141*; Our Lady of Trim 208
Trinitarier 207
Tripartite Life of St. Patrick 35
Trulli, Italien 77
Tuam, Hochkreuz und Kathedrale, Gs. Galway 81, 92, 109, 111–112, 129, 150, 158; *129*
Tuamgraney, Gs. Clare 75; *75*
Tuath (Kleinkönigreich) 50, 108
Tuathal Saer in Clonmacnoise 95; *95*
Tufa 122
Tullylease, Gs. Cork, Steinplatte 96; *96*
Turmhaus (s. auch Burg) 149, 175, 180–201, 224, 226–227, 231–232, 236–237; *180, 182, 184–187, 189–194, 196–205*
Turoe, Stein, Gs. Galway 36–37; *37*
Tympanon 116–118, 124, 243; *116*
Tyrell, Hugh 141
Tyrone, Königreich 42

Ua Cillín, Cormac 75
Uaithne, Stamm 36
Ua Ruairc, Fergal, König von Connacht 64
Uí Dúnlainge 39, 105
Uí Fiachrach Aidne 75, 200
Uí Muiredaig, Herrscherhaus 70
Uí Néill/O'Neill 35, 40, 42, 45, 63–64, 79, 108, 180–181, 204, 225
Ulaid, Stamm 36–38, 42
Ulster, Kolonisten 204, 226–227, 236
Ulster, Provinz 11, 26, 36–38, 42, 44, 80–81, 115, 132–133, 137, 140, 149, 181, 186, 226, 237
Urlingford, Gs. Kilkenny 222
‚Urnes', Schmuckart 92, 124, 129
Urteil des Salomon 126
Vallancey, Charles, General 35
Vallum um Kloster 49, 63
Ventry, Gs. Kerry 77
‚Verschwörung von Mellifont' 150, 161, 163, 167
Vertrag von Windsor 132
Vinegar Hill, Schlacht 196
Voluntii (Ptolemäus) 36

Wadding, Luke, Historiker 210
Waffen 22–24
Wahres Kreuz 62, 112, 208–209
Wailes, Bernard, Archäologe 39
Wales 45, 47, 78, 137, 163
Walsh, Claire, Archäologe 60
Walsh, Familie 167
Walsh, Gerry, Archäologe 58
Ware, Sir James, Historiker 215
Wassermühle 51
Waterford Stadt/Grafschaft 43, 45, 110–111, 126, 133, 147, 158, 210, 218, 225, 230; Stadtbrief 217–218; Stadtmuseum 147; **Reginald's Tower** 146; *146*
Waterman, Dudley, Archäologe 38, 104, 227
Wellesley, Walter Bischof, Abbild von 219, 223–224; *223*
Wesley, John 158
Westminster 226
Westport, Gs. Mayo 186
Westropp, T. J., Antiquar 199, 233
Wexford Stadt/Grafschaft 36, 43–44, 110, 133, 196
White Island, Figuren, Gs. Fermanagh 96, 98–99; *98–99*
Whithorn (Candida Casa), Galloway 46–47
Wiggins, Kenneth, Archäologe 142
Wikinger 42–44, 52–53, 55, 63, 71–72, 75, 80, 92, 100–102, 104, 108, 110, 112, 124, 142, 146
Wilhelm von Oranien, König 140, 194, 230, 236, 242
Willie Monks Memorial Museum, Lusk 102
Windsor, Vertrag von 132;
Windsor, William von 136
Wolfe, David 142
Woodward, Benjamin, Architekt 144
Wunderbare Brotvermehrung 79, 90; *79, 90*

Yeats, W. B., Dichter 200, 236
York, Stadt 111, Herzog von 226
Youghal, Stadtmauern und St. Mary's Church, Gs. Cork 132, 148, 152, 158, 210, 225; *148, 158*

Zingel 133, 137, 141, 145
Zisterzienserorden 111, 124, 135, 150–151, 159–171, 174–176, 206, 208–209, 211, 214, 222–223